W0041446

Harry Bittkowski

Schon in frühester Jugend war er regelmäßiger Gast in den Fernsehstudios in München Freimann und Unterföhring. Auch die Filmstudios der BAVARIA liegen nicht fern für einen Cineasten, der vor den Toren Münchens heranwächst und die Welt am liebsten durch das Auge einer »ARRI«-Filmkamera sieht.

Im Film ist alles überlebensgroß. Manches wird dadurch umso deutlicher, umso offensichtlicher. Manches wird durch den Umstand, dass Kino immer überlebensgroß ist, aber auch unserer normalen, im Alltagsleben durchaus geschärften Wahrnehmung entzogen. Wenn Dinge nicht zusammenpassen, die Kontinuität nicht gewahrt ist – im richtigen Leben fällt es uns sofort auf. Im Film, made in Hollywood oder auch andernorts, lassen wir uns dagegen hereinlegen. Wir akzeptieren jeden Fehler, hinterfragen kaum.

Harry Bittkowski, Jahrgang 1961, begann irgendwann Strichlisten zu führen, über kleine und große Fehler, bloße Ungereimtheiten und offensichtliche Dummheiten im Film. Eine erste Zwischenbilanz seiner Forschungen legt er mit diesem Filmfehler-Buch vor.

HARRY BITTKOWSKI

Das große Filmfehler-Buch

**Alle Pannen, Irrtümer und Ungereimtheiten
in 50 Movie-Welterfolgen**

UEBERREUTER

Dieses Buch widme ich William Shakespeare,
dem englischen Dramatiker, der bereits seinerzeit (26.4.1564 – 23.4.1616)
völlig undramatisch erkannte:

»There are more things in heaven and earth, Horatio,
Than are dreamt of in your philosophy.«
Hamlet (I, v, 166-167)

»Es gibt mehr Ding' im Himmel und auf Erden,
Als eure Schulweisheit sich träumt, Horatio.«
Übersetzung: August Wilhelm von Schlegel

und Reinhold G. Stecher,
der nicht müde wurde, mir diese alte Weisheit wieder und wieder zu vermitteln.

ISBN 3-8000-3911-7
Alle Urheberrechte, insbesondere das Recht der Vervielfältigung,
Verbreitung und öffentlichen Wiedergabe in jeder Form, einschließlich
einer Verwertung in elektronischen Medien, der reprografischen
Vervielfältigung, einer digitalen Verbreitung und der Aufnahme
in Datenbanken, ausdrücklich vorbehalten.
Fotos Cover & Rückseite: TextArt - CineCollection
Covergestaltung und Innenlayout: Bernhard Hausner
Copyright © 2003 by Verlag Carl Ueberreuter, Wien
Druck: Ueberreuter Print
1 3 5 7 6 4 2

Ueberreuter im Internet: www.ueberreuter.at

Anhang

EINFÜHRUNG

»Berlin. Regen. Das Styling bleibt perfekt.
New York. Sonne. Das Haar ist optimal geschützt.
Miami. Wind. Die Frisur hält.
Drei Wetter Taft. Immer perfekt.
Fast immer ...«

... weil im richtigen Leben auch die haltbarste Frisur einmal baden geht.
Im Film allerdings sieht das anders aus. Egal, ob sich die Heldinnen durch die unerbittliche
Schwüle des Dschungels kämpfen, mit letzter Kraft über glutheißen Wüstensand zur nächsten
Oase schleppen, egal, ob sie mitten in der Nacht durch einen Albtraum hochgeschreckt werden
oder nach einer wilden Liebesnacht aus dem Schlaf erwachen – Frisur und Make-up sind fast
immer perfekt.
Und das ist auch gut so. Oder würden Sie Kate Winslet alias Rose DeWitt Bukater in der zweiten
Hälfte des 192-Minuten-Films »Titanic« [1997] durchgehend mit total verrutschtem bis völlig
weggespültem Make-up und klatschnassen Haaren sehen wollen? Gewiss nicht. Und sicherlich
auch nicht – über gut und gern anderthalb Stunden – Rose und alle anderen Mitwirkenden in
triefnassen Kleidungsstücken.
Und wenn in dem einen oder anderen Film das Licht ausgeht, fänden Sie es bestimmt nicht
komisch, wenn im Dunkeln weitergedreht werden würde. Daraus resultiert: Nicht alle Filmfehler
basieren auf der Schusseligkeit der Macher. Manche sind – bis zu einem gewissen Grad – schlicht
und ergreifend unvermeidlich.
Wo es wirklich interessant wird – und was Sie in diesem Lexikon hinlänglich finden! –, sind fak-
tische Fehler: Nie und nimmer konnten, wie in »Gladiator« [2000] zu sehen, im Rom des späten
zweiten Jahrhunderts Gladiatorenkämpfe mit Flyern angekündigt werden: Der Buchdruck wurde
erst über ein Millennium später (nämlich um 1440 von Johannes Gutenberg) erfunden. Und nie
und nimmer konnte etwa der Mikrofilm, für dessen Diebstahl John Mason [Sean Connery] in »The
Rock« [1996] 1962 eingekerkert worden war, die Information enthalten, »wer Kennedy wirklich
ermordet hat«. Das tödliche Attentat, dem der 35. Präsident der Vereinigten Staaten zum Opfer
fiel (am 22. November 1963), fand nämlich erst gut und gern ein Jahr nach Masons Verhaftung
und anschließender Verschiffung nach Alcatraz statt.
Besonders auffällig ist: Die aufwändigsten – und nicht selten auch höchstprämierten – Filme sind
sowohl mit groben Nachlässigkeiten als auch faktischen Fehlern nur so gespickt. Den Vogel
schießt auf der US-Internetseite www.movie-mistakes.com »Der Herr der Ringe – Die Gefährten«
[2001] mit 206 gesichteten Fehlern ab, auf Platz 2 »The Matrix« [1999] mit 184 gesichteten
Filmfehlern, auf Platz 3 folgt »Titanic« [1997], der mit elf Oscars ausgezeichnete Top-
Kassenknüller des 20. Jahrhunderts [DJ], mit 157 gesichteten Fehlern. »Gesichtet« wiederum heißt,
dass selbst auf dieser (monatlich aktualisierten) Filmfehler-Site längst nicht alle Fehler gelistet
sind. Es finden sich immer noch »neue« – und es mag durchaus sein, dass Sie selbst in diesem
Buch noch den einen oder anderen Fehler finden, der trotz intensiven Betrachtens »durchge-
rutscht« ist.

[DJ] DJ kurz für »Dirk Jaspers Filmlexikon«. Mehr darüber auf Seite 14

Was das Aufspüren von Filmfehlern so reizvoll macht, ist: als Laie »klüger« zu sein als höchstbezahlte Regisseure, Drehbuchschreiber, Ausstatter, Script-Supervisors und sonstige Crewmitglieder und nicht nur – im weitesten Sinne – technische Fehler, sondern auch Widersprüche und Absurditäten innerhalb der Handlungen aufzudecken. Dennoch soll dieses Buch in keinem Fall die hier aufgeführten Filme herabsetzen. »Gone with the Wind«, »Vom Winde verweht«, bleibt mit rund zwei Dutzend »Unaufmerksamkeiten« ebenso einer der größten Filme wie die Originalfassung von »The Wizzard of Oz«, »Der Zauberer von Oz« [1939], mit knapp dreimal mehr davon, einer der genialsten Fantasyfilme. »Halloween«, »Halloween – Die Nacht des Grauens«, mit über zwei Dutzend Filmfehlern einer der Gruselklassiker, welcher, kaum dass er in den Kinos war, bereits Kultfilmstatus erreicht hatte.

Was dieses Buch jedoch will, ist salopp gesagt: Sie zu einem »Gehirnjogging« einladen. Filmfehler zu entdecken schärft nämlich nicht nur die Beobachtungsgabe, sondern trainiert auch die kleinen grauen Zellen! Endlich sind auch seit langem brachliegende Informationen wieder von Nutzen: Wann zuletzt – außer bei »Gladiator« – diente Ihnen (mit Ausnahme von Quiz-Show-Kandidatinnen und -Kandidaten) Ihr Wissen darüber, wann der Buchdruck erfunden wurde? Wann zuletzt, außer bei »Chinatown« [1974] und »Chariots of Fire«, »Die Stunde des Siegers« [1981], konnten Sie damit auftrumpfen, dass die amerikanische Flagge in den 20er- respektive 30er-Jahren nicht 50, sondern 48 Sterne trug – da jeder Stern für einen US-Bundesstaat steht und Alaska und Hawaii als 49. und 50. US-Bundesstaat erst am 3. Januar respektive am 21. August 1959 hinzukamen? Wann – wenn nicht bei der letzten Wiederholung von »Dave« [1993] im TV – konnten Sie Ihr Wissen an den Mann (und an die Frau) bringen, dass US-Vizepräsident Nance [Ben Kingsley] Dave Kovic [Kevin Kline], welchen er für Bill Mitchell, den US-Präsidenten hält, unmöglich ein »Geschenk des Königs von Togo« überreichen kann, weil dieser afrikanische Staat kein Königreich ist, sondern von einem (auf fünf Jahre direkt gewählten) Präsidenten[LR] regiert wird?

Sie können sich ab sofort auf Wiederholungen von Filmen, die in diesem Lexikon behandelt werden, im Fernsehen freuen. Selbst wenn Sie einen Film bereits zigmal gesehen haben, können Sie ihm dieses Mal eine völlig neue Dimension abgewinnen. Und ganz gewiss werden Sie immer wieder einmal verblüfft darüber sein, wie viel Wissen zu den verschiedensten Themen man (& frau) sich auf die unterhaltsamste Art und Weise über etwas scheinbar so Lapidares wie die Beschäftigung mit Filmfehlern aneignen kann …

Damit Sie nach Zusatzinformationen, die Sie sich vielleicht an der einen oder anderen Stelle wünschen, nicht lange suchen müssen, sind Passagen, bei denen es sinnvoll erschien, mit Fußnoten versehen. Darüber hinaus gibt es – innerhalb der Fehlerliste – eine Rubrik »Zusatzinformation«.

Ein Problem, das sich bei der Recherche gelegentlich als hinderlich erweist, aber nicht zu ändern ist, ist die Schreibweise von Namen. Welche ist richtig: Regisseur Martin Scorcese? Oder: Martin Scorsese? In diesem Buch wird Scorsese verwendet, weil es die häufiger verwendete Schreibweise ist. Dabei liegt der Verdacht nahe, dass der Mann, da er italienischer Abstammung ist, sich natürlich Scorcese schreibt, aber irgendwann schlicht kapituliert hat und die Schreibweise des Namens der amerikanischen Aussprache angeglichen wurde. Bei Sidney Pollack versus Sydney Pollack, sowie Nicolas Cage versus Nicholas Cage bleibt nichts als zu sagen, was immer richtig sein mag, in diesem Buch wird jeweils die gängigere Variante des Namens verwendet: Nicolas Cage und Sydney Pollack …

[LR] LR kurz für »Lexirom«. Mehr zu diesem Multimedia-Lexikon auf Seite 14.

FEHLER, VON DENEN SPÄTER NICHT MEHR DIE REDE SEIN WIRD ...

Es gibt »Filmfehler«, die in fast jedem Film vorkommen. »Total normal« – und damit gang und gäbe ist in den meisten Filmen:

● So gut wie kein Filmcountdown entspricht der Realzeit (die sehenswerte Ausnahme: »Nick of Time«, »Gegen die Zeit« [1995], ein spannungsgeladener, im Stil eines B-Movies der 40-er Jahre inszenierter Thriller mit Christopher Walken und Johnny Depp in den Hauptrollen).

● Egal, wer wen wann und warum aufsucht: Die Wohnung, die betreten wird, ist in aller Regel geputzt und aufgeräumt (oder wird gerade gesaugt). Chaos herrscht immer nur dann, wenn es für die (etwa dem Alkohol oder Drogen verfallenen) Bewohner charakteristisch ist oder die Wohnung gerade (von wem und warum auch immer) auf den Kopf gestellt wurde ...

● Zigaretten bleiben, obwohl sie seit Minuten brennen, gleich lang und werden auch häufig – obwohl sie längst ausgedrückt wurden – weitergeraucht.

● Autos wechseln die Farbe und/oder die (Farbe der) Innenausstattung.

● Auf Tellern drapierte Mahlzeiten werden zu schnell – oder aber auch gar nicht – weniger. Oder erst weniger und dann wieder mehr.

● Kinder ballen grundsätzlich ihre Fäuste um Löffel-, Gabel- und später auch Messergriffe. Aber auch Erwachsene wissen in aller Regel nicht, wie man Messer und Gabel hält.

● Auch wenn es »eigentlich« zu ihrem Erscheinungsbild gehört: Die elegantesten und gepflegtesten Frauen und Männer in Agentenfilmen und Thrillern benutzen ganz offenbar kein Parfum: Täten sie das, könnten sie sich nicht so erfolgreich direkt vor der Nase ihrer Gegenspieler verstecken.

● Selbst wenn es für die Handlung des Films absolut belanglos ist oder – wenn überhaupt – die Andeutung genügen würde: Die meisten Filme enthalten (mindestens) eine ausführliche Sexszene.

● Computer lassen sich im Film viel einfacher bedienen als im richtigen Leben: Nie ist es nötig, ein Betriebssystem hochzufahren, immer können sofort Eingaben gemacht werden. Und Texteingaben erscheinen stets in Riesenbuchstaben auf dem Monitor – wunderbare Computerwelt! Besonders verblüffend: Filmhelden bedienen selbst fremdsprachliche oder außerirdische Computer mit traumwandlerischer Sicherheit, entlocken ihnen Geheimnisse oder laden flugs Viren ins System.

● Egal, ob der eigene Wagen oder ein geklauter: In aller Regel ist der Tank voll genug für die wildesten und längsten Verfolgungsjagden.

● Egal, wohin und wie weit sie fahren: Sie haben immer freie Fahrt (außer natürlich, sie sollen – wie Dustin Hoffman in »The Graduate«, »Die Reifeprüfung« [1967], durch einen leeren Tank seines Alfa Romeo auf dem Weg zur Kirche in Santa Barbara – aufgehalten werden oder es soll ein Zusammenstoß stattfinden).

● Ob Mann, Frau oder gar Kind: Vorausgesetzt, dass an diesem Ort keine wie auch immer geartete Begegnung oder Handlung ins Drehbuch geschrieben ist, muss kaum jemand aus einem schlichten natürlichen Bedürfnis heraus zur Toilette.

● Ob Dschungel, Wüste oder sonstige Einöde und wie lange auch Filmheldinnen dort feststecken: Praktischerweise tun sie das offenbar immer zu einer Zeit, in der es nicht von Belang ist, dass sie keine Tampons oder Ähnliches greifbar haben – da kommt ein Mann nur schwer drauf!

● So pudelnass Filmheroinen und -Heroen einem Pool, Bach, Fluss oder sonstigen Gewässern auch entsteigen: Sekunden später sind Haar und Kleidung wieder trocken.

● Wann immer jemand seine gesamte Konzentration und Kraft darauf verwendet, sich an einem Felsvorsprung, Ast oder Ähnlichem festzukrallen, um nicht in die bodenlose Tiefe zu stürzen, ruft (sofern ihm oder ihr nicht am Tod des anderen liegt) wer immer das Geschehen beobachtet, dem oder der Verunglückten zu: »Halt dich fest!« – als ob er oder sie nicht von allein darauf kommen würde und genau dieses verzweifelt täte.

● Fallschirmspringer können sich (wie in »Point Break«, »Gefährliche Brandung« [1991]) während des Sprungs miteinander unterhalten.

● Ob »gut« oder »böse« und egal wie ungeübt: Unter Wasser können die Filmfiguren die Luft immer länger anhalten als Menschen im »richtigen Leben«.

● Kaum haben sie eine Zyankalikapsel zerbissen, kippen sie prompt tot um – obwohl der Tod durch Blausäure alles andere als kurz und schmerzlos ist, sondern ein sich über durchschnittlich 15 Minuten lang hinziehendes inneres Ersticken.

● Aus welch enormer Höhe sie auch in den Tod fallen oder springen: Die wenigsten hinterlassen beim Aufprall Blutlachen.

● Die Form der Blutflecken/Spritzer auf Kleidungsstücken und anderen Gegenständen sowie die Menge des jeweils verspritzten Blutes verändert sich – in unlogischer Reihenfolge. Wo erst viel Blut war, ist plötzlich nur noch wenig – oder auch, für eine kurze Einstellung, gar keines mehr …

● Ob nur ohnmächtig oder auch mausetot: Total reglos sind die Betroffenen in den wenigsten Fällen (in aller Regel zucken die Augenlider).

FEHLER IST NICHT GLEICH FEHLER

Fehler ist nicht gleich Fehler – folglich ergibt es Sinn, die Fehler in verschiedene Kategorien aufzuteilen (um Ihnen nicht alles doppelt und dreifach zu erzählen, sind im Folgenden auch Fehler aus Filmen aufgelistet, die Sie in diesem Buch nicht finden):

 Die Ausstattung spielt mit: In der Regel sind es Mikrofone oder Schatten von Mikrofonen, die sichtbar sind.

Das Team spielt mit: In den meisten Filmen spiegelt sich bei der einen oder anderen Gelegenheit das Filmteam oder ein Teil der Filmcrew wider. Aufgeführt sind sie jedoch nur, wenn sich – wie bei »Eye for an Eye«, »Auge um Auge« [1995]) – eine solche Szene (meistens in Zeitlupe) anzuschauen lohnt.

Achtung: In dieser Kategorie wird auf Szenen aufmerksam gemacht, aus denen später ein Filmfehler entsteht. Das heißt: »Achtung« und ist ein Hinweis auf den »Urzustand« der Dinge. Unter »Anschlussfehler« finden Sie – im jeweiligen Verlauf des Textes – dann Hinweise auf die Veränderungen. Wundern Sie sich nicht, wenn besagter Fehler direkt einem Achtungshinweis folgt. In einem solchen Fall folgten zunächst völlig andere (fehlerlose) Filmszenen (wäre der Fehler sofort erfolgt, wäre er als »Anschlussfehler« gelistet worden). Oft allerdings liegen zwischen dem Achtungshinweis und dem dazugehörigen Fehler (die auch Fehler im Plural werden können), andere Unachtsamkeiten der Script-Supervisors.

Anschlussfehler: Zu diesen zählt alles, was beim Wiederaufgreifen einer Sache/Handlung verpatzt worden ist. Wie etwa, dass Rose DeWitt Bukater [Kate Winslet] mit einer Kette um den Hals vom Mittagessenstisch aufspringt – in der nächsten Einstellung aber, als man sie durch den Gang auf das Deck der »Titanic« laufen sieht, keine Kette mehr trägt. Obwohl sie diese in der Zwischenzeit weder abgelegt haben kann – noch einen Grund dafür gehabt hätte.

Faktischer Fehler: Diese beinhalten etwa, dass die Rückspulfunktion des in »Back to the Future«, »Zurück in die Zukunft« [1985] gezeigten JVC-Camcorders nicht dadurch in Gang gesetzt wird, den Rewind-Button zu drücken und wieder loszulassen, sondern dass der Rewind-Button bis zu dem Punkt, zu dem man das Band zurückspulen möchte, heruntergedrückt gehalten werden muss. Oder dass – wie bereits erwähnt – Togo keinen König hat.

Anachronismus: Hier geht es um alles, was zeitlich falsch eingeordnet ist. Etwa, dass Don McLeans Song »American Pie« in »Geboren am 4. Juli« [1989] fehl am Platz ist, weil der Film zwischen 1968 und 1969 spielt, »American Pie« aber erst 1971 veröffentlicht wurde.

Fehl am Platz: Die unter dieser Rubrik subsumierten Fehler zeigen deutlich, dass der Film nicht dort gedreht wurde, wo er spielt. In »The Matrix« [1999] verraten beispielsweise gleich mehrere Einstellungen, dass der Film, der in einer unbekannten nordamerikanischen Stadt spielen soll, in Australien gedreht wurde. Das beginnt damit, dass der Aufzug als »lift« und nicht als »elevator« bezeichnet wird, und endet damit, dass Linksverkehr herrscht.
Worauf in dieser Rubrik ebenfalls aufmerksam gemacht wird, sind Szenen, in denen – auch im weitesten Sinne – absolut irrwitzige Requisiten vorkommen. Wie etwa die Melone, in die das Alien (in »Alien« [1979]) seine Zähne schlägt, als es in Parkers Kopf beißt.

Dies und das: Diese Fehler verraten zum einen, dass die eine oder andere unerwartete »Katastrophe« so unerwartet wohl doch nicht ist. Weshalb sonst sollte am Fuße mancher Treppe (wie auch in »The Exorcist« [1973]) eine Gummimatte liegen? Oder – wie beispielsweise in »Face/Off«, »Der Feind in meinem Körper« [1997] – bei einem Sprung über Dächer Sicherheitsleinen für die Darsteller sichtbar sein? Weiterhin verweist diese Rubrik auf andere Arten von Fehlern, die durch Unachtsamkeit entstanden. Wie etwa die Zigarettenpackung, die Alex Forrest [Glenn Close] in »Fatal Attraction«, »Eine verhängnisvolle Affäre« [1987] zweimal nacheinander aus ihrer Handtasche nimmt, und »In the Line of Fire« [1993] Sam Capagna [John Mahoney] zweimal hintereinander das rechte Bein über das linke schlägt.

Deutsche Sprache, schwere Sprache: Hier geht es schlicht und ergreifend um falsches Deutsch in der Synchronisation. Wie etwa in »Full Metal Jacket« [1987]: Sgt. Hartman [R. Lee Ermey] zu Pvt. Pyle [Vincent D'Onofrio], der mitten in der Nacht in den Toilettenräumen mit seinem Gewehr herumfuchtelt: »Was haben Sie eigentlich für einen Schaltfehler im Kopf, Sie dumme Nuss? Hat (muss heißen: »haben«!) Mami und Papi Ihnen nicht genügend Aufmerksamkeit geschenkt, als Sie ein Kind waren?«

Muttersprache, schwere Sprache: Als (Nostromo-Kapitän) Dallas [Tom Skerritt] vom Frühstückstisch aufsteht, an seinen Computer geht und das Menü aufruft, bietet »Mother« ihm – u. a. – als obersten Punkt in der dritten Reihe von links »I. ALLIGNMENT« an. Peinlich ist nur: Dieses Wort schreibt sich mit einem »L«.

Pointe verpasst: Ab und an werden Sie einen solch traurigen Hinweis finden. Das beste schlechteste Beispiel – aus »Shining« [1980]: In der amerikanischen Originalfassung wehklagt Jack, als er das erste Mal an der Bar des goldenen Salons (Gold Room) des »Overlook«-Hotels sitzt: »God, I'd give anything for a drink. I'd give my goddamned soul for just a glass of beer!« – »Gott, ich gäbe alles für einen Drink. Ich würd' meine gottverdammte Seele hergeben für nur ein Glas Bier!« In der deutschen Synchronfassung stöhnt er lapidar: »Gott, was gäb' ich für einen Drink ... Bier!«

Ungereimtheit: Diese Kategorie Fehler befasst sich mit Unstimmigkeiten in der Handlung: Wenn E.T. in »E.T. The Extra Terrestial«, »E.T. – Der Außerirdische« [1982] – selbst fliegen (aber auch andere fliegen lassen) kann, weshalb benutzt er diese magische Kraft nicht zu Beginn des Films? (Antwort: Hätte E.T. sein Raumschiff fliegender Weise erreicht oder seine Verfolger in der Luft strampeln lassen, hätte es nie einen Film »E.T.« gegeben!)

Filmfehler oder Interpretationsfrage: Ab und an gibt es Szenen, über die sich die Zuschauer die Köpfe heiß diskutieren, wie etwa: Nachdem Rose vom »Herz des Ozeans« erzählte, sie habe die Kette mit diesem Stein nur ein einziges Mal getragen – als Jack sie malte –, scheint eine spätere Szene Rose Lügen zu strafen: Als Cal Hockley ihr das »Herz des Ozeans« schenkt, legt er ihr die Kette um. Damit, meinen manche, habe Rose das »Herz des Ozeans« mindestens zweimal getragen. Wirklich »getragen« – sich damit bewusst geschmückt – hatte Rose die Kette indessen nur ein einziges Mal. Dass Cal sie ihr – als er sie ihr schenkte – um den Hals legte, zählt hier nicht.

Zusatzinformation: Diese Rubrik erscheint selten, aber doch dann und wann. Etwa, wenn Max Cady in »Cape Fear« [1991] von »dem Buch zwischen Esther und den Psalmen« spricht, müssen Sie nicht erst zu Ihrer Bibel greifen, um zu erfahren, dass vom Buch Hiob die Rede ist.

Hinter den Kulissen: Hier geht es um Interessantes und Amüsantes hinter den Kulissen und rund um den Film. Wie: Bud in »Airbud – Champion auf vier Pfoten« [1996] wird von sechs Hunden gespielt; oder: In einer frühen Drehbuchversion sollte Ripley [Sigourney Weaver] in »Alien« mit einem männlichen Darsteller besetzt werden; Robert de Niro zahlte seinem Zahnarzt 5 000 Dollar, um seine Zähne für die Rolle des Max Cady in (dem überaus gelungenen Remake von) »Cape Fear /Kap der Angst« [1991] (nach zig Jahren Knastaufenthalt) leicht verrottet wirken zu lassen – und blätterte ihm nach dem Dreh viermal so viel auf den Tisch, damit er sein Gebiss wieder in dessen Originalzustand versetzt ...

Hintergrundwissen: Hier handelt es sich schlicht und ergreifend um Zusatzinformationen, die den Film direkt betreffen. Wie den Umstand, dass die Kleider, die Sharon Stone in »Basic Instinct« [1992] trug, von Design und Reihenfolge exakt auf die Garderobe abgestimmt wurden, mit welcher Kim Novak für Alfred Hitchcocks »Vertigo«, »Vertigo – aus dem Reich der Toten« [1938] ausgestattet worden war.[IMDb]

[IMDb] IMDb kurz für »Internet Movie Database«. Mehr dazu auf Seite 14.

Monologe & Dialoge: Diese Rubrik befasst sich ausnahmsweise nicht mit »Fehlern«, sondern zeigt schlicht »verbale Sahnehäubchen« auf, wie beispielsweise folgende Filmdialogzeilen in »Speed« [1994]:

Howard Payne [Dennis Hopper]: »Arme Leute sind verrückt, Jake – ich bin exzentrisch!«

Auch das hier ist wirklich gelungen an »I.Q. – Liebe ist relativ« [1994]:

Albert Einstein [Walter Matthau]: »Glauben Sie, dass wir Menschen jemals intelligentes Leben im Universum finden werden?«

Ed Walters [Tim Robbins]: »Ich dachte, das sucht man noch verzweifelt auf der Erde?!«

Alle Filmfehler sind nach dem zeitlichen Ablauf des Filmes gelistet

Die Listung der Fehler innerhalb eines Films erfolgte logisch und simpel: chronologisch. Zeitangaben zu machen wäre schon deshalb unsinnig gewesen, weil jeder Videorekorder anders »misst«. Wenn Sie – für sich – unbedingt wissen wollen, nach wie viel Filmminuten welcher Fehler kommt, ist es am sinnvollsten, Sie notieren sich die Zeitangabe Ihres Videorekorders neben der Beschreibung.

Wo genau finden sich die Filmfehler im Bild?

Ein nach rechts deutender Pfeil → heißt z. B., die zu beachtende Stelle ist rechts im Bild, ein nach links deutender Pfeil ← heißt folglich, dass die linke Bildschirmseite Ihre Aufmerksamkeit fordert. Zwei Pfeile, deren Spitzen aufeinanderstoßen →←, weisen auf die Bildmitte.

Nicht in dieses Lexikon aufgenommen wurden:

Filmfehler, die ein spezifisches Fachwissen (z. B. über Schusswaffen oder genaue Ortskenntnis) erfordern, um für Laien unterhaltsam zu sein; Fehler, die – auch in Zeitlupe – nur sehr, sehr schwer erkennbar sind; Fehler in der Aussprache der Synchronsprecher und Synchronsprecherinnen. (Nahezu immer sprechen sie – wie in »Sliver« [1993] das englische »V« nicht als schlichtes, weiches »W« aus, sondern als stünde dort »wh« – wie in Whisky; Filme, die derart von Fehlern wimmeln, dass jeder davon ein eigenes Buch füllen würde.

DIE WICHTIGSTEN RECHERCHE-QUELLEN

Um wertvollen Platz zu sparen, wurden häufig erscheinende Quellenangaben als Kürzel wiedergegeben. Das heißt, befindet sich eine Information, zu der eine Quellenangabe sinnvoll ist,
● bereits im Lauftext des Buches, finden Sie besagte Quellenangabe als Kürzel hochgestellt.
● in einer Fußnote, finden Sie das dazugehörige Kürzel als »Quelle«.

AA   **Academy-Award** oder Oscar-Seite: www.oscar.com
Hier finden Sie nahezu alles über den begehrtesten aller Fimpreise.

AFI   **American Film Institute**
Die Seite für die 100 besten, spannendsten, komischsten oder sonst was Filme aller Zeiten und mehr.

BL **Börsenlexikon** von »Boerse.de«: www.boerse.de/lexikon.php3
Nicht nur in »Wall Street« kommen immer wieder Begriffe vor, mit denen »Normalsterbliche« wenig bis gar nichts anfangen können. Um das zu ändern, wurden die Fachausdrücke erklärt.

CL **Cleverlearn Clicktionary** – das schnellste aller Wörterbücher: www.cleverlearn.com
Clicktionary© PRO 2.8 ist eine hilfreiche und einfach anzuwendende Applikation, die es dem Benutzer ermöglicht, auf unbekannte Wörter in verschiedenen Textverarbeitungsprogrammen zu klicken, um – nach entsprechendem Download (auch einer Testversion) – deren Übersetzung (etwa Englisch/Deutsch, Deutsch/Englisch) in einem »Pop-up«-Fenster offline angezeigt zu bekommen. Clicktionary© PRO 2.8 eignet sich unter anderem als Internetbegleitung.

DJ **Dirk Jaspers Filmlexikon**: www.cyberkino.de/entertainment/djfl/index_1.html
Dieses Filmlexikon ist Teil der »Deutsches Entertainment Magazin im Internet«-Site und enthält nahezu alles, was Sie über Filme, Filmstars und Filmpreise wissen wollen könnten.

K1 **Kabel 1**: www.kabel1.de
In aller Kürze finden Sie hier Informationen zu Filmen, (auch alten) Serien und Stars.

IMDb **The Internet Movie Database**: http://german.imdb.com/Find
Die ausführlichste und beste englischsprachige Filmseite. Hier können Sie nahezu jeden Film bis ins Detail erforschen. Filmfehler finden Sie in »Areas to Search« unter der Rubrik »Goofs«, Zusatzinformationen unter »Trivia«, Besetzungslisten unter »Full Cast and Crew«. – Was immer Sie sonst noch zu Filmen suchen: Hier werden Sie fündig.

LR **Lexirom 4.0, Edition 2000** – © Meyers Lexikonverlag
Gewünschte Informationen finden Sie unter dem jeweiligen Suchbegriff. Insgesamt beinhaltet die »Lexirom« CD-Rom: Meyers Lexikon in drei Bänden, Duden – Die deutsche Rechtschreibung, Duden – Das Fremdwörterbuch, Duden – Die sinn- und sachverwandten Wörter, Langenscheidts Taschenwörterbuch Englisch (mit Aussprachebeispielen) und unge-zählte Multimediadateien.

ME/OE **Microsoft® Encarta® Online-Enzyklopädie 2002.** http://encarta.msn.de
© 1997–2002 Microsoft Corporation.
Die gesuchte Information finden Sie unter dem jeweiligen Suchbegriff. Ferner können Sie die Microsoft Encarta Online-Enzyklopädie in diversen Fremdsprachen, nach Ländern sortiert, durch-forsten. Angeboten wird sie für: Australien, Deutschland, Frankreich, Großbritannien, Italien, Spanien und die USA.

MMC **Movie-Mistakes.com**: www.movie-mistakes.com
Eine reine – monatlich mindestens einmal aktualisierte – Filmfehlerseite (englischsprachig).

S **Synchronsprecherliste**: http://mitglied.lycos.de/garyhobson/SynSprech.htm
Wo es unerlässlich erschien, den Synchronsprecher oder die Synchronsprecherin zu nennen, wurden sie in der Regel obiger Liste entnommen.

ZUR HANDHABUNG DER ANGEGEBENEN INTERNETADRESSEN

Grundsätzlich wurden sämtliche URLs in ihrer vollen Länge belassen. Um auf eine der angegebenen Seiten zu kommen, ist es sinnvoll, zunächst die Hauptadresse einzugeben. Führt diese Sie nicht auf einen Blick weiter, geben Sie den jeweils nächsten Teil der Adresse ein, bis Sie einen Link auf die von Ihnen gesuchte Seite entdecken.

Beispiel 1:
Angenommen, Sie interessieren sich für den amerikanischen (und zugleich ins Deutsche übersetzten) Text von Don McLeans »American Pie«. Eine Fußnote sagt, dass Sie diesen auf der Internetseite http://members.chello.at/wo/american_pie.htm finden. Also geben Sie zunächst einmal die Hauptseite der Adresse ein: http://members.chello.at – und gelangen damit auf eine Seite, mit der Sie gar nichts anfangen können: »chello members webspace«. Außerdem verändert sich die Adresse in Ihrem Browser, sie verwandelt sich zu: http://members.chello.at/admin/max.php3 Was Ihnen, wie gesagt, nicht weiterhilft. Geben Sie nun allerdings http://members.chello.at/wo ein, kommen Sie auf eine Seite mit der Überschrift: »United Federation of Planets«, und wenn Sie die runterscrollen, finden Sie – links – einen Link, der Sie direkt zu der Seite führt, auf die Sie möchten, nämlich: http://members.chello.at/wo/american_pie.htm

Beispiel 2:
Angenommen, Sie würden gern – und sei es nur spaßeshalber – wissen, in welchen Ländern neben Australien noch Linksverkehr herrscht, gibt die Fußnote dazu die Internetseite www.oeamtc.at/netautor/pages/resshp/anwendg/1084850.html an. Hier gehen Sie zunächst einmal auf die Hauptseite und beginnen mit: www.oeamtc.at – Auf der Website des »Österreichischen Automobil-, Motorrad- und Touring Club« gibt es neben einem reichhaltigen Themenangebot auch (auf der linken Seite) eine interne Suchmaschine. In die geben Sie nun schlicht und ergreifend »Linksverkehr« ein, gehen auf »Enter« und finden ein Ergebnis zu Ihrer Suche: »Länder mit Linksverkehr«. Diesen Link klicken Sie an – und schon sind Sie da, wo Sie hinwollten.

Selbstverständlich können Sie auch direkt über eine Suchmaschine nach weiteren Informationen zum Thema suchen (empfehlenswert ist hier www.google.com oder www.google.de). Dort anklicken, ob Google für Sie das gesamte Net oder ausschließlich »Deutsche Seiten« durchforsten soll, und Stichwörter zur jeweiligen Thematik eingeben. Bei »Länder mit Linksverkehr« ist der oben beschriebene Link beispielsweise als Erster angegeben.

Was Sie auch noch wissen sollten: Wenn irgend möglich, wurden deutschsprachige Internetseiten gesucht. Konnte innerhalb dieser allerdings keine (eventuell auch keine seriös erscheinende) Site gefunden werden, wurde auf englischsprachige Seiten zurückgegriffen. Da die Netzinhalte jedoch in einem permanenten Wechsel begriffen sind, ist es durchaus möglich, dass sich zwischenzeitlich etwas verändert hat und Sie nun eine deutsche Site (oder auch mehrere) mit der von Ihnen gewünschten Informationen finden. Je präziser die von Ihnen eingegebenen Stichwörter sind, desto erfolgreicher ist in der Regel der »Ertrag«.

WAS ZUM SICHTEN DER FILMFEHLER VORHANDEN SEIN SOLLTE

Unerlässlich:
- ein TV-Gerät mit passabler Bildschirmgröße
- eine möglichst saubere Kopie des Films
- ein DVD- oder Videorekorder mit Zeitlupen- und Standbild-Funktion
- Spaß an der Sache
- Zeit und Muße
- Wachsamkeit
- gute Augen
- gute Ohren

Optional:
- Popcorn und Cola
- Freunde, die ebenfalls Spaß am Entdecken von Filmfehlern haben

Empfehlenswert:
Dass Sie den Film, dessen Fehler anzuschauen Sie sich gönnen möchten, bereits kennen. Ist dies nicht der Fall, hält das Filmfehlersichten Sie davon ab, die Handlung auf sich wirken zu lassen. Was schade wäre. Vor allem aber: So kann der Film Sie auf unterschiedlichste Weise unterhalten. Einmal als guter und spannender Film – und dann beim Sichten der Fehler.

Unbedingt empfehlenswert:
Sämtliche Fehler des Films, den zu sehen Sie ausgewählt haben, vor dem Ansehen einmal insgesamt zu lesen – und während des Betrachtens die Liste parat zu haben. Da die Fehler chronologisch gelistet sind, genügt dann ein kurzer Blick darauf, um zu wissen, welche Szene (und was speziell) als Nächstes einer näheren Betrachtung lohnt.

ALIEN
DAS UNHEIMLICHE WESEN AUS EINER FREMDEN WELT
GB 1979 • REGIE: RIDLEY SCOTT

Faktischer Fehler: Während die Crew noch im Hyperschlaf liegt, fährt die Kamera durch den Computerraum der Nostromo. Dann kommt sie kurz zum Halt – und zeigt links von einem Helm (etwa →←) einen kleinen Holzspecht. Der hämmert. Was er gar nicht (mehr) dürfte. Das Wasser, in das er seinen Schnabel tauchen muss, um funktionsfähig zu sein, müsste nämlich, da niemand den Trog nachfüllen konnte, schon längst verdunstet sein.

Anschlussfehler: Ebenfalls innerhalb dieser Szene zeigt die Kamera einen abgeschalteten Computer – schneidet um auf einen Helm und wieder zurück zum Computer. Diesmal steht rechts vom Monitor ein Trinkbecher, der in der vorherigen Einstellung nicht da war. Und dann geht's richtig los. Der Computer schaltet sich mit der Nachricht »Nostromo 180924609« ein …

Muttersprache, schwere Sprache: Als Nostromo-Kapitän Dallas [Tom Skerritt] vom Frühstückstisch aufsteht, an seinen Computer geht und das Menü aufruft, bietet »Mother« ihm – u. a. – als obersten Punkt in der dritten Reihe von links »I. ALLIGNMENT«[1] an. Peinlich ist nur, dass sich dieses Wort mit einem »L« schreibt.

Achtung: Als Dallas und die beiden Besatzungsmitglieder Lambert [Veronica Cartright] und Kane [John Hurt] die Nostromo verlassen, um nach der Quelle des empfangenen Signals zu suchen, tragen alle drei unter ihren Helmen – was auch, während sie im All sind, gut sichtbar ist – eine gelbliche Kopfbedeckung.

Dies und das: Während Lambert, Kane und Dallas auf dem fremden Raumschiff auf der Suche nach dem Ursprung des ominösen Signals sind – und Ash [Ian Holm] sich vergeblich bemüht, die drei per Funk zu erreichen –, sieht man deutlich die Luft, die Dallas und Kane ausatmen. Lambert hingegen atmet scheinbar nicht …

Anschlussfehler: Was ist aus Kanes gelber Kopfbedeckung geworden? Als sein Helm – nachdem das Alien von Kane Besitz ergriffen hat – heruntergeschnitten wird, ist sie weg.

Anschlussfehler: Die Position der mittleren zwei Greifarme des Fremdorganismus auf Kanes Hinterkopf verändert sich in den verschiedenen Großaufnahmen, wenngleich nur minimal. Insbesondere der Greifarm (↓) ist in einer späteren Einstellung (als Ash ansetzt, ihn mit dem Laser abzuschneiden) nicht mehr so angewinkelt wie in den vorherigen.

Dies und das: Bei dem Einschnitt, den Ash am Greifarm des Fremdorganismus vornimmt, entstammt dessen Blut respektive Säure dem *Laser* anstatt dem Gelenk!

[1] alignment Sg. engl., Substantiv / Anordnung, Anpassung (w) / Ausfluchten, Ausrichten – Tech. (s) / Linienführung, Zeilenführung – Tech. (w) / Trasse, Flucht – Tech. (w) / Quelle: CL

( ) Anschlussfehler: Wie wir gesehen haben, produziert und benutzt der Organismus, der sich auf Kanes Gesicht festgesetzt hat, eine Säure, die potent genug ist, um ein Loch in die Bordwand des Schiffes zu fressen. Doch obwohl er mit ebendieser Kanes Helm zersetzte, ist – nachdem das Ding von ihm abgelassen hat – nicht die Spur einer Verätzung auf Kanes Gesicht wahrzunehmen.

( ) Anschlussfehler: Als der Fremdorganismus von Kane abgelassen hat und spurlos verschwunden ist, sind neben Ash auch Dallas und Ripley [Sigourney Weaver] – zunächst alle mit leeren Händen – auf der Suche nach ihm. Im Laufe dieser Suche stößt Dallas wohl an etwas, was einen riesigen Lärm verursacht, und erschreckt Ripley, die zu dem Zeitpunkt unter dem Tisch nach dem Fremdorganismus forscht. Als Dallas »Entschuldigen Sie« sagt und die Kamera ihn erneut ins Bild bringt, hält er plötzlich einen langen, dünnen Leuchtstab in seiner rechten Hand (den er nicht, wie Ash, zwischenzeitlich aus einem Regal nehmen konnte).

? Ungereimtheit: Nachdem der Fremdorganismus auf Ripleys Schulter gelandet ist und dann, von ihr abgeschüttelt, am Boden liegt, sind dessen »Finger« faustähnlich geballt. Als Ash jedoch damit beginnt, den Organismus zu untersuchen, zeigen dessen Finger wie die einer geöffneten Hand nach oben – schnappen jedoch zu, sobald Ash sie berührt. Ash erklärt, das sei »nur eine Reflexbewegung«. Dass Ripley, die den Fremdorganismus auch sehr genau und misstrauisch mustert, ihn nicht eines anderen belehrt, erstaunt.

( ) Anschlussfehler: Als Brett [Harry Dean Stanton] vor versammelter Mannschaft von Ellen Ripley zu hören bekommt, dass er kaum je einen anderen Kommentar als »genau« von sich gebe, ist Bretts Zigarette erst nahezu aufgeraucht, dann so gut wie neu – und Bruchteile von Sekunden später wieder nur ein etwas längerer Stummel.

( ) Anschlussfehler: Bevor das Alien aus Kanes Brust springt, zeigt dessen Hemd verschieden große Blutflecken. Irrwitzigerweise nicht nur solche, die größer werden – sondern auch kleiner …

( ) Anschlussfehler: Kanes fast gesamten Todeskampf über ist ein Stück freier Haut zwischen seinem T-Shirt und dem Hosenbund zu sehen. Erst in den letzten Sekunden seines Lebens steckt Kanes T-Shirt säuberlich in der Hose …

Die Ausstattung spielt mit: Auf seiner Suche nach Jonesy, dem auf der Nostromo weilenden Kater, steht Brett, »Kitte-, Kitte-, Kitte-Kätzchen« rufend, unter einem Türbogen – in dessen oberem Teil unübersehbar ein Mikrofon baumelt …

? Ungereimtheit: Spätestens, als Dallas auf seine Bitten um Auskunft über »gängige Methoden zur Beseitigung von Fremdorganismus« oder »Alternativmethoden« von »Mutter« zu hören bekommt: »Computerbearbeitung nicht möglich, verfügbare Daten ungenügend« – und sie ihm dieselbe Antwort auf seine Frage: »Wie stehen meine Chancen?« gibt – hätte er sich doch denken können, dass »Mutter« ihre schützende Hand über den Fremdorganismus hält. (Immerhin war es ihr – zu Beginn des Films – ein Leichtes gewesen, ihm eine vollständige Analyse der Beschaffenheit des fremden Planeten zukommen zu lassen: »Eine Atmosphäre wie in der Urzeit. Sie besteht aus neutralem Stickstoff, einer Konzentration aus Kohlendioxidkristallen und Methan. (…) Das Gestein ist vulkanisch. Es ist sehr kalt, ganz besonders kalt. Weit unter dem Gefrierpunkt.«)

Anschlussfehler: Während seiner Jagd auf das – und zugleich Flucht vor dem – Alien trägt Dallas einen eingeschalteten Flammenwerfer bei sich. Oder eben auch nicht: Als er sagt: »Alles in Ordnung, ich bin jetzt an der dritten Verbindungsstelle«, hat er ihn noch. Die Leiter steigt er jedoch ohne die Feuerwaffe hinunter. Um sie dann plötzlich doch wieder bei sich zu haben. Oder, wie gesagt, auch nicht. Und dann wieder doch …

Anschlussfehler: Auf seiner Suche nach dem Alien – mit und ohne Flammenwerfer –, kommt Dallas mit dessen Schleim, der am Boden klebt, in Berührung und fasst hinein. So viel Schleim aber, wie plötzlich von Dallas' Fingern tropft, war zuvor nicht auf dem Boden gewesen …

Ungereimtheit: Da ist die Nostromo eines der bestausgerüsteten Raumschiffe überhaupt und führt – konzipiert für sieben Besatzungsmitglieder – einen Raumgleiter mit sich, der nicht einmal vier Personen aufnehmen kann?! So viele – oder eher so wenige: Ripley, Lambert, Parker [Yaphet Kotto] und Ash – sind es nämlich noch zu dem Zeitpunkt, zu dem Lambert vorschlägt, sich damit davonzumachen. Was aber, laut Ripley, nicht realisierbar ist, denn »der Gleiter bietet nicht Platz für alle«.

Muttersprache, schwere Sprache: Als Ripley sich – per Computer – mit »Mutter« unterhält, schreibt diese unter anderem: »Emergency Command Overide 100375« (»Notstandsbefehl 100375 außer Kraft setzen«) – und zeigt damit einmal mehr, dass sie ihre Muttersprache alles andere als beherrscht: »Override«[2] wird mit zwei »R« geschrieben.

Anschlussfehler: Nach ihrem Gespräch mit »Mutter« konfrontiert Ripley den wissenschaftlichen Offizier Ash damit, das Alien – gemäß seinem »Sonderauftrag 937« – die gesamte Zeit über beschützt zu haben. Prompt kommt es zwischen den beiden zu einem Kampf. Obwohl dieser höchst ungleich ist – Ashs Kräfte sind übermenschlich –, ist es doch frappierend, dass Ripley, noch bevor Ash sie auch nur angerührt hat, heftiges Nasenbluten entwickelt …

Anschlussfehler: Im Laufe seines Kampfes mit Ash stellt Parker fest, dass sein Kontrahent »nichts weiter als ein verdammter Roboter« ist. Als Parker diese Tatsache mit »scheußlich, zum Kotzen« kommentiert, weist dessen grünes T-Shirt in Höhe seiner rechten Schulter einen Riss auf (der von einer aus dem Nichts aufgetauchten Sicherheitsnadel zusammengehalten wird) – um nur Sekunden später, als Parker »helft mir, helft mir!« ruft, wieder völlig heil zu sein … damit Ash das Hemd erneut einreißen kann.

Achtung: Als Lambert Parker in seinem Kampf gegen Ash zu Hilfe eilt, trägt sie – deutlich sichtbar – braune Cowboystiefel.

---

[2] override engl. trans. verb: sich hinwegsetzen über, außer Kraft setzen. Quelle: CL

Dies und das: Um – auch auf der Nostromo regiert das Prinzip Hoffnung – vielleicht doch noch von Ash zu erfahren, wie die bis dahin drei Überlebenden dem Alien den Garaus machen können, beschließt Ripley, den demolierten Roboter noch einmal zum Leben zu erwecken, und fragt: »Parker, kriegen Sie die Kontakte alle wieder zusammen?« – flickt aber, schon während sie die Frage stellt, Ash selbst notdürftig wieder zusammen.

Anschlussfehler: Als Ash – nunmehr nur noch ein sprechender Kopf – damit heraus-rückt, dass das Alien für wissenschaftliche Zwecke zu retten die gesamte Zeit über Priorität hatte, flucht Parker – das Hemd, welches (aus der Halspartie ersichtlich) einen völlig anderen Schnitt als zuvor hat, vorn heruntergerissen und die rechte Hemdschulter ganz weg –: »Eine fabelhafte Gesellschaft! Und was sollte aus uns werden, du verdammter Roboter?«
Nur wenige Sekunden später – als Ripley von Ash wissen will, wie sie das Alien ums Leben bringen können, und dieser ihr antwortet: »Sie können es nicht töten« – ist Parkers Hemd – ohne dass sich irgendwer daran zu schaffen gemacht hätte – vorn ein ganzes Stück tiefer, nämlich fast bis zum Bauchnabel, heruntergerissen.

Anschlussfehler: Ungeschickter geht es nicht mehr: der Umschnitt von Ian Holm als Ash zu Ash, dem Dummy – nachdem Ripley dem kurzfristig reparierten Roboter den endgülti-gen Todesstoß versetzt hat.

Anschlussfehler: Als Parker den Flammenwerfer auf Ashs Überreste richtet und diese entzündet, ist Ashs linker Arm – wie in der Szene davor – deutlich sichtbar. Kaum aller-dings ist, was von Ash übrig geblieben ist, in Brand gesetzt, ist nur noch sein Schädel übrig.

Anschlussfehler: Parkers Hemd besitzt offenbar Selbstheilungskräfte. Als Ripley Parker und Lambert losschickt, um möglichst viel Kühlstoff für den Raumgleiter zu besorgen, und sagt: »Ich mach' den Raumgleiter startbereit«, ist Parkers Hemd weniger tief eingerissen als vor-her (was auch in der Szene danach gut erkennbar ist). Kurz darauf allerdings, als er von Grauen gepackt »Mein Gott« ausruft, ist sein Hemd, ohne dass es zwischenzeitlich einen Grund dafür gegeben hätte, erneut völlig lädiert.

Fehl am Platz: In Zeitlupe ein wahres Bonbon: Die Melone, in die das Alien seine Zähne schlägt, als es – der Handlung nach – in Parkers Kopf beißt, der von schwarzer Hautfarbe ist.

Anschlussfehler: Was ist aus den braunen Cowboystiefeln geworden? Als das Alien seinen Schwanz um Lamberts Beine windet, stecken ihre Füße plötzlich in was für Schuhen auch immer (von denen man nur die Spitzen sieht) – aber auf gar keinen Fall in braunen Cowboyboots.

Ungereimtheit: Weshalb ist Lamberts Leichnam nackt (und – dementsprechend – nun auch barfuß)? Seit wann zieht das Alien den Genuss von Kleidungsstücken dem Genuss von Menschenfleisch vor?

Dies und das: Als Ripley den Countdown zur Zerstörung der Nostromo abbrechen will, folgt sie – nur diesmal auf Französisch – derselben Anleitung, der sie Schritt für Schritt

Folge leistete, um ebendiesen Countdown einzuleiten. (Kein Wunder also, dass sie die Selbstzerstörung des Raumschiffs auf diese Weise nicht stoppen konnte!)

Dies und das: Von dem Moment an, in dem die Sprengautomatik der Nostromo in Gang gesetzt wird, dauert es laut schriftlicher Information des »Emergency Destruction System«, sowie von »Mutter« verbal bestätigt, bis zur Detonation »genau zehn Minuten«. Dennoch beginnt ebendieser Countdown, nachdem Ripley den Selbstzerstörungsmechanismus aktiviert hat, bei 10 Minuten und 42,2 Sekunden ...
... dafür allerdings ist er bereits bei 04.58,42 angelangt, als »Mutter« anhebt zu sagen: »Das Schiff wird in genau fünf Minuten gesprengt.«
... und dann sind es – just nach Ripleys Ausruf »Du mieses Stück!« – laut Zählwerk plötzlich wieder 10.41,1 Minuten, bis das Schiff detonieren soll.

Dies und das: »Mutter« hat offenbar ganz generell ein lausiges Zeitgefühl. Die beiden 30-Sekunden-Countdowns dauern sechs respektive sieben Sekunden länger.

Anschlussfehler: Just bevor Ripley kurz vor Ende des Films in den Raumanzug steigt, ist ihr Gesicht hinter dem halbblinden Glasschutz eines Helms mit der Kennzeichnung D-7 zu sehen – allerdings ohne dass die Astronautin bis dahin einen Helm getragen hätte. Der Helm, den sie – nachdem sie sich einen Raumanzug angezogen hat – schließlich aufsetzt, ist, anders als der Helm davor, von klarstem Glas und hat *keine* Kennnummer. Wobei diese Szene ebenfalls nicht konsequent durchgespielt ist, sondern auch hier noch einmal Ripleys Gesicht kurz hinter dem »D-7«-Helm gezeigt wird, den sie nie auch nur in die Hand nahm.

 Hinter den Kulissen: Wäre es nach Regisseur Ridley Scott gegangen, hätte auch Ripley die Reise auf der Nostromo nicht überlebt. In dem von Scott bevorzugten Ende hätte das Alien Ripley den Kopf abgebissen, sich hinter das Steuer des Raumgleiters gesetzt und mit Ripleys Stimme Kontakt zur Erde aufgenommen. Die Filmfirma 20th Century Fox wollte jedoch kein so düsteres Ende ... [IMDb]

AMERICAN WEREWOLF
AN AMERICAN WEREWOLF[1] IN LONDON
USA 1981 • REGIE: JOHN LANDIS

Zusatzinformation: Sämtliche Lieder, die in diesem Film vorkommen, beinhalten das Wort »Mond«: »Blue Moon« in gleich drei – genialen – Versionen: von (in dieser Reihenfolge) Bobby Vinton, Sam Cooke und den Marcels, »Moondance« von Van Morrison und last but not least John Fogertys »Bad Moon Rising« in der Version von Creedence Clearwater Revival.[2]

Achtung: Als David Kessler [David Naughton] und sein Freund Jack Goodman [Griffin Dunne] von einem Schafhirten [Joe Belcher] auf einer Landstraße in Yorkshire, im Norden Englands, abgesetzt werden, trägt David eine rote Thermojacke.

Zusatzinformation: Auf ihrem Weg ins Dorfinnere fordert David Jack auf: »Sag mal ›klopf-klopf‹«. Dabei geht es um ein typisch englisches Kinderwortspiel. Sagt einer: »Knock-knock«, muss der andere fragen: »Who's there?« und erhält eine Antwort wie etwa: »Hands«, »Hände«. Daraufhin fragt der andere zurück: »Hands who?«, »Hände wer?« – und bekommt als Auflösung: »Hands up – you're under arrest!«, »Hände hoch, du bist verhaftet!«[3]

Zusatzinformation: Bei dem fünfzackigen Stern, auf welchen Jack David in der Kneipe »The Slaughtered Lamb«, »Das geschlachtete Lamm«, aufmerksam macht, handelt es sich um ein Pentagramm oder einen Drudenfuß. Dieses Zeichen hat viele – auch einander widersprechende – Symbolgehalte. In der Antike wurde es als Amulett und Schutz gegen Unheiliges verwendet, wanderte jedoch im Mittelalter von der so genannten »weißen« in den Bereich der »schwarzen Magie«. In nordischen Ländern wurde ein Pentagramm zum Schutz gegen Trolle und das Böse auf die Türen der Häuser gemalt.[4]

Ungereimtheit: Als David Kessler aus seinem Koma erwacht, fragt er: »Wo bin ich?« und erhält von Dr. Hirsch [John Woodvine] zur Antwort: »Sie sind in einem Hospital in London.« Weshalb David – wenn schon – nicht in ein Krankenhaus in Yorkshire gebracht, sondern 400 Kilometer – von den (North) Yorkshire Moors nach London[5] – transportiert wurde, ist – da es sich

---

[1] Werwolf, Mythologie: im Volksglauben die den schlafenden Menschen verlassende Seele, die sich in einen Menschen mordenden Wolf verwandelt. Quelle: LR

[2] Die Texte von »Blue Moon«, »Moondance« und vielen anderen Liedern rund um den Mond finden Sie unter »Popular Moon Songs«: http://www.moonlightsys.com/themoon/lyrics. Den Text von »Bad Moon Rising« unter commonplacebook.com »Songlyrics«: http://www.commonplacebook.com/songs/badmoon.shtm

[3] Knock-knock-Rätsel finden Sie mengenweise unter »Granny Goose's Fun Room«: http://www.geocities.com/EnchantedForest/3607/kids.html

[4] Quelle: »Vom Wandel eines Zeichens: Das Pentagramm hat viele Symbolgehalte«: www-ojt.fh-reutlingen.de/sectio-aurea/Seiten50+51.pdf

[5] Weil es sich bei »East Proctor« um eine Fantasiestadt handeln muss – eine solche (auch »Proctor«) ist (in England) nicht einmal im »Britannica Atlas« zu finden –, im Routenplaner von www.fernweh.com, der

beim »St. Martin's Hospital«[6], in dem David sich wiederfindet, nicht um eine Spezialklinik irgend-
einer Art handelt – mehr als unsinnig.

Achtung: Ferner erklärt Dr. Hirsch seinem Patienten: »Sie wurden vor drei Wochen
eingeliefert.«

Deutsche Sprache, schwere Sprache: Mr Collins [Frank Oz] von der amerikanischen
Botschaft am Grosvenor Square (No. 24), den Dr. Hirsch im Schlepptau hat, scheint – in der
deutschen Synchronfassung – wohl nicht bei der Sache zu sein. Sagt er doch tatsächlich zu David:
»Ich kann sehr gut verstehen, dass Sie im Moment nicht so gut beieinander sind, aber das ist kein
Grund, hysterisch zu werden, Mr Kessler. Versuchen Sie *nicht*, sich aufzuregen!«

Dies und das: Kein Filmfehler, aber eine Anmerkung wert: Nachdem Schwester
Alexandra »Alex« Price [Jenny Agutter] ihrem Patienten anbietet, sie schlicht »Alex« zu
nennen, meint dieser, als sie ihn weiter mit »Mr Kessler« anspricht: »Wir können uns duzen, ich
heiße David.« Diese Aussage ist – da es im englischsprachigen Raum kein »Du« und »Sie«,
sondern lediglich das »you« gibt – ein Einfall der deutschen Dialogregie[7].

Achtung: Dr. Hirsch erklärt seinem Patienten: »Wir werden Sie in drei bis vier Tagen entlas-
sen können. Damit werden seit dem letzten Vollmond dann 24 oder 25 Tage vergangen sein.«
Da der scheinbare, von der Erde aus betrachtete Mondzyklus (Neumond – Vollmond – Tag vor
Neumond) 29,53 Tage beträgt[8], blieben damit noch fünf bis sechs Tage, bis der Mond erneut voll ist.

Zusatzinformation: Als Schwester Alex Price neben Davids Bett Nachtwache hält, zeigt
er sich plötzlich munter, und sie fragt: »Soll ich dir etwas vorlesen?« Er bejaht und sie
beginnt: »Ein Yankee am Hofe König Arthurs« (wobei die Synchronsprecherin den Namen des
Königs mit »th« ausspricht) von Samuel L. Clemens.« Was sie offenbar nicht weiß – sonst hätte
sie es gewiss erwähnt – ist: Samuel L. Clemens ist niemand Geringerer als Mark Twain! Und in
der Synchronfassung erwähnt sie nicht einmal, was der tatsächliche deutsche Titel des Buches ist.
Nämlich: »Ein Yankee aus Connecticut an König Artus' Hof«[9].

---

nach den zwischen York und London liegenden Kilometern sucht. Von York – 336 km von London entfernt
– sind es locker noch weitere 60 km bis ins Moor.

[6] Ein »St. Martin's Hospital« ist in England lediglich als eine auf »mental health«, geistige Gesundheit
spezialisierte Klinik, in Canterbury, Kent, verzeichnet. Quelle: »Netdoctor: Hospitals beginning with S«.
http://www.netdoctor.co.uk/directory/hospitals/alfa.asp?Show=S

[7] In der Originalfassung erklärt er ihr lediglich, sie könne ihn »David« nennen – was in diesem Fall allerdings als Angebot zu so etwas wie einem »Du« gewertet werden kann.

[8] Quelle: Heinzmann, Leo: Ein systematischer Kalender, 3. Astronomische Gegebenheiten:
http://members.aol.com/leonheinz/kalender.htm

[9] Twain, Mark, eigentlich Samuel Langhorne Clemens (1835–1910), amerikanischer Schriftsteller, der mit
Tom Sawyer und Huckleberry Finn zwei Gestalten der humoristischen Weltliteratur schuf. (...) Von beißen-
dem Humor war »Ein Yankee an König Artus' Hof« (1889), eine Satire auf die Verhältnisse im feudalisti-
schen England. Quelle: ME/OE

Dies und das: Vor allem einfach ärgerlich: Einen Text von Mark Twain einkürzen zu müssen ist eine Sache. Ihn dabei zu verfälschen eine andere. In der Synchronfassung liest Alex: »Das ist nach dem Vorwort, aber noch vor dem ersten Kapitel, also ein erklärendes Wort: Es war im Schloss Warwick, wo ich dem eigenartigen Fremden begegnete, über den ich euch etwas erzählen will. Seine faszinierende Erscheinung war durch drei Dinge gekennzeichnet. Seine Aufrichtigkeit und seine Vertrautheit mit antiken Rüstungen, und er war sehr gesprächig. Wir lernten uns auf einer Party kennen, weil wir beide abseits standen. Das Partygeschehen interessierte ihn genauso wenig wie mich.« In der vom »Diogenes Verlag« veröffentlichten deutschen Ausgabe steht hingegen: »Einige Worte zur Erklärung. Der seltsame Fremde, von dem ich erzählen will, begegnete mir auf Schloss Warwick. Dreierlei an ihm zog mich an: aufrichtige Einfachheit, seine außerordentliche Kenntnis altertümlicher Rüstungen und die Tatsache, dass man in seiner Gesellschaft ausruhen konnte – denn er bestritt die Unterhaltung allein. Wie es bescheidenen Leuten geht, gerieten wir am Ende eines Schwarms von Besuchern, die durch das Schloss geführt wurden, zusammen, und sogleich begann er Dinge zu sagen, die mich interessierten. (…)«

Deutsche Sprache, schwere Sprache: Zum Frühstück bekommt David »Eier mit Schinken, Porridge[10], Orangensaft *mit* Toast und Marmelade.«

Achtung: Bei John Goodmans Besuch an Davids Krankenbett ist Jack zwar bereits seit mehr als drei Wochen (un)tot. Verwesungserscheinungen zeigt er aber absolut keine.

Faktischer Fehler: (soweit man bei diesem Thema von »Fakten« sprechen kann) Jack Goodman ist der erste und einzige Untote, der noch Mahlzeiten (wie eine Scheibe Toast, in das weiche Gelb eines Spiegeleis getunkt), zu sich nimmt. Bemerkung am Rande: Auch im Abspann des Filmes werden die »Untoten« eigens erwähnt, was in den wenigsten Werwolf-Filmen geschieht: »All characters and events in this film are ficticious. Any similarity to actual events or persons, living, dead, or *undead* is purely coincidental.« – »Alle Personen und Ereignisse in diesem Film sind frei erfunden. Jede Ähnlichkeit mit tatsächlichen Begebenheiten oder lebenden, toten oder *untoten* Personen wäre rein zufällig.« Nicht zufällig ist es, dass die Untoten bei John Landis ihre eigene Erwähnung im Abspann finden. Bei dem abgedrehten Humor, den der Regisseur an den Tag legt, blieb es ihm vorbehalten, neben den Lebenden und den Toten auch den Untoten »Abbitte« zu leisten.

Anschlussfehler: David erzählt Schwester Alex von Jacks Besuch und auch: »Er hat mir gesagt, dass ich in zwei Tagen zu einem Monster werde.« Das heißt, David müsste – seit er aus seinem Koma erwachte – bereits sieben Tage im St. Martin's Hospital sein. Das kommt aber nie und nimmer hin.

---

[10] Englisch: Haferbrei. Eines von vielen Porridgerezepten: 200 ml Wasser und 200 ml Milch mit 1 Prise Meersalz erhitzen. 80 bis 100 g grobe Haferflocken etwa 20 Minuten darin quellen lassen. 1 Apfel reiben und (eventuell mit einer Hand voll Rosinen) hinzufügen. Den Porridge nach Belieben mit etwa 2 Esslöffeln kräftigem, würzigem Honig (oder auch etwa Zucker und Zimt) süßen und in zwei Schälchen füllen. Zum Schluss je 4 Esslöffel kalte Sahne darüber geben.

Anschlussfehler: Die Zeitrechnung stimmt vorn und hinten nicht. Nachdem Dr. Hirsch David beibrachte, dass er drei Wochen im Koma lag, ist ein Tag vergangen. Am nächsten Tag meint Dr. Hirsch, er könne David »in drei bis vier Tagen« entlassen. Am folgenden Tag wiederum erklärt David Kessler Schwester Alex, er sei ein Werwolf, woraufhin sie besorgt antwortet: »Dave, du solltest morgen entlassen werden – meinst du, wir können dich rauslassen?« Ferner erzählt David der Krankenschwester: »Mein Freund Jack war gerade hier. (...) Er hat mir gesagt, dass ich in zwei Tagen zu einem Monster werde.« Wie das? Seit dem letzten Vollmond müssten also bereits 27 Tage vergangen sein – womit an die vier Tage irgendwo verloren gegangen sein müssen.

Anschlussfehler: Als David gemeinsam mit Alex die Klinik verlässt, ist er plötzlich Besitzer einer blauen Thermojacke.
Anmerkung: Dass er die rote in seinen Rucksack gepackt hat, ist unwahrscheinlich. Dafür ist dieser – mit dem David ursprünglich zusammen mit Jack drei Monate lang unterwegs sein wollte – viel zu klein.

Ungereimtheit: Mehr als drei Wochen nach seinem Tod sah Jack – bis auf die riesige Wunde in seiner linken Gesichtshälfte – noch ganz »gesund« aus. Innerhalb eines Tages wirkt er überraschend weit verwest.

Achtung: David Kessler fragt Alex: »Hast du den Film ›Der Wolfmann‹[11] gesehen?« Sie fragt zurück: »Ist das der mit Oliver Reed?«[12] – »Nein«, erwidert David, »ich mein' den alten. (…) Bela Lugosi beißt Lon Chaney (Jr.) in die Gurke und verwandelt sich in einen Werwolf. (…) Claude Rains ist Lon Chaneys Vater, und der tötet ihn am Schluss. (…) Ich will damit sagen, ein Werwolf kann nur von jemandem getötet werden, der ihn liebt.«

Dies und das: So schlampig synchronisiert wie dieser Film ist selten ein anderer. Als Dr. Hirsch im »Geschlachteten Lamm« die näheren Umstände von Jack Goodmans Tod und David Kesslers Verletzung recherchieren will, beginnt er das Kneipengespräch mit: »War ja 'ne hässliche Sache mit den beiden Amerikanern neulich, ne?« Daraufhin erwidert der Dartspieler [David Schofield]: »Ich weiß nicht, wovon Sie reden« – und der Londoner Arzt erklärt: »Oh, ich bin sicher, dass das stimmt. Vor einigen *Monaten*, beim *letzten* Vollmond ist das passiert.« Abgesehen davon, dass Dr. Hirsch in der Originalfassung sehr wohl weiß, dass das Geschehen (fast auf den Tag exakt) *einen*, und nicht *einige Monate* zurückliegt: Seit wann ist nur alle paar Monate Vollmond?

Anschlussfehler: Um abzuchecken, ob ein anderer Besucher des Gasthofs seinen Fragen gegenüber eventuell aufgeschlossener gegenübersteht, geht Dr. Hirsch – mit einem frisch gefüllten Glas Guinness[13] – an den Tisch des Schachspielers [Brian Glover I]. Nachdem er sich

---

[11] »The Wolf Man«, USA 1941, Regie: George Waggner

[12] »The Curse of the Werewolf«, GB 1961, Regie: Terence Fisher

[13] Alles rund um dieses besondere irische Bier finden Sie unter »Guinness Facts«:
http://www.ivo.se/guinness/facts.html

gesetzt hat, ist das Glas noch voll. Nachdem der Schachspieler misstrauisch fragt: »Sind Sie von Scotland Yard?«, ist es gut und gern halb leer – und wieder gefüllt, als Dr. Hirsch vorschlägt: »Machen wir ein Spielchen?«

Faktischer Fehler: Als David, nachdem er Alex, die offenbar Samstagsdienst schieben muss, verabschiedet und in deren Apartment den Fernseher eingeschaltet hat, bekommt er zunächst das Testbild des englischen Senders BBC1, danach erwischt er ein Programm, in dem gerade die Werbung läuft. Nachdem »Naughty[14] Nina« [Nina Carter] andeutet, was sie in einer Art »Lebensbeichte« alles ansprechen wird, sagt eine männliche Stimme: »Don't miss the naked truth about Naughty Nina, starting in the ›News of the World‹ tomorrow«, »Verpassen Sie nicht die nackte Wahrheit über Naughty Nina, mit der die ›News of the World‹ morgen beginnt«. – Da besagte »News of the World« ein englisches Sonntagsboulevardblatt ist, spielt diese Szene an einem Samstag. Und Samstag morgens sendete die BBC auch Ende der Siebziger/Anfang der Achtziger (geschweige denn tagsüber) kein Testbild, sondern Noel Edmonds' »Swap Shop«.[15]

Dies und das: David liegt auf Alexandras Bett, steht dann auf, geht in die Küche, öffnet die Kühlschranktür und bemerkt dann: »Ich hab' doch gar keinen Hunger.« Dann liest er ein wenig, schaut vor die Haustür und zurück im Wohnzimmer in einen Spiegel »Fi-Fa-Fo-Fam – ich riech' das Blut vom Englischmann«. Im Anschluss daran wiederholt sich die Kühlschrankszene. Dass dies ein Filmfehler ist – und nicht etwa an dieser Stelle von der Sendeanstalt geschnitten und Murks gemacht wurde, ergibt sich daraus, dass der Song »Blue Moon« ohne jede Unterbrechung durchgespielt wird.

Dies und das: Das St. Martin's Hospital ist personalmäßig offenbar gewaltig unterbesetzt: Schwester Alex ist immer noch im Dienst, als der Vollmond bereits hell am Himmel steht.

Deutsche Sprache, schwere Sprache: Bei seiner offenbar überaus schmerzhaften Verwandlung in einen Werwolf leistet David Kessler seinem Freund folgende Abbitte: »Ich hab's nicht so gemeint, wenn ich sagte, du bist ein Schaschlik, Jack!«

Die Ausstattung spielt mit: Nachdem David lange, schwarze Haare auf dem Rücken gewachsen sind, sieht man ihn zunächst auf allen vieren. Dann lässt er sich auf den Rücken fallen. Genau in diesem Augenblick ist deutlich erkennbar, dass er ein Plastikkörperkorsett (bis etwa in Brusthöhe) trägt.

Achtung: Als Gerald Bringsley [Michael Carter I.] in der U-Bahn-Station Wolfsheulen hört, erkundigt er sich: »Hallo? Ist da jemand?« und fügt dann, reichlich sauer, hinzu: »Ich versichere Ihnen, dass das nicht im geringsten Maße komisch ist. Ich werd' gegen Sie Anzeige erstatten!« Auf dem Weg zum Ausgang nimmt er zunächst eine Treppe und eine Rolltreppe. Als er dann in den nächsten Gang einbiegt, bleibt er neben einem Plakat (↓) stehen, auf dem die »Non-Stop-Orgie« »See you next Wednesday«, bis nächsten Mittwoch,

---

[14] böse, frech, vorlaut, unartig, unerzogen, unanständig. Quelle: CL

[15] 1976 bis 1982 Quelle: »Saturday, Saturday«: http://tv.cream.org/saturdist.htm

angekündigt wird. Und verharrt dort auch noch, als er ganz offenbar den Werwolf sieht und ausruft: »Das kann doch nicht wahr sein!«

Faktischer Fehler: Obwohl an dem Tag, an welchem David im Zoo aufwacht, die in der vergangenen Nacht verübten Morde noch gar nicht in den Morgenzeitungen stehen können, machen sie dennoch schon Schlagzeilen.

Anschlussfehler: Obwohl der Tag, nachdem David sich in einen Werwolf verwandelt hatte, ein Sonntag sein müsste, liest Dr. Hirsch die (nur während der Woche erscheinende) Tageszeitung »Daily News«.

Ungereimtheit: Derart bescheuert, sich in einer Telefonzelle – und das auch noch am Piccadilly Circus – das Leben nehmen zu wollen, kann nun wirklich niemand sein. Dazu kommt: Dass man das Messer in einem solchen Fall nicht quer am Handgelenk ansetzt, sondern die Pulsader längs (und sehr tief!) aufschneiden muss, dürfte sich doch mittlerweile auch herumgesprochen haben.

Dies und das: So, wie Jack Goodmans Verwesung fortschreitet, wird er, auch ohne dass der letzte Werwolf den Tod findet und dadurch dem Spuk ein Ende macht, nicht mehr lange unter den Untoten weilen ...

Ungereimtheit: Als bei der »Untoten«-Versammlung im Kino mit David Kessler beratschlagt wird, wie der junge Amerikaner, auf dem der Fluch des Werwolfs lastet, sich am geschicktesten aus dem Leben befördert, schlägt Harry Berman »ein Gewehr« vor – und David Kessler fragt: »Brauch' ich 'ne *Silberkugel* oder so was?«, woraufhin Jack Goodman erwidert: »Nun komm, lass die Scherze. Es ist ernst genug.« Was David sagte, war allerdings kein Scherz: Mit normalen Kugeln, so die Mär, ist einem Werwolf nicht beizukommen. Die weltweit als wirksamste bekannte Methode zur Tötung eines Werwolfs ist eine Kugel aus reinem Silber.[16]

Die Ausstattung spielt mit: Anders kann man das »Blut«, welches der Bobby [Ken Sicklen] im Kino sieht, nicht nennen!

Zusatzinformation: Als besagter Bobby die Tür zum Kino hinter sich schließt, ist der Titel des Pornofilms, der noch immer läuft, deutlich zu erkennen: »See you next Wednesday!« Diese Phrase taucht in vielen Filmen von Regisseur John Landis[17] – mal zu lesen, mal verbalisiert – auf: Völlig fasziniert von dem letzten Satz, mit dem sich – in Stanley Kubricks »2001: A Space Odyssey« [1968], 2001: Odyssee im Weltraum – der Vater [Alan Gifford] des Astronauten Frank Poole [Gary Lockwood] via Satellitenschaltung von seinem Sohn verabschiedet: »Bis nächsten Mittwoch!«, hatte John Landis als Fünfzehnjähriger seinem ersten Drehbuch

---

[16] Quelle: »Grimmige Werwölfe: Eine Silberkugel hilft«:
http://www.gigapolis.com/zauberwald/wolf/werwolfspezial/grimmig.htm

[17] »Schlock« [1971], »Kentucky Fried Movie« [1977], »The Blues Brothers« [1980], »Michael Jacksons Thriller« [1983], »The Twilight Zone« [1983], »Into the Night« [1985], »Trading Places« [1983], »Coming to America« [1988].

den Titel »See you next Wednesday« verpasst. Das Skript, sagt Landis heute, war grottenschlecht – hätte aber viele gute Ideen gehabt, die er nach und nach in seine aktuellen Projekte einbaue.[18] Weshalb Landis sein »Bis nächsten Mittwoch« zu einer Art »Running Gag« gemacht hat, erklärt er damit zwar nicht – aber es ist immer wieder ein »Aha-Erlebnis«, just diesen Satz in dem einen oder anderen Landis-Film auszumachen.

Die Ausstattung spielt mit: Auch der Kopf von Inspektor Villiers [Don McKilop], den der Werwolf abbeißt, ist eine derart schlecht gemachte Requisite, dass er eher Lacher hervorruft als Gruseln.

Dies und das: Nach einer Serie von Autozusammenstößen kommt ein gelber Wagen, gelenkt von einem Mann in rotem Pullover neben einer Beifahrerin in beigem Pulli und schwarzem Jackett ins Bild. Wenn Sie nun die Zeitlupentaste drücken, sehen Sie (aus dem Wageninneren) ein Auto auf einen jungen Mann mit Stirnband zufahren, der – ebenso wie die mollige mittelalterliche Frau neben ihm – durch die geschlossene Glastür einer Bank kracht, ohne dass das Auto einem der beiden nahe genug gekommen wäre.

Ungereimtheit: Nicht nur bedarf es, um diesen Werwolf zu töten, offenbar keiner Silberkugel – was eigentlich ein »Stilbruch« ist: der Werwolf wird von einem Sonderkommando der Polizei hingestreckt. Konnte also nicht nur, wie David Kessler Schwester Alex Price erklärte, »von jemandem getötet werden, der ihn liebt.«

Hintergrundwissen: Auf das Ende dieses Abspanns lohnt es sich, zu achten – denn er enthält eine Botschaft an das damals jungvermählte Prinzenpaar: »Lycanthrope Films Limited wishes to extend its heartfelt congratulations to Lady Diana Spencer and His Royal Highness The Prince of Wales on the occasion of their marriage – July 29th 1981.« Lang, lang ist's her – und viel genützt haben die »von Herzen kommenden Glückwünsche zur Hochzeit« den beiden wenig.[19]

Hinter den Kulissen: John Landis hätte in »An American Werewolf in London« auch gern »Moon Shadow« von Cat Stevens und Bob Dylans Version von »Blue Moon« integriert, aber beide Künstler erklärten sich mit der Verwendung ihrer Musik in diesem Film nicht einverstanden.[IMDb] Was im Falle von Cat Stevens zumindest nicht verwunderlich ist. Der Popstar von einst hat, als er zum Islam übertrat, den Namen Yusuf Islam angenommen und singt seitdem ausschließlich, um Gott zu loben und zu preisen. Der Mann, der einmal Cat Stevens war, hat mit Kommerz nichts mehr im Sinn. Warum also sollte er seine Musik für einen Horrorfilm freigeben?

[18] The Austin Chronicle »An Interview With Filmmaker John Landis – The Man With Susan's Plan« by Marc Savlo: http://www.austinchronicle.com/issues/vol18/issue43/screens.landis.html

[19] Am 12. Juli 1996, wenige Tage vor ihrem fünfzehnten Hochzeitstag, ließ das Paar verlautbaren, dass es am 28. August geschieden werden würde. Quelle: CNN World News: »Charles Diana agree to divorce by August 28th«: http://www.cnn.com/WORLD/9607/12/royal/index.html. Fast auf den Tag genau ein Jahr später, am 31. August 1997, erlag die »Königin der Herzen«, geboren am 1.7.1961, ebenso wie ihr Geliebter Dodi Al Fayed und der (alkoholisierte) Fahrer des Wagens, Henri Paul, in Paris den Folgen eines Autounfalls.

ASSASSINS – DIE KILLER
ASSASSINS
USA 1995 • REGIE: RICHARD DONNER

Englische Sprache, schwere Sprache: Auf die – per Laptop gestellte – Frage seines geheimnisvollen Auftraggebers: »Has the mark been terminated?«, korrekt übersetzt mit: »Ist die Zielperson ausgelöscht?«, tippt Robert Rath [Silvester Stallone]: »The contract has been fulfilled, the mark has been retired«, was übersetzt ist mit: »Vertrag ist erfüllt, das Opfer beseitigt.« Doch das stimmt so nicht. Tatsächlich schreibt Robert Rath, dass die Zielperson »pensioniert«, »in den Ruhestand versetzt« wurde. Denn das und nichts anderes bedeutet »to retire«.[1]

Zusatzinformation: Höchstwahrscheinlich haben sich die Drehbuchautoren etwas dabei gedacht – wenn nicht, trafen sie, was die Namen ihrer Hauptpersonen angeht, voll ins Schwarze! Zunächst einmal klingt »Rath« nicht anders als »wrath« – was im Englischen »Zorn« heißt und, als solcher ausgeschrieben, doch reichlich plump gewesen wäre. Was die Vornamen angeht, passen sie alle vier zu den Charakteren. »Robert« ist eine Ableitung des germanischen/althochdeutschen »Rupert«[2] und bedeutet: »Ruhm, Ehre und glänzend«. Was dieser ist: Er ist der Beste. Die Nummer eins. »Miguel« ist die spanische Form des hebräischen Namens »Michael« – und steht für: »Wer ist Gott?«[3] »Elektra« kommt aus dem Griechischen und heißt »die Strahlende«.[2] Die entsprechend ausgestrahlt hat. Robert findet gar wieder Sinn in seinem Leben. »Nikolaj« ist die polnische Form des ursprünglich griechischen Namens »Nikolaus«: »Sieger des Volkes«.[3]

Anschlussfehler: Direkt nachdem Miguel Bain [Antonio Banderas] sich von seinen Handschellen befreit und dem Cop hinter dem Lenkrad des Polizeiautos das Genick gebrochen hat, fährt der Tote – ganz untot – den Wagen weiter. (Am besten in Zeitlupe zu erkennen.)

Dies und das: Nachdem Miguel Bain von der Rückbank des Taxis aus, welches Robert Rath sich gegriffen hat, durch die Trennscheibe bemerkt: »Du wirst eben langsam alt«, lacht er in sich hinein. Der Ton passt nur absolut nicht zur Mimik.

Faktischer Fehler: Miguel Bain, der Robert Raths Auftrag, Alan Branch aus dem Verkehr zu ziehen, an sich gerissen hat, zu Robert Rath: »In Rom, 14 v. Chr., wurde General Flavius ermordet. Auf der Beerdigung seines Bruders.« Die Sache ist nur die: Einen solchen Flavius gibt es, auch nach intensiver Recherche, nicht.

Zusatzinformation: Das gelbe Taxi fährt an einem Bus vorbei, auf dem im »O« von »NO!« – durchgestrichen – NRA steht: Ein deutliches Nein zur »National Rifle

---

[1] retire, I v/i 1. allg. sich zurückziehen (a. fig. from business aus dem Geschäftsleben; (...): retire from business a. sich zur Ruhe setzen. 2. in Rente od. Pension gehen, sich pensionieren lassen. (...) II v/t 4. in den Ruhestand versetzen, pensionieren. Quelle: LR

[2] Vornamenbank: http://vornamenbank.de/suche.php

[3] Vornamenlexikon: http://www.vornamenlexikon.de

Association« – der amerikanischen Waffenlobby (mit US-Kino-Legende Charlton Heston als Präsidenten und vier Millionen Schießwütigen als Mitgliedern).[4]

Pointe verpasst: Robert Rath fragt seinen ihm unbekannten Auftraggeber – wie immer, via Laptop: »Who the hell is Miguel Bain?«, »Wer zum Teufel ist dieser Bain?« Auf die – nicht übersetzte Antwort: »That's no way to talk to a lady«, »So spricht man nicht mit einer Dame«, erwidert er: »Bin ich dir nicht höflich genug? Hör mit deinen Scheißspielchen auf. Ich will's wissen.« Was die deutsche Dialogregie völlig außer Acht ließ: »That's no way to talk to a lady« ist ein für den Auftraggeber markanter Satz. Es hätte nicht geschadet, ihn schon beim ersten Mal zu übersetzen.

Dies und das: Obwohl Elektra [Julianne Moore] sich bei ihrem ersten Auftritt im Film auf – dem Lärm nach zu urteilen – der höchsten Stufe die Haare fönt, werden diese nicht von dem geringsten Lufthauch erfasst.

Achtung: Nachdem die holländischen Käufer in das Hotel gegangen sind, steigt Robert Rath aus einem Taxi und folgt ihnen ins Marriott. Was er *nicht* bei sich hat, ist sein Macintosh.

Dies und das: Das nennt man »Product Placement«: Als Robert Rath in der Hotelzentrale anruft: »Ich wollte nur Bescheid sagen, dass wir einen Stromausfall haben« – wird dies, wie es sich für ein Marriott gehört, weitergeleitet. Auf dem Schreibtisch, an dem der für die Wartung zuständige Angestellte [Ron Ben Jarrett] sitzt, steht dick und fett eine Pepsi-Dose – eine weitere kommt in der nächsten Einstellung, die Robert Rath in seinem Hotelzimmer zeigt, auf dessen Tisch platziert, voll ins Bild.

Anschlussfehler: Während Robert Rath sich in den Hotelcomputer eingeklinkt hat, beginnt er, eine Banane zu essen. Und die wird und wird und wird nicht weniger – beziehungsweise immer wieder mehr.

Achtung: Die Datenmengen, die Elektra von der Diskette in ihrem Laptop in den Computer der Holländer sendet, addieren sich insgesamt zu 520,5 MB (54,6 + 21,3 + 117 + 30,1 + 18,9 + 208 + 70,6).

Achtung: Als Robert Rath mit Elektra die Parkebene betritt, auf welcher der Hotelpage deren Auto geparkt hat, trägt Robert Rath Elektras Laptop unter seinem linken Arm ($\downarrow$).

Anschlussfehler: Während seiner – bislang offenbar ziellosen – Fahrt mit Elektra kommen die beiden an einem braun-gelben Bus vorbei (der – wie ein anderer Bus zuvor – gegen die »National Rifle Association« Front macht). Als Elektra den Wagen zum Stillstand bringt und daraus flieht, steht auf der Straße ein einziger Bus, in den sie steigen könnte. Als sie sich

[4] Dreyfuss, Robert: »Notfalls die reine Lehre opfern«: http://www.freitag.de/2000/24/00241101.htm

darum bemüht, Einlass zu finden, ist es der eben beschriebene Bus, an dessen Türen sie hämmert. Kaum ist Elektra allerdings eingestiegen, ist der Bus ein völlig anderer und seine Farbe braun-weiß.

Achtung: Bob [Reed Diamond] und Jennifer [Kelly Rowan] bewohnen offenbar Apartment 202. Da sich Elektras Apartment darüber befindet, lebt sie im 3. Stock.

Achtung: Nachdem Miguel Bain Bobs Leichnam noch einmal bewegt hat, liegen dessen Füße seitlich.

Anschlussfehler: Als Robert Rath Bobs Leiche entdeckt, hat sich deren Position leicht verändert. Die Füße ragen ein wenig weiter aus dem Badezimmer heraus, der Leichnam liegt mehr auf dem Rücken.

Anschlussfehler: Obwohl Robert Rath den toten Bob nicht im Geringsten berührt hat, liegt dieser – als Jennifer im Apartment ist – mit dem gesamten Körper im Bad.

Achtung: Es ist schon erstaunlich, wie weit die tote Jennifer noch herumkommt: Die linke Seite von Jennifers Leichnam geht bis zur Türmitte.

Achtung: Als Robert Rath Vorbereitungen für eine Sprengung des Apartments trifft, trägt er ein weißes, dezent blau gestreiftes Hemd.

Dies und das: Obwohl Miguel Bain den Schreibtisch, bevor er ihn durch das Fenster wirft, schräg in der Luft hält, fällt nichts davon herunter. Alles wirkt wie festgeklebt.

Anschlussfehler: Jennifers Leiche ist schon wieder unterwegs. Sie ist – obwohl niemand auch nur in ihrer Nähe war – ein ganzes Stück weiter nach rechts gerutscht.

Dies und das: Dass Miguel Bain sich, als er bei einem Sprung aus der Höhe ungebremst auf dem Boden aufkommt, nicht einmal den kleinen Finger oder eine Zehe verstaucht hat, ist äußerst unwahrscheinlich.

Dies und das: Ob dies die richtige Szene ist, um Robert Rath und Elektra sich fortan duzen zu lassen, ist fraglich. »Lassen Sie mich allein«, wäre logischer gewesen als »Lass mich allein«: In diesem Moment will Elektra nur Abstand – nicht plötzlich, durch die Verwendung des Du, eine wie auch immer geartete Nähe schaffen.

Anschlussfehler: Na bitte! Ein paar Kratzer hat Miguel Bain bei seinem Sprung aus dem 3. Stock doch abgekriegt. Sie verändern sich allerdings mehrmals innerhalb einer einzigen Szene. Zunächst ist die Schulter seines rechten Arms (vorne ↑) nicht blau unterlaufen. Auch sind die Hautabschürfungen recht groß. Nachdem er auf dem Laptop liest: »Rath isn't the mark – THE DISK«, »Rath ist nicht die Zielperson (…)«, sind die Wunden plötzlich nur mehr Kratzer. Als Miguel nach seinem Rauswurf aus der Organisation lacht (nach: »You had your chance, the contract has been reassigned«, »Du hattest deine Chance (…)«, ist Miguels rechte Schulter blau unterlaufen.

Englische Sprache, schwere Sprache: »The contract has been reassigned«, heißt nicht: »Wir entziehen dir den Auftrag«, sondern: »Der Auftrag wurde bereits jemand anderem zugewiesen.« Was eine wesentlich definitivere Aussage ist.

Anschlussfehler: Nachdem Elektra, aus dem Bad kommend, fragt: »Was sagen Sie über die Schießerei im Marriott« und Robert Rath antwortet: »Nichts«, kommt hinter ihr, während sie in das Zimmer geht, auf der Gepäckablage ein Gepäckstück ins Bild, das keiner der beiden zu irgendeinem vorherigen Zeitpunkt ins Auto gebracht hätte. (Wenig später kommt besagte Tasche noch einmal groß ins Bild.)

Achtung: Dass Robert Rath Elektras Laptop benutzt, wird auch aus ihrer Bemerkung: »Die Informationen (auf der Diskette) sind verschlüsselt. Um den Code auf meinem Laptop zu knacken, würdest du zwei- bis dreihundert Jahre brauchen«, ersichtlich.

Anschlussfehler: Als Robert Rath sich – mit Elektras Laptop (seinen hatte er ja nicht mitgenommen, als er ins Marriott ging) – zum Übergabeort der Diskette begibt respektive zur Bezahlung des Auftrags, trägt er ein kariertes Hemd und auch eine andere Hose. Elektra wechselt ebenfalls ab diesem Zeitpunkt ihre Kleidung. Wie gut, dass der Himmel ihnen eine Reisetasche schickte, in welcher sich für beide passende Anziehsachen befinden.

Achtung: Robert Rath verlässt den Übergabeort mit nur einem Aktenkoffer mit Geld. Den Laptop überließ er dem Überbringer [ungenannt] seines Honorars.

Dies und das: Wie Robert Rath es bewerkstelligt, dass ihm – bei den Sprüngen von Dach zu Dach bis zur Straße – der Aktenkoffer nicht aus der Hand fällt, grenzt wahrlich an ein Wunder.

Faktischer Fehler: Auf die 1,44-MB-Diskette können niemals all die Daten passen, die Elektra im Marriott-Hotel auf ihren Mac rief. Die Gesamtdatenmengen ergeben nämlich insgesamt 520,5 MB.

Anschlussfehler: Nachdem Robert Rath sich des mit Sprengstoff gespickten Aktenkoffers entledigt hat, tritt er erneut in Kontakt mit seinem ominösen – und offenbar überaus linken – Auftraggeber. Wie immer geschieht die Kommunikation per Laptop. Die Frage ist nur: Wo kommt der her? *Seiner* liegt bei ihm daheim, *ihren* übergab er der Kontaktperson …

Zusatzinformation: Als Elektra fragt: »Hast du gewusst, dass Kaviar kein russisches Wort ist?«, antwortet Robert Rath: »Ikra. Ich glaube, die sagen Ikra dazu.« Wer aber taufte diese Art von Fischrogen dann Kaviar? – Die Türken![5]

---

[5] Kaviar [türkisch], gesalzener Rogen einiger Störarten, die hauptsächlich im Schwarzen und Kaspischen Meer gefangen werden. Die wichtigsten Arten: 1. Beluga, der 15–20 kg Kaviar von grobkörniger Struktur liefert; 2. Schip liefert 2–12 kg mittelgroß gekörnten Kaviar; 3. Ossiotr ähnelt dem Schip; 4. Sewruga liefert 1–5 kg Kaviar, der besonders kleinkörnig ist. Quelle: LR

Deutsche Sprache, schwere Sprache: Das Angebot von Robert Raths Auftraggeber: »We can make new arrangements«, »Wir können ein neues Arrangement, Übereinkommen treffen« wird übersetzt mit: »Wir können uns neu arrangieren« – was doch etwas anderes ist.[6]

Zusatzinformation: »Dia de los Muertos«, der Tag der Toten, eines der bedeutendsten mexikanischen Feste, wird traditionell in der Nacht vom 1. auf den 2. November landesweit zelebriert. Und zwar nicht als Trauertag, sondern in liebevoller Erinnerung an die Toten.[7]

? Ungereimtheit: Elektra hat die Balkontür der Hotelsuite offen gelassen, als sie sich unter die bunte Menschenmenge auf den Straßen mischte. Würde sie wirklich riskieren wollen, dass Pearl aus dem Hotelzimmer entwischen kann? So, wie Elektra an der Katze hängt, doch wohl eher nicht.

? Ungereimtheit: Da löst ein Bankkunde ein Konto mit 20 Millionen Dollar auf – und alles, was er, für die Wartezeit von mehreren Stunden (das Geld muss zweimal gezählt werden) von einem Bankangestellten angeboten bekommt, ist ein Sessel im Foyer und Kaffee? Und überhaupt: Warum rät der Bankdirektor [Axel Anderson] Robert Rath um zehn Uhr morgens nicht, am späten Nachmittag wiederzukommen? Dass Rath »heute nichts anderes vor« hat, ist eine Sache. Dass er acht Stunden lang in der Bank hocken wird, eine andere.

Anschlussfehler: Während Miguel Bain die Tür zur Bank zusehends nervöser beobachtet, trägt er keine Sonnenbrille – und hat auch keine solche in seinen Hemdausschnitt gehängt. Als er schließlich seinen Posten verlässt – um nachzuschauen, ob er seine Zielperson nicht eventuell doch verpasst haben könnte –, hängt eine Sonnenbrille in seinem Hemd.

Dies und das: Gut gemachtes Kunstblut ist, wie der Name schon sagt künstlich, aber auch eine hohe Maskenbildner*kunst*. Das Blut, das von Miguel Bains Hand tropft, wirkt mehr als künstlich, es wirkt einfach unecht.

Anschlussfehler: Nachdem Nikolai zu Robert Rath sagt: »Dafür (dass die letzte Begegnung der beiden so lange her ist) hast du dich gut gehalten«, nimmt er seine Sonnenbrille ab und hält sie, während er mit dem linken Fuß prüft, ob der am Boden liegende Miguel auch wirklich tot ist, in der linken Hand. Erstaunlicherweise liegt Nikolais Sonnenbrille zeitgleich auf dessen Aktenkoffer, den er zu Füßen des reglosen Miguel Bain abgestellt hat. Danach löst besagte Sonnenbrille sich offenbar in Luft auf. Und ward nie mehr gesehen.

---

[6] arrangement s. 1. (An)Ordnung f. 2. Festsetzung f. 3. Verabredung f. Vereinbarung f. make an arrangement eine Verabredung treffen (with mit) 4. Schlichtung f. Beilegung f. 5. mus. Arrangement n. a. thea. etc. Bearbeitung f. 6. pl. Vorkehrungen pl: make arrangements Vorkehrungen treffen. Quelle: LR
arrangieren: I v/t arrange. II v/reflex sich arrangieren come to an arrangement (od. agreement) (with mit) Quelle: LR

[7] mehr unter Reisebuch.de: »Dia de los Muertos« http://reisebuch.de/mexiko/reiseinfos/fiestas.html

AUGE UM AUGE
EYE FOR AN EYE
USA 1996 • REGIE: JOHN SCHLESINGER

Das Team spielt mit: Als – gleich zu Beginn des Films – ihre Tochter Megan [Alexandra Kyle], weil sie Angst vor einem Nachtfalter hat, nach ihr ruft, antwortet Karen McCann [Sally Field]: »Ich komm ja schon« – was sie auch tut. Um an Megans Bett zu gelangen, muss deren Mutter an einem großen Wandspiegel vorbeigehen. In dem prompt nicht nur sie, sondern auch ein Crewmitglied zu sehen ist.

Das Team spielt mit: Nur wenig später steht Karen McCann gemeinsam mit ihrem Mann Mack [Ed Harris] im Bad – und benutzt, um ihr Augen-Make-up aufzulegen, einen runden Vergrößerungsspiegel. Als sie, nachdem sie sagt: »Egal, wie früh ich aufstehe – ich bin *immer* zu spät dran!«, versehentlich mit dem Rougepinsel daran stößt, spiegelt sich in diesem, was hervorragend zu sehen ist, das gesamte Kamerateam wider!

Achtung: Bei einem Treffen der Selbsthilfegruppe für Eltern, deren Kind einem Verbrechen zum Opfer fiel, trifft Karen McCann auf Angel Kosinsky [Charlayne Woodart]. Die Antwort auf Karens Frage, weshalb Angel Kosinsky an den Treffen teilnimmt, lautet: »Mein *Sohn* wurde getötet.« Als Karen wissen möchte, ob auch *sein* Foto an der Pinwand ist, verneint Angel Kosinsky, kramt aber dann in ihrer Brieftasche und zieht das Foto eines etwa Fünfjährigen heraus. »*Das* ist er«, sagt sie. »Das ist *Sean.*«

Ungereimtheit: Nachdem Karen McCann sich in »Michael's Garage« mit zwei Vätern ermordeter Kinder getroffen hat (weil sie weiß, dass die beiden an Schusswaffen kommen), entspinnt sich zwischen den beiden Männern folgender Dialog:
Martin [David Keith]: Sie scheint mir *kein* Killer zu sein.
Sidney Hughes [Philip Baker Hall] (der Karen den Tipp mit der Garage gegeben hatte): Hören Sie, ich bin *nicht besorgt!*
Martin: Irgendwie gefällt sie mir nicht. Ihre Hände sind so *sauber!*
Sidney Hughes: Sie sind nur *über*vorsichtig.
Diese Sichtweise allerdings passt absolut nicht zur Situation: Einem »Killer« respektive einer Schießwütigen eine Waffe in die Hand zu drücken wäre heller Wahnsinn. Weil so jemand sich als völlig unberechenbar entpuppen – und wild um sich schießen – könnte.

Ungereimtheit: Als Karen McCann Angel Kosinsky besucht, öffnet ihr – Sean [Ross Bagley]. Karen ist total entgeistert. Fragt Angel: »Wer sind Sie?« und erhält zur Antwort: »Ich habe bei diesen Treffen wegen der Selbstjustizaktivitäten ermittelt. Ich arbeite verdeckt. Ich bin beim FBI.«[1] Doch verdeckte Ermittlung hin, verdeckte Ermittlung her: *Keine* Mutter, die ihr Kind auch nur halbwegs liebt, würde ihr lebendiges Kind für tot ausgeben. Das ist nicht drin.

---

[1] »Federal Bureau of Investigation«, Bundeskriminalbehörde der amerikanischen Polizei. 1908 als Bureau of Investigation gegründet, seit 1935 das FBI. Quelle: LR

(Was Angel hätte tun können: Ein Kind, das sie nie hatte, erfinden – und dieses als Grund für die Teilnahme an der Selbsthilfegruppe vorschieben. Dieser Patzer im Drehbuch war also keinesfalls »zwingend«!)

Anmerkung: Besonders makaber und leicht missverständlich klingt Angel Kosinskys Aussage (Karen McCann gegenüber): »Ich habe Sie angelogen, was Seans Tod angeht. Es tut mir Leid.«

Dies und das: Obwohl die spanische Hausfrau [Wanda Acuna] schon eine Weile tot ist, bevor die Polizei auftaucht, blinzelt (als von links ein männliches Wesen an dem herunterhängenden Kopf vorbeiläuft) die Leiche!

Anschlussfehler: Um Robert Doob [Kiefer Sutherland] gezielt zum Handeln herauszufordern, verwüstet Karen McCann dessen Zimmer (und »vergisst« ihre Schirmmütze). Auch das Bett bleibt von ihrer Aktion nicht unberührt. Als sie geht, liegt da jedoch noch ein Kopfkissen. Als Doob nach Hause kommt, ist es plötzlich weg.

Fehl am Platz: Robert Doob raucht im Bus – und das im Jahr 1996 in den Vereinigten Staaten, wo Rauchen in Flugzeugen, Restaurants, kurz an so gut wie allen öffentlichen Orten eigentlich überall verboten ist!

Achtung: Während Karen McCann auf Robert Doob wartet, schaltet sie den CD-Player an und geht hinauf ins Bad. Auf dem Treppenabsatz befindet sich – in einem großen Blumentopf – eine Grünpflanze (und auf einer Brüstung Schnickschnack und Pflanzen).

Anschlussfehler: Während des Kampfes zwischen Karen McCann und Robert Doob ist die Grünpflanze in dem großen Blumentopf vom Treppenabsatz verschwunden. Ging sie bei einem früheren Take der Szene schon zu Bruch? Hat man sie weggenommen, um dem Zuschauer den Blick auf die Action auf der Treppe nicht zu verstellen?

Anschlussfehler: Karen McCann trifft Robert Doob mit drei Schüssen, die ein nahezu gleichwinkliges Dreieck bilden, in die Brust. Als die Polizei den Toten findet, ist auf seinem T-Shirt – etwa in Höhe des Solarplexus (wo gar kein Einschuss war) – lediglich ein kreisrunder Blutfleck.

Hintergrundwissen: Für keinen anderen Film musste Regisseur John Schlesinger (»Midnight Cowboy«, »Bloody Sunday«, »Blutiger Sonntag«) so viel negative Kritik hinnehmen wie für diesen. Nahezu alle Kritiker warfen ihm wie James Berardinelli vor, er habe »kein wirkliches Interesse« am Thema gezeigt (wie Eltern mit dem gewaltsamen Tod eines Kindes umgehen) und einen »im Wesentlichen geschmacklosen« Film auf die Leinwand gebracht.

BASIC INSTINCT
BASIC INSTINCT
USA 1992 • REGIE: PAUL VERHOEVEN

? **Ungereimtheit:** Für einen stellvertretenden Bezirksstaatsanwalt stellt John Correli [Wayne Knight] sich mehr als dumm an. Gerade erst erklärte ihm Dr. Lamott [Stephen Toblowsky], immerhin »Professor für psychopathologisches Verhalten in Stanford und Teil des psychologischen Gutachterkomitees des Justizministeriums«, dass es sich bei Catherine Tramell [Sharon Stone] – so sie die Mörderin ihres Lovers, des Rockstars Johnny Boz [Bill Cable] sein sollte – um einen »sehr gefährlichen, sehr kranken Menschen« mit »überaus verschlagenem, teuflischem Verstand« und »zwanghaft psychopathischem Verhalten« handeln müsse – begründet aber seine Entscheidung, die schriftstellernde Multimillionärin nicht unter die Tatverdächtigen einreihen zu wollen, unter anderem damit, sie habe – als ob Psychopathen dies je gebraucht hätten! – »kein Motiv«!

? **Fehl am Platz:** Als Detective Nick Curran [Michael Douglas] und sein Kollege Gus [George Dzundza] Catherine Tramell zu einem Verhör im Polizeirevier abholen, steigen sie aus einem orangeroten Plymouth, dem Dienstwagen der beiden, aus. Kaum haben sie die des Mordes Verdächtige eingesammelt, ist die Polsterung des Autos heller und die Außenlackierung – erkennbar an den Rahmen (wie bei allen Aufnahmen aus dem Wageninneren) – offenbar blau.

() **Anschlussfehler:** Sowohl während der Fahrt zu ihrem Verhör im Polizeirevier als auch während der berühmt-berüchtigten Polizeiverhörszene, in der Sharon Stone lasziver als lasziv (und ohne einen Slip zu tragen) die Beine übereinander schlägt, scheint Catherine eine Endloszigarette zu rauchen. Sooft sie daran auch zieht, der Glimmstängel wird einfach nicht kürzer.

() **Anschlussfehler:** Zu dem Zeitpunkt, zu dem Nick Curran während des Verhörs nachhakt: »Sie haben ihn (Johnny Boz) nie gefesselt?« und Catherine Tramell – nun wieder im Bild – erklärt: »Nein – Johnny setzte gern *seine Hände* ein«, ist ihre Zigarette noch so gut wie gerade erst angeraucht. Nachdem, nur Sekunden darauf, Lt. Philip Walker [Denis Arndt] feststellt: »Sie schreiben über einen weißen Seidenschal in Ihrem Buch«, und zur Antwort bekommt: »Ich hatte schon immer eine Schwäche für weiße Seidenschals«, streift Catherine ihre Jacke ab. Als sie hinzufügt: »Sie können sehr nützlich sein«, ordnet sie mit beiden Händen ihr Haar. Die Frage ist nur: Wo ist ihre Zigarette abgeblieben? Da in diesem Gebäude Rauchen verboten ist – und auch niemand Catherine zumindest einen Aschenbecherersatz (wie etwa eine Untertasse) reichte und Catherine die Zigarette auch nicht auf den Boden geworfen hat –, muss sie sich wohl in Luft aufgelöst haben.

() **Anschlussfehler:** Kaum ist die erste Zigarette auf wundersame Art verschwunden, hält Catherine – als John Correli fragt: »Haben Sie Mr Boz ermordet, Miss Tramell?« – ihr aus dem Nichts erschienenes Zigarettenetui in der linken und eine neue Zigarette in der rechten Hand – an sie, nachdem Nick Curran feststellt: »Das Buch verschafft Ihnen ein Alibi«, zieht, ohne dass sie angezündet worden wäre. Auch diese (und eine weitere) Zigarette besitzt – ebenso wie das dazugehörige Etui – das Talent, wieder ins Nichts, aus dem sie kamen, einzutauchen.

Dies und das: Es schüttet wie aus Kübeln, als Nick Curran Catherine Tramell nach dem Polizeiverhör in seinem Privatwagen, einem weinroten Cabrio mit schwarzem Verdeck (und schwarzer Innenausstattung), nach Hause fährt – mit dem sich daraus ergebenden Aquaplaning ist wahrlich nicht zu spaßen. Dennoch schaut Curran, während die beiden sich über Lügendetektortests unterhalten, mehr zu der Schriftstellerin auf dem Beifahrersitz (der keinen Schutzbezug trägt) als auf die Straße – insbesondere, als sie erklärt: »Sehn Sie, wir sind beide unschuldig, Nick.«

Deutsche Sprache, schwere Sprache: Gus zu Nick Curran: »Du hast doch deine Psychologin schon *gefuckt*, oder?«

Anschlussfehler: Nachdem Nick von Lt. Philip Walker den Auftrag bekommt, an Catherine Tramell »dranzubleiben«, erfolgt – kurzfristig – eine weitere wundersame Verwandlung des viertürigen roten Plymouth in ein blaues, zweitüriges Auto. Und zwar, als Nick – gerade in der Ortschaft angekommen, in die Catherine fuhr – um eine Ecke biegt.

Dies und das: Um zu erkunden, wen Catherine Tramell besucht – nämlich Hazel Dobkins [Dorothy Malone] –, öffnet Nick Curran den Briefkasten, wird fündig und schließt besagten Briefkasten, was nicht auf bildlicher, sondern allein auf *akustischer* Ebene deutlich wird, zweimal.

Dies und das: Als Nick, von seinen Kollegen als des Mordes an Lieutenant Marty Nilsen [Daniel von Bargen] verdächtigt, verhört wird und sich – wie vor ihm Catherine – (verbotenerweise) eine Zigarette anzündet, tut *auch er* dies, ohne einen Aschenbecher oder etwas Aschenbecherähnliches greifbar zu haben.

Anschlussfehler: Auch Nick Currans Privatwagen vollzieht erstaunliche Verwandlungen. Als er an dem Haus, in dem er wohnt – und vor dem Catherine Tramell ihn erwartet –, hält, ist die Innenausstattung auf einmal nicht mehr schwarz, sondern blau, die Wagentür gar weiß-blau. Besonders beachtenswert ist auch die Rückenlehne: Erst ist sie von hellem Mittelblau und eckig, als der Detective aussteigt, dunkel und abgerundet.

Ungereimtheit: In Nicks Wohnung überreicht Catherine ihm ein Geschenk. Den – von ihr verfassten – Roman: »The First Time«, Das erste Mal. Als Nick fragt: »Um was geht's in dem Buch?«, antwortet sie: »Um einen Jungen, der seine Eltern ermordet. Das Flugzeug stürzt ab, es sieht wie ein Unfall aus« – was mehr oder minder die Art und Weise ist, auf die ihre Eltern (deren Boot explodierte) starben. Die Sache ist nur: Dass zu diesem Zeitpunkt weder Nick noch sonst wer von der Polizei von der Existenz dieses Romans weiß, ist mehr als unwahrscheinlich. Nicht nur erschien dieser – worauf die Aufmachung schließen lässt – im selben Verlag wie »Love Hurts«, »Liebe tut weh« (das Buch, in welchem sie den Mord an ihrem Lover, dem Rockstar Johnny Boz vorab bis ins Detail beschrieb), die Autorin benutzte vielmehr für beide Bücher auch dasselbe Pseudonym: Catherine Woolf (wobei das Pseudonym reichlich für die Katz ist, da auf dem Rücktitel Catherine Tramells Foto prangt).

Achtung: Während der nun folgenden Sexszene fällt – wie im richtigen Leben! – Catherines zuvor wunderbar gestylte Frisur auseinander.

Anschlussfehler: Noch bevor Catherine Nick während der ausgiebigen Sexszene mit ihren langen Fingernägeln den Rücken blutig kratzt, zeigt seine linke Schulter Kratzer, die dort nicht sein dürften: Immerhin hatte er bis auf die schnelle, heftige Nummer mit seiner Exfreundin, der Polizeipsychologin Dr. Beth Gardner [Jeanne Triplehorn], für die er sein Hemd nicht auszog, seit längerer Zeit keinen Sex. (Nick Curran in einer früheren Szene zur Polizeipsychologin und Exfreundin Dr. Beth Gardner: »Mein Sexleben ist eigentlich ziemlich traurig, seit wir uns nicht mehr sehen. Ich hab' bald Schwielen an der Hand.«)

Anschlussfehler: Auch die neuen Kratzer auf Nick Currans Rücken sehen – sofern diese *überhaupt* da sind – in keiner weiteren Einstellung aus wie jene, die Catherine Tramell ihm zufügte: Als Nick sich im Bad über das Waschbecken beugt, sind die »neuen« Kratzer (die so neu hier wiederum auch nicht wirken) auf seiner linken Schulterhälfte viel weiter außen. Und während seiner Unterhaltung im Bad mit Catherines Geliebter Roxy [Leilani Sarelle] sind Nicks Schulterblätter großflächig dunkelrot gefärbt – als habe er dort plötzlich einen Ausschlag bekommen.

Anschlussfehler: Als Nick sich nach seinem Kurzaufenthalt im Bad wieder zu Catherine ins Bett gesellt, wirkt deren Haar wieder, als käme sie frisch vom Friseur (und das, ohne dass sie damit irgendetwas gemacht hätte).

Anschlussfehler: Nachdem Nick Curran Catherines handschriftliche Nachricht »the beach« findet, fährt er augenblicklich mit seinem Cabrio zum Strand. Diesmal hat der Wagen kein schwarzes, sondern ein helles Verdeck.

Anschlussfehler: Als Nick und Gus in einem Fastfood-Restaurant sitzen, würzt Gus seine Suppe mit Tabasco. Obwohl er nach Gebrauch den Deckel auf die Flasche schraubt, ist dieser verschwunden, als Gus die Flasche auf dem Tisch abstellt.

Anschlussfehler: Bei dem ersten Anlauf, den Roxy unternimmt, Nick in der Garage mit Catherines Wagen zu überfahren, bricht – was am besten in Zeitlupe zu sehen ist – der linke Scheinwerfer (↓) weg. Und ist dann aber wieder heil, als sei nichts geschehen.

Anschlussfehler: Bei der wilden Verfolgungsjagd, die Nick Roxy mit seinem Wagen liefert – der wechselweise ein schwarzes oder helles Verdeck hat –, geht dessen vorderes Nummernschild verloren – und ist dann wieder an Ort und Stelle.

Anschlussfehler: Während des Rennens, das Roxy sich mit Nick Curran liefert, leuchten zwei der vier Scheinwerfer ihres (auf Catherine Tramell zugelassenen) Wagens. Selbiges gilt für den Zeitpunkt, als Roxy die – wegen Bauarbeiten an der Brücke – aufgestellte Holzbarriere durchbricht. Als der Wagen jedoch in hohem Bogen von der Brücke fliegt, sind plötzlich alle vier Scheinwerfer eingeschaltet.

( ) Anschlussfehler: Was für ein Wagen, den Nick Curran fährt! Treppen rauf und runter zu donnern hat seinem Cabrio offenbar gar nichts ausgemacht: Es läuft nicht nur wie eine Eins, sondern erstrahlt zudem, als Nick am nächsten Morgen (ohne damit vorher in einer Werkstatt gewesen zu sein) bei Catherine vorfährt – ohne jede Delle, geschweige denn fehlende Teile –, in vollem Glanz!

? Ungereimtheit: Als Nick wieder einmal bei Catherine vorbeischaut, stolpert er nicht nur in zwei mögliche Coverversionen für ihr neues Buch – das den Titel »Shooter«, »Revolverheld«, trägt, wie Catherine Nick nennt –, sondern auch in Fragmente dessen, was der Drucker gerade ausspuckt:

»Shooter raced into	»Shooter hetzte in
(po)unded the button for	hämmerte auf den Knopf für
(ran u)p the staircase, his b	rannte die Treppe hinauf, sein
(h)is partner's dead body	der tote Körper seines Partners
(ele)vator, legs sticking«	Aufzug, die Beine ragten«

Anstatt jedoch, als diese Szene wenig später Wirklichkeit wird, eins und eins zusammenzuzählen, hält er Catherine immer noch für unschuldig …

Achtung: Als Nick – von Catherine kalt abserviert – an sein Cabrio gelehnt völlig apathisch eine Zigarette raucht, zeigt der Wagen endlich (!) – wenngleich viel zu spät und nur gering – Spuren dessen, was Nick ihm während der Verfolgung von Roxy alles zugemutet hat.

? Ungereimtheit: Für eine Psychologin – insbesondere *Polizei*psychologin (plus eine Frau, die als seine Exgeliebte Nick Curran ziemlich gut kennen sollte) – reagiert Dr. Beth Gardner reichlich hirnrissig, als Nick, die Waffe des toten Gus auf sie gerichtet, ihr erstens (offenbar in einem seelischen Ausnahmezustand) zu verstehen gibt, dass er sie für (nicht nur) Gus' Mörderin hält, und zweitens mehrmals auffordert, die Hand aus ihrer Manteltasche zu nehmen. Kein Wunder also, dass Nick sie erschießt …

? Ungereimtheit: Die zwei Catherine-Woolf-Bücher, welche die Polizei bei der Durchsuchung von Beths Apartment findet, sind nagelneu. Niemals kann sie diese zwei Exemplare gelesen (und eines davon als Vorlage für den Mord an Johnny Boz benutzt) haben.

Hintergrundwissen: Die Kleider, die Sharon Stone in »Basic Instinct« trug, waren von Design und Reihenfolge exakt auf die Garderobe, mit welcher Kim Novak für Alfred Hitchcocks »Vertigo« ausgestattet worden war, abgestimmt.[IMDb]

BODYGUARD
BODYGUARD
USA 1992 • REGIE: MICK JACKSON

Zusatzinformation: Um zu checken, wie schwierig oder leicht es ist, auf den Privatgrund seiner potenziellen neuen Klientin Rachel Marron [Whitney Houston] vorzudringen, meldet Frank Farmer [Kevin Costner] sich am Tor als »Alexander Graham Bell« an, erklärt Henry [Christopher Birt] er sei »Edison« und lässt sich bei Bill Devaney [Bill Cobbs] als »Henry Ford« ankündigen. Hätten Sie gewusst, wer sich hinter diesen Namen verbirgt?[1]

Zusatzinformation: Frank Farmer erklärt: »Ich war zwei Jahre bei Carter und vier bei Reagan.« Auf James »Jimmy« Carter, den 39. Präsidenten der USA[2], wurde kein Attentat verübt, wohl aber auf Carters Nachfolger. Nachdem sie monatelang mit Briefen und Anrufen von einem abgedrehten Fan namens John Hinckley terrorisiert worden war, »bewies« der knapp 26-Jährige der US-Schauspielerin Jodie Foster seine »Verehrung«, indem er auf Ronald Reagan[3] schoss, als dieser von einer Rede aus dem Washington-D.C.-Hilton-Hotel kam. Er verletzte an diesem 30. März 1981 (an dem Tag, an dem – so der Film – Frank Farmer seine Mutter beerdigte und als Bodyguard nicht zur Verfügung stand) den amtierenden Präsidenten schwer, aber nicht tödlich. (Hinckley wurde in dem ein Jahr später folgenden Prozess für unzurechnungsfähig erklärt und auf unbestimmte Zeit in die St.-Elisabeths-Nervenheilanstalt in Washington D.C. eingewiesen, in der er noch heute ist.)

Dies und das: Im Zuge der TV-Berichterstattung zu der bevorstehenden Oscar-Verleihung heißt es in der synchronisierten Fassung: »Ganz große Chancen in diesem Jahr hat Rachel Marron als beste Schauspielerin. Mit ihrem Titelsong ›Ich habe nichts‹ aus ihrem

[1] Bell, Alexander Graham, 3.3.1847 bis 1.8.1922, britisch-amerikanischer Physiologe und Erfinder. Zunächst Taubstummenlehrer; (...) entwickelte das erste brauchbare Telefon (1876). Quelle: LR
Edison, Thomas Alva, 11.2.1847 bis 18.10.1931 (...). Bedeutende Entdeckungen und Erfindungen: u. a. (...) Phonograph, Kohlefadenglühlampe, Kinematograph sowie Betongießverfahren. (...) Quelle: LR
Ford, Henry, 30.7.1863 bis 7.4.1947, amerikanischer Automobilindustrieller. Konstruierte 1892 seinen ersten Motorwagen; gründete 1903 die Ford Motor Co.; verwirklichte in seinem Unternehmen konsequent den Gedanken, durch rationalisierte Massenfertigung (Arbeitsteilung, Fließbandarbeit) bei gleichzeitig möglichst günstigen Arbeitsbedingungen (kurze Arbeitszeiten, hohe Löhne) die Herstellung hochwertiger Industrieprodukte zu verbilligen, um den Absatz zu steigern (Fordismus); (...).Quelle: LR
[2] Carter, James (»Jimmy«) Earl, 1.10.1924, 39. Präsident der USA (1977–1981; Demokrat. Partei). Vermittelte den israelisch-ägyptischen Friedensvertrag (1979) und 1994/95 in Konflikten in Nordkorea, Haiti und Bosnien und Herzegowina. Quelle: LR
[3] Reagan, Ronald Wilson, 6.2.1911, 40. Präsident der USA (1981–1988). Film- und Fernsehschauspieler. Erst Demokrat, dann Republikaner (rechter Flügel); (...) Seine Politik verstärkter Aufrüstung (u. a. SDI) bei gleichzeitigem Abbau der Sozialhaushalte zog hohe Haushaltsdefizite nach sich. Außenpolitisch betonte Reagan zunächst den Ost-West-Gegensatz, suchte in seiner zweiten Amtszeit jedoch den Ausgleich mit der Sowjetunion. Quelle: LR

letzten Film liegt sie übrigens auf Platz 1 der Charts.« Da die Songs – glücklicherweise! – jedoch im Originalton übernommen wurden, Whitney Houston »I have nothing« nie auf Deutsch sang und – auch in unseren Gefilden – kaum wer an diesem Song vorbeikam, wäre es sinnvoller gewesen, den englischen Titel in jedem Fall auch zu nennen. »Lippensynchron« musste hier nicht gesprochen werden – der Text kam aus dem Off.

Anschlussfehler: An dem Vorhang der Umkleidekabine, in der Rachel Marron ist, verändert sich – ohne dass ihn wer berührt – mehrmals die Anordnung und Anzahl der Falten.

Englische Sprache, schwere Sprache: Auf der anonymen Drohung, die Rachel Marron bekommt, steht: »Marron bitch. You have everything, I have nothing. Prepare your soul for death. The time to die is upon you, bitch.« Übersetzt ist dies mit: »Marronschlampe, du hast alles, ich habe nichts. Die Zeit, zu sterben, ist gekommen.« Völlig außer Acht gelassen wurde der mittlere Satz: »Bereite deine Seele auf den Tod vor.«

Anschlussfehler: Nachdem Rachel Marron und ihr Bodyguard noch einen Blick auf Rachels schlafenden Sohn Fletcher [De-Vaughn Nixon] geworfen haben, bringt Frank Farmer seine Klientin zu Bett. Obwohl er die Puppen, die darauf liegen, zusammenschiebt, sitzt – als Farmer die Sängerin zudeckt – eine davon am Kopfende (↑) des Bettes.

Anschlussfehler: Frank Farmer isst, was wir wohl alle gern hätten, einen offenbar immer wieder nachwachsenden Pfirsich. Er schneidet ein Stück ab, isst es, schneidet ein zweites ab, als die Tür aufgeht, und isst es – und schneidet ein drittes Stück ab, welches eigentlich erst das zweite sein kann. Nach Farmers kurzem, aber heftigem Kampf mit Tony Scripelli [Mike Starr l.] – und nachdem er Tony wieder von dem Stuhl befreit hat, mit welchem er ihn am Boden hielt – kommt der Pfirsich erneut ins Bild. Dafür, dass Frank Farmer während der nahezu gesamten Szene unablässig kaut, ist noch erstaunlich viel von der Frucht übrig.

Zusatzinformation: Der japanische Schwarzweißfilm »Yojimbo«[4] [1961], den Rachel Marron und Frank Farmer gemeinsam sehen, trägt in englischsprachigen Ländern den Titel »Bodyguard«. Regie führte Akira Kurosawa, der für sein Werk »Rashômon« den Oscar von 1951 für den besten ausländischen Film gewann.

Anschlussfehler: Als Frank Farmer und Rachel Marron nach ihrem Kinobesuch in einer Kneipe Bier trinken, minimiert sich der Inhalt seines Glases rapide – obwohl er immer nur an dem Getränk nippt.

---

[4] Dreizehn Jahre später, 1964, verfilmte Sergio Leone (Regisseur auch von »Spiel mir das Lied vom Tod« [1968] »Yojimbo« als »A Fistful of Dollars«, »Für eine Hand voll Dollar« neu. Peinlicherweise hatte der italienische Starregisseur dies ohne Kurosawas Genehmigung getan, was ihn im Nachhinein 100 000 Dollar Kompensation, 15 Prozent aller Einnahmen weltweit plus die Produktionsrechte für Japan, Korea und Taiwan kosten sollte. Mehr zu Kurosawa (23.3.1910 bis 6.9.1998) unter:
http://www2.tky.3web.ne.jp/~adk/kurosawa/filmo/yojinbo.html

Dies und das: Die Stelle, an welcher der hauchdünne blaue Schal, den Frank Farmer auf die Schneide des Samurai-Schwertes schweben lässt, sich zweiteilen soll, ist markiert.

Anschlussfehler: Nachdem Rachel Marron sich – auf der Fete zur Benefizveranstaltung – Greg Portland gekrallt hat, lässt Frank Farmer sich Orangensaft nachschenken, sein Glas ist entsprechend gefüllt und wird Zug um Zug geleert. Auch nachdem er der Dame in Grün [Victoria Bass] (»Ich beobachte Sie schon den ganzen Abend von da drüben«) entgegnet: »Dann gehn Sie zurück und beobachten Sie weiter«, stimmt der Anschluss. Dann aber – nach einem kurzen Zwischenschnitt auf Rachel Marron und Greg Portman – ist der Stand des Orangensaftes in Farmers Glas auf wundersame Weise gestiegen.

Dies und das: Nachdem Frank Farmer den kubanischen Küchenhelfer [Joseph C. Hess] mit dem Kopf an die gekachelte Wand der Hotelküche gedonnert hat, sind einige der Kacheln blutverschmiert. Wo kommt das viele Blut her? In der Kürze der Zeit kann so viel gar nicht dorthin gelangt sein – zumal der Kubaner sich rechts davon befindet, als er sich berappelt.

Die Ausstattung spielt mit: Um Frank Farmer, der seinen Job bei Rachel Marron mittlerweile mehr als satt hat, zu beruhigen, sagt Bill Devaney [Bill Cobbs]: »Ich weiß, dass sie jetzt vernünftig sein wird.« Der Bodyguard kontert: »Hör'n Sie auf, Devaney! Wer mich engagiert, muss nicht überzeugt werden, dass sein Leben in Gefahr ist.« Als er dies sagt, steht er vor der Balkontür – in der sich (↓) im Glas ein Mikrofon spiegelt.

Muttersprache, schwere Sprache: Nachdem Nicky Marron [Michele Lamar Richards] erklärt hat, wie sie den Killer fand, den sie auf ihre Schwester Rachel ansetzte (»Ich hab rumgefragt und da war so'n Typ«), fordert Frank Farmer: »Name!« – und Nickys Antwort lautet: »Armando.« Trotzdem verlangt Farmer von ihr erneut: »Sagen Sie mir seinen Namen!« Und sie wiederholt: »Armando.«

Muttersprache, schwere Sprache: Als Rachel – »The Queen of the Night«, »die Königin der Nacht« – aus ihrer Limousine aussteigt und den jubelnden Fans zuwinkt, ragt ein rosa Schild mit weißer Schrift aus der Menge, auf dem »Rachael« steht. Wenn schon Fan, sollte der Name wenigstens stimmen!

Anachronismus: »Bodyguard« kam 1992 in die Kinos. Die 67. Oscar-Verleihung[5], um die es hier geht, sollte aber erst 1994 stattfinden!

[5] Bei der tatsächlichen 67sten Oscar-Verleihung bekam den Oscar für 1994 Jessica Lange für »Blue Sky«. Nominiert waren dazu Susan Sarandon für ihre Rolle in »The Client«, »Der Klient«, Winona Ryder für »Little Women«, »Betty und ihre Schwestern«, Jodie Foster für »Nell« und Miranda Richardson für »Tom & Viv«, der Verfilmung der zum Scheitern verurteilten 1915 geschlossenen ersten Ehe des amerikanischen Literatur-Nobelpreisträgers (1948) T. S. Eliot [Willem Dafoe] (1888 bis 1965) mit der Engländerin Vivienne Haigh-Wood.) Quellen: AA und LR
Der Oscar für den besten Ton ging 1994 übrigens an Gregg Landaker, Steve Maslow, Bob Beemer und David MacMillan I. für »Speed«. Quelle: AA

Zusatzinformation: Während der Oscar-Verleihung heißt es unter anderem: »Nominiert für den besten Song sind (...) ›Ich habe nichts‹ aus ›Königin der Nacht‹ (...).« »I Have Nothing« war – wenngleich aus »Bodyguard« und das für 1992 –, ebenso wie »Run to You«, tatsächlich für einen Oscar nominiert.[6]

Dies und das: Das Flugzeug rollt bereits, als Rachel Marron es sich anders überlegt und noch einmal aussteigen will. So schnell, wie der Pilot – ohne dass ihm die Sinneswandlung des Stars mitgeteilt werden konnte – die Maschine anhält, und so schnell, wie die Tür wieder geöffnet ist, geht es im »richtigen Leben« nun wirklich nicht!

Hintergrundwissen: Mit »I Will Always Love You« belegt Whitney Houston Platz 6 der von dem US-Sender 90-92FM veröffentlichten »Top 100 Million Selling Songs«. Vor und hinter ihr nur männliche Interpreten oder Gruppen – bis zu Platz 24, den Gloria Gaynor mit »I Will Survive« einnimmt.[7]

Hintergrundwissen: Ursprünglich sollte »Bodyguard« bereits Mitte der Siebziger mit Diana Ross und Steve McQueen in den Hauptrollen gedreht werden – wurde dann jedoch, als »zu kontrovers« betrachtet, erst einmal auf Eis gelegt.[IMDb]

---

[6] Weiterhin nominiert für den besten Song im Jahr 1992 waren aus »Aladdin« »Friend Like Me« (Alan Menken, Howard Ashman Musik/Text) und aus »The Mambo Kings«: »Beautiful Maria of My Soul« (Robert Kraft, Anne Gilcher Musik/Text). Vergeben wurde der Oscar an Alen Menken und Tim Rice (Musik/Text) für »A Whole New World« aus »Aladdin«. Quelle: IMDb

[7] Auf Platz 1 bis 5 stehen: Elton John mit »Candle in the Wind«, Bill Haley mit »Rock Around the Clock«, The Beatles mit »I Want to Hold Your Hand« und »Hey Jude«, Elvis Presley mit »It's Now or Never«.

BRAM STOKERS DRACULA
BRAM STOKER'S DRACULA
USA 1992• REGIE: FRANCIS FORD COPPOLA

Dies und das: 1642 – im Prolog zum Film – kehrt Dracula [Gary Oldman] siegreich aus dem heiligen Krieg gegen die muselmanischen Türken zurück, um feststellen zu müssen, dass seine Braut Elisabetha [Winona Ryder] wegen einer gefälschten Botschaft über den Tod ihres Liebsten Selbstmord begangen hat. Völlig verzweifelt fällt er neben ihrem Leichnam auf die Knie – und die Tote zuckt zusammen.

Achtung: 1897 – 255 Jahre später – betrachtet Jonathan Harker [Keanu Reeves] während seiner Zugfahrt nach Transsilvanien[1] ein Porträt seiner Braut Mina Murrey [Winona Ryder]. Der Rahmen des Fotos ist oval und länglich, Mina schaut darauf nach links.

Zusatzinformation: Ein Vierteljahrtausend, nachdem Dracula schwor, Elisabethas Tod zu rächen, nennt er sich – in Francis Ford Coppolas Film – Prinz »Vlad Dracula«[2] – und gibt damit, was Stoker (der Dracula lediglich »Count Dracula«, Graf Dracula, nennt) nicht tut, einen direkten Hinweis auf Vlad Tepeş[3], an den Stokers Figur angelehnt sein soll.

Filmfehler oder Interpretationsfrage: Nachdem die zweite Kutsche, die Jonathan Harker nach seiner Zugreise aufnahm, den Immobilienmakler vor Prinz Vlad Draculas Schloss abgesetzt hat, fährt sie davon. Im Erdreich zu sehen sind lediglich Abdrücke der Wagenräder, nicht aber der Hufe der Pferde.
Anmerkung: Manche Filmfehlerfreunde meinen, es dürften auch gar keine Pferdehufe zu sehen sein, da besagte zweite Kutsche von Pferden aus einer anderen Welt gezogen wird.

Anschlussfehler: Obwohl Jonathan Harker es sich bei dem ihm von Prinz Vlad Dracula kredenzten Dinner schmecken lässt, bleibt das Huhn offenbar gänzlich unangetastet.

---

[1] Siebenbürgen (Transsilvanien), Gebiet in Rumänien, umfasst im Wesentlichen das von den Karpaten im N, O und S sowie dem Westsiebenbürgischen Gebirge im W begrenzte Siebenbürgische Hochland. Quelle: LR
[2] Dracula, Titelheld eines Romans von Bram Stoker, der in der Figur des Dracula Berichte aus Siebenbürgen über Grausamkeiten des walachischen Fürsten Vlad Tepeş mit Vampirlegenden verknüpfte; Vorlage für F. W. Murnaus Film »Nosferatu« (1922); seit 1931 einer der Prototypen des Horrorfilms; bedeutende Dracula-Filme: »Vampyr« (1932; C. T. Dreyer), »Tanz der Vampire« (1966; R. Polanski), »Nosferatu – Phantom der Nacht« (1979; W. Herzog), »Dracula« (1992; F. F. Coppola). Quelle: LR. Mehr unter: »Der Vampir«: http://www.anglistik.uni-muenster.de/Dracula/vampir.htm
[3] Vlad Tepeş [rumänisch], 1430 oder 1431 bis Ende 1476/Anfang 1477, Fürst der Walachei 1448, 1456–1462, 1476/77. Sohn des Fürsten Vlad Dracul (daher auch Draculea oder Dracula [»Sohn des Dracul«] gen.); kämpfte zeitweise erfolgreich gegen die Osmanen; berüchtigt wegen seiner Grausamkeit (rumän. tepeş »Pfähler«) gegenüber seinen Feinden; in der heutigen rumänischen Geschichtswissenschaft Nationalheld Dracula. Quelle: LR. Mehr unter: http://www.anglistik.uni-muenster.de/Dracula/histdrac.htm

( ) Anschlussfehler: Nachdem Jonathan Harker sich bei Prinz Vlad Dracula entschuldigte (»Ich habe Sie durch meine Unwissenheit beleidigt, Graf – vergeben Sie mir«), zeigt die Kamera erneut das Porträtfoto, das Harker von Mina Murrey/Elisabetha mit sich führt. Gerahmt ist es zwar nach wie vor oval – aber kürzer und breiter.

Dies und das: Während ihres Aufenthaltes bei Lucy Westenra [Sadie Frost] findet Mina Murrey/Elisabetha »Arabian Nights« von Richard F. Burton[4] auf dem Tisch liegen – hinter dessen Einband sich mehrfarbige Abbildungen asiatischer Liebestechniken verbergen. Das kann so nicht sein: »Arabian Nights« – ins Englische übertragen von Sir Richard Francis Burton, einem der bedeutendsten Universalgelehrten seiner Zeit – ist lediglich eine andere Bezeichnung für »The Thousand and One Nights« und somit die Übersetzung von »Tausendundeine Nacht« (in 16 Bänden), die in den Jahren 1885 bis 1887 veröffentlicht worden war.[5]

Anmerkung 1: Auch in Bram Stokers[6] 1897 verfassten, als Filmvorlage dienenden Roman »Dracula« findet sich eine Referenz auf »Arabian Nights« von Sir Richard Francis Burton.

Anmerkung 2: Mit seiner überaus feinfühligen und expliziten Übersetzung des »Kamasutra«[7], das 1883 in Druck ging, hatte Burton, im viktorianischen England im wahrsten Sinne des Wortes Kopf und Kragen riskiert. Nicht einmal seine Frau kam mit der unvoreingenommenen Offenheit, mit der er erotische Texte ins Englische übertrug, klar. Nach seinem Tod verbrannte seine Frau die meisten seiner Texte und richtete damit einen nicht wieder gutzumachenden Schaden an.

( ) Anschlussfehler: Beim Betrachten der Abbildungen asiatischer Liebestechniken drehen und wenden Lucy Westenra und deren Freundin Mina Murrey/Elisabetha das Buch. In der letzten Einstellung müsste es – in Mina Murreys/Elisabethas Händen – auf dem Kopf stehen. Tut es aber nicht.

Anachronismus Die Harfe zählt in sehr verschiedenartigen Ausführungen zwar zu den ältesten Instrumenten, aber farbige Saiten für Harfen gab es vor über einem Jahrhundert noch nicht.

---

[4] Burton, Sir Richard Francis, 19.3.1821 bis 20.10.1890, britischer Entdeckungsreisender. Reiste 1853 (als Afghane verkleidet) nach Medina und Mekka und besuchte 1854 als erster Europäer die äthiopische Stadt Harrar (»Timbuktu des Ostens«); (...) übertrug »Tausendundeine Nacht« ins Englische. Quelle: LR
Mehr zu Sir Richard Francis Burton im Internet unter: http://www.isidore-of-seville.com/burton/

[5] Als 19-Jähriger beherrschte Richard Francis Burton (neben seiner Muttersprache Englisch) bereits Französisch, Italienisch, Griechisch und Latein fließend, als Erwachsener 25 Sprachen, inklusive diverser eigenständiger Dialekte gar 40!

[6] Stoker, Bram, eigentlich Abraham Stoker, 1847 bis 20.4.1912, irischer Schriftsteller. Welterfolg hatte sein Vampirroman »Dracula« (1897), der zu zahlreichen literarischen Nachahmungen und Verfilmungen anregte (Dracula).

[7] Kamasutra [Sanskrit], von Watsjajana vermutlich im 4. Jh. verfasstes, kulturgeschichtlich bedeutsames indisches Lehrbuch der Erotik. Quelle: LR

Anschlussfehler: Die Party, zu der Lucy Westerna einlud, ist in vollem Gange, als Dr. Jack Sewart [Richard E. Grant] hereinstolpert und Lucy sich mit ihm auf eine Couch setzt. Direkt vor Lucy und Jack steht Quincey P. Morris [Bill Campbell] – und hält seinen Hut in der linken Hand. Als Lucy aufspringt, um den soeben angekommenen Lord Arthur Holmwood [Cary Elwes] zu begrüßen, folgt die Kamera ihr zunächst, geht dann aber zurück zu Dr. Jack Sewart und Quincey P. Morris. »Tut mir Leid, das mit dem Hut«, entschuldigt sich der Arzt unvermittelt bei seinem Freund – und reicht diesem seinen Hut zurück. Wie sich herausstellt, hatte er darauf gesessen. Was er gar nicht konnte, weil Quincey P. Morris seinen Hut nie auf die Couch gelegt hatte. Mehr noch: Während Mina Murrey/Elisabetha – für die Zuschauer hörbar – darüber nachdenkt, wie sie und wie ihr Verlobter zu Lucy steht, und Lucy sich, nur Sekunden später, nun mit Lord Arthur Holmwood im Schlepptau wieder zu Dr. Jack Sewart und Quincey P. Morris gesellt, ist der Hut ganz verschwunden. Die Frage ist nur: wohin?

Anschlussfehler: In der Nervenheilanstalt dreht R. M. Renfield [Tom Waits] durch. Auf Dr. Jack Sewarts Frage, wie denn – wie Renfield behauptete – der »Meister« ihn »unsterblich mache«, springt der Patient seinen Arzt an und beißt ihn in die rechte Seite des Halses. Nachdem Wärter Dr. Jack Sewart von R. M. Renfield befreit haben, hält sich der Doktor die linke Halsseite!

Das Team spielt mit: Als Jonathan Harker – während seines erotischen Abenteuers mit Draculas Bräuten [Monica Bellucci, Michaela Bercu, Florina Kendrick] im Spiegel auf dem Rücken liegend (da Vampire kein Spiegelbild haben) *allein* auf dem Bett zu sehen ist, kommt etwa in Höhe seiner Gesichtsmitte (↑) die Hand eines Crewmitglieds ins Bild.

Dies und das: Das Siegel, welches Mina Murrey/Elisabetha scheinbar aufbricht, war schon vorher vom Brief gelöst.

Zusatzinformation: Als Dr. Jack Sewart zu sich meint: »Der Fall Renfield wird immer interessanter«, zitiert er direkt im Anschluss daran Shakespeare mit: »Ist dies schon Tollheit, hat es doch Methode«[8] (mit seinen Fliegen und Spinnen).

Anschlussfehler: In der Gewitternacht, in welcher Prinz Vlad Dracula Lucy Westernas Anwesen erreicht hat, irrt sie – offenbar von ihm gerufen – durch ihren parkähnlichen Garten – und Mina Murrey/Elisabetha läuft ihr hinterher. Lucys leuchtend rotes Kleid ist – nicht nur, weil es ausgesprochen sexy ist – wahrlich eine Betrachtung wert: In der ersten Einstellung, in der man – nachdem sie rechts von sich an einer Statue vorbeiging – nicht nur den Umhang, sondern auch das Kleid sehen kann, ist der Rock lang und weit. In der Folgeeinstellung, in der Lucy – links beginnend – durch das Bild läuft und auch zum ersten Mal von vorn zu sehen ist, ist aus dem Umhang ein wehender, hauchdünner Schal geworden und aus dem langen, weit wehenden Rock des Kleides ein Hauch feinsten Gewebes. Und nur Augenblicke darauf wieder Ersteres.

Anschlussfehler: Bei Lucy Westernas Vergewaltigung durch Dracula ist sie, deutlich erkennbar, nackt. Als Mina Murrey/Elisabetha zu ihr eilt, liegt Lucy dort – scheinbar – im

---

[8] Polonius über Hamlets Verhalten in »Hamlet« (II.2).

roten Kleid. Weder Dracula noch sie selbst hatten aber Zeit oder Nerven, es ihr überzuziehen oder auch nur überzulegen. Als Lucy ihre Freundin zurück ins Haus führt, trägt Lucy plötzlich weiße Unterwäsche! Und dann doch wieder das rote Kleid. Sehr verwirrend das Ganze. Aber – wie auch alle anderen Filmfehler – nichts, was dieses geniale Werk auch nur im Geringsten schmälern könnte!

( ) Anschlussfehler: Dreister geht's nicht: Obwohl Professor Abraham van Helsing, seines Zeichens Vampirexperte, soeben auf Lucy Westernas Anwesen eintraf, wagt Dracula sich in Lucys Schlafgemach. Mal wieder ist es nicht nur sie, die sich einer Verwandlung unterzieht, sondern auch ihr rotes Kleid. Zunächst bedeckt dessen Rock – als sie auf dem Bett liegend zu sehen ist – etwa die Hälfte ihrer Wade. Nach einem kurzen Zwischenschnitt auf van Helsing, der sich, gleich nach seiner Ankunft, bei Dr. Jack Sewart über die Symptome von Lucys Krankheit informiert, sehen wir erneut Lucy, zu der die beiden im Gespräch befindlichen Männer auf einen Schrei von ihr stürzen. Als die zwei Ärzte die Zimmertür aufstoßen und eintreten, ist Lucy vorn im Bild. Nun geht der Rock ihres Kleides – ohne dass er gerafft wäre! – gerade mal etwa eine Handbreit über die Knie.

( ) Anschlussfehler: Stimmt zwar – Lucy Westerna wälzt sich durchaus auf ihrem Bett herum. Nicht genug allerdings, um zu begründen, dass ihre Brüste – insbesondere die linke – vor und während der von Prof. Abraham van Helsing und dessen Assistenten [Cully Frederickson] vorgenommenen Bluttransfusion erst unbedeckt, dann bedeckt, wieder unbedeckt und so weiter sind.

Zusatzinformation: Maskenbildner arbeiten mit verschiedenen Ersatzstoffen, wenn im Film Blut fließen soll. Das Blut, welches in »Bram Stokers Dracula« fließt, ist Red Jelly. Also flüssiges rotes Gelee.[IMDb]

Zusatzinformation: Nach Lucys – gerade noch von Prof. Abraham van Helsing verhinderter – Beißattacke auf Quincey P. Morris inspiziert der Spezialist die Zähne seiner Problempatientin. »Sehen Sie sich das an, sehen Sie!«, fordert er die im Raum Anwesenden zu einem näheren Blick auf die beeindruckenden Vampirhauer in Lucys Gebiss auf, sagt dann: »Nosferatu«. »Nosferat« wiederum ist die in Rumänien und Transsilvanien gebrauchte Bezeichnung für einen Vampir.

? Ungereimtheit: In seiner Verzweiflung darüber, dass Mina ihm einen Abschiedsbrief schrieb, in dem steht, sie reise zu ihrem Verlobten nach Rumänien, »um mit ihm verbunden zu werden (...)«, beschwört Prinz Vlad Dracula den Wind. Erstaunlicherweise ruft er hier: »Winde! Winde!« – wo er doch sonst Beschwörungen und Verwünschungen nur in seiner Muttersprache ausstößt.

Achtung: Die Spuren, welche Jonathan Harkers Erlebnisse im Schloss des Grafen Dracula hinterließen, sind mal mehr, mal weniger deutlich. Das heißt: Mal ist sein Haar – wie bei seiner Hochzeit – reichlich ergraut, dann wieder ist es, etwa als er die Braut küsst, kaum von Grau durchsetzt.

Achtung: Auch Lucy Westernas prächtiger gläserner Sarg wird sich schon bald einer unübersehbaren Verwandlung unterziehen!

Ungereimtheit: Als Jonathan – in einer Kutsche – mit Mina Murrey Harker/Elisabetha in London unterwegs ist, erspäht er Prinz Vlad Dracula. Auf die Frage seiner Frau: »Jonathan, was ist denn?«, erklärt er ihr: »Das ist der Mann, bestimmt. Sieh mal, er hat sich verjüngt!« *Wie* der Immobilienmakler Dracula in der Figur des Prinzen erkennen konnte, ist wahrlich ein Wunder. Nicht nur sehen die beiden doch reichlich verschieden aus – auch dass Leute sich plötzlich um Jahrzehnte verjüngen, dürfte damals wie heute nicht gerade als Selbstverständlichkeit betrachtet werden können.

Anschlussfehler: Der Sarg, den Prof. Abraham van Helsing und seine Begleiter in der Gruft freilegen, ist – noch – jener, in welchem Lucy bei der Trauerzeremonie lag. Als Lucy jedoch – vor dem Kreuz, das van Helsing ihr, unter gleichzeitigem Sprechen einer Exorzismusformel, entgegenhält – in den Sarg entflieht, besteht dieser nur noch aus Stein. Der gläserne Sarg, der zuvor darin war, ist spurlos verschwunden.

Achtung: Damit er Lucy endgültig töte – und so vom Zustand des Untotseins befreie –, instruiert Prof. Abraham van Helsing deren Mann Lord Arthur Holmwood: »Nehmen Sie den Pfahl in Ihre linke Hand – ein Moment des Mutes und es ist vollbracht! Fassen Sie den Mittelpunkt des Herzens ins Auge. Und dann, in Gottes Namen, schlagen Sie zu!« Nachdem Holmwood tat, wie ihm geheißen, trennt van Helsing – mit einem Hieb – Lucys Kopf von ihrem Körper.

Dies und das: Offensichtlicher geht es kaum mehr: Als Prof. Abraham van Helsing Lucys Kopf abschlägt, fliegt ein Teil aus Pappmaschee durch die Gruft ... Auch der Schmuck des abgetrennten Kopfes ist ein anderer als der, welchen Lucy trug.

Anschlussfehler: Beim Abendessen, an dem auch Jonathan Harker teilnimmt, ist sein Haar plötzlich nahezu vollständig ergraut.

Anschlussfehler: Auf Mina Murreys/Elisabethas Frage: »Doktor, wie ist Lucy gestorben? Hat sie sehr gelitten?«, erwidert Prof. Abraham van Helsing: »Ja, sie hatte große Schmerzen. Dann haben wir ihr den Kopf abgetrennt und einen Pfahl durch ihr Herz getrieben und es verbrannt. Und dann – dann fand sie Frieden.« Tatsache ist allerdings: Zuerst rammten sie ihr den Pfahl ins Herz. Dann wurde ihr Kopf vom Leib getrennt.

Deutsche Sprache, schwere Sprache: Während des Dinners erklärt Prof. Abraham van Helsing: »Vampire existieren. Dieser, dem wir gegenübertreten und bekämpfen, hat die Kraft von zwanzig oder mehr Männern (…).« Heißen müsste es: »Dieser, dem wir gegenübertreten und *den wir* bekämpfen (…).«

Anschlussfehler: In der Carfax Abbey, in welche Jonathan Harker Prof. Abraham van Helsing und die anderen führt, um dort nach Dracula zu suchen, ist das Haar des Immobilienmaklers wieder deutlich dunkler. Dass Jonathan Harkers Haar von Szene zu

Szene die Farbe wechselt, sehen Sie selbst. Es würde einfach viel zu viel Platz kosten, es jedes Mal wieder extra zu erwähnen.

Anschlussfehler: Nachdem es Dracula gelang, seinen Häschern zu entkommen, ist ein Feuer zu sehen und Mina Murrey Hakers/Elisabethas Stimme zu hören: »Er ist fort.« Zeitgleich fängt in den Flammen das Porträtfoto, welches Jonathan Harker bei sich trug, Feuer. Nur schaut Mina darauf nicht mehr nach links, sondern nach rechts ...

Anschlussfehler: Während der Rast, die Mina Murrey Harker/Elisabetha und Prof. Abraham van Helsing machen, bietet er ihr etwas zu essen an. Um den Hals trägt er eine Kette mit einem Kreuz. Mina lehnt ab, etwas zu essen – und verfällt in eine Art Trance. Als die Kamera wieder auf Prof. Abraham van Helsing geht – er greift sich gerade an den Kopf –, ist das Kreuz fort. In der nächsten Einstellung, in der man ihn sieht, ist es jedoch wieder da.

Achtung: Um sich, ebenfalls noch während der Rast, vor seiner Reisebegleiterin, der mittlerweile auch schon Vampirzähne gewachsen sind, zu schützen – und diese wohl auch vor sich –, versieht Prof. Abraham van Helsing Mina Murrey Harkers/Elisabethas Stirn unter dem Absprechen einer Beschwörungsformel mithilfe einer runden Münze mit einem Brandmal. Dieses Brandmal wird nicht nur seine Form ändern, sondern auch wandern ...

Anschlussfehler: Schon in der nächsten Einstellung – im Freien –, in der man ihre Stirn deutlich sieht, ist der Münzabdruck nicht nur nicht mehr vollständig, sondern weiter nach rechts gerutscht. Aber auch das wird sich, bis zum Ende des Films, permanent ändern – und zu viel Platz kosten, jedes Mal erwähnt zu werden.

 Dies und das: Auch der Kopf, den Mina Murrey Harker/Elisabetha Prinz Vlad Dracula abschlägt, ist eindeutig als Requisite erkennbar.

Hinter den Kulissen: Auffällig ist bei der deutschen Fassung: Nicht nur sind sämtliche Synchronsprecher und -sprecherinnen – insbesondere Gary Oldmans Dracula[9] und Anthony Hopkins' Prof. Abraham van Helsing[10] – hervorragend besetzt: im Gegensatz zu »Citizen Kane« hat jede und jeder Einzelne diesen Film mit wirklich hohem Einfühlungsvermögen für die Feinheiten – kurzum, mit sehr viel Liebe synchronisiert.

Hinter den Kulissen: Ursprünglich sollte »Dracula« kein Kino-, sondern ein Fernsehfilm werden. Winona Ryder war allerdings derart begeistert von dem Drehbuch, dass sie damit zu Francis Ford Coppola ging, der dessen Potenzial sofort erkannte. Mehr

---

[9] Christian Brückner – fast immer die Stimme von Robert de Niro, auch – u. a. – die Stimme von Warren Beatty, Dennis Hopper, Robert Redford, Kevin Kline.
[10] Rolf Schult – auch Anthony Hopkins Synchronstimme in »Silence of the Lambs« (»Das Schweigen der Lämmer«), »The Remains of The Day« (»Was vom Tage übrig blieb«), »The Mask of Zorro« (»Die Maske des Zorro«), »Instinct« (»Instinkt«) – und, unter anderem, in einzelnen Filmen von Gene Hackman, Clint Eastwood bzw. Marlon Brando.

noch: Dass er »Dracula« drehte, rettete Coppolas mit 27 Millionen Dollar verschuldetes Filmstudio Zoetrope vor dem Aus.

Hintergrundwissen: Der Satz, den Graf Dracula zu Jonathan Harker über seine Wölfe sagt: »Listen to them: the children of the night. What sweet music they make«, »Lauschen Sie nur den Kindern der Nacht. Welch süße Musik sie machen«, ist identisch mit einer Bemerkung, die Schauspieler Bela Lugosi – der Bram Stokers Witwe von 200 000 auf 40 000 Dollar für die Filmrechte heruntergehandelt hatte! – 1930 in »Dracula« [Regie: Tod Brownig] als Dracula gemacht hatte.

Hintergrundwissen: Der »Dracula«-Film wird 2003 90 Jahre alt! Ab 1909 entstanden verschiedene deutsche, amerikanische und britische Kurzfilme, in deren Titel der Begriff »Vampir« zwar vorkommt, häufig aber als Variante für »Femme fatale«[11] oder »Vamp«[12] gebraucht wird. Ausnahme ist der britische Kurzfilm »The Vampire« (1913), in dem eine Vampirfrau zwei Männer in Indien tötet – und sich in eine Schlange verwandeln kann.

Hintergrundwissen: Bram Stoker – nach dessen Buchvorlage Francis Ford Coppolas Dracula sich überaus strikt richtet – hat den Siegeszug seines Romans leider nicht mehr erlebt. Als der Autor 1912 starb, war das Buch kein großer Renner. Erst das Medium Film machte »Dracula« zum Inbegriff des Vampirs.

---

[11] Femme fatale, die; - -, -s -s ›franz.‹ (charmante Frau, die durch Extravaganz oder Ähnliches ihrem Partner zum Verhängnis wird). Quelle: LR
[12] Vamp, Femme fatale, Verführerin, Sirene, Circe. Quelle: LR

CARRIE
DES SATANS JÜNGSTE TOCHTER
USA 1976 • REGIE: BRIAN DE PALMA

Faktischer Fehler: Man glaubt es kaum, im Vorspann des Films ist Autor Stephen King als »Steven King« ausgewiesen. Es gibt wohl kaum einen Autor, der die letzten Jahre mehr Bücher verkauft hat als Stephen King – und hier in der Verfilmung eines seiner bekanntesten Romane wird der Name des Bestseller-Autors verhunzt!

Anschlussfehler: Der Aschenbecher, auf den Carrie [Sissy Spacek] während der Unterredung mit Mr Morton, dem Schuldirektor [Stefan Gierasch], starrt, enthält bei verschiedenen Einstellungen unterschiedliche Zigarettenstummel – und ist, als Carrie ihn schließlich durch die Luft wirbeln lässt, gar rein weiß! Das heißt: Es sind keinerlei Aschespuren sichtbar.

Anschlussfehler: Als Carry das erste Mal von ihrer Mutter Margaret [Piper Laurie] in das Kabuff gesperrt wird, in dem sie Buße tun soll, liegt auf der aufgeschlagenen Bibel ein Päckchen Streichhölzer. Nachdem Carrie eine Kerze entzündet hat, legt sie die Streichhölzer wieder zurück. In der folgenden Großaufnahme der Bibelseiten sind die Streichhölzer jedoch nicht nur von *dort*, sondern samt und sonders verschwunden.

Anschlussfehler: Mutter näht singend im Erdgeschoss vor sich hin (»Du bist voll Kraft, voll Kraft, voll wunderbarer Kraft, durch das vergoss'ne Blut des Herrn«), während Carrie in ihrem Zimmer im ersten Stock vor dem Wandspiegel steht. Der – weil Carrie mehr als nur entnervt ist – birst. In den Einstellungen darauf zeigt er jedoch lediglich Sprünge.
Anmerkung: Gewiss könnte man nun argumentieren, dass Carrie den Spiegel durch ihre wundersame Kraft auch wieder repariert hat. Aber das ist zu weit hergeholt – zumal sie diese Art von Talent den ganzen Film über nicht zeigt.

Fehl am Platz: In der Vorbereitungszeit für den Abschlussball kaufen sich die Jungen Tuxedos und die Mädchen gehen zum Friseur. Von zwei Teenies, die (mit reihenweise Lockenwicklern im Haar) gerade unter der Haube sitzen, ist eine Norma Watson [P. J. Soles] (↓). Sie kann offenbar an zwei Orten zugleich sein: In der darauf folgenden Einstellung unterhält sie sich nämlich beim Ballsaalschmücken mit Hargenson [Nancy Allen]. Und zwar noch mit ihrer Alltagsfrisur: Zöpfe. (Dass Norma sich die Haare hat ondulieren lassen, steht außer Frage: Auf dem Ball trägt sie Locken.)

Anschlussfehler: Der Wagen, in dem Chris Hargenson und Billy Nolan [John Travolta] von dem brennenden Schulgebäude flüchten, ist zunächst ein rotes Cabrio mit einem schwarzen Dach. Als der Wagen durch die Luft wirbelt, ist er plötzlich eine rote Limousine.

Dies und das: Als Billy Nolans Wagen sich mehrfach überschlägt, rollt ein Autoreifen durch das Bild. Obwohl dieses Rad nur von diesem Wagen sein kann, besitzt dieser ganz eindeutig bis zur letzten Einstellung noch alle vier Räder.

Achtung: Als Carrie das brennende Schulgebäude verlässt, trägt sie an ihrem linken Handgelenk noch den Blumenschmuck, den ihr Ballherr, Tommy Ross [William Katt], ihr für diesen Abend geschenkt hat.

Anschlussfehler: Egal wie oft der Wagen sich – bei geöffneter Heckklappe – überschlägt: Die Heckklappe bleibt heil (um diese Szene auskosten zu können, sollten Sie sie in Zeitlupe betrachten!): Nachdem die Kamera Chris und Tony in Großaufnahme hinter der Frontscheibe zeigt, erfolgt ein Schnitt auf den Wagen: Die Heckklappe steht offen. Dann fällt das Auto auf die Seite, auf den Rücken, die Heckklappe wird ein wenig eingedellt – ist aber wieder unversehrt, als der Wagen auf den vier Rädern landet. Dann dreht sich das Auto in der Luft erneut, landet einmal mehr auf dem Rücken – der Heckklappe passiert nichts. Auch nicht, als diese Szene sich wiederholt. Nun springt die Motorhaube auf, die Heckklappe ragt gerade in die Luft nach oben. Nachdem der aus dem Nichts kommende Autoreifen in Höhe der Motorhaube durch das Bild rollt, zeigt die Kamera Tonys Wagen in Großaufnahme. Er liegt nun auf der Seite – die Heckklappe wird wie von Geisterhand zusammengedrückt. In der nächsten Einstellung liegt das Auto auf dem Rücken, dann sehen wir das Untere des Wagens, dann Carries blutbeschmiertes Gesicht – der Wagen explodiert, ist ein riesiger Feuerball. Dann wird das Auto wieder erkennbar – und die Heckklappe ragt wieder heil nach oben.

Anschlussfehler: Als Carrie nach Hause kommt, ist ihr Armschmuck – ohne dass es eine Szene gegeben hätte, in der sie ihn zwischenzeitlich etwa abgelegt haben könnte – einfach verschwunden.

Dies und das: Als Carrie in einer wilden Attacke diverse Küchenmesser auf und in ihre Mutter schleudert, sind ganz deutlich die Drähte zu erkennen, an und mit denen die Messer von der Tricktechnik befestigt und gelenkt wurden.

Dies und das: Nachdem Carrie ihre Mutter mit den Messern ans Kreuz genagelt hat, besinnt sie sich offenbar eines anderen und möchte Margaret White (in jedem Fall vor der zusammenkrachenden Zimmerdecke) retten und schleppt sie aus der Gefahrenzone. Obwohl die Mutter jedoch zu diesem Zeitpunkt bereits mausetot ist, bringt sie es fertig, Carrie die schwere Fracht zu erleichtern ... und hilft mit den Füßen nach!

Dies und das: In der Schlussszene, in der Sue Snell [Amy Irving] – während eines Albtraums – Carries Grab besucht, sieht man im Hintergrund (↓) einen roten Wagen rückwärts fahren. Das heißt, dass die gesamte Szene rückwärts abgespielt wird.

Hinter den Kulissen: Sue Snell und ihre Filmmutter sind nicht nur in der Stephen-King-Verfilmung »Carrie«, sondern auch im richtigen Leben Mutter und Tochter (Priscilla Pointer und Amy Irving).

Hintergrundwissen: Der Name der Schule – Bates High – wurde mit Bedacht gewählt. Damit wird ein Bezug zur Hauptfigur Norman Bates in Alfred Hitchcocks Horror-Klassiker »Psycho« [1960] hergestellt.

CASINO

CASINO

USA 1995 • REGIE: MARTIN SCORSESE

Dies und das: Zu Beginn des Films – noch *vor* dem Vorspann – steigt Sam »Ace« Rothstein [Robert de Niro] in seinen Wagen. Da dieser explodiert, musste ein Dummy de Niros Platz einnehmen. Man sieht sehr deutlich, *wann* dieser Wechsel vollzogen wird.

Achtung: Die Explosion des Wagens erfolgt mehr oder minder schlagartig, mit Sam Rothstein hinter dem Lenkrad, der – während Teilen des Vorspanns – heraus- und durch die Luft geschleudert wird. Kurz vor Ende des Films wird sich diese Szene – mehrmals – gänzlich anders darstellen.

Anschlussfehler: Als Nicky Santoro [Joe Pesci] mit dem Kugelschreiber auf den namen- losen Typen [Joey DePinto] einsticht, der Ace erklärt hatte, er solle sich eben dieses Schreibgerät sonst wohin stecken, ist besagte Kugelschreiberspitze inmitten der Szene plötzlich wieder blitzsauber – obwohl sie bei einer vorherigen Einstellung voller Blut war.

Anschlussfehler: Als Sam den von drei Security-Guards [Fred Smith, Sonny D'Angelo, Greg Anderson] in das Büro des Casinos geschleiften Falschspieler [Alfred Nittoli] fragt, ob er Rechtshänder sei, halten zwei der Guards je einen der Arme des Falschspielers auf einen Tisch gedrückt. Ein Security-Guard (↑) hat seine Hand auf dem (rechten) Arm des Mannes zunächst direkt über dem Handgelenk, dann direkt unter dem Ellenbogen – dann wieder über dem Handgelenk und erneut direkt unter dem Ellenbogen.

Achtung: Auf der Hochzeit von Ginger und Sam taucht das erste Mal deren gemeinsa- me Tochter Amy auf – und zwar als »Baby« [Darla House]. Obwohl in der langen Liste der Darsteller lediglich *eine* »ältere Amy« [Erika von Tagen] ausgewiesen ist, spielen zwei weitere Amys in diesem Film mit.

Achtung: Immer wieder geht es bei »Casino« auch um das private Geld von Sam und Ginger. Das erste Mal wird es erwähnt, als Sam und Nick von Las Vegas nach Los Angeles fliegen. Sam: »Mit über einer Million in bar und Schmuck für sie, verstaut in einer Bank in Vegas, fühlte Ginger sich sicher und war glücklich (...). Aber (auch) ein Mann in meiner Position muss jederzeit über eine Menge Bargeld verfügen können. (...) Also deponierte ich zwei Millionen in bar unter dem Namen Mr und Mrs Tom Collins bei einer Bank in Los Angeles.« Was es für Ginger bedarf, an ihren Schmuck und ihr Geld zu gelangen, wird hier nicht erwähnt.

Ungereimtheit: Obwohl Sam und Ginger besagte zwei Millionen in (mindestens) drei längliche, etwa zehn Zentimeter hohe Kassetten verstauten, verriegeln die beiden nicht nur *ein* Schließfach (Nr. 1121) – in welches wohl eher keine drei Kassetten passen –, sondern es existiert offenbar auch nur *ein* Schlüssel. Den Ginger hat. Obwohl dies allein Sams Geld ist. Sam (zu dem L.A.-Banker [Stuart Nesbit]): »Also, wenn sie das alles unterschrieben hat, wird sie die

Einzige sein, die an das Schließfach heran kann? Niemand sonst? Auch ich selbst nicht?« Der Banker: »Ganz recht. So wollten Sie's doch haben, nicht wahr?«

Achtung: Als Ginger beglückt ihren Schmuck betrachtet, zeigt sie ihn auch ihrer Tochter Amy – und streift der Kleinen sogar einen Armreif über. Diese Amy ist etwa drei Jahre, hat braunes Haar und braune Augen.

Anschlussfehler: Als auf Anweisung von Tony Dogs [Carl Ciarfalio] zwei Kellner und eine Kellnerin [alle drei unbenannt] erschossen werden, sind offenbar zwei Takes aneinander geschnitten worden. Der Kellner vorn im Bild geht zweimal zu Boden ...

Anschlussfehler: Als Sam und Casino-Boss Phillip Green [Kevin Pollak] sich über Sams fristlose Kündigung des Casino-Angestellten (und Schwager des County-Commissioners) Don Ward [John Bloom] unterhalten, nimmt Sam noch ein paar Züge aus seiner Zigarette und drückt diese dann aus. Obwohl er – von vorn gefilmt – keine Zigarette mehr in der Hand hat, steigt in der folgenden Einstellung, die ihn von hinten zeigt, weiter Zigarettenrauch auf. (Dass Sam, obwohl er Kettenraucher ist, sich zwischenzeitlich keine neue Zigarette angezündet hat, ergibt sich daraus, dass er, als er erneut von vorn gezeigt wird, weiterhin keine Zigarette hält.)

Anschlussfehler: Beim Familienfrühstück sehen wir Amy erneut. Diesmal ist sie zu einem Krabbelkind mutiert, also deutlich jünger – und erblondet.

Ungereimtheit: Bei eben erwähntem Frühstück erklärt Ginger Sam: »Ich brauche Geld. (...) Mehr als gewöhnlich.« Als Sam antwortet: »Du hast genug Geld auf deinem Konto. Heb's doch ab!«, erwidert Ginger: »Ja weißt du, das würde ich auch. Sam, es ist nur – ich brauche mehr, als auf dem Konto ist: 25 000.«
Wie kann das sein? Dass die für sie deponierte Million derart dahingeschmolzen ist, ist nicht nachvollziehbar. Ginger ist nicht der Typ, der sich nicht einen »Nachschlag« geholt hätte. Und wenn sie dies nicht getan hätte, wäre von Sam zu diesem Zeitpunkt die Frage fällig, was sie denn mit den restlichen 975 000 Dollar gemacht habe ...

Ungereimtheit: Was auf den ersten Blick wirkt, als seien es *Sams* 25 000 Dollar, die Ginger aus einem Bankschließfach holt, sind tatsächlich *ihre*: Die Geldkassette ist wesentlich höher als jene, in die Sam und Ginger *seine* zwei Millionen verstauten, dafür allerdings kürzer und weniger breit. Außerdem trägt das Schließfach eine völlig andere Nummer: 873 – und sie kommt aus dem roten Backsteinbau der Las Vegas Bank.
Anmerkung: Das Argument, sie habe ihr eigenes Geld sparen wollen, funktioniert nicht. Sie wusste, dass Sam sauer werden würde, wenn er erführe, was sie mit dem Geld vorhat: Es direkt an ihren Exfreund Lester Diamond [James Wood] weiterzugeben. Ginger hätte gewiss keine schlafenden Hunde geweckt, wenn sie diese Summe für diesen Zweck griffbereit gehabt hätte.

Achtung: Als Ginger sich bei Nicky auskotzt, dass Sam ihren Exlover hat zusammenschlagen lassen, erklärt Nicky das mit: »Ich sage dir, Sam ist völlig verrückt nach dir ...«

Daraufhin sie: »Als ich Sam geheiratet habe, wusste ich, was ich tat. Ich wusste, dass es jederzeit schief gehen kann. Ich bin vom *Fach*, wie du weißt. Du glaubst doch wohl nicht, ich hätte mich auf so was eingelassen, ohne mich für den Fall der Fälle abzusichern?«

Anmerkung: Noch deutet nichts darauf hin, dass Ginger weder an ihr Geld noch an ihren Schmuck kommen kann.

Dies und das: Als Sam seiner Sekretärin [Linda Perri] grünes Licht gibt, County-Commissioner Pat Webb [L. Q. Jones] in sein Büro zu schicken, verbindet er das mit der Bitte, dass sie ihn »in vier Minuten« anrufe. Ihr Anruf bei ihm erfolgt allerdings weniger als nur zweieinhalb Minuten später.

Anmerkung: Auch wenn Film- und Echtzeit in aller Regel auseinander klaffen (müssen), hier war kein Grund dafür vorhanden. Da Pat Webb weit länger als vier Minuten mit Sam im Gespräch war, hätte dieser Anruf zeitgerecht erfolgen können.

Dies und das: Als Nicky Phillip Greens »Geschäftspartnerin« Anna Scott [Folliott Le Coque] in ihrer Küche durch drei Schüsse in die rechte Schläfe hinrichtet, presst er deren Kopf mit seinem linken Unterarm gegen den Revolver in seiner Rechten – und hat seinen Arm damit direkt in der Schusslinie. Trotzdem bekommt er nicht die geringste Schramme ab.

Anmerkung: Selbst wenn die von manchen Filmfehlerfreunden vertretene These hält, dass (Kopf-)Schüsse aus einer 22er wohl eher nicht auf einer Seite ein- und der anderen wieder austreten,[IMDb] ist es doch wohl recht gewagt, den Arm direkt in der Schusslinie zu platzieren.

Achtung: Als es in einer TV-Nachrichtensendung heißt: »Wird Sam Rothstein wegen seiner Freundschaft mit dem angeblichen Mafiamann Nicky Santoro seinen Job im Tangiers-Casino verlieren?«, zeigt der Sender ein Foto von Nicky Santoro, das noch gar nicht geschossen sein kann – weil es aus einer späteren Szene stammt. (Für die nachfolgende TV-Sendung gilt das Gleiche.)

Anschlussfehler: Während Nicky mit Freunden Golf spielt und Sam sich ein paar Meter weiter mit zwei Abgesandten des (Casino-)Lizenzausschusses [Brian Reddy und Roy Conrad] über sein bevorstehendes Verfahren unterhält, taucht über ihnen plötzlich ein kleines, sattgelbes Flugzeug mit der Kennzeichnung N7560V auf. Als die Maschine mit zwei FBI-Agenten Sekunden später auf dem Rasen landet, trägt sie zwar noch dieselbe Kennzeichnung, ist aber offensichtlich nicht nur von einem anderen Typ, sondern auch weiß mit blauen Streifen.

Anschlussfehler: Als Remo Gaggi [Pasquale Pajano] sich aus seinem Wagen heraus mit Andy Stone [Alan King] darüber unterhält, dass der Lizenzausschuss Sam – weil dieser sich mit allen möglichen wichtigen Leuten überworfen hat – keine Casinolizenz erteilt, liegt eine Schachtel Marlboro Lights auf dem Beifahrersitz. In der nächsten Einstellung befindet sich an deren Stelle plötzlich ein Sturmfeuerzeug – und nach einem weiteren Kameraschwenk sehen wir wieder das Päckchen Zigaretten. (Und das alles, ohne dass in dieser Szene *irgendwer* raucht!)

? **Fehl am Platz:** Nach dem Treffen von Nicky Santoro und Sam in der Wüste steigt Nicky in seinen Wagen, gibt Gas – und braust mit laut quietschenden Reifen über den Sand davon. Quietschende Reifen kann es auf Asphalt oder Beton geben, auf Sand sicher nicht!

() **Anschlussfehler:** Als Nicky aus Wut darüber, dass Billy Sherbert [Don Rickles] ihm lediglich 10 000 statt der von Nicky geforderten 50 000 Dollar Kredit gewährt, den Casinomanager zusammenschlägt und tritt, ist deutlich erkennbar, dass hier zwei Takes zusammengeschnitten wurden: Das Opfer geht zweimal zu Boden – ohne sich jedoch vorher wieder hochgerappelt zu haben.

👁 **Achtung:** Bei Sams Anwalt Oscar Goodman (der sich selbst spielt) kristallisiert sich zum ersten Mal heraus, dass Sam Ginger nicht mit dem Schmuck und dem Geld, welches er für sie deponiert hatte, gehen lassen will. Sam: »Sie ist doch bestenfalls zwei Stunden am Tag nüchtern – gewöhnlich von elf bis eins. Und wenn ich ihr jetzt *wirklich* ihren Schmuck und ihr Geld geben würde – in spätestens einem Jahr hätte sie alles verjubelt und was wär' dann?«

👁 **Achtung:** Als Ginger mit ihrer Tochter nach Los Angeles fliegt und dort Lester Diamond trifft, meint dieser: »Willst du es ihm heimzahlen? Du hast zwei Millionen Dollar in dem Schließfach, oder? (...) Lass ihn den Schmuck behalten. Wir nehmen das Geld und das Einzige, was er sonst noch liebt: ihre Majestät.«

? **Ungereimtheit:** Aus Los Angeles zurückgekehrt, erzählt Ginger Sam auf dessen Nachfrage, wofür Lester Diamond die 25 000 Dollar benötigte: »Er hat neue Sachen gebraucht.« Als Sam diesen Faden aufnimmt, geht er plötzlich – ohne dass *irgendein* Wort in dieser Richtung gefallen wäre – davon aus, dass Lester sich für diese Summe drei neue Anzüge gekauft hätte. Oder, wenig später, fünfundzwanzig. Sam (in der Rückschau): »Es wollte mir nicht in den Kopf rein. 25 000 für drei Anzüge – das kann beim besten Willen nicht stimmen.« Danach entspinnt sich ein Dialog.
Sam (zu Ginger): Ich denke, er trägt bestimmt keine 1 000-Dollar-Anzüge. Aber gut, lass uns annehmen, es wär' so. Wer macht ihm 25 Anzüge in drei Tagen? Ich meine, so schnell bekomm' sogar *ich* keine Anzüge – und ich bezahl' doppelt so viel.
Ginger: Ich hab ihm ja noch die Uhr gekauft.
Sam: Ja.
Ginger: Ja.
Sam: Selbst wenn du ihm eine gekauft hättest, eine hübsche, teure Uhr, eine Marke, die er gut findet – und er hat keine Ahnung, was eine gute Uhr ist – zahlst du fünf, zehn, zwölf Riesen, was bei ihm hieße, Perlen vor die Säue zu werfen. Bloß, sagen wir, drei Anzüge – eintausend pro Stück – da bleiben trotzdem – noch etwa zehntausend?«

? **Ungereimtheit:** Nachdem Sam ein Telefonat von Ginger mitbekommt, in dem sie erklärt, sie wolle ihn töten lassen, wirft er sie hinaus – und ihr einen Teil ihrer Sachen nach. Dazu stopft er ein Bündel Banknoten in ihre Tasche. Es entspinnt sich folgender (hitziger) Dialog:
Sam: Hier, hier! Reicht dir das Bündel? Ist das genug Geld für zwei Scheißtage? (...)
Ginger: Und meinen Schmuck werd' ich mir auch noch von der Bank holen!

Sam: Na sicher, doch. Sie macht um neun auf, sei pünktlich!

Ginger: Und *wehe*, du schickst irgendeinen deiner Typen hin, um mich daran zu hindern!

Sam: Ich *garantiere* dir, ich hindere dich nicht daran. (...)

Anmerkung: Das sind nun völlig andere Töne, als sie noch beim Anwalt zu hören waren. Vor allem muss sie einen Schlüssel für das Schließfach haben. Wenn nicht, hätte sie sich den – frei nach dem Motto: »Man soll das Eisen schmieden, solange es heiß ist« – nun von ihm geben lassen müssen.

? **Ungereimtheit:** Ginger trifft sich erneut mit Nicky und meint: »Ich hab' mich gefragt, ob du vielleicht jemanden bei der Bank kennst, der mir hilft, meinen Schmuck rauszuholen.«

Anmerkung: Erstens hätte sie den schon längst holen – und dann woanders deponieren können. Zweitens erwähnt sie mit keinem Wort ihr in der Bank deponiertes Geld.

? **Fehl am Platz:** Nun kommt die Szene, von der – viel zu früh – ein Foto in zwei TV-Sendungen gezeigt wurde: Frank Marino [Frank Vincent] berichtet Nicky von seiner Unterredung mit Remo Gaggi – und beide sprechen, weil sie wissen, dass Nicky vom FBI überwacht wird und sogar Lippenleser auf ihn angesetzt sind, nicht nur mit Zahnstochern zwischen den Zähnen, sondern dazu auch noch mit der Hand vor dem Mund.

◉ **Achtung:** Stocksauer darüber, dass Ginger – um ausgehen zu können – Amy am Bett festgebunden hat, trifft Sam seine Frau in Nickys Restaurant. »Warum«, fragt sie ihn bei dieser Gelegenheit wieder, »lässt du mich nicht einfach gehen, Sam? Ich werde *jedes* Abkommen unterzeichnen; ich will nur den Schlüssel zu meinem Schmuck und ich will, dass du mich gehen lässt.«

Anmerkung: Weshalb sie nicht einfach so etwas sagt, wie: »Wenn du mir mein Geld nicht gibst, nehm' ich mir deines – dann sind wir quitt«, ist absolut schleierhaft.

◉ **Achtung:** Als Sam Ginger aus dem gemeinsamen Haus wirft, gibt er ihr vorher noch haufenweise Geldscheine, die er einem Schuhkarton entnimmt.

? **Ungereimtheit:** Es ist keinesfalls so, dass Sam »nur« eine Geldreserve in einem L.A.-Bankschließfach hat. In der Rückschau erzählt er: »Ich hatte das Kind zu Nachbarn gebracht und gab Sherbert etwa eine Million in Bargeld und Schmuck zur Aufbewahrung im Hotel.« Dass Ginger davon nichts mitbekommen haben soll, ist unwahrscheinlich – zumal er die Scheine, die er bei ihrem Hinauswurf in ihre Tasche stopfte, ja auch sofort parat hatte. Sie hätte sich also auch *dieses* Geld nehmen können.

◉ **Achtung:** Während Sam mit Billy Sherbert auf Ginger – und/oder Verstärkung von Ginger – wartet, fährt sie mit ihrem Mercedes mehrmals mit heftiger Wucht auf das Heck von Sams Wagen. Doch alles, was Gingers Mercedes bei dieser wütenden Aktion an sichtbaren Schäden davonträgt, ist eine links (↓) leicht nach oben gebogene Stoßstange und ein verlorenes vorderes Nummernschild.

Dies und das: Während Ginger auf den Rasen fährt, sind klirrende Geräusche zu hören – die dabei absolut fehl am Platz sind.

Ungereimtheit: Mit einem Mal weiß Ginger, dass Sam den Schlüssel zu ihrem Schließfach in einer seiner Schreibtischschubladen aufbewahrt ... Immerhin geht sie nun gezielt darauf zu!

Achtung: Auch nachdem Ginger immer wieder auf Sams Wagen fuhr, zeigt dieser zunächst keine größeren äußerlichen Beschädigungen. Aber das wird sich bald ändern. Deshalb lohnt es sich besonders, hier schon darauf zu achten, was dem Wagen *nicht* fehlt.

Achtung: Die Bank, vor der Ginger hält, ist – zu erkennen an dem roten Backsteingebäude – die Las Vegas Bank, in der *sie* ein Schließfach (873) hat.

Achtung: Als Sam den zwei Polizisten [Randy Sutton und Jeff Corbin] vorwirft, Ginger nicht aufgehalten zu haben, erwidert einer der beiden: »Was sollten wir denn machen? Sie hat den Schlüssel!« Daraufhin erklärt Sam: »Sie hat keine *Vollmacht*.« Dies ist das erste Mal, dass die Rede von einer Vollmacht ist, die Ginger – siehe oben – ohnehin »automatisch« hat.

Ungereimtheit: Kaum ist Ginger auf dem Weg zur Bank, ruft Sam seinen Banker an, sagt: »Charlie, sie *darf nicht* ans Schließfach kommen, sie *darf* da nicht rankommen. Sie ist verrückt und sie ist drogenabhängig. Sie müssen das verhindern, Charlie!« Charlie Clark wiederum antwortet: »Sie hat die *Schlüssel*. Es läuft auch auf *ihren* Namen. Tut mir Leid, aber ich kann leider *nichts* machen.« Daraufhin wirft Sam ein: »*Rechtlich* gesehen darf sie es nicht nehmen, *rechtlich* gesehen, darf sie es nicht nehmen. Wirklich zweimal? Die *Hälfte* davon gehört *mir*.« Das ist eine völlig neue Version. Bis dahin war, was in dem Schließfach der Bank in Las Vegas lag, doch das Geld und der Schmuck, mit dem Ginger abgesichert sein sollte – und kein »Gemeinschaftskonto« im übertragenen Sinne.

Anschlussfehler: Wenige Minuten, nachdem Sams Auto die Attacken von Gingers Mercedes überaus gut überstanden hatte, zeigt das Heck – als Sam und Billy Sherbert in Sams Wagen steigen – einen wahren Totalschaden. Auch die Seite ist völlig lädiert. Und zwar selbst da, wo Ginger nie hineinfuhr.

Achtung: Nachdem Sam von Gingers Ende erzählt, sehen wir sein Auto explodieren. Diesmal sitzt er bei der Explosion hinter dem Steuer – wird aber nicht herausgeschleudert wie in der Anfangsszene.

Anschlussfehler: Wir erleben die Explosion von Sams Wagen ein drittes Mal mit. Diesmal sitzt er – wie gehabt – hinter dem Lenkrad, als er mitbekommt, dass die Anzeigen im Armaturenbrett verrückt spielen. Und wie gehabt wird de Niro – sichtbar – durch ein Dummy ersetzt. Dann allerdings explodiert der Wagen – anders als sonst – nicht auf einen Schlag, sondern Sam hat Zeit, die Tür zu öffnen und sich herausfallen zu lassen. Die Motorhaube erwischt es erst, nachdem Passanten sich Sams angenommen haben.

Anschlussfehler: Obwohl Sam die Tür auf der Fahrerseite geöffnet und sich so gerettet hat, ist besagte Tür wieder geschlossen, als der Wagen in die Luft geht.

Anschlussfehler: Als Sam in den Krankenwagen geschoben wird, kommentiert dessen Fahrer [Sam Wilson]:»Sie haben großes Glück gehabt, Mister!« Das wiederum kann man mehr als laut sagen: Sams Wagen explodierte am helllichten Tag. Die Krankenwagenszene findet jedoch nachts statt ...

Dies und das: Kurz vor Ende des Films, als Nicky und sein kleiner Bruder Dominick Santoro [Philip Suriano] auf Anordnung der Mafiabosse im Kornfeld zusammengeschlagen werden, federn die Baseballschläger nach jedem Hieb zurück – es sind also ganz offensichtlich Gummi-Attrappen.

Anschlussfehler: Während – kurz vor Filmende – Dominick Santoro im Kornfeld mit Baseballschlägern zu Brei geschlagen wird, muss sein Bruder – in den Schwitzkasten genommen – aus ein paar Metern Entfernung mit ansehen, was mit Dominick geschieht. Von Schlägen jedoch bleibt Nicky – vorerst – verschont. Trotzdem ist sein Gesicht, kurz bevor die Mafiosi Dominick halbtot in eine bereits ausgehobene Grube werfen, blutbeschmiert.

Anschlussfehler: Als Dominick in das Erdloch gestoßen wird, liegt er mit angewinkelten Beinen auf der rechten Körperseite. Als sein Bruder auf ihn geworfen wird, liegt Dominick plötzlich auf der linken Körperseite – auf die er sich mit Gewissheit nicht mehr selbst gerollt haben kann. Und auf die er auch von niemandem gerollt wurde. (Obwohl die Brüder – wie Sam erzählt – »bei lebendigem Leib begraben« wurden, wirkt Dominick hier schon reichlich tot.)

Anschlussfehler: Als Nicky in die Grube geworfen wird, ist sein Oberkörper voller hellem Blut. Dann landet auf ihm in jedem Fall eine Schaufel Sand. In der nächsten Einstellung ist Nickys Oberkörper sandfrei – und das Blut darauf hat sich dezimiert. In der dritten Einstellung ist das Blut wieder mehr – und dunkelrot.

Anachronismus: Am Ende des Films wird ein altes Casino nach dem anderen gesprengt und nach jedem Abriss ein dafür neu entstandenes Casino gezeigt: zunächst das »MGM Grand«, dann das »Excalibur«, danach das »Mirage« und das »Luxor«. Die chronologische Reihenfolge der jeweiligen Hotelbauten bzw. -eröffnungen ist jedoch eine andere. Zuerst kam »The Mirage« [November 1989], dann das »Excalibur« [Juni 1990], das »Luxor« [Oktober 1993] und schließlich das »MGM Grand« [Dezember 1993].

Hinter den Kulissen: In der Originalversion des Films wird das Wort »Fuck« 362-mal ausgesprochen – und damit im Durchschnitt alle 30 Sekunden!

Hintergrundwissen: Der Film basiert auf der Lebensgeschichte von Frank »Lefty« Rosenthal, einem der legendärsten Spieler der Vereinigten Staaten. Befragt, inwieweit er sich mit dem von Robert de Niro in »Casino« porträtierten Sam »Ace« Rothstein identifizieren könne, antwortete er in einem Interview:»Auf einer Skala von 1 bis 10 bei 7.«

CHINATOWN
CHINATOWN
USA 1974 • REGIE: ROMAN POLANSKI

Anschlussfehler: Zunächst sieht man Privatdetektiv J. J. (Jake) Gittes [Jack Nicholson], während dessen Klient Curly [Burt Young] Fotos einer Observation betrachtet, mit im Schoß gefalteten Händen – dann hält er eine Zigarette in der Hand und wenig später zwischen den Lippen. Obwohl besagte Zigarette ganz offenbar gerade erst angeraucht wurde, ist sie dann – so unvermutet, wie sie auftauchte – wieder verschwunden. Und das bei J. J. (Jake) Gittes, der nahezu überall raucht, wo er geht und steht.

Anachronismus: Die US-Flagge, die während eines Großteils der Pfarrhausszene in der rechten Bildhälfte zu sehen ist, ist eine 50-Sterne-Flagge. Der Unterschied zu der 48-Sterne-Flagge, die in den dreißiger Jahren, in denen der Film spielt, dort stehen müsste: In Letzterer, die am 24. Juni 1912 von William Howard Taft, dem 27. Präsidenten der USA in Auftrag gegeben wurde, sind die Sterne in sechs Reihen mit jeweils acht Sternen direkt untereinander angeordnet; in der am 21. August 1959 von Dwight D. Eisenhower, dem 34. Präsidenten der USA, in Auftrag gegebenen, befinden sich neun Reihen mit wechselweise sechs und fünf Sternen untereinander versetzt.

Faktischer Fehler: Als J. J. Gittes Hollis I. Mulwray [Derrell Zwerling] mit dessen vermeintlicher Freundin [Belinda Palmer] fotografiert, kommt die Linse seiner Kamera, in welcher sich die beiden spiegeln, von vorn ins Bild. »Eigentlich« müsste dieses Spiegelbild Kopf stehen. Tut es aber nicht.

Faktischer Fehler: Nie und nimmer werden Tote in einem Leichenschauhaus mit einer Tagesdecke bedeckt. Außer im Film, versteht sich. Wie hier – spätestens an den Fransen erkennbar – Hollis I. Mulwray!

Zusatzinformation: Der »Zwerg«, über den Jake von Claude Mulvihill [Roy Jenson] wissen will, wo er ihn »her habe«, ist Regisseur Roman Polanski. Solche Minirollen Prominenter im Film nennt man Cameo-Auftritte.

Zusatzinformation: Der »Tom Collins«, den Evelyn Cross Mulwray »mit Eis und Zitrone« bestellt, ist ein in einem großen Tumbler servierter, erfrischender, halb saurer Longdrink, bestehend aus: 5 cl Gin, 3 cl Zitronensaft, 2 Barlöffeln Läuterzucker (= eine Zucker-Wasser-Lösung im Verhältnis 1:1), aufgefüllt mit Sodawasser.

Dies und das: Darauf, den Fisch mit Kopf zu servieren, legt Noah Cross offenbar gesteigerten Wert – sonst würde er dies nicht extra noch erwähnen. Davon, dass man zu Fisch kein Fleischmesser deckt, hat der Gourmet jedoch wohl noch nie etwas gehört. In Ermangelung eines Fischmessers – mit flacher, stumpfer Klinge zum schonenden Zerteilen – kann auch eine zweite Gabel verwendet werden.

Achtung: Während des Mittagessens bei Noah Cross und bei seinem Besuch auf dem Katasteramt[1] klebt das Ende des Pflaster auf Gittes' rechtem Nasenflügel (↑) knapp auf der Wange.

Anachronismus: Nach seinem Besuch auf dem Katasteramt besichtigt der Privatdetektiv ausgetrocknetes Land. Im Hintergrund sind (zunächst ↑, dann ↓ im Bild) Hochspannungsmasten zu sehen – die es in dieser Form damals noch nicht gab.

Anschlussfehler: Während seiner Fahrt durch die Orangenplantage – nachdem er das Schild »No Trespassing«, »Kein Durchgangsverkehr«, las – endet das Pflaster auf Gittes' rechtem Nasenflügel, ohne noch in die Wange hineinzureichen.

Zusatzinformation: Bei seinem Gespräch mit Emma Dill [Cecile Elliott] erwähnt diese sowohl den »Albacore Club« als auch, dass »Albacore« ein Fisch ist. Ein Thunfisch, um genau zu sein.

Englische Sprache, schwere Sprache: Nachdem Detective Loach vom LAPD[2] [Richard Bakalyan] Jake fragt: »Was hast du denn mit deiner Nase gemacht, Gittes? Hat jemand dir ein Schlafzimmerfenster draufgehauen?«, entgegnet dieser: »Nein, das nicht. Deine Frau war zu erregt – sie hat ihre Schenkel zu schnell zusammengekniffen, weißt du, was ich meine, mein Süßer.« Nur: »Mein Süßer« würde Jake niemals sagen. Im Original nennt er ihn »pal«, also »Kumpel«, »Freundchen«.[LR]

Hinter den Kulissen: Ursprünglich sollte Ali MacGraw die Rolle der Evelyn Cross Mulwray spielen. Daraus wurde dann allerdings nichts, nachdem sie sich – für Steve McQueen, in den sie sich bei den Dreharbeiten für »The Getaway« [1972] Hals über Kopf verliebt hatte – von »Chinatown«-Produzent Robert Evans, den sie erst am 24. Oktober 1969 geheiratet hatte, scheiden ließ. Nicht nur war Evans stocksauer, McQueen wollte auch nicht, dass seine Frau weiterhin Filme drehte. (Im November 1977, als Ali MacGraw sich von Sam Peckinpah für »Convoy« [1978] engagieren ließ, reichte McQueen die Scheidung ein.)

Hintergrundwissen: Sehenswert ist nicht nur »Chinatown«, sondern auch der zweite Teil (des nach dem Erfolg von »Chinatown« als Trilogie geplanten) Werkes von Drehbuchautor Robert Towne: »The Two Jakes«, Die Spur führt zurück [1980]. Verwirklicht wurde dieses Projekt – erneut mit Jack Nicholson in der Hauptrolle und auch als Regisseur – allerdings erst knapp zwei Jahrzehnte nach »Chinatown«.

---

[1] Kataster [italienisch], Grundstücksverzeichnis, geführt von den Katasterämtern oder Vermessungsämtern. Quelle: LR

[2] Los Angeles Police Department

CHRISTINE
CHRISTINE
USA 1983 • REGIE: JOHN CARPENTER

Faktischer Fehler/Achtung: Detroit 1957. Zwischen ansonsten ausschließlich cremefarbenen Wagen steht ein leuchtend roter »Plymouth Fury« mit roter Innenausstattung und – von vorn bis nach hinten über die gesamte Seite verlaufend – goldenen Zierleisten auf dem Produktionsband. Nur, der gehört hier gar nicht her: 1957 war der »Plymouth Fury« lediglich in einer einzigen Farbe erhältlich: »Sand Dune White« mit beigefarbener Innenausstattung und goldfarbenen Zierleisten und Kühlergrill.

Achtung/Faktischer Fehler: Sowohl der obere als auch der untere Teil des Kühlergrills des roten Plymouth ist verchromt, beide glänzen also silbern. Damit stammt dieser Kühlergrill aus der »Plymouth Belvedere«-Serie. Die Kühlergrills des »Plymouth Fury« waren goldfarben.

Zusatzinformation: »Fury« ist das englische Wort für »Wut, Heftigkeit, Rage, Ungestüm«.[CL]

Anschlussfehler: Bereits in der zweiten Einstellung, welche »Christine« noch auf dem Werksband zeigt – als ein Mechaniker ihre Kühlerhaube öffnet –, ist die Zierleiste nicht mehr goldfarben, sondern weiß. Und in der Folgeeinstellung erneut goldfarben. Im Verlauf des Films wird es bei diesem Hin und Her bleiben.

Deutsche Sprache, schwere Sprache: Während der Fahrt zum Unterricht erzählt Arnie Cunningham [Keith Gordon] seinem Freund Dennis Guilder [John Stockwell], dass er am Abend zuvor mit seinen Eltern Scrabble gespielt habe: »Zum Schluss hatte ich die Wahl zwischen dem Wort ›Ratio‹ – das bedeutet 5 lächerliche Punkte – oder Fellatio. Ein *drei*silbiges Wort.« Heißen müsste es hier »*einem* dreisilbigen Wort«.

Anschlussfehler: Als – bei der Konfrontation mit Buddy Reperton [William Ostrander] und seinen Kumpanen – nicht nur Arnie, sondern auch dessen Brille am Boden liegt, zertritt Moochie [Malcolm Danare] das linke Brillenglas. Dennoch setzt Arnie nur Augenblicke darauf – als Mr. Casey [David Spielberg] die Übungswerkstatt betritt – die Brille wieder auf. Wie es aussieht, ist sie heil. Wiederum nur wenige Minuten später – als Dennis und Arnie nach Hause fahren – ist Arnies Brillengestell in der Mitte geklebt. Obwohl das kaum reichen dürfte. Das linke Glas müsste eigentlich auch kaputt sein.

Fehl am Platz: Bei ihrer Rückfahrt von der Schule unterhalten Dennis und Arnie sich über Buddy Reperton und seine Freunde. Gleich nachdem Arnie meint: »Diese Hohlköpfe!«, entdeckt er »Christine« und bittet Dennis umgehend: »Fahr zurück!« Zu diesem Zeitpunkt kommt auf der Allee (hinten ↑) ein Baum ins Bild. Dann – weil Arnie immer noch weiter geradeaus fährt – ein zweiter. Als Arnie dann endlich den Rückwärtsgang einlegt, ist es eine wesentlich kürzere Strecke, die er retour fährt – bis sein Wagen dann endgültig auf der Höhe von »Christine« ist.

Achtung: Als »Christine« zum ersten Mal ins Bild kommt – und bis Arnie sie wieder auf Hochglanz gebracht hat – fehlt ihr, auf der Fahrerseite, der vordere Teil der Zierleiste.

Ungereimtheit: Der Plymouth, der Arnies Aufmerksamkeit erregt hatte, sieht reichlich lädiert aus. Dennis nennt ihn einen »Haufen Schrott« und Will Darnell [Robert Prosky], der Eigentümer von Darnells Garage, bezeichnet ihn wenig später als »Wrack«. In gar keinem Fall wirkt das Auto wie eines, das bis vor sechs Wochen – dem Zeitpunkt, zu dem dessen voriger Besitzer starb – liebevoll gepflegt worden ist. Dennoch erklärt George LeBay [Robert Blossom], als er über die Beziehung seines – scheinbar oder tatsächlich durch Suizid – verstorbenen Bruders zu dessen Wagen spricht: »Die war für ihn immer wie eine Geliebte, seine ›Christine‹«.
Anmerkung: Was, zum Teufel, will »Christine« eigentlich? Wie George LeBays Erzählungen zu entnehmen ist, stand – anders als bei Arnie Cunnigham – zu dem Zeitpunkt, zu dem sein Bruder einer Kohlenmonoxidvergiftung erlag, nichts und niemand mehr zwischen ihm und seiner Liebe zu »Christine«. Was also hätte er oder »sie« für einen »Grund« gehabt, sich oder ihn ins Jenseits zu befördern?

Deutsche Sprache, schwere Sprache: Dennis Guilders Bedenken, dass Arnie den Wagen viel zu überteuert kauft, entkräftet Arnie mit: »Der Wagen ist über 20 Jahre alt. Das bedeutet, er ist ganz offiziell eine Antiquität.« Davon, dass Autos von antiquarischem Wert »Oldtimer« genannt werden, hat die Dialogregie wohl noch nie etwas gehört. Oder will der Autor uns damit sagen, »Christine« ist einfach *nur* böse?

Ungereimtheit: Ohne dass Arnie irgendein Wort darüber verliert, trägt er – als Will Darnell ihm erklärt, er verlange eine Gegenleistung dafür, dass Arnie seinen Wagen mit Ersatzteilen aus der Garage bestücke – plötzlich keine Brille mehr. Sind seine Augen besser geworden? Hat er sich Kontaktlinsen besorgt? Diese Frage wird wohl nicht mehr geklärt werden können.

Anschlussfehler: Nachdem Arnie – in eben erwähnter Szene – erklärt, er werde sich überlegen, ob er für Darnell arbeiten würde, und der Garagenbesitzer ihm rät: »Überleg nicht zu lange, Mann, sonst pack ich dich am Arsch und schmeiß dich raus«, ist die untere Hälfte von »Christines« Kühlergrill mit einem Male rot[1] und wird nun zwischen verchromt und rot wechseln.

Anschlussfehler: Als Dennis – allein in Darnells Garage – »Christine« inspiziert, schaut er zunächst durch das linke Wagenfenster (↓) und sieht, was ebenfalls auf der linken Seite sein müsste – Risse in der Windschutzscheibe. Sobald der Wagen jedoch frontal in einer Großaufnahme zu sehen ist, befindet sich der lädierte Teil der Frontscheibe auf der Beifahrerseite.

---

[1] Zweifarbige Kühlergrills gab es beim »Plymouth Fury« durchaus, allerdings erst 1968.

Anschlussfehler: Als Arnie »Christine« parkt, um mit Leigh Cabot [Alexandra Paul] das (American) Footballspiel anzuschauen, bei dem Dennis durch einen Sturz verletzt wird, glänzen wieder beide Teile des Kühlergrills silbern. Dass sich dies von Szene zu Szene ändert, sehen Sie selbst. Es wäre zu platzaufwändig, auf jede weitere Veränderung – von silberfarben zu rot und vice versa – hinzuweisen. Zum ersten Mal zu sehen ist auch: Die Zierleiste ist wieder vollständig. Geht also über die gesamte Längsseite.

Zusatzinformation: Arnie bringt Dennis »5 000 dreckige Limericks« ins Krankenhaus. Ein Limerick[2], nach der gleichnamigen irischen Stadt, ist ein nach dem Reimschema aa bb a verfasster Fünfzeiler. Klassische Limricks nennen in der ersten Zeile einen Ort oder einen seiner Einwohner, in der fünften Zeile folgt in der bislang erzählten »Geschichte« eine unerwartete Pointe, Wendung.

Faktischer Fehler: Damit Leigh ihr nicht doch noch entkommen kann, verriegelt »Christine«, als sie sich daranmacht, Leigh Cabot die Luftzufuhr abzudrücken, die Türen. Die Sache ist nur die: Weder der 1957er noch der 1958er Plymouth Fury waren mit dieser Art von Türverriegelung ausgestattet – das Zusperren geschah vielmehr durch das Herunterdrücken des Türgriffs.

Anschlussfehler: Obwohl Leigh Cabot – nachdem sie im Autokino nach ihrem Erstickungsanfall »Christine« fluchtartig verlassen hatte – regendurchnässt wieder in den Wagen steigt, damit Arnie sie nach Hause fahren kann, ist ihr Haar während der Rückfahrt trocken.

Anschlussfehler: Als Arnie aussteigt, um Leigh zur Haustür zu folgen, sind »Christines« Scheibenwischer oben. Als er – nach einem längeren Gespräch mit Leigh – zu seinem Wagen zurückkehrt, sind die Scheibenwischer unten.
Anmerkung: Mag natürlich sein, dass dies »Christines« Werk war – und nicht die Schlampigkeit eines Script-Supervisors. Allerdings deutet nichts darauf hin, dass Arnie, was er nicht tat, diese Veränderung hätte wahrnehmen sollen.

Dies und das: Als Arnie Cunningham mitkriegt, dass »Christine« sich selbst repariert/restaurieren kann, fordert er sie auf: »Okay, zeig's mir!« Diesmal ist der Kühlergrill wieder silbern – was er in den letzten zwei Einstellungen nicht war –, dafür ist ihr das gelbe Nummernschild abhanden gekommen. Als Moochie sich – wenig später – zu »Christine« in die Garage schleicht, ist das Nummernschild wieder aufgetaucht.

---

[2] Ein Liebhaber frug in Uganda
eine Dame: »Pardon, ist Ihr Mann da?«
– »Ja, auf der Terrasse!«
Drauf er: »Ist ja Klasse,
dann gehn wir auf die Veranda!«
Ein Limerick von »Schobert & Black«

Zusatzinformation: Nach seinem Krankenbesuch bei Dennis läuft Arnie in die Arme von Polizeiinspektor Rudolph Junkins [Harry Dean Stanton]. Auf Arnies Frage: »Was wollen Sie?«, antwortet dieser: »Dieses *Rot* gefällt mir sehr gut. Ich wusste gar nicht, dass es diesen Farbton noch gibt. Wird dieser Ton immer noch hergestellt?« Abgesehen davon, dass dieses Rot ein Farbton der »Plymouth Belvedere«-Serie ist: Es handelt sich dabei um »Toreador Red«.

Dies und das: Nachdem Buddy Reperton – während »Christine« seinen Wagen verfolgt – an einer Tankstelle hält und aus seinem Camaro aussteigt, fährt »Christine« Buddys Auto in mehreren Anläufen zu Klump. Als sie den Camaro, mit dem sie sich verhakt hat, im Rückwärtsgang mit sich zieht, ist deutlich zu sehen, dass der Camaro wohl auch magische Kräfte hat: Er ist offenbar die ganze Zeit über ohne Motor gefahren!

Ungereimtheit: Noch reichlich erhitzt (und mitgenommen), nachdem sie nicht nur den Camaro, sondern auch dessen Besitzer und Freunde Richard Trelony [Stephen Tash] und Don Vandenberg [Stuart Charno] platt gemacht hat, rollt »Christine« zurück zu ihrem Stellplatz. Obwohl Will Darnell sich, als er »Christines« Fahrertür öffnen will, die Finger verbrennt – und erst einmal ein Tuch holt, um nicht erneut mit dem heißen Griff direkt in Berührung zu geraten –, setzt der Garagenbesitzer sich in den glühend heißen Wagen (und fasst auch noch das Lenkrad an!). Was dann das Letzte war, was er in seinem Leben tat.
Anmerkung: Es kann natürlich sein, dass »Christine« Darnell zu dieser Handlung gebracht hat. Allerdings weist nichts in dem Film darauf hin, dass »Christine« – von ihrer Wirkung auf Arnie Cunningham abgesehen – hypnotische Fähigkeiten hat.

Dies und das: Es ist der 31. Dezember, an welchem Leigh Cabot Dennis Guilder anruft, um sich mit ihm für ein Gespräch über »Christine« zu verabreden. Dennoch beginnt Dennis das Telefonat mit »Prost Neujahr!« Was vor dem Jahreswechsel absolut unsinnig ist.

Dies und das: Um Leigh Cabot zu verabschieden, humpelt Dennis mit ihr auf seinen Krücken zur Haustür – und schaut ihr von dort aus noch eine ganze Weile nach. Auch wenn es konzentriertes Hinsehen verlangt, weil er nur noch sehr klein zu sehen ist, lohnt es sich, den Blick weiter auf Dennis zu halten: Nachdem Leigh schon ein gutes Stück Weges hinter sich gebracht hat, humpelt Dennis noch zwei Schritte ins Haus zurück – dann geht er ganz normal (↓) aus dem Bild.

Ungereimtheit: Dass »Christine« alles andere als ein »normales« Auto ist, hatte Arnie Cunningham mittlerweile massig Gelegenheit zu erkennen – und auch erkannt. Was ihm dabei nicht verborgen blieb, ist »Christines« menschliche Fähigkeit zur Eifersucht. Sie will ihn ganz allein für sich – und er soll nur sie begehren. Dennoch lädt er Dennis, als er ihn zur Silvesterfeier abholt, ein: »Nimm dir 'n Bier. Fühl dich wie zu Hause. Mein Auto ist dein Auto.« Das ergibt irgendwie keinen Sinn.
Anmerkung: Vielleicht war Arnies Tod ja »Christines« Rache für dieses Verhalten. Auch wenn kein Hinweis darauf ersichtlich wird.

Anschlussfehler: Als Dennis – warum, wird auch nie erklärt – seinen und Leighs Treffpunkt (»Darnells tonight«) auf »Christines« Kühlerhaube schreibt, ist sein linkes Knie noch bandagiert. Als er in Darnells Garage einsteigt, ist kein (Stütz-)Verband um das linke (und auch nicht das rechte) Knie zu sehen.

Achtung: Als Leigh vor dem Garagentor darauf wartet, von Dennis eingelassen zu werden, wird ein Schild sichtbar: »Closed by order of Rockbridge Police Department«, »Auf Anordnung der Polizeidienststelle Rockbridge geschlossen«.

Ungereimtheit: Dennis Guilder erläutert Leigh Cabot seinen Plan: »Du gehst ins Büro und legst dich auf den Boden. Sowie Christine drin ist, lass ich den Motor an. Wenn du *das* hörst, drückst du auf den Knopf und lässt das Tor runter. Dann sitzt sie in der Falle.« Darauf zu bauen, »Christine« eine Falle stellen zu können, war – im Prinzip – mehr noch von Leigh als von Dennis überaus blauäugig: »Christine« kommt jederzeit überall hin – wo sie hin will. Dass Dennis und Leighs Vorhaben – wenngleich nach einigen Komplikationen – dennoch klappte, gleicht einem Wunder. Oder, wie sich ganz am Ende herausstellt, eben doch nicht ...

Dies und das: Allem Anschein nach parkt gerade jemand einen weißen Wagen in Darnells sonst völlig leer geräumter Garage (Dennis Guilder zu Leigh Cabot: »Richtig gespenstisch ist das, nicht? Es ist alles ausgeräumt hier. Ganz leer.«), der »Christines« Fury, »Christines« Wut – ohne dass er ihr in die Quere gekommen wäre – auch noch zu spüren kriegt. Wie war das doch? »Kleine Sünden straft der liebe Gott sofort«: Die Garage war immerhin von der Polizei dichtgemacht worden.

Dies und das: Dafür, dass Leigh – und das noch sehr frisch – die Exfreundin seines besten Freundes ist, und erst recht dafür, dass beide »eigentlich« »nur« auf rein freundschaftlicher Ebene kommunizieren, streichelt Leigh Dennis' rechte Schulter mit ihrer rechten Hand mehr als freundschaftlich ...

Anschlussfehler: Nachdem Leigh sich – nach ihrem Sturz – wieder aufgerappelt hat und auf den in der Raupe sitzenden Dennis zugeht, packt »Christine« sich den weißen Wagen. In der zweiten Einstellung dieser Szene – als sie ihn mit sich schleift – beginnt die (weiße) Zierleiste des Plymouth Fury erst an der Tür. Geht also nicht, wie bisher, über die gesamte Längsseite. Wenige Augenblicke später, nachdem Dennis Leigh zuruft: »Lauf nicht weg! Bleib, wo du bist!«, kommt eine bereits reichlich demolierte »Christine« ins Bild. Nun geht die – wenngleich schwer ramponierte – Zierleiste wieder über die gesamte Wagenlänge. Und auch das wird von dieser Szene an, bis zum Ende des Films, je nach Szene und Einstellung immer wieder mal wechseln.

Achtung: Der noch nicht ganz, aber fast tote Arnie springt Leigh in die Arme. Sie hält ihn eng umschlungen. Dann stellt sich heraus, weshalb Arnie mit mehr als einem Bein im Grab steht: Er hat ein großes, langes Stück Glas in seinem Leib. Komisch ist nur, dass Leigh damit nicht in Berührung kam. Eigentlich hätte sie das tun müssen – was allerdings ihr Happy End verhindert hätte.

Dies und das: Das Geräusch, welches die Glasscherbe macht, als Arnie sie sich aus dem Körper zieht, passt überhaupt nicht zum Geschehen.

Ungereimtheit: Obwohl »Christine« deutlich sichtbar (↑) in der letzten Einstellung noch lebt, hat es nie einen Teil 2 gegeben. Der Erfolg an den Kinokassen hätte durchaus für eine Fortsetzung gesprochen. Es kann aber natürlich auch sein, dass Stephen King einer Fortsetzung nicht zustimmen wollte.

Hinter den Kulissen: Während der Dreharbeiten soll das gesamte Team – ganz wie »Arnie« – von »Christine« immer nur als »ihr« gesprochen haben. Was eigentlich auch nur logisch ist.

Hinter den Kulissen: Kein Wunder, dass »Christine« immer wieder mal ihr Erscheinungsbild wechselt: Je nach Quelle sollen 13 bis 16 Plymouth für diesen Film gebraucht worden sein. Was allerdings niemand so genau weiß, ist, ob es sich dabei ausschließlich oder hauptsächlich um entweder den 1957er oder 1958er Plymouth Fury handelte.

Hintergrundwissen: Fest steht: Sämtliche Plymouth-Fury-Liebhaber waren überaus »infuriated« (wütend) darüber, dass ausgerechnet von ihrem Lieblingsoldtimer so viele zerstört wurden, zumal es – von der 58er-Serie – nur 2 000 Exemplare gab.[IMDb]

Zusatzinformation: Der 1958er »Fury« wurde übrigens damals in den USA zum »Auto des Jahres« gewählt. Der Preis ab Werk 3032 Dollar.

Hintergrundwissen: Stephen King wusste viel über seine »Christine«, aber nicht alles. So lässt er zum Beispiel im Kapitel 34 seines Romans einen Anhalter hinten einsteigen. Fakt ist, den 1958er »Fury« gab es nur in einer zweitürigen Version. Da konnte niemand hinten einsteigen – wohl aber hinten sitzen.[3]

---

[3] Dieses Fakt und viele andere zu »Christine« finden Sie »Christine, weird facts about the book, the car and the movie«: http://christine.canadianwebs.com/wierdfacts.html. Zum Beispiel, dass Stephen King als Honorar für »Christine« nur einen symbolischen Dollar annahm. Den nicht unerheblichen Rest seines Honorars spendete er an einen Fonds, der »junge und vielversprechende« Autoren fördert.

CITIZEN KANE
CITIZEN KANE
USA 1941 • REGIE: ORSON WELLES

Vorab: »Citizen Kane« wird von einigen Fernsehsendern mit untertiteltem Originalton gesendet, von anderen in einer Synchronfassung. Um die Orientierung in beiden Versionen zu ermöglichen, sind hier beide aufgeführt.

<u>Zur untertitelten Originalfassung:</u> So unglücklich die Untertitel teilweise formuliert wurden: Sie sind immer noch Gold im Vergleich zu der Synchronfassung. Die – nach englischen Texten – in Klammern befindlichen deutschen Texte geben die Untertitel wieder.

<u>Zur Synchronfassung:</u> »Citizen Kane« ist – leider – das beste schlechteste Beispiel dafür, wie die Dialogregie einer Filmfigur einen völlig anderen Charakter andichten kann. Eine lieblosere, stümperhaftere und dreistere Synchronisation eines amerikanischen Klassikers als die unter der Dialogregie von Manfred R. Köhler werden Sie wohl kaum finden: Aussagen werden nicht nur schlecht, sondern oft sinnverändernd übersetzt. Entscheidende Sätze werden weggelassen, völlig aus der Luft gegriffene hinzugefügt. Dazu kommt die horrende Wahl der Synchronsprecher und -sprecherinnen, in erster Linie von Orson Welles: Letztlich entscheidet nicht nur, *was* wer sagt, sondern *wie* wer etwas sagt, über die Wirkung einer Person. Wo Orson Welles einen schelmischen Unterton in der Stimme hat, ertönt im Deutschen Süffisanz – was gerade diese Filmfigur wesentlich anders koloriert (siehe auch **Hintergrundwissen**), als von Welles beabsichtigt. Um zu verdeutlichen, wie weit die Übersetzung vom Original abweicht, folgt dem Original bei Synchronisationsfehlern – sofern es sich nicht um einen »schlichten« Grammatikfehler handelt – eine inhaltlich korrekte Übersetzung. Die Dialoge der Synchronfassung sind hier jeweils kursiv gedruckt.

Achtung: In der Anfangsszene, in der Charles Foster Kane [Orson Welles] stirbt, ist dieser allein. Die Krankenschwester [unbenannt] betritt das Zimmer erst, als der Industriemagnat bereits das Zeitliche gesegnet hat.

Zusatzinformation: In der Einleitung zum Film heißt es: »›In Xanadu did Kubla Khan a pleasure dome decree.‹ So beginnt der englische Dichter Samuel Taylor Coleridge seine Geschichte von dem sagenhaften Nabob Kubla Khan und seinem Monsterschloss Xanadu.« Die Übersetzung dieser nicht ins Deutsche übertragenen Zeile lautet: »In Xanadu hat Kubla Khan ein stattlich Lustschloss sich erbaut (...).« Ein »Nabob« (arabisch-Hindi) ist »seit dem 18. Jahrhundert in Europa die Bezeichnung für den Angehörigen des in Indien reich gewordenen Geldadels; geht auf den Fürstentitel Nawab zurück; danach allgemein ›reicher Mann‹«.[LR]

Englische Sprache, schwere Sprache: Weiterhin wird in der Einleitung gesagt: »In Xanadu, last week was held 1941's biggest, strangest funeral.« Der Untertitel dazu lautet: »Vergangene Woche fand hier das bemerkenswerteste Begräbnis des Jahres 1941 statt.« Bemerkenswert ist hier allerdings nur, wie der Begriff »strange« – »merkwürdig, seltsam, sonderbar«[LR] – übersetzt wurde. An Platzmangel, der beliebten Erklärung für diffuse Untertitel, kann es hier nicht gelegen haben. Eine korrekte Übersetzung wäre gar kürzer gewesen. Nach dem

Motto: »Schlechtes Textmaterial übernehmen, gutes umschreiben«, ist selbiger Fehler auch in der Synchronfassung zu finden, die da lautet: »Hier fand in der vergangenen Woche das bemerkenswerteste Begräbnis des Jahres 1941 statt.«

Dies und das: In der Rückschau auf Charles Foster Kanes Leben werden auch seine zwei Ehen erwähnt: »16 years after his first marriage, two weeks after his first divorce, Kane married Susan Alexander, Singer, at the townhall in Trenton, New Jersey.« (»16 Jahre nach der ersten Hochzeit, zwei Wochen nach der Scheidung, heiratet er im Rathaus von Trenton, New Jersey.« – »16 Jahre nach seiner ersten Eheschließung, zwei Wochen nach seiner ersten Scheidung, heiratet er im Rathaus von Trenton die Sängerin Susan Alexander.«) Gleich danach werden zwei Plakate zu Auftritten von Susan Alexander [Dorothy Comingore] als Opernsängerin gezeigt. Auf dem ersten – dem des »Lyric Theatre« – steht fälschlicherweise »Suzan«. Auf dem zweiten – vom »Chicago Municipal Opera House« – ist ihr Vorname richtig, also mit »s« geschrieben.

Achtung: Die Schlagzeile, die Charles Foster Kanes Verhältnis mit Susan Alexander der Öffentlichkeit preisgibt, lautet: »Candidate Kane caught in love nest with ›singer‹«. »Kandidat Kane mit ›Sängerin‹ in Liebesnest erwischt.«

Achtung: Bevor Mr Rawlston [Philip van Zandt], der Chefredakteur der »Wochenschau«, seinen Reporter Jerry Thompson [William Alland] für einen fundierten Beitrag über den verstorbenen Charles Foster Kane losschickt, sagt er: »It isn't enough, to tell us, what a man *did*. You've got to tell us, *who* he was. – Wait a minute. What were Kane's last words? Do you remember, boys? The last word he said on earth – maybe he told us all about himself on his deathbed.« (»Seine Leistungen zu zeigen, das reicht nicht. Wer war er? Ich hab's! Was waren seine letzten Worte? Erinnert ihr euch? Das letzte Wort. Vielleicht hat er da alles über sich gesagt.«)

Die Ausstattung spielt mit: Nachdem die Verwalterin [ungenannt] der Gedächtnisstätte von Walter Parks Thatchers [George Coulouris] dem TV-Reporter Jerry Thompson Anweisungen für den Umgang mit Thatchers schriftlichen Aufzeichnungen gegeben hat, verlässt sie den Raum. Als sie die Tür schließt, ist auf dieser (↑) der Schatten einer Kamera sichtbar.

Deutsche Sprache, schwere Sprache: – betreffend allein die Synchronfassung: Als sein Generalbevollmächtigter Charles Foster Kane die Angriffe seiner Zeitung auf Konzerne, Behörden und Politiker vorhält, erwidert Kane, als Herausgeber des »Inquirers« »ist es meine Pflicht – unter uns, es ist mir sogar eine Freude –, dafür zu sorgen, dass die verdammt ehrlich und hart arbeitende Bevölkerung nicht von einer Hand voll Blutsauger ausgebeutet wird«.

Englische Sprache, schwere Sprache: – betreffend allein die Synchronfassung: Im Original sagt Kane: »Well, I always gagged on that silver spoon.« – frei übersetzt: »Der silberne Löffel steckte mir schon immer quer im Hals.« In der Synchronversion lautet diese Zeile: »Ja, diese Silberlöffel haben mich die ganze Zeit über gehandicapt.« Ungeschickter ist eine Übertragung ins Deutsche wohl kaum mehr machbar.

Englische Sprache, schwere Sprache: – betreffend allein die <u>Synchronfassung</u>: In Zusammenhang damit, dass Mr Bernstein [Everett Sloande] meint, Kanes ältester und engster Freund, Jedediah Leland [Joseph Cotton], könne wohl am ehesten etwas über die Bedeutung von »Rosebud« wissen, berichtet er dem Reporter von Lelands Hintergrund. Im Original sagt er: »Mr Leland never had a nickel. One of those old families, where the father is worth ten million – and then one day he shoots himself and it turns out, there's nothing but debts.« Inhaltlich korrekt übersetzt müsste es heißen: »Mr Leland entstammt einer der alten Familien, in denen der Vater zehn Millionen wert ist, sich dann eines Tages erschießt und es sich herausstellt, dass nichts als Schulden da sind.« Statt dessen lässt es die Übersetzung für die Synchronfassung aussehen, als sei Mr Lelands Vater ein Einzelfall: »Er stammte aus einer Familie, wo der Vater zehn Millionen wert ist. Dann erschießt er sich eines Tages und es stellt sich heraus, er hat nur Schulden gemacht.« (Die Untertitelung befindet sich näher am Original: »Mr Leland hatte nie einen Cent. Einer aus den alten Familien mit zehn Millionen, dann erschießt sich der Vater und hinterlässt nur Schulden.«)

Englische Sprache, schwere Sprache: – betreffend allein die <u>Synchronfassung</u>: Nachdem der »Inquirer« es von 26 000 auf eine Auflagenzahl von 684 312 geschafft hat, schmeißt Charles Foster Kane eine riesige Party. Zu Beginn dieser eröffnet er, dass er nun erst einmal ins Ausland reise. Auf Mr Bernsteins Bemerkung, es gäbe noch viele Gemälde und Statuen in Europa, die Charles Foster Kane noch nicht gekauft habe, antwortet dieser im Original: »You can't blame me. They've been making statues for some two thousand years, and I've only been collecting for five«, »Sie können mir daraus keinen Vorwurf machen: Die fertigen dort seit gut und gern 2000 Jahren Statuen an – und ich sammle erst seit fünf.« Was Charles Foster Kane statt dessen in der Synchronfassung in den Mund gelegt wird, ist absolut unsinnig. Sein »Sie verdächtigen mich zu Unrecht, Mr Bernstein!«[1] hat keinerlei Bezug zu dem vorher Gesagten (und auch nichts mehr mit »to blame«, jemanden tadeln, jemandem die Schuld geben zu tun). Im Gegenteil. Es impliziert vielmehr, dass der Großindustrielle bereits alle – oder nahezu alle – Gemälde und Statuen aufgekauft habe. (Im Untertitel heißt es: »Haben Sie Geduld mit mir. Die produzieren seit 2000 Jahren und ich kauf sie erst seit fünf!«

Englische Sprache, schwere Sprache: – betreffend allein die <u>Synchronfassung</u>: Auf der riesigen Fete, mit der Charles Foster Kane feiert, dass der »Inquirer« nun alle New Yorker Zeitungen an Auflage weit übertrifft, wird nicht zuletzt auch Kane gefeiert. Als die Band ein Lied über ihn anstimmt, spielt er das herunter, indem er bemerkt: »Buy a bag of peanuts in this town, you get a song written about you.« – »In dieser Stadt musst du nur eine Tüte Erdnüsse kaufen, schon schreibt man ein Lied über dich.« In der Synchronfassung wird ein völlig anderer Satz daraus: »Man braucht bloß an einer Bude Würstchen zu essen, schon singen sie ein Lied davon.« Ein Grund, warum deutsche Texte oft abweichend oder verkürzend übersetzt sind, liegt darin, dass das Englische gleiche Inhalte mit weniger Worten als das Deutsche zu sagen vermag. Doch hier wird ohne dadurch kürzer zu werden einfach falsch übersetzt.

---

[1] und weiter: »Die produzieren ihre Statuen seit 2000 Jahren und ich kauf sie erst seit fünf!«

Deutsche Sprache, schwere Sprache: – betreffend allein die <u>Synchronfassung:</u> Als Charles Foster Kane zu Beginn der Party kurz mit seinen Freund Jedediah Leland plaudert, sagt er: »You long-faced, overdressed anarchist!« zu ihm. Also: »Du schmalgesichtiger, aufgetakelter Anarchist!« In der Synchronfassung lässt man ihn falsches Deutsch sprechen. Da bemerkt Kane Leland gegenüber: »So was von aufgeputztem Eierkopf-Anarchist!« (Der Untertitel lautet: »Du aufgetakelter Salon-Anarchist!«)

Anschlussfehler: Kane setzt sich, um die Bühnenshow zu verfolgen, zunächst gemeinsam mit anderen in die »erste Reihe«. Eines der Revuegirls setzt dem Herrn rechts von Kane (↑) einen Hut auf den Kopf, der auch in der nächsten Einstellung, welche die Männer von hinten zeigt, zu sehen ist. Als die Kamera Kane und die Männer neben ihm wieder von vorn zeigt, ist der Hut verschwunden. In den Folgeeinstellungen allerdings taucht er dann wieder auf.

Dies und das: Das Revuegirl vorn rechts (↓) hat die Choreographie nicht im Kopf. Und patzt – indem es seinen rechten Arm zwar noch zeitgleich mit den anderen ausstreckt, nicht aber wieder nach der Zeile: »Who is this man?« (»Wer mag das sein?« – »Wer kann das sein?«) rechtzeitig zurücknimmt.

Zusatzinformation: Die »Potentaten«, von denen hier sowohl im Untertitel als auch in der Synchronfassung die Rede ist, sind – aus dem Lateinischen – »Machthaber, Herrscher«.[LR]

Anschlussfehler: Gleich nachdem Charles Foster Kane, der mittlerweile ausgelassen zu dem Lied für ihn tanzt, seine Tanzpartnerin auf den Mund küsst, kommt Jedediah Leland ins Bild, der eine dicke Zigarre raucht. Nach einem Umschnitt, der Kanes Freund und Theaterkritiker nun mit Kanes Generalbevollmächtigtem Mr Bernstein zeigt, ist nicht die Spur des blauen Dunstes sichtbar ...

Dies und das: Als Jedediah Leland, während sein Freund in Europa weilt, wohl gerade so etwas wie eine Bestandsaufnahme von dessen Kunstsammlung macht, taucht Mr Bernstein bei ihm auf – mit einem Telegramm von Charles Foster Kane aus Paris. Als er den Raum betritt, in dem Leland sich befindet, stößt er an eine der Statuen (↓) – und die beginnt derart zu wackeln, dass sie nie und nimmer aus Marmor oder Stein gefertigt worden sein kann! (In der Synchronfassung kommentiert Bernstein, dass er die Statue fast umgerissen hätte, mit »Huch – verflucht«. Im Original staunt er nur ...)

Deutsche Sprache, schwere Sprache: – betreffend allein die <u>Synchronfassung:</u> Nach seiner Rückkehr aus Europa macht Charles Foster Kane kurz Halt in der Redaktion des »Inquirer« und erkundigt sich: »Have we a society editor?« – »Haben wir einen Gesellschaftsredakteur?« Dies wird von Mr Bernstein bejaht: »Miss Townsend [Ellen Lowe] is the society editor.« – »Miss Townsend ist die Gesellschaftsredakteurin.« In der Synchronfassung fragt Kane – was dieser, weil er mit dem »Inquirer« viel zu verwurzelt war, niemals getan hätte! –: »Habt *ihr* inzwischen einen Societykolumnisten?« (wobei ein

»editor«[2] in der Regel – und mit Sicherheit bei Kanes »Inquirer« – kein Kolumnist, also »columnist«, ist) – und erhält zur Antwort: »Miss Townsend ist der Societykolumnist.«

Anmerkung: Welche Begriffe aus dem Amerikanischen übernommen wurden und welche nicht, muss nach dem Würfelprinzip entschieden worden sein. Sinn ergibt es jedenfalls nicht, aus einem »society editor« zwar keinen Gesellschaftsredakteur, dafür aber (an späterer Stelle) – und das auch noch völlig fälschlicherweise – etwa aus »Unterpriviligierten« »Unterbewertete«, zu machen. Ebenfalls absolut unverständlich ist, weshalb in der Synchronversion – und das zumeist auch noch mit dem deutschesten aller deutschen Akzente – das englische »well« (»gut«, »nun«, »also«), »all right« (»in Ordnung«, »okay«), »how do you do« (»guten Tag«) und »goodbye« (»Auf Wiedersehen«) beibehalten wurden. Das wirkt nicht »weltmännisch«, sondern einfach nur peinlich.

Englische Sprache, schwere Sprache: – betreffend allein die <u>Synchronfassung</u>: Das ist wirklich ein Rekord! In etwas über 60 Filmsekunden gelang es der Synchronredaktion, zwei Textstellen mehr als gründlich zu verderben.

1.) Nachdem Mr Bernstein dem Reporter empfiehlt: »You ought to see Jed Leland. – Sie sollten Leland aufsuchen« (»Sie sollten wirklich zu Jed Leland gehen«), fügt er erklärend hinzu: »Of course, he and Mr Kane didn't exactly see eye to eye[3], you take the Spanish-American war. I guess, Mr Leland was right. That was Mr Kane's war. We didn't really have anything to fight about.« – »Natürlich waren er und Mr Kane nicht immer gleicher Meinung. Nehmen Sie den spanisch-amerikanischen Krieg. Ich schätze, Mr Leland hatte Recht. Das war Mr Kanes Krieg. Für uns (Amerikaner) war da schließlich nichts, worum wir hätten kämpfen können.« In der deutschen Synchronfassung wird daraus, dass Jed Leland und Charles Foster Kane »nicht völlig« einer Ansicht waren, dass sie niemals eine Meinung teilten: »Natürlich sind er und Mr Kane nie wirklich einer Ansicht gewesen. Nehmen Sie den spanisch-amerikanischen Krieg. Für mich hat Mr Leland Recht gehabt, das war Mr Kanes Krieg. Worum hätten wir Amerikaner eigentlich kämpfen sollen?«

2.) Nach dieser erklärenden Bemerkung fährt Mr Bernstein in der US-Originalversion fort: »I wish I knew where Mr Leland was. A lot of the time now, they don't tell me these things.« – »Ich wollte, ich wüsste, wo Leland ist. Aber heute erzählt man mir ja meistens solche Dinge nicht mehr.« In der Synchronfassung wird daraus irrwitzigerweise: »Ich wünschte zu wissen, wo Mr Leland stand. Aber die Welt geht weiter – heute erzählt man mir nichts mehr.«

Eigenmächtige Textänderung der Dialogregie: Als es in dem Gespräch von MrBernstein mit Jerry Thompson darum geht, dass Jedediah Leland heute in New Yorks »Huntington Memorial Hospital« lebt, ihm aber nichts Großartiges fehlt, bemerkt Mr Bernstein: »... old age. It's the only disease, Mr Thompson, that you don't look forward to being cured

---

[2]   editor, s 1. a. editor in chief Herausgeber(in) (eines Buchs etc.). 2. Zeitung: a) a. editor in chief Chefredakteur(in): letter 2, b) Redakteur(in): the editors, Plural, die Redaktion. 3. Film, TV: Cutter(in). 4. Computer: Editor m. Quelle: LR

[3]   exactly, adv 1. exactely 2. als Antwort: ganz recht, genau: not exactly nicht ganz oder direkt. 3. wo, wann etc. eigentlich. Quelle: LR

of.« – »… das Alter. Die einzige Krankheit, von der geheilt zu werden man nicht erwarten kann.« In der Synchronfassung ist der Sinn dieser Aussage total verändert: »… tja, das Alter. Das ist die einzige Krankheit, Mr Thompson, gegen die man im Leben nicht richtig vorbeugt.« Welch ein Armutszeugnis für die Dialogregie!

Englische Sprache, schwere Sprache: – betreffend allein die <u>Synchronfassung</u>: Und schon kommt der nächste Hammer. Das Erste, was Jedediah Leland bei seinem Treffen mit Jerry Thompson klarstellt, ist: »I can remember absolutely *everything*, young man. That's my curse. That's one of the greatest curses ever inflicted on the human race: memory.« – »Ich kann mich noch an jede Einzelheit erinnern, junger Mann. Damit bin ich gestraft. Es ist einer der größten Flüche, mit denen die Menschheit je belegt wurde: das Erinnerungsvermögen.« In der Synchronversion wird diese Aussage total verwässert: »Ich kann mich effektiv noch an alle Einzelheiten erinnern, junger Mann. Der größte Fluch, mit dem die Menschheit meiner Ansicht nach jemals belastet wurde, ist ja das Erinnerungsvermögen.« (Die Untertitelung lautet: »Ich weiß noch jede Einzelheit. Der größte Fluch der Menschheit ist das Erinnerungsvermögen.«)

Englische Sprache, schwere Sprache: – betreffend allein die <u>Synchronfassung</u>: Mit überaus großem Geschick gelingt es der Dialogregie wieder und wieder, jedwede sprachliche Feinheit platt zu walzen. So lassen die Drehbuchautoren Orson Welles und Herman J. Mankievicz Jedediah Leland im Original über dessen einst engsten Freund sagen: »Not that Charlie was ever brutal – he just did brutal things.« – »Nicht, dass Charlie je brutal gewesen wäre – er *handelte* nur brutal.« In der Synchronfassung wurde daraus: »Nicht etwa, dass er brutal gewesen wäre, aber er hat brutal gehandelt.« Hier ist es zwar nur eine Nuance, um die es geht, aber in der Summierung wiegt auch die.

Deutsche Sprache, schwere Sprache: – betreffend allein die <u>Synchronfassung</u>: Direkt im Anschluss an obige Aussage erklärt Leland: »Well, I suppose he had some private sort of greatness, but he kept it to himself. He never gave himself away. He never gave anything away. He just left you a tip.« – »Nun, vermutlich hatte er wohl so etwas wie persönliche Größe, er zeigte sie nur nicht. Er hat nie sich selbst gegeben. Er behielt immer alles für sich. Anderen hinterließ er immer nur Trinkgelder.« In der deutschen Synchronversion (die nicht, wie die Untertitelung häufig, platzsparend und – in diesem Fall – ebenso wenig lippensynchron sein musste) heißt es: »Well, selbstverständlich hatte er eine gewisse persönliche Größe, aber die hat er für sich behalten. Er hat alles für sich behalten, er hat immer alles für sich behalten. Den andern hat er bloß ein Trinkgeld gegeben.« (Die Untertitelung lautet: »Er hatte eine gewisse Größe, aber die behielt er für sich. Er behielt alles für sich. Den anderen gab er nur Trinkgeld.«)

Eigenmächtige Textänderung der Dialogregie: Die obiger Ausführung folgende Beschreibungs Lelands von Kane besagt: »He had a generous mind. I don't suppose anybody ever had so many opinions«, was bedeutet: »Er war großzügig im Denken. Ich kann mir nicht vorstellen, dass irgendjemand anderer je derart viele Ansichten vertrat.« Das wird in der Untertitelung zu: »Eigentlich war er großzügig, aber er hatte so viele Meinungen.« – und ist in der Synchronversion überhaupt nicht mehr wiederzuerkennen. Da heißt es – völlig aus der Luft gegriffen: »Es kommt mir nicht zu, einen Menschen zu verurteilen, aber er hatte so viele Meinungen.«

Eigenmächtige Textänderung der Dialogregie: Und wieder einmal verleiht die Synchronredaktion einer Aussage eine völlig andere Farbe. Während Emily Monroe Norton Kane [Ruth Warrick], Kanes erste Frau, im Original schlicht sagt: »I don't see, why you have to go straight off to the newspaper«, also: »Ich begreife nicht, weshalb du sofort wieder in die Redaktion gehen musst«, heißt es nun: »Warum musst du wieder zu deiner dummen Zeitung laufen?« Es ist schon enorm, wie viele falsch und fälschlich übersetzte Kleinigkeiten die Persönlichkeit derer, die sie aussprechen – aber auch die Persönlichkeit derer, über die sie gesagt werden – verändern.

Eigenmächtige Textänderung der Dialogregie: Kanes Antwort auf Emilys obige Frage ist: »You never should have married a newspaperman. They're worse than sailors.« – »Du hättest nie einen Zeitungsmann heiraten dürfen. Sie sind schlimmer als Seeleute.« Die Synchronredaktion ließ ihn sagen: »Du hättest keinen Zeitungsfritzen heiraten sollen. Sie sind schlimmer als Seeleute.« Nie und nimmer hätte Charles Foster Kane sich selbst als »Zeitungsfritzen« gesehen. Der »Inquirer« war für ihn ein Medium, mit Hilfe dessen er die Welt verändern wollte. »Zeitungsfritzen« haben – in diese Richtung – keine Ambitionen.

Deutsche Sprache, schwere Sprache: – betreffend allein die <u>Synchronfassung</u>: Kanes Entgegnung auf obige Frage ist: »Oh Emily, I don't spend that much time on the newspaper.« – »Oh, Emily, ich verbringe doch gar nicht so viel Zeit in der Redaktion.« In der Synchronversion sagt er: »Aber so viel Zeit verbring ich doch gar nicht auf der Redaktion.«

Eigenmächtige Textänderung der Dialogregie: Leland resümiert im Original: »All he really wanted out of life, was love. That's Charlie's story. How he lost it. You see, he just didn't have any to give. Well, he loved *Charlie Kane*, of course. Very *dearly*.« – »Alles, was er vom Leben wirklich wollte, war Liebe. Das ist Charlies Geschichte. Wie er sie verlor. Weil er selbst keine (Liebe) geben konnte. Wen er natürlich liebte, war Charlie Kane. Aus tiefstem Herzen.« In der Synchronfassung stimmt die Übersetzung – einmal mehr – vorn und hinten nicht: »*Alles*«, heißt es da, »*was er im Leben wirklich gewollt hat, war Liebe*. Das ist ja auch der Grund, warum wir ihn verloren haben. *Sehen Sie – er konnte keine Liebe geben. Natürlich hat er Charlie Kane geliebt – und zwar ganz ernsthaft.*« Wobei »dearly« nicht »ernsthaft« heißt, sondern »innig, herzlich«[4] beziehungsweise »inniglich«, »von ganzem« oder »aus tiefstem Herzen«.

Eigenmächtige Textänderung der Dialogregie: Ebenfalls während ihres ersten Zusammenseins bemerkt Kane Susan Alexander gegenüber: »I run a couple of newspapers. What do you do?« Also: Ich *leite* eine Hand voll Zeitungen. Und was machen Sie?« In der Synchronversion klotzt er: »Ich *habe* eine Hand voll Zeitungen – und was machen Sie?« Die Bedeutung der ursprünglichen Aussage und der Übersetzung ist einmal mehr eine völlig andere. Dass sie (auch) stimmt, tut nichts zur Sache, da Kanes Understatement, wie sich aus der gesamten Szene deutlich ergibt, beabsichtigt war.

---

[4] Hätte Leland »ernsthaft« gemeint, hätte er »seriously« gesagt. »Dearly« bedeutet »innig, herzlich« (Quelle: LR), auch »inniglich«, »von ganzem –« oder »aus tiefstem Herzen«.

Eigenmächtige Textänderung der Dialogregie: Ob aus Dummheit oder Absicht, sei dahingestellt – in jedem Fall aber stempelt die Dialogregie Charles Foster Kane mehr und mehr zu einem arroganten Kotzbrocken ab. Indem nicht nur Feinheiten flachfallen, sondern auch ganze Sätze – oder Aussagen hinzugefügt werden, die im Original nicht vorhanden sind. Als der Industriemagnat für den Gouverneursposten in New York kandidiert, erklärt er im Amerikanischen:»The working man – the working man and the slum child know they can expect my best efforts in their interests.« – »Der Arbeiter – der Arbeiter und das Kind aus den Slums wissen, dass sie von mir erwarten dürfen, für ihre Interessen mein Bestes zu geben.« In der Synchronfassung kommt dieser Teil der Rede ganz anders herüber:»Unsere Werktätigen und die Kinder in den Elendsquartieren wissen, dass ich der Mann bin, der sich ihrer Interessen wirklich annimmt.«
Anmerkung: Wie aus einer späteren Szene ersichtlich wird, spricht Charles Foster Kane hier von dem »working man«, Singular – nicht den »working men« im Plural. »Working man« mit »Werktätiger« zu übersetzen ist zwar eine Möglichkeit – hier allerdings, wie ebenfalls in bereits erwähnter späterer Szene deutlich wird, die falsche Wortwahl.

Deutsche Sprache, schwere Sprache: – betreffend allein die <u>Synchronfassung</u>: Kanes Rede auf der Wahlveranstaltung geht weiter mit:»The decent, ordinary citizens know, that I'll do everything in my power, to protect the underprivileged, the underpaid and the underfed.« Also:»Die anständigen, einfachen Bürger wissen, dass ich alles in meiner Macht Stehende tun werde, um die Unterprivilegierten, die Unterbezahlten und die Unterernährten zu beschützen.« Die Synchronfassung ist gleich dreimal daneben:»Diese grundehrlichen Alltagsmenschen wissen, dass ich mit allen Mitteln für sie kämpfen werde. Für die Unterbewerteten, die Unterbezahlten, die Unterernährten.« Es tut einfach nur weh, einen im Original derart genialen Film[5] allein durch die Synchronisation derart verfälscht zu sehen.
Die Untertitelung dieser Passage ist zwar verkürzt, aber inhaltlich voll akzeptabel:»Die einfachen Leute wissen, dass ich für sie kämpfe, für die Unterprivilegierten, Unterbezahlten, Unterernährten.«

? Dummheit oder Frechheit: – betreffend allein die <u>Synchronfassung</u>: Gegen Ende seiner Wahlrede kommt Charles Foster Kane noch einmal auf »Wahlversprechen« zurück – die er bislang nicht gewagt hatte abzugeben – und lässt die Anwesenden wissen:»I'd make my promises now, if I weren't to busy arranging to keep them.« – »Jetzt würde ich meine Wahlversprechen machen – wäre ich nicht zu beschäftigt mit den Vorbereitungen dafür, sie einlösen zu können.« Nicht nur entspricht der deutsche Text einmal mehr nicht dem Original: »Ich möchte Ihnen gern Wahlversprechungen machen, wenn ich nicht schon zu sehr damit beschäftigt wäre, sie einzulösen«, schwerwiegender – und überaus dreist – ist, der darauf folgende und *nicht zum Originalton gehörende* dreckige Lacher. In der US-Fassung *sieht* man Kane zwar, *hört* ihn aber nicht lachen. Schon gar nicht voller Häme. Das heißt: Die gesamte Person des Charles Foster Kane wurde von der Dialogregie total

---

[5] Auch 2001 vom »American Film Institute«, AFI, auf Platz 1 der »größten amerikanischen Filme«, die zwischen 1896 und 1998 gedreht wurden. Quelle: AFI

missverstanden und missinterpretiert. Und entsprechend falsch wird der Charakter von Charles Foster Kane in der Synchronfassung dadurch dargestellt.

Eigenmächtige Textänderung der Dialogregie: Nach verlorener Wahl total ernüchtert, aber dennoch keinen Millimeter von seinen Standpunkten abweichend, erklärt Charles Foster Kane einem – nach eigener Aussage reichlich betrunkenen Jedediah Leland: »If that's the way, they want it – the people have made their choice –, it's obvious, the people prefer Jim Gettys to me.« – »Wenn es das ist, was es will – das Volk hat seine Wahl getroffen –, dann hält das Volk ganz offensichtlich mehr von Jim Gettys als von mir.« *Gelesen* wirkt der Text der Synchronfassung lediglich wie eine freie, aber durchaus akzeptable Übersetzung des Originals: »Wenn sie es so haben wollen, wenn sie ihre Wahl so getroffen haben, wenn die Bevölkerung Jim Gettys einem Kane vorzieht.« Ist es aber nicht. Denn mit verächtlichem Unterton gesprochen, klingt Kane nur *eines*: arrogant. Auch Sprecher Harry Nielsen hatte offenbar nichts, aber auch gar nichts von Charles Foster Kane begriffen.

Achtung: – betreffend allein die Synchronfassung: Während Leland ihm einen Vortrag darüber hält, dass Charles Foster Kane auf einem Egotrip ist, bemerkt dieser: »I'll get drunk, too, Jedediah. If it'll do any good.« – »Ich betrinke mich jetzt auch, Jedediah. Wenn es was nützt«, woraufhin Leland meint: »It won't do any good. Beside, you never get drunk.« – »Es wird nichts nützen. Abgesehen davon wirst du sowieso nie betrunken.«

Deutsche Sprache, schwere Sprache: – betreffend allein die Synchronfassung: »When«, mokiert sich Leland im Verlauf des eben erwähnten Gespräches, »your precious underprivileged *really* get together – *oh Boy!* That's gonna add up to something bigger than *your* privileges – I don't know *what* you'll do. Sail away to a desert island, probably, and lord it over the monkeys.« – »Wenn deine kostbaren Unterprivilegierten sich *wirklich* zusammenschließen – *oh Mann!* Und wenn das zum Ergebnis hat, dass *ihre* Rechte deine bei weitem übertreffen, dann weiß ich nicht, was du tun wirst. Vermutlich zu einer einsamen Insel segeln und für die Affen Gottvater spielen.« Synchronisiert lautet die Passage: »Wenn deine Werktätigen sich wirklich ernsthaft zusammenschließen – ho, lieber Junge – dann werden die auf deinen Rechten Flöte spielen, dass du nicht mehr weißt, wofür du gelebt hast. Dann wirst du zu einer verlassenen Insel segeln – wer weiß, und die Affen bekehren.« Stimmt natürlich – im ersten Moment wirkt dieser Text durchaus vertretbar. Er ist es nur nicht. Insbesondere das zur kategorischen Behauptung gewordene »Vermutlich zu einer einsamen Insel segeln ...« verleiht dem Gespräch ein völlig verändertes Flair. Gleiches gilt übrigens für Kanes Erwiderung auf Lelands Prophezeiung: »I wouldn't worry about it too much, Jed«, sagt Charles Foster Kane im Original. »There'll probably be a few of them there to let me know, when I do something wrong.« – »Ich würde mir darüber den Kopf nicht heiß machen, Jed. Wahrscheinlich werden sich auch dort einige finden, die mich wissen lassen, wann ich was falsch mache.« Und in der Synchronversion: »Mach dir darüber nicht zu viel Sorgen, Jed. Es wird immer jemand geben, der mir sagt, was ich falsch mache.« Hier also geht Charles Foster Kane, anders als in der US-Urfassung, in der deutschen Dialogfassung nicht voll und ganz auf Lelands düstere Zukunftsversion ein. Einmal mehr weicht man ohne Not vom Text und damit vom Charakterbild Kanes ab.

Deutsche Sprache, schwere Sprache: – betreffend allein die <u>Synchronfassung</u>: Der Dreher, den der nicht mehr ganz nüchterne Leland in den Begriff »Theaterkritiken« bringt, indem er sie statt »dramatic criticism« »dramatic crimicism« nennt, wird in der Synchronversion zu »Theaterxanthippen«. Was keinerlei Bezug zu irgendetwas hat.

Eigenmächtige Textänderung der Dialogregie: Auch wenn es sich auf den ersten Blick *nicht* so liest – *das*, und nichts anderes, ist es. Nachdem Charles Foster Kane – vergeblich versucht hat, seinen Freund Jedediah in New York zu halten, ihn dann doch nach Chicago gehen lässt, sagt er: »I think I better try to get drunk, anyway.« – »Ich schätze, ich sollte wenigstens *versuchen*, mich zu betrinken.« Im Deutschen wird daraus: »Ich sollte mir vielleicht auch einen ansaufen.« Nun denn. Erstens *kann* Kane sich gar nicht betrinken. Zweitens würde er niemals in dieser Form reden. Hätte er »sich besaufen« wollen, hätte er es gesagt. Auch im englisch-amerikanischen Sprachraum gibt es für »sich betrinken« verschiedene umgangssprachliche Ausdrücke.

Eigenmächtige Textänderung der Dialogregie: Gegen Ende dieser Begegnung meint Charles Foster Kane – in Erwiderung der Vorhaltungen Lelands, dass er ausschließlich zu seinen Bedingungen liebe: »Toast, Jedediah, to love on my terms. This is the only terms anybody ever knows.« – »Prost, Jedediah, auf die Liebe zu meinen Bedingungen. Wie *jeder* die Liebe immer nur von seinem eigenen Standpunkt lieben kann.« In der Synchronversion wird daraus: »Prost, Jedediah. Auf die Liebe, wie ich sie sehe. Es hat ja jeder nur *eine* Liebe – *seine*.« (Die Untertitelung hält sich an die Vorgabe: »Auf die Liebe, wie ich sie verstehe. Jeder hat nur eine Version.«)

Dies und das: Als Charles Foster Kane den von Jedediah Leland begonnenen Verriss von Susan Alexanders Debüt als Opernsängerin (in Lelands Sinn) zu Ende schreibt, tippt er – als schriebe er nach dem Adler-Suchsystem – vier Buchstaben in die Maschine: w e a k, schwach. Zu hören sind aber fünf direkt aufeinander folgende, heftige Anschläge, wobei es keinen einzelnen Buchstaben gibt, der dem Begriff »weak« in Sinn bringender Weise angefügt werden könnte.

Anschlussfehler: Als Jedediah Leland Jerry Thompson erklärt, dass Charles Foster Kane mit allem, was er tat, irgendetwas beweisen wollte – auch damit, Susan zu einer gefeierten Opernsängerin zu machen –, sagt er: »You know what the headline was, the day before the election? ›Candidate Kane found in love nest with – quote – singer – unquote.‹« – »Wissen Sie, was am Tag vor der Wahl die Schlagzeile war? ›Kandidat Kane in Liebesnest mit – Anführung – *Sängerin* – Abführung – ertappt.‹« Das allerdings stimmt so nicht ganz. Die Schlagzeile lautete: »Candidate Kane *caught* in love nest with ›singer‹«. – »Kandidat Kane mit ›Sängerin‹ in Liebesnest *erwischt*.«

Englische Sprache, schwere Sprache: – betreffend allein die <u>Synchronfassung</u>: Hier stellt Jedediah Leland Jerry Thompson die wohl eher rhetorische Frage: »Wissen Sie, wie die Schlagzeile einen Tag vor der Wahl hieß? ›Kandidat Kane bei Schäferstunde mit Sängerin ertappt‹ – und die Sängerin in dicken Anführungszeichen.« Die Sache ist nur *die*: Ein »love nest«

ist keine Schäferstunde. Und passt »Liebesnest« schon kaum in eine Schlagzeile, so »Schäferstunde« noch weniger.

Eigenmächtige Textänderung der Dialogregie: Als zwei Krankenschwestern auftauchen und Jedediah Leland offenbar zurück in sein Zimmer bringen wollen, bemerkt dieser – im Gehen begriffen – dem Reporter gegenüber: »You know, when I was a young man, there used to be an impression around, that nurses were pretty. Well, it was no truer then, than it is today.« – »Wissen Sie, als ich jung war, ging alle Welt davon aus, dass Krankenschwestern hübsch seien. Dabei stimmte das damals sicherlich ebenso wenig wie heute.« Die Synchronfassung kehrt Lelands Bemerkung um: »Wissen Sie, als wir jung waren, dachten wir immer, Krankenschwestern müssten *hübsch* sein. Wahrscheinlich hat das damals genauso gestimmt wie heute« – und lässt den alten Mann dann in sich hineinkichern.

Faktischer Fehler: Wenn schon niemand sonst, so feiern doch zumindest Kanes Zeitungen seine (zweite) Frau Susan Alexander Kane [Dorothy Comingore] als talentierte und erfolgreiche Opernsängerin. Eine »Inquirer«-Ausgabe nach der anderen widmet ihr die Schlagzeile. Der »Washington Inquirer« am 4.12.1919, der »San Francisco Inquirer« am 1.9.1919, der »St. Louis Inquirer« am 4.11.1919, der »Detroit Inquirer« am 15.10.1919 und der »New York Inquirer« am 18.12.1919. Vor jedem dieser Daten steht fälschlicherweise »Thursday«, Donnerstag. – Ein Donnerstag war von den hier genannten Daten im Jahr 1919 lediglich der 4. und 18. Dezember. Der 1.9. war ein Montag, der 4.11. ein Dienstag und der 15.10. fiel auf einen Mittwoch.

Dies und das: Im »New York Inquirer« steht auf Seite 1 (↑) eine Meldung dazu, dass etwas getan werden muss, um Spekulanten des Harlemer Immobilienmarkts Einhalt zu gebieten. Statt »speculators«, Spekulanten, steht dort allerdings »curb spectators (Zuschauer) in Harlem real estate«.

Anschlussfehler: Als Charles Foster Kane von seinem Butler Raymond [Paul Stewart I.] erfährt, dass seine Frau Susan im Begriff ist, ihn zu verlassen, stürzt er in das Zimmer, in welchem sie auf den Wagen, den sie bestellt hat, wartet. Einer ihrer drei gepackten Koffer ist noch nicht geschlossen. Nachdem Kane sie bekniet zu bleiben, ist auch der Deckel dieses Koffers zu.

Eigenmächtige Textänderung der Dialogregie: Susan Alexander Kane legt – was wohl zu ihrer Hauptbeschäftigung geworden ist – auf dem Fußboden ein überdimensionales Puzzle, als ihr Mann die Treppe herunterkommt und bemerkt: »One thing I never can understand, Susan: How do you know, that you haven't done it before?« – »Eines will mir einfach nicht in den Kopf, Susan: Woher weißt du, dass du es nicht schon einmal zuvor gelegt hast?« Der Satz, den Manfred R. Köhler absegnete, lautet absolut unsinnigerweise: »Also das *eine* begreif ich nicht. Wie kann man ein Puzzle zusammensetzen, ohne sich daran zu erinnern, wie's das letzte Mal gegangen ist.« (Die deutsche Untertitelung korrespondiert dagegen einmal mehr mit dem Original: »(...) Woher weißt du, dass du es nicht schon mal gelegt hast?«)

Dies und das: Nachdem Raymond Jerry Thompson mit Bezug auf seinen verstorbenen Boss erzählt: »I knew how to handle him« (»Ich wurde mit ihm fertig«), erfolgt die Großaufnahme eines laut kreischenden Papageien – in dessen Kopf dort, wo ein Auge sein müsste, ein Loch klafft. Das heißt, man kann durch ihn hindurch auf den Hintergrund blicken.
Anmerkung: Eine adäquatere Übersetzung von »I knew how to handle him« wäre gewesen: »Ich wusste, wie ich ihn nehmen musste.« Das allerdings hat die deutsche Dialogregie auch verpasst. Sie lässt Raymond sagen: »(...) aber ich bin mit ihm fertig geworden.«

Anschlussfehler: Kaum dass Susan ihren Mann – ohne Sack und Pack – verlassen hat, schließt Kane den Koffer (der in der letzten Einstellung bereits zu war) – und wirft ihn ihr, mitsamt den anderen Gepäckstücken, nach.

Ungereimtheit: Nachdem der Reporter aus Raymonds Rückschau erfuhr, dass Kane – nachdem Susan gegangen war – ihr Zimmer demolierte, nicht aber die Schneekugel, die er dort fand, und dass er beim Betrachten der Schneekugel »Rosebud« sagte, fragt Jerry Thompson den Butler: »And that's what you know about ›Rosebud‹?« (»Ist das alles, was Sie wissen?«) Zur Antwort bekommt er: »I heard him say it that other time, too. He just said ›Rosebud‹, then he dropped the glass ball and it broke on the floor. He didn't say anything after that, and I knew he was dead.« (»Er sagte es noch einmal. Aber er sagte nur: ›Rosebud‹. Er ließ die Glaskugel fallen, sie zersprang. Danach sagte er nichts mehr, er war tot.«) Die Frage ist nur: Wie kann der Butler Kanes letztes Wort kennen – wo Kane doch bei seinem Tod allein im Zimmer war? »Und das war das, was Sie über ›Rosebud‹ wissen?«

Deutsche Sprache, schwere Sprache: Bei der »Glaskugel«, von der sowohl im Untertitel der Originalfassung als auch in der synchronisierten Version die Rede ist, handelt es sich tatsächlich um eine *Schneekugel*. (Es ist nun einmal bei der Übersetzung von Filmdialogen nicht allein damit getan, richtig hinzuhören – was insbesondere die Synchronredaktion offenbar nicht tat –, sondern auch *hinzuschauen*, was auf der Leinwand geschieht.)

Ungereimtheit: Als Mr Rawlston, der Chefredakteur der »Wochenschau«, seinen Reporter Jerry Thompson losschickte, um die Bedeutung des Wortes »Rosebud« zu erfahren, ging er davon aus, dass, wenn dieses Geheimnis gelüftet wäre, es doch einigen Aufschluss darüber geben könnte, wer Charles Foster Kane wirklich war. Als der Reporter – bezüglich der Bedeutung des Wortes »Rosebud« – mit leeren Händen in die Redaktion zurückkehrt, erklärt Mr Rawlston plötzlich: »Mr Kane was a man who got everything he wanted and then lost it. Maybe ›Rosebud‹ was something he couldn't get or something he lost. Anyway, it wouldn't explain anything. I don't think any word can explain a man's life. Now I guess ›Rosebud‹ is just a piece of a jigsaw-puzzle. A missing piece.« (»Mr Kane bekam alles, was er wollte, und hat alles verloren. Vielleicht hat er ›Rosebud‹ nicht bekommen oder verloren. Aber das würde nicht alles erklären. Ein Wort kann nicht ein ganzes Leben erklären. ›Rosebud‹ ist bloß ein Steinchen aus einem Puzzle. Eines, das verloren ging.«)

Hinter den Kulissen: Als ein Freund Orson Welles fragte, wie Kanes letzte Worte je bekannt werden konnten, da er doch alleine starb, soll Welles – nach einer langen Pause – geantwortet haben: »Erwähnen Sie das bloß nie anderen gegenüber.«

Hintergrundwissen: Auch wenn Orson Welles[6] es – offiziell – sein Leben lang bestritt: Dass »Citizen Kane« auf der Person und dem Leben des US-Magnaten William Randolph Hearst[7] basiert, steht völlig außer Frage. Um nur einige Parallelen zu nennen: Charles Foster Kane erbte ein Vermögen, schrieb aber seinem Vormund, nachdem dieser ihm kurz vor seinem 25. Geburtstag eine Aufstellung seines Vermögens geschickt hatte: »Sorry, but I'm not interested in gold mines, oil wells, shipping or real estate. One item on your list intrigues me: The ›New York Inquirer‹. (…) I think it will be fun, to run a newspaper.« (»Goldminen und Ölquellen interessieren mich nicht. Nur der ›New York Inquirer‹ … Es muss Spaß machen, eine Zeitung herauszugeben.« – »Tut mir Leid, aber Goldminen, Ölquellen und Grundstücke interessieren mich nicht. Das einzige, was mir an Ihrer Liste gefällt, ist der ›New York Inquirer‹ … Es muss Spaß machen, eine Zeitung herauszugeben.«) – William Randolph Hearst, ebenfalls Millionenerbe, »dachte nicht daran, in das Imperium des Vaters einzusteigen. Sein Abenteuergeist zielte in eine ganz andere Richtung. Er wollte Zeitungs-König werden.« – CFK wollte Gouverneur von New York werden, schaffte es aber nicht. Über Hearst heißt es: »Der Mann hatte alles, was man für eine erfolgreiche Polit-Karriere brauchte: Zeitungen, Verlage und viele Millionen Dollar. Das war 1905, und der Mediengigant William Randolph Hearst schickte sich gerade an, Bürgermeister von New York zu werden. Er scheiterte kläglich.« – Sosehr CFK seiner Geliebten – nicht zuletzt durch den Bau einer eigenen Oper – eine große Karriere als Sängerin bescheren wollte: Ihr Talent reichte einfach nicht. WRHs Geliebte war Schauspielerin. »Um sie im Kino zu sehen finanzierte er sogar ihre Filme. Seine Firma ›Cosmopolitan Productions‹ produzierte fast nur Stücke mit Marion Davies.« Ein Star wurde sie – all seinen Bemühungen und Beziehungen zum Trotz – dennoch nicht. – CFK bekam ein Telegramm von einem seiner Korrespondenten, Wheeler: »Girls delightful in Cuba – stop. Could send you prose poems about scenery, but don't feel right spending your money – stop. There is no war in Cuba.« (»Nichts als Mädels in Kuba. – Stopp. Könnte Gedichte schicken – vergeude nur Ihr Geld. Kein Krieg in Kuba.« – »Nichts los in Kuba. Stop. Könnte lyrische Gedichte über die Landschaft schicken, möchte aber Ihr Geld nicht zum Fenster rauswerfen. Es gibt in Kuba keinen Krieg.«) CFKs Antwort darauf lautete: »Dear Wheeler, you'll provide the prose poems – I'll provide the war.« (»Liefern Sie die Gedichte, ich liefere den Krieg.« – »Lieber Wheeler, liefern Sie mir die lyrischen Gedichte und ich liefere Ihnen den Krieg.«) »In dem Buch ›Kriegstrommeln‹ von Mira Beham finden sich Hinweise wie der folgende: Ein Reporter des New York Journal sollte 1898 über Aufstände gegen die spanische Herrschaft in Kuba berichten. Aber es gab aus Kuba nichts zu berichten und der Mann wollte wieder abreisen. Doch der Medienzar Randolph Hearst telegrafierte ihm: ›Bleiben Sie! Sorgen Sie für die Bilder, ich sorge für den Krieg!‹«

---

[6] Welles, Orson, 6.5.1915 bis 10.10.1985, amerikan. Schauspieler, Regisseur und Autor. 1938 führte die Ausstrahlung seines Hörspiels »The War of The Worlds« (über einen angeblich gerade stattfindenden Angriff der Marsbewohner auf die Erde) bei der amerikanischen Bevölkerung zu panikartigen Reaktionen. Quelle: LR

[7] Hearst, William Randolph, 29.4.1863 bis 14.8.1951, amerikanischer Verleger. Baute den größten Pressekonzern der USA, die H. Corporation, auf. Quelle: LR

Hinter den Kulissen: Um kaum etwas ist – was Filme angeht – mehr gerätselt und gemutmaßt worden als darüber, was es mit Kanes letzten Worten – letztem Wort – »Rosebud« auf sich hat. Stimmt natürlich – »Rosebud« steht auf dem Kinderschlitten[8], der am Ende des Films mitsamt anderem »junk«, Plunder, von einem Entrümpelungskommando ins Feuer geworfen wird. Andererseits ist »Rosebud«, Rosenblüte, nicht gerade ein passender Name für einen Holzschlitten. Denkbar ist folglich jene Version des Rätsels Lösung, mit der Gore Vidal[9], knapp vier Jahre nach Orson Welles' Tod, in seinem am 1. Juni 1989 erschienenen »The New York Review of Books«-Artikel »Remembering Orson Welles« aufwartete. Darin behauptet er, »Rosebud« sei der Kosename für eine gewisse intime Körperstelle der Hearst-Geliebten Marion Davies gewesen. Laut Vidal ist dies – in einer Antwort auf den Verriss seines Artikels – die einleuchtendste Erklärung dafür, dass Randolph Hearst absolut alles in seiner Macht Stehende tat, um die Aufführung von »Citizen Kane«, in dem er »mit mehr Wertschätzung als Abfälligkeit« porträtiert worden war, zu verhindern.[10] Das pikante Detail selbst, so Vidal, sei – in jeweils alkoholisiertem Zustand – von Marion Davies höchstpersönlich bei mehreren Gelegenheiten zum Besten gegeben worden. Auch in Gegenwart von Herman J. Mankievicz, welcher nicht nur ein häufiger Gast Hearsts war, sondern eben auch gemeinsam mit Orson Welles das Drehbuch zu »Citizen Kane« schrieb ...

[8] Hierbei muss es sich um den Schlitten handeln, den Kane als Achtjähriger [Buddy Swan] hatte. Dies wird nicht nur über die Enden der Kufen deutlich, sondern auch dadurch, dass der Schlitten, den er von seinem Vormund Thatcher zu Weihnachten bekommt, mit »The Crusader« beschriftet ist. Und natürlich durch die Verbindung zur Schneekugel.

[9] Vidal, Gore, * 3.10.1925, amerikanischer Schriftsteller. Als Romancier und Essayist (provokanter) Exponent der amerikanischen Gegenwartsliteratur (...), Quelle: LR

[10] Nur ein Beispiel von vielen: Im Frühjahr 1941, als der filmische Geniestreich in die US-Kinos kommen sollte, versuchte der sich persönlich porträtiert fühlende Verleger-Zar William Randolph Hearst über Mittelsmänner das Originalnegativ und alle Kopien für die Summe von 800 000 Dollar aufkaufen und anschließend zerstören zu lassen. Als das Unternehmen scheiterte, wurde das Werk bei der Premiere am 1. Mai 1941 von den Presseorganen Hearsts geflissentlich totgeschwiegen.

DER CLUB DER TEUFELINNEN
THE FIRST WIVES CLUB
USA 1996 • REGIE: HUGH WILSON

( ) Anschlussfehler: Als Cynthia Swann Griffin [Stockard Chaning] das erste Mal ins Bild kommt und einen Schluck – vermutlich etwas hartes Alkoholisches – aus einem Whiskyglas genommen hat, ist dieser noch zu knapp einem Drittel gefüllt. Nachdem sie – ohne weiter daraus zu trinken – ihrer Haushälterin Theresa [Aida Linares] eine Perlenkette geschenkt und sie gebeten hat, ein paar Briefe für sie zu aufzugeben, ist die Flüssigkeitsmenge auf etwa einen Fingerbreit über dem Boden gesunken. Als Cynthia – ohne nachzuschenken – auf die Terrasse ihrer Penthousewohnung tritt, ist das Whiskyglas wie von Zauberhand bis knapp zur Hälfte gefüllt.

( ) Anschlussfehler: Noch im Türrahmen stehend hält Cynthia Swann Griffin ihren Drink und eine Zigarette in der rechten Hand. Nachdem sie der jungen Nachbarin, die gerade ihre Fitnessübungen macht, zugenickt hat, gibt sie das Glas in die linke Hand – und hält es trotzdem in der nächsten Einstellung wieder in der rechten.

Dies und das: Als Elise »Lisey« Eliot Atchinson [Goldie Hawn] sich bei ihrem Schönheitschirurgen Dr. Morris Packman [Rob Reiner] über die Falten, die sie in ihrem Gesicht entdeckt, aufregt, antwortet dieser: »Du bist *fünfundvierzig* Jahre alt, ich weiß nicht, was du willst. Wenn ich dich noch einmal lifte, kannst du dir Lidschatten auf die Lippen schminken.«

Zusatzinformation: Als Jason »Jase« Cushman [Ari Greenberg I.] von seiner Mutter, Brenda »Bren« Morelli Cushman [Bette Midler], wissen möchte, was auf der Audiokassette ist, welche sie ihm in sein Zimmer gelegt hat, antwortet sie: »Hebräisch! Deine Bar-Mizwa ist in drei Wochen. Das Einzige, was dein Vater zu zahlen bereit ist. Lern das.« Bar-Mizwa ist, unter anderem, der Akt der Einführung des Jungen in die jüdische Glaubensgemeinschaft.[1]

Pointe verschenkt: Auf die Ausführungen ihrer Tochter, Annie MacDuggan Paradis [Diane Keaton], über Dr. Lesie Rosen [Marcia Gay Harden]: »Sie ist eine *ausgezeichnete* Therapeutin. Sie hilft Aaron dabei, seine Beziehungsphobien zu überwinden, und wir – wir arbeiten an meinem Selbstwertgefühl«, erwidert deren Mutter Catherine: »Annie, du bist verheiratet, hast eine Tochter, du bist glücklich – wozu Selbstwertgefühl?« In der Originalfassung allerdings ist der Kommentar ihrer Mutter sehr viel knalliger: »You are married. You have a daughter. You don't need selfesteem«, »Du bist verheiratet. Du hast eine Tochter. Du brauchst kein Selbstwertgefühl.«

[1] Bar-Mizwa [hebräisch »Sohn des Gebots«] bezeichnet im Judentum 1. den jüdischen Jungen, der das 13. Lebensjahr vollendet hat; 2. (...) – Eine entsprechende Feier (Bar-Mizwa, »Tochter des Gebots«) wird im Reformjudentum in Anlehnung an die protestantische Konfirmation auch bei zwölfjährigen Mädchen durchgeführt. Quelle: LR

Achtung: Annie MacDuggan Paradis' wohl eher rhetorische Frage: »Und was ist, wenn ich einen anderen Mann kennen lernen würde?«, kommentiert ihre Mutter mit: »Was redest du? Du bist *sechsundvierzig*! In *deinem* Alter lernt eine Frau keinen Mann kennen – eher wird sie Opfer eines Psychopathen.«

Dies und das: Als Duarto Feliz [Bronson Pinchot] über Elise »Lisey« Eliot Atchinson bemerkt: »Sie sieht überwältigend aus – hat sie irgendwas machen lassen?«, antwortet Brenda »Bren« Morelli Cushman: »Teile von ihr werden fünfzig.« Sofern man Morris Packmans und Catherine MacDuggans Hinweisen auf das Alter von Elise »Lisey« Eliot Atchinson und Annie MacDuggan Paradis glauben darf und man zudem in Betracht zieht, dass Brenda »Bren« Morelli Cushman 1969 gemeinsam mit den beiden anderen Frauen (plus der verblichenen Cynthia Swann Griffin) den College-Abschluss gemacht hat und sie in etwa gleichaltrig sind, dürfte keine von ihnen älter als maximal 47 Jahre sein. So kann Brendas Statement »Teile von ihr werden fünfzig« nur bissig gewesen sein.

Anschlussfehler: Während des Beisammenseins der drei Freundinnen nach Cynthias Beerdigung fragt Brenda »Bren« Morelli Cushman an einem Punkt des Gesprächs Elise »Lisey« Eliot Atchinson: »Du auch?« und ergreift deren Hand. Während genau das geschieht, steht rechts vor Brenda (Mitte ↓) ihr (mindestens) halbleeres Glas »Bloody Mary«. Als die Kamera jedoch Elise ins Bild bringt, ist es verschwunden, taucht aber in der nächsten Einstellung links vor Brenda (↓) wieder auf. Wie die meisten Fehler, die auftauchen, wenn die Kamera zwei Personen mal aus der Sicht der einen, mal aus der Sicht der anderen zeigt, wiederholt sich auch dieser.

Anschlussfehler: An einem späteren Punkt der Unterhaltung der drei meint Brenda »Bren« Morelli Cushman zu ihrer Schauspieler-Freundin: »Okay, Elise. Die Stunde der Wahrheit ist gekommen. Diese Lippen – was ist da drin? Ist das Wachs? (...) Was hast du machen lassen?« Als Elise antwortet: »Ich – eh – treibe täglich Sport, ich achte auf meine Ernährung – ich brauche keine Schönheitsoperation«, steht neben einem noch gefüllten auch ein leeres Glas »Bloody Mary« vor Brenda. Sobald – siehe oben – die Kamera jedoch Brenda, wie von Elise gesehen, zeigt, ist das leere Glas verschwunden.

Anschlussfehler: Noch immer während desselben Beisammenseins beginnt Elise »Lisey« Eliot Atchinson ihr Jacket abzulegen. Währenddessen liegt rechts von ihrem Besteck ihre kleine, flache, rote Handtasche. Als sie jedoch die Ärmel abstreift, liegt besagte Tasche plötzlich mitten vor ihr auf dem Tisch. Und wandert weiter. Schon in der folgenden Einstellung liegt sie – von Elise aus gesehen – direkt vor der Tischlampe. Ist aber wieder brav zurückgewandert, als Elise erklärt: »Annie, du hast eine beneidenswerte Einstellung.«

Anschlussfehler: Als Brenda ihren Mann Morton »Morty« Cushman [Dan Hedaya] mitsamt seiner jungen Geliebten Shelly »Shell« Stewart [Sarah Jessica Parker] in der Damenoberbekleidungsabteilung eines Kaufhauses überrascht, drückt er ihr, um sie loszuwerden, eine Bluse in die Hand (»Hier, warum probierst du die nicht – die Umkleidekabine findest du dort«), die er von einem der Ständer nimmt. So gern sie die Bluse auch hätte – alldieweil er vorgibt, kein Geld zu haben, und sie, weil er nicht zahlt, unter anderem drei Monate mit der Miete im Rückstand ist –, hängt Brenda die Bluse, mit der Front nach vorn, wieder zurück. Als Morty und Shelly schließlich gehen und er sich von ihr mit den Worten: »Schönen Tag noch, Brenda«, verabschiedet, zeigt ebendiese Bluse (↑ von Brenda) plötzlich mit dem Rücken nach vorn.

Anschlussfehler: Nachdem jede der drei Freundinnen Cynthia Swann Griffins Abschiedsbrief erhalten hat, treffen sie sich erneut – und überlegen zunächst, ob sie nicht etwas hätten tun können, um Cynthia von ihrem Selbstmord[2] abzuhalten. Als Elise »Lisey« Eliot Atchinson erklärt: »Die arme Cynthia! Hätte sie mich doch nur angerufen – stünde ich doch nur im Telefonbuch!«, und einen Schluck Champagner nimmt, ist ihr Glas zu etwa einem Drittel gefüllt. Nach nur einem weiteren Schluck ist es – gut zu sehen, nachdem Annie MacDuggan Paradis »Ruhe!« gebietet – so gut wie vollends geleert.

Achtung: Die auf dem Tisch (↑) stehenden Gläser von Annie und Brenda sind nahezu voll und offenbar bislang unberührt.

Anschlussfehler: Nachdem Annie aufspringt und sagt: »Ich werde diesem Aaron [Stephen Collins] so viel Gerechtigkeit zuteil werden lassen, dass er nicht mehr klar denken kann«, stellt Elise sich neben sie – ihr Glas ist, ohne dass zwischenzeitlich nachgeschenkt worden wäre, wieder in etwa halb voll.

Anschlussfehler: Als die drei Freundinnen die Gründung ihres »Clubs der Teufelinnen« feierlich damit besiegeln, dass jede von ihnen ihren Ehering in ihr Glas Champagner wirft, sind deren beider Gläser – obwohl keine daraus getrunken hat – nur noch halb gefüllt. Dann aber – als Annie und Brenda sie an die Lippen setzen – sind sie plötzlich wie von Zauberhand ganz voll.

Zusatzinformation: Bei ihrem gemeinsamen Besuch mit Annie bei Elise stürzt Brenda als Erstes auf einen Oscar zu und hebt ihn hoch. Im »richtigen Leben« hat die Darstellerin von Elise, Goldie Hawn, übrigens auch einen Oscar. Sie erhielt ihn 1969 als beste Nebendarstellerin für ihre Rolle als »Toni Simmons« in dem Film »The Cactus Flower«, »Die Kaktusblüte« (in dem sie an der Seite von Walter Matthau als Julian Winston und Ingrid Bergman als Stephanie Dickinson spielte).

Zusatzinformation: Die New Yorker Dependance des am 5. Dezember 1766 von James Christie in London gegründeten Auktionshauses »Christie's« befindet sich in 20, Rockefeller Plaza, New York, NY 10020.

---

[2] »Die Bezeichnung Selbst*totschlag* ist nie in Vorschlag gebracht worden, obschon sie in vielen Fällen den Tatbestand zweckmäßig umschreiben würde; unter *Totschlag* versteht das Strafgesetzbuch *eine Tötung in einer nach den Umständen entschuldbaren* Gemütsbewegung.«
»Der Selbstmörder will das Leben und ist bloß mit den Bedingungen unzufrieden, unter denen es ihm geworden. Daher gibt er keineswegs den Willen zum Leben auf, sondern bloß das Leben, indem er die einzelne Erscheinung zerstört. (...)« Quelle: Schopenhauer, Arthur: »Die Welt als Wille und Vorstellung«, Band 1

Anschlussfehler: Nachdem Elise erklärt: »Ich trinke, weil ich ein sensibler, leicht verletz-licher Mensch bin. (...) Ich *bin keine* Säuferin«, holt Brenda den Abfalleimer unter der Spüle in Elises Küche hervor und meint: »Ach, was du nicht sagst. Dann erklär mir doch bitte mal das hier. Guck: Nichts als Flaschen« – und kippt ebendiese in das Spülbecken. Den Abfalleimer knallt sie auf die Geschirrablage. In der nächsten Einstellung, die den Abfalleimer ins Bild bringt – als Elise erklärt: »Ihr irrt euch gewaltig, ich *habe* Gefühle!« –, liegt er im Spülbecken: mit leeren Flaschen gefüllt.

Achtung: Während ihres Streits mit Elise donnert Brenda einen »Golden Globe« in eine große, gerahmte Schwarzweißfotografie ihrer Freundin. Dabei geht zwar das Glas zu Bruch – das große Bild hängt aber nach wie vor gerade und fest an der Wand.

Auch einen »Golden Globe«, welcher seit 1944 alljährlich von der ein Jahr zuvor gegründeten »Hollywood Foreign Press Association«[3] verliehen wird, kann Goldie Hawn ihr Eigen nennen. Sie erhielt einen solchen (ebenso wie den Oscar) in der Kategorie »beste Nebendarstellerin« für den Film »The Cactus Flower« [Regie: Gene Saks]. Der Vollständigkeit halber: Diane Keaton bekam 1977 einen Golden Globe (und für denselben Film in der derselben Sparte den »Oscar«) als beste Hauptdarstellerin für »Annie Hall«, Der Stadtneurotiker, [Regie: Woody Allen]; Bette Midler wurde gar mit drei Golden Globes ausge-zeichnet: 1978 sowohl als beste Hauptdarstellerin als auch als vielverspre-chendstes Nachwuchstalent für »The Rose«[4] [Regie: Mark Rydell] und 1991 als beste Hauptdarstellerin in »For The Boys«, Tage des Ruhms, Tage der Liebe, [Regie: Mark Rydell].

Anschlussfehler: Als Elise »Lisey« Eliot Atchinson die Glassplitter von der Couch saugt, steht ihr großes gerahmtes Foto, das Brenda mit dem Golden Globe beworfen hat, mit einer Ecke auf der Couch. »Im Prinzip« könnte man argumentieren, dass Elise es abgehängt hat. Andererseits wäre es dann sinnvoll gewesen, das Bild entweder gerade oder am bestenganz woanders hinzustellen, um das gebrochene Glas aus dem Rahmen entfernen zu können, ohne dass Splitter davon auf die nun gesaugte Couch und den nun gesaugten Teppich fallen könnten.

Anschlussfehler: Als Elise in ihrer Küche Ordnung schafft, sind die leeren Flaschen plötz-lich wieder im Spülbecken – und werden, eine nach der anderen, von ihr wieder in den Abfalleimer gegeben.

Zusatzinformation: Ivana Trump – als Ivana Trump[5] – erklärt auf der Eröffnungsfeier des »Cynthia Swann Griffin Crisis Center for Women«[6]: »Meine Damen, Sie müssen *stark* sein und *unabhängig*. Und vergessen Sie niemals: *Nie* aufregen, sondern *alles* absahnen.« In der

---

[3] Eine internationale Gruppe von auf Hollywood spezialisierten Auslandskorrespondenten.

[4] Für beide Filme erhielt Bette Midler auch eine Oscar-Nominierung als beste Hauptdarstellerin –
Gewinnerin dieses Oscars für 1977 war Sally Field als und für »Norma Rae«; Gewinnerin für 1991 war
Jodie Foster für »Silence of the Lambs«. Quelle: IMDb

Originalfassung lautet dieser Rat: »Ladies, you have to be strong and independent, and remember, don't get mad[7], get everything«, was im übertragenen Sinne heißt: »(...) und denkt dran: nicht wütend werden, sondern (ihm) alles nehmen.« »Don't get mad, get everything« basiert auf dem von Robert F. Kennedy[8] geprägten Spruch »Don't get mad, get even«, was so viel heißt wie: »Nicht durchdrehen: heimzahlen!«

Achtung: Nach gelungener Eröffnungsparty singen die drei Freundinnen »You Don't Own Me« – und tanzen dazu. Die Schuhe, die Elise trägt, haben ziemlich dünne Absätze und drei Riemchen über dem Fußrücken.

Anschlussfehler: Als die drei ihre Mäntel anziehen, verfängt sich Elises »Liseys« rechte Hand in Annies Mantelgürtel – ist aber sofort wieder frei.

Anschlussfehler: Sobald Brenda, Anni und Elise auf die Straße hinaustanzen, hat sich an Elises Füßen ein wundersamer Wechsel vollzogen: Ihre Schuhe sind nun im Ganzen fester, die Absätze dicker und niedriger und haben nur noch ein Riemchen – um die Fesseln.

Hinter den Kulissen: Während der Dreharbeiten wurden die drei Hauptdarstellerinnen Bette Midler[9], Diane Keaton[10] und Goldie Hawn[11] binnen weniger Wochen 50 Jahre alt – und feierten ihr jeweils halbes Jahrhundert gemeinsam.[IMDb]

---

[5] Exehefrau des US-Milliardärs Donald Trump, ließ sich nach zehnjähriger Ehe wegen »cruel and inhumane treatment«, seelischer Grausamkeit, scheiden und errang 24 Millionen US-Dollar Abfindung – zehn davon in bar –, die sie geschickt in verschiedene eigene Unternehmen investierte und somit seit Beginn der 90er-Jahre zu einer der reichsten Frauen der Welt avancierte. Quelle: Hello Magazin: Ivana Trump: http://www.hellomagazine.com/profiles/ivanatrump/
[6] Ein Krisenzentrum für Frauen, welches allerdings keinerlei Ähnlichkeiten mit Frauenhäusern, geschweige denn denen in Deutschland, aufweist!
[7] mad adj (...) 1. wahnsinnig, verrückt (beide a. fig.): go mad verrückt werden; (...) 3. umgangssprachlich: außer sich, verrückt (with vor dat). 4. amerikanisch umgangssprachlich wütend (at, about über acc, auf acc). 5. wild (geworden) (Stier etc.) (...) Quelle: LR
[8] Kennedy, Robert Francis, 20.11.1925 bis 6.6.1968, amerikanischer Politiker. Bruder von Edward M. Kennedy und John F. Kennedy (siehe Fußnote zu »In the Line of Fire«); 1961–1964 US-Justizminister; entschiedener Gegner jeder Rassendiskriminierung und Kritiker der Vietnampolitik Lyndon B. Johnsons; in aussichtsreicher Position für die demokratische Präsidentschaftskandidatur ermordet. Quelle: LR
[9] geboren am 1. Dezember 1945 in Honolulu, Hawaii. Quelle: IMDb
[10] geboren am 5. Januar 1946 in Los Angeles, Kalifornien. Quelle: IMDb
[11] geboren am 21. November 1945 in Washington D.C., Quelle: IMDb

DER DUFT DER FRAUEN
SCENT OF A WOMAN
USA 1992 • REGIE: MARTIN BREST

Anschlussfehler: Bei dem ersten Treffen von Charlie Simms [Chris O'Donnell] und Lieutenant Colonel Frank Slade [Al Pacino] trinkt der Colonel Whiskey. Sowohl die Füllmenge seines Glases als auch die der »Jack Daniel's«-Flasche (plus deren Position) verändern sich während des Vorstellungsgesprächs des Schülers bei dem blinden Colonel permanent – auch ohne dass der Colonel dazu beigetragen hätte. Zum ersten Mal füllt es sich von allein, nachdem der Colonel über seine Familie bemerkt: »Ja, das soll mein Fleisch und Blut sein – die Intelligenz von Faultieren und das Benehmen von Urwaldmenschen«. Zum ersten Mal von allein leerer wird es, nachdem der Colonel den 17-Jährigen fragt: »Willst du dich über mich lustig machen?«

Anschlussfehler: Als Lieutenant Colonel Frank Slade Charlie Simms auffordert, seine Schulterklappen aus der obersten Schublade zu holen: »Ich will die Klappen mit dem Eichenlaub«, sitzt der Windsorknoten seiner Krawatte in der Kragenmitte. Nur einen Augenblick später, als er seinen Koffer packt, ist der Knoten nach links gerutscht (↓). Und sitzt wieder korrekt, als der Colonel – »Komm, mein alter, dicker Tomster¹« – seinen Kater auf den Arm nimmt.

Pointe verschenkt: Als Lieutenant Colonel Frank Slade sich von seinem Kater für die Thanksgiving-Tage verabschiedet, meint er: »When in doubt, fuck« – was synchronisiert ist mit: »Und denk immer daran: Wenn dir langweilig ist, geh ficken!« Das ist nur prompt falsch. Der Colonel *liebt* Frauen. Niemals käme er auf die Idee, Sex »aus Langeweile« zu haben. Dazu kommt: Da der Colonel selbst »immer nur an das eine« denkt, geht er schlicht davon aus, seinem Kater ginge es ebenso. Und verabschiedet sich mit dem guten Rat: »Im Zweifelsfall – also, wenn du dir unschlüssig bist, was du tun sollst – geh ficken!«

Zusatzinformation: Als der Colonel Charlie Simms prophezeit, dass sein Schulkamerad George Willis jr. [Philip Seymour Hoffman] bestimmt nicht dicht halten wird, was die Namen derjenigen angeht, die Mr. Task, dem Schuldirektor, einen heftigen Streich spielten, bemerkt Simms: »Ja, aber ich bin kein Verräter.« Daraufhin meint der Colonel lakonisch: »Was ist das hier, die Dreyfus-Affäre?« Hierbei handelte es sich um die »schwerste innenpolitische Krise der französischen Dritten Republik. Nach von antisemitischer Einstellung bestimmter kriegsgerichtlicher Verurteilung des jüdischen Hauptmanns im Generalstab Alfred Dreyfus (* 1859, † 1935) zu Degradierung und lebenslänglicher Verbannung in juristisch unhaltbarem Verfahren wegen »Landesverrats« (1894) kam 1896 die französische Abwehr auf die Spur des wahren Schuldigen, des Generalstabsoffiziers Charles Ferdinand Walsin Esterházy (* 1847, † 1923). Im Revisionsprozess wurde Dreyfus 1899 in offenem Rechtsbruch zu zehn Jahren Festungshaft verurteilt, dann aber begnadigt, doch erst 1906 voll rehabilitiert![LR]

---

¹ Tomster – neben »he-cat« ist »tom-cat« im Englischen eine geläufige Bezeichnung für »Kater«

Englische Sprache, schwere Sprache: In diesem Fall: *Aus*sprache. Als Colonel Slade während des Maßnehmens beim Schneider singt: »It's a great day for singing a song …«, Es ist ein herrlicher Tag, um ein Lied zu singen, wäre es mehr als sinnvoll gewesen, diese Passage im Originalton zu belassen. Denn das Englisch des Synchronsprechers Klaus Kindler ist *grauenvollst!*

Anschlussfehler: Während ihrer Unterhaltung mit »Frank« und Charlie trägt Donna [Gabriella Anwar] Ohrringe. Das tut sie auch, als sie mit dem Colonel zur Tanzfläche geht. Bei den ersten Takten allerdings sind ihre Ohrringe verschwunden. Dann tauchen sie wieder auf, dann sind sie wieder weg – das geht den gesamten Tango über so.

Anschlussfehler: Während Lieutenant Colonel Frank Slade seine Suizidvorbereitungen trifft und dabei von Charlie Simms in eine Unterhaltung gezwungen wird, sitzt die Krawatte des Colonels immer wieder anders – obwohl er sie nicht angefasst hat.

Dies und das: Noch immer wild entschlossen, sich eine Kugel durch den Kopf zu jagen, erklärt Lieutenant Colonel Frank Slade: »Ich werde jetzt anfangen zu zählen. Das Zählen ist wichtig zur Vorbereitung.« Dann zählt er – beginnend bei »fünf« – rückwärts. Als er bei »zwei« ist, hört man ihn die Zahl zwar aussprechen, aber seine Lippen bleiben unbewegt. Ein schlechtes Timing der Dialogregie.

Englische Sprache, schwere Sprache: Einmal mehr: *Aus*sprache. Es tut einfach nur weh, als Colonel Slade singt: »Did you ever have a feeling that you wanted to go – and still have the feeling that you wanted to stay?« Hattest du je das Gefühl, gehen zu wollen, aber dennoch das Gefühl, bleiben zu wollen? Jeder Anfänger hat eine bessere englische Aussprache als Al Pacinos Synchronsprecher in »Duft der Frauen« (und, unter anderem, auch in »Carlito's Way«[2] und »Frankie und Johnny«[3]).

Achtung: Der Wagen, in dem Manny [Gene Canfield] den Colonel und Charlie Simms nicht nur durch New York, sondern letztlich auch zu Charlies Schule chauffiert, ist eher ein Schlitten. Nahezu doppelt so lang wie der rote Ferrari.

Deutsche Sprache, schwere Sprache: In seiner – aus dem Ärmel geschüttelten – Rede, welche er vor dem Disziplinarausschuss von Charlies Schule hält, erklärt Lieutenant Colonel Frank Slade unter anderem: »Ich hatte schon sehr viele wichtige Entscheidungen zu treffen in meinem langen Leben. Ich wusste, weiß Gott, immer, welcher der richtige war. Ohne Ausnahme, ich kannte ihn.« Der Bezug stimmt nicht. Der »Weg«, von dem er spricht, kam nämlich bislang noch nicht zur Sprache.

Ungereimtheit: Weiter geht obiges Zitat mit: »Aber ich bin ihn nie gegangen. Und wieso nicht? Er war mir jedes Mal verdammt zu steinig.« Wie denn auf einmal das?

[2] USA 1993, Regie: Brian de Palma
[3] USA 1992, Regie: Garry Marshall

Nicht nur erklärte der Colonel selbst: »Ein Leben lang hab ich Widerstand geleistet – gegen alles, was sich mir in den Weg gestellt hat. Weil mir das das Gefühl gegeben hat, wichtig zu sein«, sondern auch sein Vetter Randy [Bradley Whitford] bestätigte genau dieses mit: »Frank genießt es, jedem ins Gesicht zu spucken.« Das alles steht nun doch deutlich im Widerspruch zu der Behauptung, dem Colonel könnte ein Weg »zu steinig« gewesen sein.

Die Ausstattung spielt mit: Während seines Gesprächs mit der Politiklehrerin Christine Downes [Frances Conroy] spiegelt sich in Lieutenant Colonel Frank Slades Sonnenbrille ein Crewmitglied wider.

Anschlussfehler: Obwohl Mandy mit seinem Schlitten vor Franks Zuhause gehalten hat, fährt er mit einem normalen PKW weiter. Das sieht man sehr deutlich, nachdem Charlie darin Platz genommen hat.

Hinter den Kulissen: Nachdem der Colonel – nach der Fahrt mit dem roten Ferrari – mit den Worten: »Das dauert mir hier zu lange«, trotz roter Ampel eine breite Straße überquerte, stolpert er, kaum wieder auf einem Bürgersteig, über eine Mülltonne. Diese Szene war nicht geplant – Al Pacino fiel tatsächlich.[IMDb]

Hinter den Kulissen: Al Pacino, der für die Darstellung des Lieutenant Colonel Frank Slade – und das wahrlich zu Recht! – den Oscar des Jahres 1992 als bester Hauptdarsteller bekam, wurde in seiner Vorbereitung für die Rolle von einer Blindenschule unterstützt. Wie es ihm gelang, so überaus glaubhaft den Blinden zu spielen, erklärt Al Pacino damit, dass er sich die ganze Zeit über nicht erlaubte, seinen Blick auf irgendetwas zu fokussieren, also auszurichten.

EINER FLOG ÜBER DAS KUCKUCKSNEST
ONE FLEW OVER THE CUCKOO'S NEST
USA 1976 • REGIE: MILOS FORMAN

Anschlussfehler: Während des Kartenspiels verwandelt sich Randal Patrick McMurphys aufgerauchte Zigarette in eine frische: Als »Mac« fragt: »Willst du keine (Karte) mehr, Billy?«, ist seine Zigarette nahezu bis zum Filter aufgeraucht. Nachdem Mr. Martini [Danny DeVito] erklärt: »Ich setze zehn« und Mac antwortet: »Das sind jetzt schon zwanzig«, ist die brennende Zigarette wieder lang.

Dies und das: Beim Monopolyspiel erklärt Harding [William Redfield] gegenüber einem Mitspieler: »Du hast kein Hotel, Martini. Ich sage dir noch mal, du hast kein Hotel an der Strandpromenade.« Nun denn. Auf deutschen Spielbrettern gibt es keine solche. Das Äquivalent des (in der originalen Monopoly[1]-US-Version) »Boardwalk«[2], der mit »Strandpromenade« gemeint ist, ist die »Schlossallee«.

Achtung: Als Randal Patrick McMurphy Häuptling Bromden [Will Sampson] Basketball beibringen will, ist »Macs« rechter Hemdkragen über der Jacke, der linke darunter.

Dies und das: Kein Fehler im eigentlichen Sinne, aber ein deutlicher Hinweis darauf, dass diese und eine weit zurückliegende Szene hintereinander gedreht wurden. Als Randal Patrick McMurphy Häuptling Bromden beim Basketballspielen bittet, ihn auf die Schultern zu nehmen (damit er über den Zaun klettern kann), ist der rechte Kragen seines blauen Hemdes über der Jacke, der linke darunter …

Anschlussfehler: Als Randal Patrick McMurphy im »Schulbus« mit einigen seiner Mitpatienten der Nervenheilanstalt zum Angeln fährt, ist auch Scanlon [Delon V. Smith Jr.] mit dem Rauschebart mit von der Partie. Er kommt – mit schwarzer Kopfbedeckung – ins Bild, als der Bus neben einem roten PKW an einem Möbelladen [Furniture Store] (↓) vorbeifährt. Nachdem Candy [Marya Small] zugestiegen ist, trägt Scanlon plötzlich eine leuchtend rote Baskenmütze.

Dies und das: Damit Mr Cheswick [Sidney Lassick] endlich aufhört, nach seiner Stange Zigaretten zu jammern, die von der Krankenschwester Mildred Ratched (engl. »wretched«, sprich »redsched« – bösartig, gemein) zurückgehalten wird, zerschlägt Randal Patrick McMurphy die Scheibe zu ihrem Büro, hinter der sie vorerst konfiszierte Zigarettenstangen liegen hat. Obwohl

---

[1] Hasbro. 2002 waren sieben Monopoly-Versionen allein auf dem deutschsprachigen Markt: »Standard«, »Junior«, »Europa«, »Disney«, »Star Wars«, »FC Bayern München« sowie »de Luxe«.
[2] Die Straßennamen des Originalspiels sind übrigens einem Stadtviertel von Atlantic City nachempfunden. In den meisten Länderausgaben sind die Straßen der Hauptstadt entnommen. Nur die deutsche Ausgabe macht eine nennenswerte Ausnahme. Hier handelt es sich um eine fiktive »Stadt«. Quelle: »Monopoly – Klassiker mit Geschichte(n)«, Reich der Spiele: http://reich-der-spiele.de/specials/monopoly.htm

»Mac« die Scheibe mit einem einzigen Hieb einschlägt, verschwindet alles Restglas, das sich noch im Rahmen befindet, wie durch Zauberhand. Als sei da nie eine Scheibe gewesen.

Faktischer Fehler: Nachdem Randal Patrick McMurphy von der Elektroschock-behandlung zurückkommt, erkundigt sich Billy Bibbit [Brad Dourif]): »W-w-wie w-wie g-g-ggeht's, Mac?« Als Antwort bekommt er: »Prima, Billyboy, ganz prima, sag ich dir. Die haben mir pro Tag 10 000 *Watt* verpasst, und jetzt bin ich richtig aufgeheizt.[3]« Nur sind es eben nicht »Watt«[4], sondern »Volt«[5], die als Elektroschocks durch den Körper fahren.[6]

Anschlussfehler: Während seines Kampfes mit der despotischen und bösartigen Krankenschwester Mildred Ratched verliert Randy Patrick McMurphy seine Mütze. Aus *ihrer* Perspektive allerdings hat er sie durchgehend auf dem Kopf.

Anschlussfehler: Als zwei Wärter [unbenannt] Randy Patrick McMurphy nach der »Operation« zurück in sein Bett bringen, stellt einer der beiden vor diesem eine große schwarze Ärztetasche ab (↓). Nach dem Umschnitt auf Häuptling Bromden, der gerade die Lederriemen, mit denen er ans Bett gefesselt ist, öffnet, geht die Kamera wieder auf »Macs« Bett. Ohne dass irgendjemand die Tasche aus dem Zimmer getragen hätte, ist sie auf einmal weg.

Hinter den Kulissen: Kaum hatte Ken Kesey 1962 seinen Roman »One Flew over the Cuckoo's Nest«, »Einer flog über das Kuckucksnest«[7], beendet, kaufte auch schon US-Schauspieler Kirk Douglas die Filmrechte. Zunächst wurde aus dem Werk ein Bühnenstück (Bühnenfassung: Dale Wasserman), das in der Wintersaison 1963/64 im Cort Theater am New Yorker Broadway 82-mal aufgeführt wurde – mit Kirk Douglas als Randal Patrick McMurphy und Gene Wilder als Billy Bibbit. Nachdem Kirk Douglas dennoch zunächst keines der großen Filmstudios für einen Film zu Keseys Roman gewinnen konnte, lag das Material brach. 1975 über-trug er seinem Sohn Michael die Filmrechte – heraus kam ein Film mit 9 Oscar-Nominierungen und 5 Oscars.

Hinter den Kulissen: Am liebsten hätte Kirk Douglas auch im Film Randal Patrick McMurphy verkörpert. Als das Projekt jedoch endlich realisiert wurde, war er für die Rolle eines 38-Jährigen zu alt. Wem besagte Hauptrolle angeboten wurde, waren Marlon Brando, Gene Hackman und James Caan.

---

[3] Derselbe Fehler befindet sich peinlicherweise auch in der US-Originalversion: »(...) They was giving me ten thousand watts a day (...)«

[4] Watt, Physik: [nach J. Watt] Einheitenzeichen W, SI-Einheit der Leistung. 1 W = 1 J/s = 1 Nm/s. dezimale Vielfache sind das Kilowatt (kW), das Megawatt (MW) und das Gigawatt (GW): 1kw = 1000 W, 1 MW = 1000 kW, 1 GW = 1000 MW. Quelle: LR

[5] Volt nach dem italienischen Physiker A. Volta, 1745–1827, das; -u - [e]s, -: internationale Bez. für die Einheit der elektrischen Spannung; Zeichen: V. Quelle: LR

[6] Siehe auch »Psychiatrie zerstört den Verstand: Elektroschock« http://www.cchr.org/ect/ger/page00.htm

[7] Kesey, Ken: »Einer flog über das Kuckucksnest«, Rowohlt TB, ISBN: 3499150611

Die Ausstattung spielt mit: Als Pater Lankester Merrin [Max von Sydow] sich zu Beginn des Films im nördlichen Irak aufhält, setzt er sich in ein Straßencafé und nimmt dort seine Herztabletten ein. Danach zeigt die Kamera das Treiben um ihn herum. Als Pater Merrin wieder ins Bild kommt, ist auf seinem Sonnenhut deutlich der Schatten eines Mikrofons sichtbar.

Anschlussfehler: Bei seinem Besuch im Haus seiner Mutter [Vasiliki Maliaros] in New York wechselt Pater Damian Karras [Jason Miller] seine Kleidung und stellt den Kragen seiner Amtstracht auf eine Anrichte. In der darauf folgenden Einstellung liegt der Kragen plötzlich flach – daneben befindet sich eine katalogartige Broschüre mit gelbem Rand, die zuvor nicht dort war. Im dritten Shot auf den Kragen steht dieser wieder – und das Buch ist nicht mehr da.

Englische Aussprache, schwere Aussprache: Während Chris MacNeil [Ellen Burstyn] »Regan«, den Namen ihrer Tochter [Linda Blair] als »Riegen« ausspricht, wird er bei anderen Synchronsprechern zu »Regen«. Die korrekte phonetische Aussprache wäre »Rreggen«.

Anschlussfehler: Als Chris MacNeil in den Keller kommt und dort ein Ouija-Board[1] liegen sieht, spielt ihre Tochter gerade Tischtennis. Mutters Frage, ob sie mit dem »okkulten Zeug« gespielt habe, bejaht Regan, sagt dann: »Na schön, ich zeig's dir«, legt den Ball auf die Tischtennisplatte und darauf den Schläger. Als Chris MacNeil einwirft: »Warte mal, dazu gehör'n zwei« und »Du willst wohl nicht, dass ich mitspiele«, ist der Ball unter dem Schläger plötzlich verschwunden. Als Regan auf Mutters letzte Frage lachend antwortet: »Oh ja, ich schon – aber Käpt'n Howdy (der Regans Fragen via Ouijabrett beantwortet) sagt nein«, liegt der Ball wieder unter dem Schläger – um Sekunden darauf (als Regan »Käpt'n Howdy« fragt: »Findest du, dass meine Mama hübsch ist?«) erneut spurlos verschwunden zu sein.

Anschlussfehler: Als Regan ihrer Mutter zeigen will, wie sie mit dem Ouijabrett spielt, und Chris MacNeal meint: »Also heute woll'n wir zu zweit spielen«, springt die Planchette mit der Spitze voran in die oberste rechte Brettecke. Nachdem Regan erklärt hat, wer Käpt'n Howdy ist, und Chris MacNeil sagt: »Aah, Käpt'n Howdy« und Regan erneut nach der Planchette greift, weist deren Spitze – parallel zur linken und rechten Brettseite geradewegs nach oben (ohne dass »Käpt'n Howdy« an dieser Positionsveränderung beteiligt gewesen wäre!).

---

[1] Das Ouijabrett basiert auf demselben Prinzip wie das Gläserrücken zur »Geisterbefragung«. Das Brett ersetzt die Zettel mit den Buchstaben von A bis Z und den Wörtern »ja« und »nein«, die Planchette (Vorrichtung zum automatischen Schreiben für ein Medium im Spiritismus) das Glas.
Das Ouijabrett (die Bezeichnung soll eine Verschmelzung des französischen »Oui« und des deutschen »Ja« sein), darauf sei an dieser Stelle ausdrücklich hingewiesen, ist **kein** »Spiel«. Es ist vielmehr ein spiritistisches Mittel, von dessen Gebrauch Laien dringendst abgeraten wird, da es nicht nur Angstzustände auslösen kann, sondern auch Psychosen.

? **Ungereimtheit/deutsche Sprache, schwere Sprache:** Beim Gutenachtsagen möchte Chris MacNeal von ihrer Tochter wissen, was diese an ihrem (zwölften) Geburtstag unternehmen möchte, und meint: »Ist es nicht schön, dass er dies Jahr auf einen Sonntag fällt? Ich brauch nicht arbeiten.« Damit impliziert Mrs MacNeil, die immerhin Schauspielerin ist, dass Menschen ihrer Zunft sonntags nicht arbeiten – und zeigt zweitens, dass sie kein richtiges Deutsch kann.

( ) **Anschlussfehler:** Als Sharon Spencer [Kitty Winn] aus der Apotheke kommt, trägt sie einen roten Schal, dessen beide Enden vorn lang herunterhängen. Nachdem Chuck [Ron Faber], der Regieassistent des Films, den Chris MacNeil gerade in Georgetown dreht, die Schauspielerin aufsucht, um ihr und Sharon zu berichten, dass Burke Dennings tot ist, ist der rote Schal vorn um ihren Hals und über die linke Schulter geschlungen.

Dies und das: Kein Fehler im eigentlichen Sinne, aber eine Anmerkung wert: Dafür, dass Chris MacNeil, wie sie auf Nachfrage der ihre Tochter behandelnden Ärzte erklärt, nicht auch nur im Geringsten irgendwie »konfessionell« gebunden ist, ruft sie doch recht häufig »Jesus Christus!« an – und aus!

Achtung: Als Chris MacNeil ihrer schlafenden Tochter über das Gesicht streichelt, findet sie unter deren Kopfkissen ein Kruzifix. Dieses nimmt sie an sich und fragt nacheinander Karl [Rudolf Schündler], Sharon und die Haushälterin Willi [Gina Petrushka], ob diese es in Regans Zimmer getan haben (was alle drei verneinen).

Deutsche Sprache, schwere Sprache: Inspektor William Kinderman (als er zu Chris MacNeil über Dennings Tod spricht): »(...) und die diversen andern Dinge (...) lassen es mir immerhin möglich erscheinen (...), dass der Verstorbene erst getötet und dann vom Fenster heruntergeworfen wurde.«

Zusatzinformation: *Inspektor William Kinderman* (zu Chris MacNeil, als er die Umstände von Burke Dennings Tod recherchiert): »Ach übrigens, vielleicht könnten Sie Ihre Tochter doch mal fragen. Vielleicht erinnert sie sich, ob Mr Dennings bei ihr war an dem Abend.«
Chris MacNeil: »Aber glauben Sie mir, er hätte keinen Grund der Welt gehabt, in ihr Zimmer rauf zu gehen.«
Inspektor William Kinderman: »Ich weiß, ich weiß, natürlich. Aber wenn gewisse britische Ärzte nie gefragt hätten: ›Was ist das für ein Pilz?‹, dann hätten wir heute kein Penizillin, korrekt?«[2]

---

[2] Fleming, Sir (ab 1944) Alexander, * Farm Lochfield (bei Darvel) 6.8.1881, † London 11.3.1955, brit. Bakteriologe. Erhielt für die Entdeckung und Erforschung des Penicillins zus. mit H. W. Florey und E. B. Chain 1945 den Nobelpreis für Physiologie der Medizin. – Penizillin, fachspr. und österr.: Penicillin <lat. -nlat.> das; -s. -e: besonders wirksames Antibiotikum. Quelle: LR

Anschlussfehler: Obwohl Chris MacNeil das Kruzifix, welches sie unter Regans Kopfkissen fand, nicht in deren Zimmer zurückbrachte, masturbiert Regan plötzlich – mit den Worten: »Ja, lass Jesus dich ficken, lass Jesus dich ficken, lass dich von ihm ficken« – brutalst damit.

Anschlussfehler: Während ihres Treffens mit Pater Karras im Park bittet Chris MacNeil diesen um eine Zigarette. Zu dem Zeitpunkt, zu dem Pater Karras ihr erklärt, dass es – bei der Verschwiegenheit von Priestern »ganz auf den Priester« ankäme und Chris MacNeil ihm mit den Worten »Na klar!« zustimmt, wirft sie die gerauchte Zigarette auf den Boden und tritt den Stummel aus. Dennoch raucht sie, als das Gespräch auf Teufelsaustreibung kommt, weiter – obwohl sie den Jesuiten weder um eine weitere Zigarette gebeten noch er ihr eine zweite Zigarette angeboten hat. *Diese* Zigarette ist dann allerdings ebenso plötzlich verschwunden, wie sie aufgetaucht ist.

Ungereimtheit: Nachdem Karras sich Regan – bzw. der Wesenheit, die von Regan Besitz ergriff – vorgestellt hat, antwortet diese(r): »Und ich bin der Teufel. Jetzt sei so freundlich, und mach die Riemen los.« Als Karras entgegnet: »Wenn du der Teufel bist, warum lässt du sie nicht einfach verschwinden?«, bekommt er zur Antwort: »Das wär' eine zu vulgäre Kraftdemonstration, Karras.« Das ergibt keinen Sinn. Andere Kraftdemonstrationen des Teufels waren/sind nicht minder »vulgär« – billig. Vor allem hätte eine solche Kraftdemonstration den Jesuiten mit Sicherheit mehr als nur stark beeindruckt ...

Anschlussfehler: Nachdem klar ist, dass der Teufel in Regan rückwärts spricht, hört Pater Karras die Audioaufnahme, die er während des Gesprächs gemacht hat, rückwärts ab. Obwohl in diesem Fall zuerst die Antwort auf seine Frage »Wer bist du?« erfolgen müsste, ist zunächst – allerdings rückwärts gesprochen – seine Frage zu hören und dann die Antwort darauf.

Dies und das: Obwohl »Wer bist du« – rückwärts abgepult – »ud tsib rew« lauten müsste, klingt der letzte Konsonant, der vom Band kommt, mehr nach einem »D« als einem »W«.

Anschlussfehler: Wie in letzter Zeit immer, sind Regans Handgelenke auch zu Beginn des Exorzismus, den Pater Merrin und Pater Karras gemeinsam ausführen, rechts und links an das Bett, in dem die Zwölfjährige liegt, gefesselt. Während des Exorzismus brechen die Fesseln – in Großaufnahme – auf, Regans Körper erhebt sich in die Luft und verharrt danach eine Weile in der Luft schwebend. Als ihr Körper zurück auf das Bett fällt, reißt Pater Merrin einen Streifen Stoff aus dem Bettzeug und bindet Regans Handgelenke damit vor ihrer Brust zusammen. Nach einer Verschnaufpause, während der beide Priester Regans Zimmer verlassen, kehrt zunächst Pater Karras dorthin zurück. Nun sind Regans Handgelenke plötzlich wieder – wie ursprünglich – rechts und links am Bett befestigt.

Dies und das: Nachdem der Teufel – allerdings wohl noch nicht vollständig – aus Regan heraus und in Pater Karras gefahren ist, stürzt der Jesuit sich aus dem Fenster und donnert die lange Steintreppe, auf die er fällt, hinunter. Als sein Körper am Fuß der Treppe landet, erkennt man – nur für einen Augenblick, aber dennoch sehr deutlich –, dass dort eine Gummimatte auf ihn gewartet hat.

( ) **Anschlussfehler:** Als Pater Karas die Treppe hinuntergestürzt ist, ist zuerst kein Blut zu sehen, weder auf der Treppe noch an oder um den Toten. Als sich die Menschenmenge um ihn herum versammelt, weist die Treppe dagegen unübersehbare Blutspuren auf und er selbst liegt in einer großen Blutlache.

? **Völlig idiotisch:** Obwohl Pater Karras sich nicht nur vehement für die Durchführung des, wie man sah, notwendigen Exorzismus einsetzte und letztlich sein Leben für Regans Leben gab, findet Pater Dyer [Reverend William O'Malley] für den Sterbenden – oder bereits Gestorbenen – nicht etwa ein Wort des Dankes (in Regans oder deren Mutter oder seiner Zunft Namen). Alles, was Pater Dyer (der immerhin auf Chris MacNeils Fete erklärt hatte: »Meine Idee vom Himmel ist ein schneeweißer Nachtclub mit mir als Starattraktion bis in alle Ewigkeit – und alle lieben mich!«), bevor er Karras auf Lateinisch die Absolution erteilt –, sagt, ist: »Bereust du, dass du – bereust du, dass du Gott beleidigt hast (was Karras in dem Sinne gar nicht getan hatte. Er hatte lediglich – berechtigte – Zweifel an seinem Glauben bekommen). Bereust du die Sünden deines vergangenen Lebens?«

Hintergrundwissen: Die Krankenschwester, die nach dem Arteriogramm – dem Röntgen von Regans Schlagadern – in Dr. Taneys [Robert Symonds] Zimmer schaut, ist Linda Blairs Mutter.

Hintergrundwissen: Lee J. Cobb, der hier Inspektor William F. Kinderman spielt und Pater Karras (zunächst) erklärt, er sähe aus wie Marlon Brando in »Die Faust im Nacken«, spielte (1954) in ebendiesem Film den skrupellos korrupten Gewerkschaftsboss Johnny Friendly, für den Marlon Brando alias Terry Mallroy Botendienste leistet – ihn aber später bekämpft.

Hintergrundwissen: Ursprünglich sollte John Borman Regie in »Der Exorzist« führen. Da er den Inhalt des Films als »zu kinderfeindlich« empfand, lehnte er diesen Job ab – was ihn jedoch nicht daran hinderte, bei »Exorzist II – der Ketzer« die Regie zu übernehmen.

Hintergrundwissen: Ellen Burstin, Darstellerin von Regans Mutter, willigte erst dann ein, in diesem Film mitzuwirken, als man ihr zusicherte, dass die Textzeile »Ich glaube an den Teufel« aus dem Skript gestrichen würde. Diesen Satz wollte sie auf keinen Fall aussprechen müssen. Die Produzenten kamen ihrem Wunsch nach.
Für die Rolle von Regans Mutter waren übrigens auch Jane Fonda und Shirley MacLaine im Gespräch gewesen.

FALLING DOWN
FALLING DOWN – EIN GANZ NORMALER TAG
USA 1993, REGIE: JOEL SCHUMACHER

Vorabinformation: Beachten Sie die Schilder, die William Foster/D-Fens [Michael Douglas] mehr oder minder entgegenschreien: »Financial Freedom«, »Finanzielle Freiheit«; »He died for our sins«, »Er starb für unsere Sünden«; »How I drive? Eat shit!«, »Wie ich fahre? Friss Scheiße!« – und es kommen noch einige auf ihn zu. Als Nächstes: »DELAY« – frei übersetzt: »Stau«.

Achtung: Sosehr er die Stechmücke auch loswerden will: Es gelingt William Foster/D-Fens nicht, das Fenster auf der Fahrerseite herunterzukurbeln. (Das andere zu öffnen versucht er erst gar nicht – und das wohl nicht, weil es schon länger nicht aufzukriegen sein wird.)

Zusatzinformation: Die Schreibweise ist natürlich sehr eigenwillig, nichtsdestotrotz, »D-Fens« steht für engl. »Defence«, respektive »Defense« – Verteidigung.

Anschlussfehler: Um William Fosters Wagen aus dem Weg zu kriegen, willigt der Autobahnpolizist schließlich in den Vorschlag von Prendergast ein: »Sie schieben und ich lenke.« Und er lenkt tatsächlich. Obwohl die Kurbel kaputt ist, ist das Fenster problemlos herunterzulassen.

Achtung: Als William Foster/D-Fens auf den Gemischtwarenladen zuläuft, trägt er deutlich erkennbar weiße Socken.

Deutsche Sprache, schwere Sprache: Während seiner Diskussion um den Preis einer Dose eines Softdrinks erkärt William Foster/D-Fens dem Ladenbesitzer, Mr Lee [Michael Paul Chan], der »funfundachtzig Cent« dafür verlangt: »Das ist ›fünf‹. Der Vokal in dem Wort ist ›ü‹, demnach ›fünf‹, verstanden? Es gibt wohl kein ›Ü‹ in China?« Es ist nur so: »Ü« ist genau genommen nicht als *Vokal*, sondern als *Umlaut* zu bezeichnen.

Anschlussfehler: Als Mr Lee am Boden ist, machen sich die Waren, die neben ihm auf dem untersten Regalbrett liegen, selbstständig. Nach William Fosters »Loslassen, sag ich!« befindet sich rechts unten im Regal eine braune Packung »Raisin Bran«. Nachdem Foster den Koreaner fragt: »Was sollte das werden? Die letzte Schlacht auf den Fidji?«, steht vor besagter Packung »Raisin Bran« noch eine grüne Packung »Maxipads«. Dann, nachdem William Foster fragt: »Was?«, tauschen die zwei Schachteln ihre Position. Und darüber, ob sie gerade oder schräg stehen sollten, konnte sich das Team offenbar auch nicht einigen. Denn auch das wechselt.

Anschlussfehler: Auf dem Stein auf dem Hügel entdeckt William Foster/D-Fens ein Loch in seinem rechten Schuh. Nachdem er die Zeitung mit der aufgeschlagenen Anzeigenseite (Classified) hochnimmt, ist (↓) zu sehen, dass er schwarze Socken anhat.

Deutsche Sprache, schwere Sprache: Während ihrer Provokation von William Foster/D-Fens interpretiert das erste der beiden Gangmitglieder [Agustin Rodriguez] das auf den Stein gemalte Graffiti mit: »Da steht deutlich, dass (di)es ein Privatgrundstück ist. Betreten für Gesichtsärsche verboten. Damit meinen wir solche Vögel wie *dich*.« Obwohl es sich bei den Gangmitgliedern um Südamerikaner handelt, sind sie offenbar in Los Angeles aufgewachsen – denn ansonsten sprechen sie ein astreines Amerikanisch.

Deutsche Sprache, schwere Sprache: William Foster/D-Fens hat offenbar ebenfalls Probleme mit der Sprache: »*Das*«, fragt er nach, »ist also Privatbesitz? Ihr wollt eure *Hoch*heitsrechte in Anspruch nehmen?« Es gibt nur keine Hoch-, sondern lediglich »Hoheitsrechte«. Wenig später, noch in derselben Szene, sagt er: »Also, wenn ihr so freundlich *seid* und mir einfach aus dem Weg gehen *würdet*. Dann trag ich meine Probleme woandershin, okay?« Das ist nicht nur falsch, sondern passt auch überhaupt nicht zur Person des – im Prinzip – überkorrekten William Foster/D-Fens.

Zusatzinformation: Weitere Schilder, die – diesmal meist von Menschen gehalten oder getragen – ein Übriges tun, William Foster/D-Fens den Rest zu geben, sind: »Will work for food«, »Arbeite für Essen«, »We are dying of AIDS, please help us«, »Wir sterben an AIDS, bitte helfen Sie uns«, »Homeless vet – need food – need money«, »Obdachloser Kriegsveteran. Brauche Essen. Brauche Geld« – »No Matter, never mind« – frei übersetzt: »Vergiss es!« – Dann sieht er einen Mann, der fast identisch gekleidet ist wie er und vor der »Golden State Savings & Loans«-Bank ein Schild vor sich hält: »Not economically viable«, »wirtschaftlich nicht tragbar«.

Deutsche Sprache, schwere Sprache: Während seines Aufenthalts im »Whammyburger« meint William Foster/D-Fens zu dem Geschäftsführer des Ladens: »Wieso rede ich euch mit Vornamen an? Ich kenn' euch doch überhaupt nicht! Zu meinem Boss sag ich immer noch ›Mister‹. Ich habe siebeneinhalb Jahre für ihn gearbeitet. Aber hier komm ich als Fremder rein und rede euch mit ›Rick‹ und ›Sheila‹ an, als ob's 'n Treffen der ›Anonymen Alkoholiker‹ *ist*.« Es müsste heißen: *wäre*.

Deutsche Sprache, schwere Sprache: Innerhalb derselben Szene meint William Foster/D-Fens ein wenig später: »Rick, Sie haben doch sicher schon den Ausdruck gehört: ›Der Kunde ist bei uns immer König‹.« Das ist nur kein Aus*druck*, sondern ein Aus*spruch*.

Anschlussfehler: Als William Foster/D-Fens seinen Whammyburger aus der Schachtel nimmt, ist dieser in eine Serviette gewickelt. Als er den Burger jedoch hochhält und den anderen Kunden zeigt, ist die Serviette verschwunden.

Anschlussfehler: Der Ladenbesitzer [ungenannt], bei dem William Foster/D-Fens eine Schneekugel für seine Tochter Adele [Joey Hope Singer] kauft, wickelt diese in Zeitungspapier. Als Foster die Kugel in seine Tasche gibt, ist sie in offensichtlich anderes Zeitungspapier eingerollt.

Dies und das: Als William Foster/D-Fens, nachdem ein Mann vor der Telefonzelle ihn ein »eingebildetes Arschloch« nennt, das Telefonhäuschen zusammenschießt, fällt ein Radfahrer gleich zweimal hintereinander von seinem Fahrrad. Das zweite Mal ist er durch das Glas der Telefonzelle zu beobachten.

Zusatzinformation: Der Neonazi [Frederic Forrest], dem der »Surplus Value Store« gehört, ist erstaunlicherweise wohl doch eines gewissen Humors fähig. »Complaint Department – Take Numbers« heißt nichts anderes als: »Beschwerdestelle. Ziehen Sie eine Nummer.«

Anschlussfehler: Nachdem William Foster/D-Fens klargestellt hat, dass er nichts, aber auch gar nichts mit dem faschistoiden Ladenbesitzer gemeinsam hat, vergreift dieser sich an dem Inhalt von dessen Tasche – und zieht die Schneekugel hervor. *Uneingepackt.*

Zusatzinformation: Als William Foster/D-Fens seine Exfrau bei einem Telefonat fragt: »Erinnerst du dich – ja, erinnerst du dich, als damals die Astronauten Schwierigkeiten hatten? (...) genauso geht es mir *jetzt*. Ich bin auf der Rückseite des Mondes. (...)«, bezieht er sich auf den spektakulären Mondflug der »Apollo 13«[1].

Achtung: Nachdem die Polizistin [Carole White II.] sich von Beth [Barbara Hershey] mit den Worten: »Ich geb' Ihnen einen Tipp, was Sie machen sollten, wenn Sie mehr Sicherheit wollen« verabschiedet, schließt und verschließt William Fosters Exfrau das Gartentor.

Anschlussfehler: Kaum hat William Foster/D-Fens nach seinem Anruf bei Beth – »Hallo, sicher weißt du's schon längst. Die haben unser schönes Eiscafé hier in so eine Art südamerikanischen New-Age-Laden verwandelt.« – den Hörer aufgelegt, begibt er sich sofort in sein (ehemaliges) Zuhause. Die zuvor verschlossene Gartenpforte steht sperrangelweit offen.

Anschlussfehler: Als ginge es ihm nicht schon lausig genug, tut William Foster/D-Fens sich in seinem ehemaligen Zuhause auch noch selbst gedrehte Videos aus der »guten alten Zeit« an. Die so gut wohl doch nicht war. An einem Punkt – innerhalb der Schaukelpferd-diskussion – beginnt Beth zu weinen. Ihr Augen-Make-up verschmiert. Nur einen Augenblick später jedoch – als er sie fragt: »Warum machst du das, Beth?« und er die Standbildtaste drückt – sitzt ihr Augen-Make-up wieder perfekt.

Anschlussfehler: Nachdem Beth ihrem Exmann zum x-ten Mal begreiflich machen will: »Ich bin nicht mehr deine Frau«, stellt William Foster/D-Fens ihr die Frage, was ihr so einfiele zu: »(...) so lange, bis dass der Tod euch scheidet (...)« – und nimmt ihr Gesicht in seine Hände. In der nächsten Einstellung allerdings, als er vor sich hin stammelt: »Tut mir Leid, tut mir Leid«, hat er seine Hände um ihren Körper gelegt.

---

[1] Es war am 11. April 1970, als – nach zwei glatt laufenden Flügen – eine dritte Crew zum Mond aufbrach und im Verlauf eines absoluten Horrortrips ungeplant auch die Rückseite des Mondes umflog.
Ein interessanter Aspekt ist ein Vergleich der tatsächlichen Mondflüge mit den 1865 verfassten Romanen des ersten Sciencefictionautors Jules Verne (8.2.1828 bis 24.3.1905). Quelle: »Reise um den Mond – Jules Verne und Apollo 13« von Dr. Roland Brodbeck: http://news.astronomie.info/sky200208/thema.html

DAS FENSTER ZUM HOF
REAR WINDOW
USA 1954 • REGIE: ALFRED HITCHCOCK

Achtung: In der ersten Einstellung, die J. B. »Jeff« Jefferies' [James Stewart] linkes Bein voll und ganz eingegipst zeigt, steht auf dem Verband, den er auf den Tag sechs Wochen trägt, geschrieben: »Here lie the broken bones of L. B. Jefferies«, »Hier ruhen die gebrochenen Knochen von L. B. Jefferies«.

Dies und das: Nach dem Telefonat mit seinem Chefredakteur juckt ganz offensichtlich L. B. Jefferies' eingegipster Oberschenkel. Er greift zu einem Kratzhändchen – und kratzt sich scheinbar erfolgreich damit. Tatsächlich jedoch kann das so nicht funktioniert haben, da er die juckende Stelle gar nicht erreicht haben kann.

Achtung: Vor dem Hintereingang des roten Backsteinhauses, aus dem Lars Thorwald [Raymond Burr], der allerdings noch nicht beim Namen genannt ist, den Hof betritt, sind zwei Stufen.

Achtung: Bei strahlender Sonne herrscht im Hinterhof geschäftiges Treiben. Unter anderem gräbt Lars Thorwald (vom Zuschauer aus gesehen) vorn am Blumenbeet.

Ungereimtheit: Während Lars Thorwald sich am Blumenbeet zu schaffen macht, meint seine Nachbarin [Jesslyn Fax]: »Ich finde, Sie tun zu viel des Guten. Sie geben ihnen viel zu viel Wasser.« Die Sache ist nur die: Thorwald gießt die Blumen gar nicht. Und zwar weder jetzt noch sonst irgendwann.

Achtung: Gleich nachdem L. B. Jefferies seiner (Zivilkleidung tragenden) Krankenschwester Stella [Thelma Ritter] erklärt: »Ach, heute Morgen brauchen Sie meine Temperatur nicht zu messen«, kommt der Durchgang zur Küche und der so sichtbare Teil der Kücheneinrichtung ins Bild. Rechts steht ein heller Schrank mit vielen Schubladen und einer Arbeitsplatte darüber, links davon – unter dem Fenster – ist eine Spüle.

Anschlussfehler: Als Stella das Bett ihres Patienten bezieht, ist die Position des Bettes folgende: Hier steht es zunächst in einer direkten Linie mit dem Eingang zur Küche, mit der Längsseite parallel zur Eingangstür des Apartments. Während der Unterhaltung von Stella und L. B. Jefferies ist das Bett offensichtlich gewandert. Als Stella nämlich von ihrem »General Motors«-Patienten erzählt, ist die Position des Bettes eine andere. Und zwar befindet sich die Schlafstätte nicht mehr *links*, sondern geradeaus *rechts* von L. B. Jefferies – mit der Kopfseite zum darüber liegenden Fenster. Doch auch hier bleibt das Bett nicht für immer. Im weiteren Verlauf dieser Konversation – nachdem L. B. Jefferies bemerkt: »Zwischen einem Nierenleiden und der Börse besteht in der Wirtschaft kein Zusammenhang« und Stella daraufhin erklärt: »Die Börse ist zusammengebrochen« – befindet sich das Bett nämlich wieder an dem Durchgang zur Küche.

Dies und das: Obwohl L. B. »Jeff« Jefferies – wie im Verlauf des Films des Öfteren deutlich wird – ganz offenbar als Fotoreporter für ein Printmedium arbeitet, spricht er von sich selbst als einem »*Kameramann* (der nie mehr als einen Wochenlohn auf seinem Bankkonto hat)«.

Anschlussfehler: Und wieder hat das Bett seine Position verändert. Als Stella es, nach beendeter Massage, erneut bezieht, befindet es sich direkt unter dem »Fenster zum Hof« – mit der Längsseite parallel zur Eingangstür. Aber dann auch wieder nicht, weil L. B. Jefferies, als er meint: »Man kann sich auch auf intelligente Weise mit einer Ehe befassen«, schräg geradeaus nach rechts schaut, was bedeutet, dass das Bett gegenüber dem Schreibtisch positioniert ist, der (↓) hinter »Jeff« steht.

Achtung: Bevor Stella sich von ihrem Patienten verabschiedet, nennt sie ihn einen »unverbesserlichen Spanner«.

Anschlussfehler: Die Kamera zeigt den Hintereingang zum gegenüberliegenden Haus in der Abendsonne. Diesmal führen deutlich *mehr* als zwei Stufen zur Tür.

Pointe verpasst: Als Lisa Carol Fremont [Grace Kelly] ihren Freund »Jeff« in zauberhafter Pariser Abendrobe besucht, erklärt sie ihre Aufmachung mit: »Es ist ein großer Abend.«[1] Er kann das nicht einordnen und entgegnet: »Oh, heute ist doch nur ein ganz normaler Mittwoch. Und er ist auch schon beinahe rum.« Im Original sagt sie: »Today's a very special day«, »Heute ist ein ganz besonderer Tag« – und erhält zur Antwort: »It's just another Wednesday. The calendar's full of 'em«, »Es ist nur mal wieder Mittwoch. Davon gibt's im Kalender Unmengen!«

Achtung: Als Lisa Carl [Ralph Smiley], dem Kellner des »21«, die Tür öffnet, ist deutlich zu erkennen, dass L. B. Jefferies' Bett auf der dem Schreibtisch gegenüberliegenden Zimmerseite steht.

Dies und das: Während Lisa Carol Fremont L. B. Jefferies von ihrem Tag erzählt – »(…) und dann musste ich ins ›21‹ zum Mittagessen mit den Harper's-Bazaar-Leuten (…)« –, setzt sie sich (↓) auf ein Möbelstück, das bislang weder zu sehen war noch später zu sehen sein wird. Und für das in dem kleinen Apartment auch gar kein Platz ist – am wenigsten in dieser Ecke des Raumes. Das Bett kann es nicht sein, dafür sitzt sie viel zu hoch.

Dies und das: Spätestens, als Lisa ihrem Freund vorschlägt, sein eigenes Studio auf- und sich selbstständig zu machen, wird aus seinem Kommentar dazu (»Du meinst, aus dem Magazin aussteigen?«) offensichtlich, dass er als Fotograf und nicht als Kameramann tätig ist.

Achtung: Nachdem L. B. Jefferies Miss Lonelyheart [Judith Evelyn] dabei beobachtet hat, wie sie mit einem imaginären Liebhaber diniert, sagt er zu seiner Freundin: »Miss ›einsames Herz‹. *Das* jedenfalls wird für dich *nie* ein Problem sein.« Dabei – und auch, während Lisa

---

[1] »Die Premiere der letzten Leidenswoche von L. B. Jefferies in Gips«

sich in der Küche um das Essen kümmert – kommt der Esstisch ins Bild. Die darauf stehenden Kerzen (links und rechts von Lisa) sind neu und unangezündet.

Dies und das: Hitchcocks Auftritt: als Mann, der (↑) in blauer Montur im Apartment des Komponisten [Ross Bagdasarian] die Uhr aufzieht.

Anschlussfehler: Als Lisa mit dem gefüllten Tablett aus der Küche zurückkommt und fragt: »Wo kommt denn die wunderbare Musik her?«, brennen die Kerzen – die weder sie (die gar nicht im Raum war) noch er (der viel zu beschäftigt damit war, in die Wohnungen des gegenüberliegenden Hauses zu schauen) angezündet haben.

Anschlussfehler: Es dreht sich mal wieder ums Bett. Für Lisas und Jeffs Unterhaltung nach dem Dinner, die sie beginnt mit: »Es kann doch keinen so großen Unterschied zwischen Menschen geben, was ihre Lebensweise angeht«, hat sie es sich darauf bequem gemacht. Diesmal steht es direkt unter dem Fenster – mit der Längsseite parallel zur Eingangstür. Das Fußende bildet eine Linie mit der rechten Wand des Durchgangs zur Küche. Da das Bett in jeder Szene anders steht, würde jede Veränderung zu notieren den Rahmen dieses Buches sprengen. Nun, da Sie sich mit den Räumlichkeiten gewiss bereits selbst vertraut gemacht haben, werden Sie selbst erkennen, wann das Bett wohin »gewandert« ist.

Ungereimtheit: Nachdem »Jeff« Lisa bereits bei deren beider Gespräch vor dem Abendessen erklärt hat, dass er sich, anders als sie, nicht in »dunkelgrauem Flanell« sieht und es ihn wieder in wenig bis gar nicht zivilisierte Teile der Welt hinausdrängt, bemerkt Lisa, bei ihrer Unterhaltung nach dem Dinner: »Was ist denn der große Unterschied zwischen hier und dort oder sonst einem Ort, wo du hinfährst?« – um dann völlig unlogischerweise hinzuzufügen: »Ich meine, wenn es nach *dir* ginge, müssten alle Menschen an einem Ort geboren werden und wieder sterben.« Nur genau das – an *einem* Ort zu verharren – ist total konträr zu L. B. Jefferies' Lebensvorstellung.[2]

Deutsche Sprache, schwere Sprache: »Also hör mal«, sagt »Jeff« zu Lisa, »wenn du jetzt (…) auch noch zickig werden willst, bin ich gern bereit, dich austoben zu lassen.« Heißen müsste es »(…) dich dich austoben zu lassen.«

Deutsche Sprache, schwere Sprache: Im Verlauf ihrer Diskussion mit »Jeff« stellt Lisa fest: »Es ist also klar. Du willst nicht hier bleiben und ich darf nicht mit dir reisen.« – »Nein«, meint er, »es wäre nicht richtig.« Was falsch ist. Sagen müsste er: »Ja – es wäre nicht richtig.« Weil er ihr, die sie die Situation ja präzise erfasste, zustimmt.

Achtung: Wieder allein, kehrt »Jeff« zu seiner Lieblingsbeschäftigung zurück: dem Beobachten seiner Nachbarn. Dabei ist vor allem folgende Beobachtung zu machen: Die Jalousien im zweiten Stock des gegenüberliegenden Hauses, die zu Lars Thorwalds

---

[2] Selbiger Fehler befindet sich auch im Original: »According to you, people should be born, live, and die in the same place.«

Wohnung gehören, sind an diesem Abend heruntergelassen und dicht geschlossen. Das ist jedoch nicht immer so.

Achtung: Nachdem Jefferies kurz eingenickt ist, wacht er wieder auf und bekommt mit, wie Lars Thorwald [Raymond Burr] seine Wohnung mit einem Koffer verlässt. Ein Blick auf die Uhr zeigt: Es ist fünf vor zwei Uhr nachts. Da in der Nachbarschaft offenbar überwiegend Nachtmenschen leben, schaut L. B. Jefferies weiter, was die Leute um ihn herum denn so treiben. Um 2:33 Uhr kehrt Lars Thorwald – mit Koffer – in seine Wohnung zurück. Nachdem der ebenfalls im gegenüberliegenden Haus wohnende Komponist reichlich alkoholisiert heimkehrt, verlässt Lars Thorwald seine Wohnung – mitsamt Koffer – ein zweites Mal.

Anschlussfehler: Nachdem J. B. »Jeff« Jefferies aus seinem Nickerchen erwacht, trinkt er – was auch immer – aus einem Whisky- oder Wasserglas. Die Frage ist nur: Wo kommt es her? Weder stellte es Lisa, bevor sie ging, auf den Tisch noch holte der Fotoreporter es sich selber.

Achtung: »Jeff« beobachtet, wie »Miss Torso«, die Balletttänzerin [Georgine Darcy], einen lästigen Verehrer [ungenannt] abwehrt. Danach sieht er Lars Thorwald – wie gehabt, mitsamt Koffer – ein zweites Mal nach Hause kommen. Danach schläft »Jeff« erneut ein.

Achtung: Während seiner morgendlichen Massage berichtet L. B. Jefferies seiner Krankenschwester von seinen nächtlichen Beobachtungen – und explizit von Lars Thorwalds Verhalten: »Ich werde«, sagt er, »einfach nicht schlau daraus. Er ist heute Nacht bei dem strömenden Regen ein paar Mal mit seinem Musterkoffer hinausgegangen.« – »Na, und?«, meint Stella lakonisch, »er ist ja schließlich Vertreter.« – Jefferies steigt voll auf diese Bemerkung ein und fragt: »Was sollte er denn verkaufen, um drei Uhr morgens?«

Anschlussfehler: Nach beendeter Massage zieht »Jeff« sein Pyjama-Oberteil wieder an. Als er auf Stellas Frage: »Haben Sie noch etwas beobachtet?«, erwidert: »Nein, die Jalousien sind runtergelassen«, schließt er den zweiten Knopf von oben. Als Stella bemerkt: »Aber jetzt sind sie hochgezogen«, ist der oberste Pyjamaknopf plötzlich geschlossen – und als Jeff sich zum Fenster dreht, steht der Stoff darunter in einer Weise ab, die es aussehen lässt, als sei das Pyjama-Oberteil falsch zugeknöpft. Nach einem Schwenk auf Lars Thorwalds Wohnung sind beide oberen Pyjamaknöpfe ordentlich geschlossen.

Ungereimtheit: »Warum«, will »Jeff« von seiner Freundin wissen, »warum könnte ein Mann in einer verregneten Nacht seine Wohnung mit einem Koffer verlassen und *drei*-*mal* zurückkommen mit dem Koffer?« Die Sache ist nur die: Als Lars Thorwald seine Wohnung das dritte Mal verließ – und ein drittes Mal, wieder mit dem Koffer, zurückkehrte, war der Reporter bereits eingeschlafen. Und hatte das gar nicht mitgekriegt.

Achtung: Sauer darüber, dass ihr Freund an kaum etwas anderem mehr Interesse hat als am Beobachten seiner Nachbarn, meint Lisa: »Deine Zeit damit zuzubringen, aus dem Fenster zu schauen, ist *eine* Sache. Aber *wie* du es machst: mit Fernglas und den verrücktesten Mutmaßungen über jede kleine Sache, die du siehst – es ist *krankhaft*!«

? Ungereimtheit: Auf Lisas Frage: »Was suchst du denn eigentlich?«, erwidert Jefferies: »Ich will nur herausfinden, was mit der Frau des Vertreters ist. (…) Sie ist behindert, sie braucht ständige Pflege. Und den ganzen Tag über hat sich ihr Mann nicht um sie gekümmert. Warum nicht?« – Nun denn: Wenn Mrs Anna Thorwald [Irene Winston] tatsächlich »ständige Pflege braucht«, müsste sie eigentlich eine Krankenschwester haben: Als Vertreter kann ihr Mann schlecht an zwei Orten zugleich sein – daheim und bei (potenziellen) Kunden. Und dass er nachts, wie Stella scherzend meinte, »Armbanduhren mit Leuchtziffern, Hausnummernschilder, die leuchten« verkauft, hatte der Amateurdetektiv ausgeschlossen.

Dies und das: Obwohl Stella, als sie »Jeff« das Frühstück bringt, ihm auch (scheinbar) Kaffee eingießt, ist die Tasse ganz offensichtlich leer.

() Anschlussfehler: Als Stella von »Jeff« wissen will: »(…) wo, glauben Sie, hat er (Thorwald) sie (die Leiche seiner Frau) auseinander genommen?«, und sich dann selbst die Antwort gibt: »Natürlich! In der Badewanne! Das ist der einzige Ort, wo er das Blut wegspülen konnte!«, hält sie eine trockene – dreieckige – Scheibe Toast in der rechten Hand. Der 90-Grad-Winkel zeigt – vom Zuschauer aus gesehen – nach links. Nach einem kurzen Schwenk auf das Fenster von Thorwalds Wohnung kommen die Krankenschwester und ihr Patient erneut ins Bild. Diesmal hält Stella die Scheibe so, dass der 90-Grad-Winkel nach rechts weist.

Dies und das: Dass Lieutenant Thomas J. Doyle [Wendell Corey] davon ausgeht, sein Freund habe sich das Geschehen um Mrs Anna Thorwald [Irene Winston] zusammenge-sponnen, ist eine Sache (und, da er ihn lange kennt, wie noch deutlich werden wird, durchaus ver-ständlich). Andererseits hört er allerdings auch nicht richtig hin. Obwohl er genau weiß, dass Jefferies den Mord selbst, weil die Jalousien heruntergelassen waren, nicht beobachten, geschweige denn auf Film bannen konnte, erklärt Doyle, es wäre »eine zu offensichtliche und dumme Art, einen Mord zu begehen – von 50 Fenstern aus zu beobachten«. Und kommt so zu dem Schluss, dass Jefferies' Vermutungen Halluzinationen sind.

? Ungereimtheit: Bei seiner zweiten Unterhaltung mit seinem Freund berichtet Lieutenant Thomas J. Doyle über Mrs Anna Thorwald: »Sie hat die Wohnung nie verlassen. Bis gestern Vormittag. (…) Um sechs.« Das kommentiert »Jeff« Jefferies mit: »Um sechs – etwa um die Zeit bin ich eingeschlafen.« Das jedoch kann so nicht stimmen: Zwischen Jefferies' letztem Blick auf die Uhr – um drei nach halb drei – und sechs Uhr früh liegen gut dreieinhalb Stunden. Der Reporter ist aber wesentlich früher eingeschlafen.

Faktischer Fehler: Jefferies' Aufforderung, doch einfach in Lars Thorwalds Wohnung zu gehen und dort nach Beweisen dafür zu suchen, dass dieser seine Frau getötet hat, beant-wortet Lieutenant Thomas J. Doyle mit: »(…) *Kein* Polizist in diesem Land kann in eine Wohnung gehen und sie durchsuchen. Wenn ich da drüben erwischt würde, wäre ich meine Marke in zehn Minuten los.« Diese Möglichkeit verwirft der Reporter gleich wieder mit: »Dann wirst du dich eben nicht erwischen lassen, ganz einfach. Na, und wenn du etwas findest, dann hast du einen Mörder – und die scheren sich nicht um ein paar Vorschriften.« Tatsache ist jedoch: »Die« sche-ren sich sehr wohl um die Art und Weise, *wie* Beweismaterial für einen Strafprozess zusammengetragen wird. Geschieht dies auf »unkorrekte« – nicht einmal unbedingt illegale! – Weise, wird selbst das aussagekräftigste Beweismaterial nicht zugelassen – wozu es wiederum Filme gibt.[3]

👁 **Achtung:** Lieutenant Doyle teilt Jefferies mit, er habe eine Postkarte folgenden Wortlauts in Lars Thorwalds Briefkasten gefunden, die am Nachmittag zuvor – 80 Meilen nördlich von New York – abgeschickt worden sei: »Gut angekommen hier, fühle mich schon viel besser. Alles Liebe, Anna.«

◖◗ **Anschlussfehler:** Nachdem der Reporter seinen Polizistenfreund nach dessen zweitem Besuch verabschiedet hat, zeigt die Kamera »Jeff«, der sich die Zehen des eingegipsten Beines kratzt. Der Verband – den er nun seit mehr als sechs Wochen trägt! – sieht aus wie neu. Vor allem aber ist keine Beschriftung mehr darauf auszumachen.

◖◗ **Anschlussfehler:** Das Sandwich, in welches L. B. »Jeff« Jefferies beißt, ist dreieckig geschnitten. Das daneben stehende Trinkglas ist bis etwa auf das obere Drittel geraffelt und etwa bis zur Hälfte mit Milch gefüllt und wirkt, als habe der Reporter bereits daraus getrunken.

👁 **Achtung:** L. B. »Jeff« Jefferies verfolgt nicht nur Lars Thorwald durch sein Teleobjektiv, sondern auch, um nur eine zu nennen, »Miss Lonelyheart«.

👁 **Achtung:** Nach seinem Telefonat mit Mrs. Doyle (die nur zu hören, nicht aber zu sehen ist), sieht »Jeff« Lars Thorwald – die Krokohandtasche seiner Frau auf dem Schoß – telefonieren. Worauf Thorwalds Verhalten *nicht* schließen lässt, ist, dass er für diese Verbindung die Telefonvermittlung hätte bemühen müssen oder bemüht hätte: Das Gespräch, das er führt, ist durchgehend. Mit der Vermittlung spricht man (Ausnahmen – in denen es zu einem Flirt kommt – bestätigen die Regel) im Prinzip doch eher anders als mit jemand – worauf Thorwalds Mimik eher schließen lässt – Vertrautem.

◖◗ **Anschlussfehler:** Die grüne Kostümjacke, welche Lisa Carol Fremont trägt, wirkt, als sei sie in Eile übergeworfen worden. Nachdem ihr Freund Lisas Aufmerksamkeit auf Thorwald lenkt – »Sieh mal da, Thorwald, er bereitet sich darauf vor, endgültig abzuhauen« –, ist die Kostümjacke ordentlich arrangiert.

❓ **Ungereimtheit:** Der Bericht, welchen L. B. »Jeff« Jefferies seiner Freundin von Thorwalds Aktivitäten gibt, lautet: »Er hat schon seine ganzen Sachen auf einem der Betten ausgelegt. (…) Selbst die Krokodillederhandtasche von seiner Frau (…). Er hat sie jedenfalls aus der Kommode herausgeholt, ist zum Telefon gegangen und hat ein Ferngespräch geführt.« *Wie* der Reporter darauf kommt, dass sein Nachbar ein Ferngespräch führte, wird nicht erklärt. Der einzig mögliche Schluss ist, dass Jefferies dies folgerte, weil Thorwald lediglich drei (statt der für Stadtgespräche damals üblichen sieben oder acht) Ziffern wählte. In *jedem* Fall total aus der Luft gegriffen ist die Behauptung des Reporters, Thorwald schiene sich wegen der Handtasche seiner Frau »Sorgen« zu machen – und habe diesbezüglich »jemanden um Rat gefragt«. Über den

---

[3] Wie etwa »Star Chamber«, »Ein Richter sieht rot« [1992] mit Michael Douglas. Quelle: IMDb

Inhalt des Gesprächs kann Jefferies – es sei denn, er wäre des Lippenlesens mächtig – wahrlich keine Aussage machen. (Würde die Originalversion des Films heute »modernisiert«[4] werden, wäre L. B. Jefferies – vorausgesetzt, er würde seine Reportagen ebenso fantasievoll ausschmücken – locker Millionär: Von *Bild* über den *stern* bis zu *Focus* könnte er jedes Honorar verlangen – und würde es sofort bekommen.)

? **Ungereimtheit:** Auch L. B. Jefferies' Aussage: »Ich habe nie gesehen, dass er sie um Rat gefragt hat. Sie vielleicht ihn – sie war ja auf ihn angewiesen, aber er nicht auf sie«, kann unmöglich auf Tatsachen basieren. Nicht nur müsste er, um eine solche Behauptung hieb- und stichfest zu machen – s. o., Lippen lesen können, er müsste die Thorwalds auch – immer schon – rund um die Uhr observiert haben.

( ) **Anschlussfehler:** Nachdem Lisa meint: »Ich glaube, jetzt können wir ohne Gefahr wieder Licht machen«, ihr Freund aber abwehrt: »Noch nicht!«, und zu seinem Teleobjektiv greift, zeigt die Kamera das Glas mit Milch, das vor »Jeff« steht. Diesmal ist die zuvor milchige obere Hälfte des Glases blitzblank, als käme es gerade aus der Spülmaschine – und das Glas selbst auch nicht mehr bis auf das etwa obere Drittel geraffelt. Nach wie vor ist es jedoch in etwa halb gefüllt.

( ) **Anschlussfehler:** Während Lisas und Jeffs Diskussion über Mrs Thorwalds Krokohandtasche (»Ganz gleich, wo eine Frau hingeht, es sei denn, ins Krankenhaus, nimmt sie immer Make-up, Parfum und Schmuck mit«), ist das Milchglas ein wenig mehr als nur bis zur Hälfte gefüllt. Als Lisa den Teewagen mit der Bemerkung »(...) und nur ihr Mann könnte das wissen« fortschiebt, liegt auf dem Teller ein winziger Sandwichrest. Als »Jeff« zu Lisa meint: »Sei nicht albern!«, kommt der Teewagen, der kurzfristig hinter seinem Rücken verborgen ist, erneut ins Bild. Mit einem Sandwichrest, der binnen weniger Augenblicke beträchtlich an Größe gewonnen hat.

👁 **Achtung:** Als Lisa Jeff ihren »Stadtkoffer« zeigt, rupft sie mit den Worten: »(...) geräumig genug, passt alles rein!«, ihr Negligé, den dazugehörigen Morgenmantel und die dazu passenden Slipper – welche, vom Zuschauer aus, in der rechten Seite des Koffers verborgen waren (↓) – heraus. Dann stellt sie den geöffneten Koffer – mit den lose wieder hineingeworfenen Träumen aus Seide – auf dem Schreibtisch des Reporters ab.

( ) **Anschlussfehler:** Nachdem Lisa, völlig fasziniert von den Klängen, die aus dem Loft des Komponisten dringen, die wohl eher rhetorische Frage stellt: »Woher hat ein Mann die Inspiration, so ein Lied zu komponieren?«, und »Jeff« meint: »Nun, von seiner Wirtin am Monatsanfang, wenn die Miete fällig ist«, ist hinter dem Paar der Durchgang zur Küche sichtbar. Dieser ist plötzlich schmäler als zuvor (knapp über ein Fenster breit) – und der Küchenschrank fehlt, mitsamt Arbeitsplatte. Alles, was dort steht, ist die Spüle. Auch als Lisa wenig später erklärt: »Ich werde es mir etwas bequemer machen – ich meine, um in die Küche zu gehen und uns einen

---

[4] und nicht, wie bereits geschehen, eine Neuverfilmung (»Rear Window«, USA 1998, mit Christopher Reeve und Daryl Hannah in den Hauptrollen, Regie: Jeff Bleckner) gedreht werden.

Kaffee zu machen«, und ihr Freund ihr nachruft: »Oh und noch einen Cognac dazu!«, geht sie in die verkleinerte Küche.

Anschlussfehler: Bei Thomas J. Doyles drittem Besuch bei seinem Reporterfreund – während der Polizist dem weiblichen Gesang, der offenbar aus Jefferies' Küche kommt, lauscht – fängt die Kamera erneut Lisas Stadtkoffer ein. Und zwar diesmal so, wie sie ihn auf dem Bett platziert hatte. Der Blick, den Doyle dann jedoch – von oben – darauf wirft, zeigt ein völlig anderes Bild: Alles ist – offenbar von Zauberhand – säuberlich zusammengefaltet, die Slipper liegen – ebenfalls ordentlich nebeneinander – obenauf.

Anschlussfehler: Als Lisa – mit zwei gefüllten Cognacschwenkern in den Händen – wieder aus der Küche kommt, befindet sich diese – und deren Einrichtung – wieder im ur-sprünglichen Zustand.

Achtung: Bei ihrem ersten Zusammentreffen mit Thomas J. Doyle drückt Lisa ihm einen – mit vorgewärmtem Cognac gefüllten – Cognacschwenker in die Hand.

Anschlussfehler: Nachdem der Reporter seinem Polizistenfreund seine Freundin vorgestellt hat – und Lieutenant Thomas J. Doyle dies mit »Sehr angenehm!« kommentiert, fällt Doyles Blick erneut auf Lisas Übernachtungsgepäck. Diesmal herrscht das ursprüngliche »Kofferchaos«. Vor allem aber befindet sich lediglich *ein* Kleidungsstück darin.

Deutsche Sprache, schwere Sprache: L. B. »Jeff« Jefferies' Mutmaßungen über den Hintergrund von Lars Thorwalds Verhalten entkräftet Lieutenant Thomas J. Doyle mit der Bemerkung: »(…) Es ist nun mal eine private Welt, in die du da hineinsiehst. Die Leute tun im Privatleben vieles, das sie unmöglich in der Öffentlichkeit erklären können.« Darum, etwas »in« aller Öffentlichkeit zu erklären, geht es hier jedoch gar nicht. Gemeint ist, dass Leute im Privatleben Dinge tun, die *anderen* unerklärlich sind.
Anmerkung: Wie die Rubrik »Pointe verpasst!« zeigt, wird bei der Synchronisation durchaus nicht jeder Satz wortgetreu übersetzt. Hier wäre – anders als an vielen anderen Stellen – eine freie Übersetzung treffender gewesen.

Ungereimtheit: Wie kommt's, dass L. B. Jeffries – seiner Aussage nach – »nie mehr als einen Wochenlohn« auf seinem Bankkonto hat? Laut Thomas J. Doyle müsste er doch in der Oberliga der Fotoreporter spielen. Doyle: »Wäre ich nicht vorsichtig gewesen als Pilot des Aufklärungsflugzeuges im Krieg, hättest du nicht die Chance gehabt, die Aufnahmen zu machen, die dir einen Orden, einen guten Job, Ruhm und Geld eingebracht haben!«

Dies und das: Um – nach langem Hin und Her – endlich das Thema Thorwald abzuschließen, meint Lieutenant Thomas J. Doyle – mit seinem immer noch gefüllten – Cognacschwenker in der Hand: »Was haltet ihr davon, wenn wir uns jetzt alle hinsetzen und in aller Freundschaft ein Glas zusammen trinken? (…) Also, trinken wir jetzt einen?« Nun denn: Vielleicht sollte er besser auf Nichtalkoholisches umsteigen – wenn er schon nicht mal mehr mitkriegt, dass alle Anwesenden – inklusive seiner selbst – längst einen Drink in Händen halten.

Dies und das: Als »Miss Lonelyheart« mit einem jungen Mann [Harry Landers] nach Hause kommt, lässt sie die Jalousien herunter. Allerdings sorgt sie nicht dafür, dass diese vollständig geschlossen sind. Damit ist dieses Unterfangen für die Katz' – es sei denn, »Miss Lonelyheart« hoffte, zur Abwechslung mal mit einem nicht fiktiven Verehrer gesehen zu werden, wollte dies aber natürlich nicht so plump preisgeben …

Ungereimtheit: Hier eher eine falsche (männliche) Selbsteinschätzung. Nach der Beinahe-Vergewaltigung von »Miss Lonelyheart« erklärt »Jeff« seiner Freundin gegenüber: »Weißt du, so schwer es mir vielleicht fällt, Thomas T. Doyle Recht zu geben (…) – ich frage mich, ob es moralisch vertretbar ist, einen Mann mit Fernglas und Teleobjektiv zu beobachten. Sag, hältst du es für moralisch, selbst wenn man damit beweist, dass er *kein* Verbrechen begangen hat?« Das heißt, der Gute redet sich selbst ein, lediglich Lars Thorwald – und das zu einem »guten Zweck« – mit Fernglas und Teleobjektiv unter Beobachtung zu halten. So ist es aber keinesfalls. Er schaut sehr wohl und auch sehr genau, was andere seiner Nachbarn und Nachbarinnen treiben – und das in einem Ausmaß, dass Stella ihn (bevor der Reporter mutmaßte, dass sein Nachbar einen Mord begangen haben könne!) einen »unverbesserlichen Spanner« und Lisa sein Verhalten insgesamt »krankhaft« nannte.

Deutsche Sprache, schwere Sprache: Als Miss Lonelyheart feststellt, dass der Hund der Nachbarin [Sarah Berner], die mit ihrem Mann [Frank Cady] gern auf dem Balkon übernachtet, offenbar ermordet wurde, schreit die nun Exhundebesitzerin durch die Nacht: »Habt ihr ihn umgebracht, weil er euch gemopst hat?« »Mopsen« jedoch steht »umgangssprachlich für stehlen: du mopst«, und »sich mopsen: umgangssprachlich für sich langweilen; sich ärgern«[LR] und ist somit eine völlig falsche Wortwahl.

Dies und das: Woher kommt – und das auch noch wie frisch gebügelt – das Kleid, das Lisa am nächsten Tag trägt? In ihrem Übernachtungsköfferchen wird es wohl kaum noch Platz gefunden haben.

Ungereimtheit: Auf der Suche nach dem Motiv, aus dem heraus Lars Thorwald den Hund der Nachbarn getötet haben könnte, kommen Stella, Lisa und »Jeff« darauf, dass der Hund in jenem Blumenbeet gescharrt hatte, welches Thorwald »immer so sorgfältig pflegt«. Die Dias, die »Jeff« davon gemacht hat, zeigen das Beet in seinem derzeitigen Zustand und in dem von vor 14 Tagen. Was L.B. Jefferies jedoch total ignoriert, ist, dass Thorwald sich untertags und ganz offen an dem Beet zu schaffen gemacht hat. Und die – für die Zuschauer nicht erkennbare – »wichtige Veränderung«, die daraus resultieren könnte.

Englische Sprache, schwere Sprache: In seiner Notiz an Thorwald schreibt L. B. »Jeff« Jefferies (anonym): »What have you done with her?«, »Was hast du mit ihr gemacht?« In der Synchronisation heißt es jedoch: »Was haben Sie mit Ihrer Frau getan?«
Anmerkung: Erklären lässt sich das eigentlich nur damit, dass das deutsche Publikum – von der Synchronregie – offenbar für dümmer gehalten wird als das amerikanische.

? Ungereimtheit: Obwohl L. B. Jefferies durchaus weiß, wie gefährlich das von Lisa und Stella geplante Unterfangen ist, im Blumenbeet nachzusehen, was dort vielleicht vergraben sein könnte, räumt er den beiden dafür herzlich wenig Zeit ein. »Mal sehen«, sagt er in Bezug auf Lars Thorwald, »ob ich ihn für eine Viertelstunde weglotsen kann«. Warum – wenn schon, denn schon – nicht mindestens für eine halbe, indem er ihn in ein entfernteres Hotel als das »Albert« bestellt?

Dies und das: Während Jefferies' Anruf bei Thorwald ist im Hintergrund deutlich die Musik aus der Wohnung des Komponisten zu hören. Folglich ist es mehr als verwunderlich, dass Thorwald – abgebrüht, wie er ist – darauf hereinfällt, als der »Unbekannte« ihm erklärt: »(...) Ich bin jetzt hier im ›Albert‹, ich werde auf dich warten.«
Anmerkung: Dass L. B. Jefferies Lars Thorwald duzt, ist auf dem Mist der Synchronregie gewachsen. Im englisch-amerikanischen Sprachraum gibt es schlicht das für viele Begriffe stehende »you«.

Deutsche Sprache, schwere Sprache: Als Stella und Lisa sich zum Blumenbeet aufmachen, meint Jefferies: »Behalte *einer* von euch mein Fenster im Auge! Wenn ich sehe, dass er (Thorwald) zurückkommt, signalisiere ich euch mit meinem Blitzlicht.« Heißen müsste es: *eine*. Da es sich um zwei weibliche Wesen handelt.

? Ungereimtheit: Wo, in aller Welt, haben Stella und Lisa in Sekundenschnelle die Schaufel her, mit der sie in dem Blumenbeet graben? Bislang war nirgendwo eine – etwa an eine Hausmauer gelehnt – zu sehen.

? Ungereimtheit: Anstatt, nachdem Lisa in Thorwalds Wohnung eingedrungen ist, den Hauseingang im Auge zu behalten, verfolgen Stella und Jefferies »Miss Loneyhearts« Aktivitäten ausgiebigst.

? Ungereimtheit: Anstatt seiner Freundin, die ihm – von der gegenüberliegenden Wohnung aus – gerade Mrs Thorwalds leere Krokohandtasche zeigt, durch Handzeichen zu signalisieren, dass sie – weil Thorwald im Anmarsch ist, die Wohnung verlassen soll, beschwört er sie – für Lisa nicht hörbar – lediglich verbal: »Komm schon, komm schon, geh da raus!«

? Ungereimtheit: Kurz bevor Thorwald Lisa in seiner Wohnung überrascht, bestellt L. B. Jefferies zwar die Polizei zu dessen Wohnung, brüllt aber nicht laut »Thorwald!« oder »Lassen Sie das!«, als sein Nachbar gegen seine Freundin gewalttätig wird. Dass bei einem lauten, gezielten Rufen Thorwald überrascht – und ertappt – von Lisa ablassen könnte, kommt dem Reporter offenbar nicht in den Sinn, obwohl er ihre verzweifelten Hilfeschreie durchaus hören kann. Dass die Polizei, so schnell, wie sie es hier tat, auftauchen würde, konnte Jefferies vorher schließlich nicht definitiv wissen.

() Anschlussfehler: Der Tag, an dem L. B. »Jeff« Jefferies' Gips entfernt werden soll, ist der kommende Mittwoch. Stella scheint das nicht ganz begriffen zu haben, schlägt sie ihrem Patienten, nachdem Lisa – wegen Einbruchs – verhaftet wurde, doch scherzhaft vor: »Sie könnten sie doch (anstatt eine Kaution zu zahlen) bis nächsten Dienstag im Kittchen lassen – und dann könnten Sie sich heimlich davonmachen.« Wenn er sich heimlich davonmachen wollen würde, müsste er seine Freundin schon bis (mindestens) Mittwoch im Gefängnis lassen.

Achtung: »Wenn«, so L. B. Jefferies – was einmal alles andere als eine unumstößliche Tatsache ist – zu Lieutenant Thomas J. Doyle, »die Frau am Leben wäre, würde sie diesen (Ehe)Ring tragen.« Doyle erwidert – korrekterweise – darauf: »Das ist eine Möglichkeit.«

Ungereimtheit: »Alle Telefongespräche, die er geführt hat«, behauptet Jefferies in Bezug auf Thorwalds Telefonate, »waren Ferngespräche.« Das jedoch kann der Reporter – es sei denn, er hätte Thorwalds Aktivitäten unablässig rund um die Uhr verfolgt – gar nicht mit Sicherheit wissen. Noch weniger kann er wissen, wer mit Thorwald telefonierte. Folglich ist seine Schlussfolgerung: »Wenn er ein Telefonat mit seiner Frau am Tag ihrer Abreise geführt hat, nachdem sie in Merritsville angekommen war, warum hat sie eine Karte geschrieben, auf der stand, dass sie gut angekommen ist?«, nicht fundiert. Vor allem aber: Hätte es Thorwald so aussehen lassen, als ob bei einem der Gespräche seine Frau am anderen Ende sei, hätte er dies aus nur einem einzigen Grund tun können. Und zwar dem, dass er längst wusste, dass Jefferies ihn observiert – und diesen in die Irre hätte führen wollen.

Ungereimtheit: Obwohl Lieutenant Doyle zuvor richtig bemerkte, dass ein Ehering von Verheirateten nicht zwingend getragen werden muss, meint er wenige Augenblicke später: »Wenn das mit dem Ehering stimmt, geben wir ihm (Thorwald) eine Eskorte.«

Faktischer Fehler: Als Jefferies während seines Kampfes mit Thorwald am Fenstersims hängt, hat er sein Gipsbein angewinkelt!

Anschlussfehler: Als der Reporter – nach seinem Sturz aus dem zweiten Stock – auf den Steinplatten des Hinterhofs liegt, ist der Gips gebrochen. Wie schon bei der letzten Großaufnahme des Gipsbeins ist auch diesmal – anders als bei jener zu Beginn des Filmes – nichts auf den Gips geschrieben.

Hintergrundinformation: Lars Thorwald ist von Beginn des Films an zu sehen – und das häufig sprechend: Hören aber kann man ihn lediglich in drei Szenen. Einmal, als eine seiner Nachbarinnen ihm ungebeten einen Rat zum Thema Blumenpflege gibt (»Ach, kümmern Sie sich doch um Ihren eigenen Dreck!«), dann erst wieder kurz vor Ende des Films, als Jefferies ihn ins »Albert«-Hotel bestellt, und dann noch einmal, als er in der Wohnung des Reporters ist.[6]

---

[6] Sein gesamter Text lautet hier: »Hallo« – »Wer sind Sie?« – »Warum sollte ich?« – »Ich – ich weiß nicht, wovon Sie reden.« – »Ich hab nur so an die hundert Dollar.«
Auch für diese Passage musste Burr – ebenfalls keine zehn Sätze auswendig lernen: »Was wollen Sie von mir? Ihre Freundin hätte mich verhaften lassen können, warum hat sie's nicht getan? Was wollen Sie von mir? 'nen Haufen Geld? Ich hab kein Geld. Sagen Sie etwas. Sagen Sie etwas. Sagen Sie mir, was Sie wollen. Können Sie mir den Ring wiederbeschaffen?« – »Sagen Sie ihr, sie soll ihn mir wieder zurückbringen.«

Hinter den Kulissen: Angeblich besetzte Alfred Hitchcock die Rolle des Lars Thorwald mit Raymond Burr, weil dieser große Ähnlichkeit mit David O. Selznick hatte – seinem ehemaligen Produzenten, der sich für Hitchcocks Geschmack zu sehr in die künstlerische Gestaltung einmischte.[IMBd]

Hinter den Kulissen: Hitchcock führte ausschließlich aus L. B. Jefferies' Apartment Regie. Alle nicht dort anwesenden Schauspieler bekamen ihre Anweisungen per Ohrhörer.[IMBd]

Hintergrundinformation: Drei Jahre nach der Veröffentlichung von »Rear Window« – am 21. September 1957 – strahlte das amerikanische TV die erste (und im Mai 1966 die letzte) von insgesamt 271 »Perry Mason«-Folgen mit Raymond Burr in der Titelrolle aus.[K1] Neben der TV-Serie gibt es auch 30 Perry-Mason-Filme.)[7]

Hintergrundinformation: Ross Bagdasarian ist auch im wirklichen Leben Komponist. Zu Ruhm gelangte er allerdings (erst) 1957 unter dem Pseudonym »David Seville«. Sein »Chipmunk Song«, für den er seine eigene Stimme auf vier Tonspuren aufgenommen hatte und drei davon mit erhöhter Geschwindigkeit laufen ließ und der kurz vor Weihnachten 1958 veröffentlicht wurde, wurde mit mehr als fünf Millionen Exemplaren verkauft.

Hintergrundinformation: Der Film »Das Fenster zum Hof« verstaubte über Jahrzehnte in Hitchcocks Privatarchiv zusammen mit vier anderen Hitchcock- Meisterwerken: »The Man, who Knew Too Much« (1956), »Der Mann, der zu viel wusste«, »Vertigo« (1958), »Vertigo – Aus dem Reich der Toten«, »Rope« (1948), »Cocktail für eine Leiche«, »The Trouble with Harry« (1955), »Immer Ärger mit Harry«, da Sir[8] Alfred Hitchcock die Rechte an diesen fünf Filmen zurückgekauft hatte, um sie seiner Tochter zu hinterlassen. Unter Filmenthusiasten wurden sie lange als die fünf »verlorenen Hitchcocks« bezeichnet. Alfred Hitchcock starb am 29. April 1980 um 9:17 Uhr. Erst vier Jahre nach seinem Tod, 1984, wurde der erste der »verlorenen Hitchcocks« wieder in die Kinos gebracht.

---

[7] Earl Stanley Gardner, 1889 bis 1970, der die Figur des Perry Mason kreierte, hatte sich zuvor selbst als Strafverteidiger einen ausgezeichneten Ruf erworben.

[8] Sir Alfred Hitchcock – der Meisterregisseur wurde am Neujahrstag 1980, erst wenige Monate vor seinem Tod, geadelt. Daher bringen nur sehr wenige Quellen seinen Namen mit dem korrekten Titel. Die Presse hatte sozusagen kaum Zeit gehabt, sich an den achtzigjährigen Hitchcock als »Sir« zu gewöhnen.

FEUERBALL
THUNDERBALL
GB 1965 • REGIE: TERENCE YOUNG

👁 **Achtung:** Als Emilio Largo [Adolfo Celi] die als »rein philanthropisch[1]« deklarierte Tarnorganisation von »No. 1« [ungenannt] aufsucht, ist sein Haar eindeutig silberweiß, mit ein wenig Grau durchsetzt.

◯ **Anschlussfehler:** In dem Raum, in welchem James Bond [Sean Connery] auf Jacques Bouvard [Rose Alva] wartet (der als seine Witwe verkleidet ist), steht auf einem Tisch eine Vase mit Blumen. Als 007 dem feindlichen Agenten einen Kinnhaken versetzt, reißt dieser den Tisch mitsamt der Vase um. Beim Fallen allerdings verwandeln sich die rosafarbenen Rosen in weiße Tulpen.

◯ **Anschlussfehler:** Während des Kampfes zwischen James Bond und Jacques Bouvard zeigt die Kamera öfters eine Vitrine, auf der eine blaue Vase steht. Nachdem Jacques Bouvard 007 jedoch mit einer weißen Vase aus der Vitrine beworfen hat, ist und bleibt diese Vitrine unerklärlicherweise verschwunden.

📚 **Zusatzinformation:** Der »Finanzbericht« von »No. 5« lautet: »Unsere Beratung beim englischen Eisenbahnraub brachte 200 000 Pfund ein.« Damit nahmen die Drehbuch-schreiber Bezug auf den größten und spektakulärsten Postraub aller Zeiten, der – mit Ronald Biggs als Kopf und Initiator – am 8. August 1963 morgens um drei Uhr auf der Strecke von Glasgow (Schottland) nach London (England) von 16 Männern verübt worden war. Die Beute belief sich auf 2 631 784 englische Pfund – wobei das Pfund Sterling damals etwa fünfmal so viel wert war wie heute (wo 1 Euro 0,63940 £ entspricht).

◯ **Anschlussfehler:** Als »Sanatoriumsgast« James Bond – wie seine Masseurin Patricia »Pat« Fearing [Molly Peters] sich ausdrückt, »etwas spät« zur Behandlung erscheint, ist das Handtuch, welches Bond um den Hals gelegt hat, vorn auf der rechten Seite (↑) ein wenig länger als auf der linken. Nachdem Pat James Bond allerdings auffordert: »Machen Sie sich frei, bitte«, ist es – ohne, dass Bond sich daran zu schaffen gemacht hätte – vorne auf der linken Seite länger als auf der rechten.

◯ **Anschlussfehler:** Nachdem die Masseurin ihren Patienten auf der »motorisierten Dehnungsbank zur Streckung der Wirbelsäule« festgebunden hat, erklärt sie: »In 'ner Viertelstunde komm' ich vorbei und messe Ihren Kreislauf.« Zu diesem Zeitpunkt ist es 12:45 Uhr. Als Graf Lippe [Guy Doleman] die Geschwindigkeit besagter Dehnungsbank voll aufdreht, ist es 12:50 Uhr – und ist es immer noch, als, eine ganze Weile später, die Masseurin den Raum erneut betritt.

---

[1] philanthropisch ›griechisch.‹: menschenfreundlich, menschlich [gesinnt]; Gegensatz: misanthropisch. Quelle: LR

Achtung: Nachdem sich James Bond mit den Worten »Morgen zum Tee, kleine Klingelfee«, von Patricia Fearing verabschiedet hat, stattet er Graf Lippe, der sich in einem anderen Behandlungsraum befindet, einen Besuch ab. Auf der Tür, die vom Flur aus dorthin führt, ist ein Schild mit der Aufschrift »Massage« angebracht.

Anschlussfehler: Das Handtuch, welches Graf Lippe im Sitzbad um den Hals gewunden hat, ist zunächst beigefarben – und ab der folgenden Einstellung hellblau. Als der Graf um Hilfe ruft, ist es zudem anders arrangiert als vorher.

Anschlussfehler: Als 007 aus dem Sitzbad – durch scheinbar dieselbe Tür, durch die er hineinging – wieder heraus in den Flur kommt, steht auf dem Türschild nicht mehr »Massage«, sondern »Sitz Bath & Heat Treatment«.

Anschlussfehler: Bis zu dem Zeitpunkt, zu dem Fiona Volpe [Luciana Paluzzi] Major François Dervals Doppelgänger/Angelo Palazzi [Paul Stassino] einlässt und sagt: »Mach die Tür zu«, trägt sie keine blaue Haarschleife. Danach allerdings – ohne dass sie zwischenzeitlich Gelegenheit gehabt hätte, eine solche anzustecken – schon.

Achtung: Als James Bond mitkriegt, dass ein offenbar ominöser Krankenwagen einen neuen Patienten zum Sanatorium gebracht hat, zieht er sich an, um nach dem Rechten zu sehen. Die langen Ärmel des schwarzen Pullis schiebt er hoch.

Anschlussfehler: Bis 007 den Gesichtsverband des neuen Sanatoriumsgastes abwickelt, sind die Ärmel seines Pullis weiterhin hochgeschoben. Dann aber sind die Ärmel heruntergerollt – wie auch bei jeder anderen in dieser Szene folgenden Nahaufnahme, während Bond in der Totale (mehr oder minder) wie ursprünglich – kurzärmelig agiert.

Anschlussfehler: Als Major François Derval/Angelo Palazzi [Paul Stassino] die Aufgabe des Copiloten übernimmt, legt er den weißen Sicherheitsgurt an. In der übernächsten Einstellung jedoch ist der Gurt nicht zu sehen – und dann doch wieder.

Ungereimtheit: Der Sicherheitsgurt des Copiloten ist offenbar so konstruiert, dass er sich, einmal geschlossen, nicht wieder öffnen lässt. Wie aber konnte dann der ursprüngliche Copilot seinen Job an Major François Derval/Angelo Palazzi übergeben?

Anschlussfehler: Nachdem James Bond in seinem Aston Martin DBS Platz genommen hat und während er sich von Patricia »Pat« Fearing verabschiedet (»Wir sehen uns wieder«), zeigt die Kamera einen schwarzen Wagen mit auf der Beifahrerseite heruntergeklappten Sonnenblenden. Kaum aber ist Bonds Verfolger angefahren, sind die Sonnenblenden wie von Zauberhand hochgeklappt.

Englische Sprache, schwere Sprache: Bei James Bonds Ankunft in den Büroräumen seines Chefs »M« [Bernard Lee I.] schickt Miss Moneypenny [Lois Maxwell] ihn sofort zum Konferenzzimmer: »Muss was vorgefallen sein. Alle europäischen Doppelnullagenten wurden schnellstens herbeordert. Der Innenminister[2] ebenfalls.« Peinlich ist nur, dass es sich dabei nicht um den *Innen-*, sondern den *Außen*minister handelt. Denn nur ein »Foreign Secretary« ist in der Thunderball-Besetzungsliste [IMDb] (dargestellt von Roland Culver) ausgewiesen.

Zusatzinformation: Per Tonband, das an diesem Morgen in der Downing Street[3] eintraf, fordern die Erpresser »100 Millionen Pfund«. Eine gewaltige Summe: 1965 kostete das britische Pfund Sterling (£) 11,227 Deutsche Mark (DM)[4]. 100 Millionen Pfund waren 1965 also 1,1227 Milliarden DM oder 574 Millionen Euro – die Kaufkraft damals aber ein Vielfaches davon!

Anschlussfehler: Bei seinem Aufenthalt in »Ms« Büroräumen ist James Bond mit einem blauen Sakko, hellblauem Hemd, dunkelblauer Krawatte und grauer Hose bekleidet. Während der näheren Lagebesprechung allerdings – nachdem »M« James Bond erklärt: »Ich habe Sie der Station ›C‹, Canada, zugeteilt (…)« – sitzt 007 seinem Chef plötzlich in einem braunen Anzug mit brauner Krawatte und cremefarbenem Hemd gegenüber.
Anmerkung: Weil die deutsche Schreibweise »Kanada« und nicht »Canada« ist, hätte »M« in der synchronisierten Fassung sagen müssen: »Ich habe Sie der Station ›K‹, Kanada, zugeteilt.«

Anschlussfehler: Als Domino Derval [Claudine Auger[5]] – bei ihrem ersten Treffen mit James Bond – auf ihr Boot zurückkehrt, kämmt sie sich und trocknet ihr Haar mit einem Handtuch. Als Bond ihr zuruft: »Ahoi Nachbarin, unser Motor streikt! Sie fahren nicht zufällig in die Nähe von Coral Harbour?«, hält sie in der rechten Hand das Handtuch, in der linken einen großen schwarzen Kamm. Als sie antwortet: »Ich wollte nicht, aber ich könnte«, ruht ihre linke Hand flach auf ihrem linken Oberschenkel, in der anderen Hand hält sie weiter das Handtuch, welches sie dann in die linke Hand wirft. Nur einen Augenblick später, in der nächsten Einstellung, hält sie nur noch den Kamm. Und zwar in der rechten Hand.

Anschlussfehler: Während James Bond mit Domino Derval tanzt, sind ihre Haarspangen mal untereinander, dann fast nebeneinander. Als sie das Boot betritt, welches sie zu Largos Jacht bringen wird, ist überhaupt kein Haarschmuck mehr an ihr zu sehen.

Ungereimtheit: Als Felix Leiter [Rik van Nutter] James Bond in dessen Apartment mit den Worten »Hallo, da bin ich, 00-«, überrascht, versetzt Bond ihm einen Schlag in die Magengrube. Bond rechtfertigt sein Tun mit: »'tschuldige, Felix, aber du warst gerade im Begriff, mich ›007‹ zu nennen« – sagt dies aber laut und deutlich, obwohl er sehr wohl weiß, dass Largos Schnüffler [ungenannt] – der eben dieses *nicht* hören sollte – noch im Raum ist.

---

[2] Innenminister(in) Minister of the Interior, Britisch: Home Secretary, Amerikanisch: Secretary of the Interior. Quelle: LR
Außenminister(in) Foreign Minister (Britisch: Secretary), Amerikanisch: Secretary of State. Quelle: LR
[3] Downing Street [englisch], nach dem englischen Diplomaten Sir George Downing (1623–1684) benannte Straße in London, in der sich der Amtssitz des englischen Premierministers (10 Downing Street) befindet. Quelle: LR
[4] Auskunft der Pressestelle der Commerzbank, München
[5] wurde 1958, fünfzehnjährig, zur »Miss France« gekürt

? Ungereimtheit: Als Emilio Largo seinen Schnüffler fragt: »Was hast du herausgefunden?«, antwortet dieser: »Gar nichts« – obwohl er doch nun die wertvolle Information besitzt, dass James Bond ein Doppelnullagent ist.

Englische Sprache, schwere Sprache: Als James Bond, Felix Leiter und Domino Derval die Treppe hinunter in den Keller gehen, in dem »Q« [Desmond Llewelyn] den britischen Geheimagenten mit dem neuesten technischen Schnickschnack versorgt, dringt aus dem Radio eine »Sonderdurchsage vom Überseedienst des BBC«. »BBC« jedoch heißt »British Broadcasting *Corporation*«[6] – und ist somit weiblich.

Dies und das: In soeben erwähnter »Sonderdurchsage« heißt es: »Heute um sechs Uhr hat der Big Ben[7] siebenmal geschlagen. Die Ursache war ein Fehler im Mechanismus. Laut Statistik geschah es das letzte Mal 1898 während eines Unwetters.« Ein solcher Vorfall war – selbst bei gründlichster Durchforstung des Internets – nicht auszumachen.
Anmerkung: Da dennoch eine minimale Möglichkeit besteht, dass ein solches Ereignis lediglich im Internet nicht auffindbar ist, wurde obige Information unter der Rubrik »Dies und das« – und nicht unter »Faktischer Fehler« – aufgeführt.

Achtung: Womit »Q« James Bond unter anderem ausstattet, sind – »für den Fall, dass Sauerstoff oder Schnorchel ausfallen«, Stäbchen, die ihn, für »ungefähr vier Minuten«, mit Sauerstoff versorgen.

Dies und das: Als 007 sich – nach der Begegnung mit Emilio Largo und dessen Männern – ans Ufer retten kann, trägt er weiße Shorts und ein rotes Taucheranzug-Oberteil. Seiner blauen Schwimmflossen entledigt er sich, noch während er auf das Ufer zugeht. Trotzdem sind die weißen Slipper, die er offenbar darunter trug, nicht nass. Und seine Shorts ebenso wenig. Dass das Poloshirt, welches er unter der wasserundurchlässigen Taucherjacke trug, trocken ist, versteht sich bei Bond (der – nicht nur – als Brite Wert auf beste Qualität legt) offenbar von selbst. Und sein Haar wird ohnehin wohl nie nass …

Zusatzinformation: Die (mindestens) 90 mph (miles per hour = Meilen pro Stunde[8] , mit denen Fiona Volpe – mit James Bond auf dem Beifahrersitz – über eine Waldstraße brettert, entsprechen gut und gern 145 Stundenkilometern.

Anschlussfehler: Als James Bond mit Felix Leiter im Wasserhubschrauber über Palmyra fliegt, um nach dem von 007 unter Wasser vermuteten Flugzeug von Emilio Largo zu

---

[6] Corporation [englisch; lateinisch], auf amerikanischem Recht der einzelnen Gliedstaaten basierende Kapitalgesellschaft; entspricht im Wesentlichen der deutschen Aktiengesellschaft. Quelle: LR

[7] »Big Ben« ist der Name der 1859 in Gang gesetzten, 13,8 Tonnen schweren Glockenuhr (mittlerweile auch des Glockenturms) des englischen Parlamentsgebäudes »Houses of Parliament« beziehungsweise dem »Palace of Westminster«.

[8] Mile [englisch], (...), eine Längeneinheit; 1 mile = 1760 yard = 1,6093 km. Quelle: LR

suchen, trägt er sein Haar, wie üblich, links gescheitelt. Nachdem er jedoch Largos Haifischbecken entdeckt hat, sitzt sein Scheitel plötzlich rechts.

Zusatzinformation: Voller Stolz erklärt Emilio Largo James Bond an seinem Haifischbecken: »Ich sammle diese Prachtexemplare für Marineinstitute. Eine besondere Rasse. (...) Die berüchtigten Goldgrottenhaie. Die wildesten und gefährlichsten.« Eine solche Spezies Haie gibt es jedoch nicht. Tatsächlich handelt es sich dabei um Tigerhaie – die allerdings ebenfalls als extrem gefährlich und blitzschnell gelten.

Die Ausstattung spielt mit: Im Haifischbecken gefangen öffnet Bond eine Bassintür unter Wasser und schwimmt in den Raum, in den sie führt. An ihm vorbei – teils mit nahezu Tuchfühlung – zieht ein Hai nach dem anderen. Als 007 allerdings von hinten zu sehen ist, fällt auf, dass seine rechte, leicht gespreizte Hand an einer (Trenn-)Glasscheibe ruht.

Anschlussfehler: Nachdem James Bond die Tür zu Fiona Volpes Badezimmer mit dem Fuß aufgestoßen hat, verharrt er zunächst im Türrahmen. Während die gerade ein Bad nehmende, zu »Phantom« gehörende Agentin sich erkundigt: »Sind Sie nicht im falschen Zimmer, Mr Bond?«, macht er einen Schritt auf sie zu. Sekunden darauf allerdings, als die rothaarige Schönheit meint: »Da Sie nun schon mal hier sind, würden Sie mir das Badetuch reichen?«, steht Bond wieder außerhalb des Badezimmers.[9]

Anschlussfehler: Von einem Balkon aus gemeinsam mit Domino Derval das bunte Treiben des Karnevals in Nassau – genannt Junkaano, der traditionell zwischen dem 26. Dezember und 1. Januar (inklusive) begangen wird – beobachtend, hält James Bond eine Champagnerschale in der rechten Hand. Als Domino Derval James Bond auf Felix Leiter aufmerksam macht (»Eigenartig, es scheint so, als ob der Mann Ihnen winkt«), hält der britische Agent die Champagnerschale mit der linken Hand.

Anschlussfehler: Während seiner Flucht vor Fiona Volpe und Largos Männern wird James Bonds rechtes Bein durch einen Schuss verletzt. In der Augenblicke später folgenden Großaufnahme allerdings blutet Bonds linkes Bein (dessen Wade er auch in der Herrentoilette des »Kisskiss«-Club, in den er sich retten kann, verbindet).

Anschlussfehler: Bei seinem zweiten Wasserhubschrauberflug mit James Bond trägt Felix Leiter – klar erkennbar – Shorts. Als Bond jedoch ins Wasser springt und Felix sich aufrichtet und ihm nachschaut, trägt er lange Hosen.

Anschlussfehler: Während James Bond vom Wasserhubschrauber aus nach Emilo Largos Flugzeug Ausschau hält – und auch, als er ins Wasser taucht –, trägt 007 keine Uhr. Als er jedoch Major François Dervals/Angelo Palazzis Leichnam findet und, zu Identifikationszwecken, dessen Armbanduhr und Erkennungsmarke an sich nimmt, ist auch an

---

[9] Selbiger Filmfehler unterlief dem Team von »Goldfinger«, als 007 Jill Masterson [Shirley Eaton] auf dem Balkon ihres Hotelzimmers überraschte.

Bonds linkem Handgelenk eine Uhr sichtbar. Allerdings nur für diese Einstellung – danach ist sie wieder verschwunden.

Anschlussfehler: Während der erotischen Unterwasserbegegnung zwischen Domino und James Bond wechselt die Seite, von der aus die Blasen aus seiner Sauerstoffflasche steigen, zwischen rechts und links hin und her.

Anschlussfehler: Von Major François Dervals Erkennungsmarke und dessen Armband-uhr, die James Bond ihr entgegenhält, ergreift Domino Derval zunächst Erstere – mit der linken Hand. Obwohl sie diese in ihre rechte Hand genommen haben müsste – ihre linke Hand ist wieder leer, als sie die Uhr ihres Bruders an sich nimmt –, hat sie auch die rechte Hand frei, um sich damit über die Wange zu streichen. Während Bond sagt: »Tausende, Hunderttausende müssen sterben und schon bald, wenn du mir nicht hilfst, Domino Derval«, liegt Domino Derval neben ihm halb seitlich und bäuchlings im Sand. Als die Kamera jedoch wieder auf Domino Derval geht, sitzt sie aufrecht vor Bond – und Major François Dervals Schmuck ruht nun in Domino Dervals rechter Hand. Dennoch hält sie, als der britische Agent fortfährt: »So viel wissen wir, nur eines wissen wir nicht (…)« ihre linke Hand, als befände sich der Schmuck – zumindest eines der beiden Teile – darin. Und so ist es dann auch: Wie sonst könnte sie die Uhr, die sie in der rechten Hand hält, in die andere Hand geben – und in dieser plötzlich auch die Erkennungsmarke halten? Mehr noch: Als sie aufsteht und Bond umarmt, hält sie die Schmuckstücke weiter in ihrer linken Hand – anstatt dass sie diese gleich in ihre Strandtasche gegeben hätte.

Anschlussfehler: Als Bond »am äußersten Ende von Palmyra« auftaucht, trägt er – im Wasser – weiße Slipper. Kaum ist er jedoch auf dem Trockenen, haben sie sich in Turnschuhe verwandelt.

Ungereimtheit: Niemandem von Largos Truppe und auch Emilio Largo selbst scheint aufzufallen, dass Vargas [Philip Locke] nicht mit von der Partie ist, als sie sich zum Tauchen beziehungsweise Auslaufen bereitmachen.

Achtung: Ganz eindeutig, auch unter Wasser trägt Emilio Largo seine schwarze Augenklappe.

Anschlussfehler: Largos Wasserfackel, die er bei sich trägt, hält er mal in der linken, mal in der rechten Hand – ohne dass er – was nur einmal vorkommt – bewusst die Hand gewechselt hätte.

Achtung: Nachdem Largo Domino Derval auf dem Bett festgebunden hat, zerreißt er den linken Träger ihres weißen Tops.

Achtung: Nachdem die ersten »guten« Kampftaucher per Fallschirm ins Wasser gesprun-gen sind, zeigt die Kamera Largos Gesicht – unter Wasser – in Großaufnahme. Diesmal trägt er seine schwarze Augenklappe, wie im gesamten Unterwasserfinale, nicht.

Dies und das: Das Wasser verändert noch mehr an der Erscheinung von Emilio Largo: Unter Wasser ist Emilio Largo nicht mehr weißhaarig, sondern blond.

Anschlussfehler: Nach langem, langem Kampf im großen Unterwasserfinale gelingt es Emilio Largo, James Bond dessen blaue Tauchermaske vom Gesicht zu reißen. Daraufhin ergreift Bond die nächstbeste andere – die schwarz ist und somit von einem der »Bösen« stammt. Die darauf folgende Einstellung allerdings zeigt Bond erneut mit blauer Tauchermaske.

Anschlussfehler: Als Emilio Largo zurück an Bord der »Disco Volante« kommt, nimmt er zunächst seine Taucherbrille ab. Darunter hat er – welch Wunder – die schwarze Augenklappe.

Dies und das: Nachdem James Bond den Kapitän [ungenannt] der »Disco Volante« zu Boden geschlagen hat, steht dieser wieder auf – nicht jedoch, ohne zuvor seine Uniformmütze wieder aufgesetzt zu haben!

Anschlussfehler: Die Fenster auf der Brücke von Largos Schiff sind zuerst blitzblank, dann getrübt von Wasserspritzern – und erneut glasklar.

Anschlussfehler: Als Domino Derval auftaucht und Largo harpuniert, ist der Träger ihres Tops wieder heil.

Dies und das: Wie nicht anders zu erwarten, retten James Bond und Domino sich am Ende des Films in ein Schlauchboot. Was aber ist aus Kutze [George Pravda] geworden? Ob er abgesoffen ist? Seine letzten Worte waren immerhin: »Ich kann nicht *schwimmen*!« (woraufhin Bond zurückgerufen hatte: »Dann *lernen* Sie's!«)

Hinter den Kulissen: Ursprünglich sollte der Titelsong »Mr Kiss-Kiss Bang Bang« von Dionne Warwick sein. In letzter Sekunde entschieden sich die Verantwortlichen aber dann für das von Tom Jones gesungene »Thunderball«, so auch der engl. Originaltitel von »Feuerball«.

Hintergrundwissen: Martine Beswik – hier zu Beginn des Films »Paula Caplan« vom französischen Geheimdienst – spielte noch in einem weiteren Bond-Movie mit. In »From Russia with Love«, »Liebesgrüße aus Moskau« [1963], verkörperte sie »Zora«, eine der zum Kampf ausgebildeten Zigeunerinnen.

Hintergrundwissen: »Feuerball«, das vierte Bond-Filmabenteuer, ist der erste James-Bond-Film, der im Breitwandformat gedreht wurde.

Hintergrundwissen: »Feuerball« wurde unter dem Titel »Never Say Never Again«, »Sag niemals nie« mit Sean Connery als James Bond ein zweites Mal verfilmt – außerhalb der offiziellen James-Bond-Reihe. Das Remake stand damit 1983 an den Kinokassen in direkter Konkurrenz zum offiziellen 13. Bond-Film »Octopussy« mit Roger Moore als Bond. Moore drehte sieben Bond-Filme, Connery sechs offizielle Bond-Filme plus das »Feuerball«-Remake von 1983.

DIE FIRMA
THE FIRM
USA 1993 • REGIE: SYDNEY POLLACK

Achtung: Noch während des Vorspanns fährt Abby McDeere [Jeanne Triplehorn] vor ihrem Haus vor. Als der rote Toyota hält, ist ganz deutlich eine gewaltige Delle mitten auf der Motorhaube zu sehen.

Dies und das: Kein Filmfehler im eigentlichen Sinne, aber doch ein wenig verwunderlich: Da deckt Mitch McDeere [Tom Cruise] den Tisch mit allem Drum und Dran für ein festliches Essen, serviert – für seine (bisherigen finanziellen) Verhältnisse offenbar ungewöhnlich – gar einen Wein, dessen Flasche »sogar 'nen Korken« hat ... und lässt die Toilettentür offen stehen.

Anschlussfehler: Als Mitch und Abby von Boston nach Memphis fahren, hat die Motorhaube ihres Autos – das vorher ganz sicherlich *nicht* in einer Werkstatt war! – keine Delle mehr ...

Dies und das: Als Willkommensgruß finden Abby und Mitch McDeere in ihrem neuen Heim neben einem Korb mit Früchten (»Nur ein paar Dinge, damit Sie sich heimisch fühlen«) auch einen Champagnerkübel mit einer Flasche Champagner vor. Das Eis darin ist nicht im Mindesten geschmolzen – obwohl niemand wissen konnte, wann die McDeeres in ihrem neuen Zuhause eintreffen würden.

Zusatzinformation: Über seine Funktion, die er in Bezug auf Mitch McDeere ausübt, erklärt Avery Tolar [Gene Hackman]: »Ich bin Ihr designierter[1] Mentor.« Ein Mentor wiederum ist ursprünglich eine »Gestalt der griechischen Mythologie. Odysseus überträgt ihm für die Zeit seiner Abwesenheit von Ithaka die Sorge für sein Hauswesen und besonders für seinen Sohn Telemach; sprichwörtlich gewordener Ratgeber und väterlicher Freund: a) erfahrener Berater; b) veraltet (Haus)lehrer, (Prinzen)erzieher; c) erfahrener Pädagoge, der Studenten, Lehramtskandidaten während ihres Schulpraktikums betreut.«[LR]

Zusatzinformation: Bei der »Revision«, die Avery Tolar »einen Dreck« interessiert, handelt es sich logischerweise nicht um eine Revision aus dem *rechtlichen*[2], sondern aus dem *wirtschaftlichen*[3] Bereich.

[1] designieren »lateinisch«: bestimmen, für ein Amt vorsehen. Quelle: LR
[2] Revision Recht: ein auf Fehler in der Rechtsanwendung gestütztes Rechtsmittel. Die Einlegung der Revision hemmt den Eintritt der Rechtskraft eines vorangegangenen Urteils und führt bei Zulässigkeit zu einer rein rechtlichen, nicht tatsächlichen Nachprüfung desselben durch eine höhere (letzte) Instanz (Revisionsinstanz, Revisionsgericht). Quelle: LR
[3] Revision Wirtschaft: Wirtschaftsprüfung (Revision), Durchführung von Jahresabschlussprüfungen (Bilanz, Gewinn- und Verlustrechnung, Geschäftsbericht) sowie von Sonderprüfungen durch Wirtschaftsprüfer bzw. Wirtschaftsprüfungsgesellschaften. Quelle: LR

Zusatzinformation: Das Wort »Protegé«, von dem Avery Tolar Mitch McDeere fragt, ob es ihm gefällt, bedeutet »Schützling«, »Günstling«[4].

Dies und das: Marina Krogull, die deutsche Stimme von Holly Hunter, hat mit der Art, wie sie Tammy Hamphill, die Sekretärin und Geliebte von Eddie Lomax [Gary Busey] interpretiert, der Rolle wahrlich keinen Gefallen getan.

Zusatzinformation: Ein »Nummernkonto« (»im Prinzip« erhältlich etwa in der Schweiz) ist ein Konto, das nicht auf den Namen des Inhabers lautet, sondern nur durch eine Nummer gekennzeichnet ist[LR] – und folglich vor der Steuerfahndung sicherer ist als jedes andere.

Dies und das: Als Ally – bevor sie Memphis verlassen will – zu ihrem letzten Arbeitstag in der Schule fährt, trägt sie ihr Haar zurückgebunden. Nun ist es von einem sehr viel helleren Rot, als es bisher war. Und wechselt ohnehin öfter die Nuance.
Als »Fehler« ist dies dennoch nicht zu bezeichnen: Da Allys Haar ganz offensichtlich ohnehin gefärbt ist, wird sie – wie ungezählte andere Frauen – die Farbe immer wieder mal auffrischen und dabei nicht unbedingt zu derselben Packung Farbe greifen, die sie zuvor nahm.

Anschlussfehler: Als Avery Tolar Abby McDeere während der Schulpause abfängt, greift er, während er mit ihr spricht, mit seinen behandschuhten Fingern durch den Maschendrahtzaun. Wann immer er von hinten – und Abby McDeere von vorn – im Bild zu sehen ist, hat er seinen rechten Zeigefinger durch ein Loch des Zaunes, Ring- und Mittelfinger durch das anliegende (und den kleinen Finger durch das daran grenzende) Loch des Zaunes gesteckt. Sobald Avery Tolar jedoch von vorn ins Bild kommt – wie etwa, als er sagt: »Ich werde morgen auf die Caymans[5] (einem der letzten Steuerparadiese auf dieser Welt) fliegen« –, ruhen sein rechter Zeige- und Mittelfinger in einem Loch des Zaunes und sein Ring- und kleiner Finger in dem anliegenden.

Achtung: Das Fax, welches das Faxgerät bei »Bendini, Lambert und Locke« auswirft (»Ray McDeere [David Strahairn], um 14:17 Uhr aufgrund einer Bundesvorladung entlassen. Keine Handschellen, kein Bestimmungsort, kein Rückkehrdatum«), ist auf liniertem Papier verfasst und hat auf der linken Seite einen roten Streifen.

Anschlussfehler: Als der blaue Wagen der beiden FBI-Agenten [Mark W. Johnson I./Jerry Chipman], die Ray McDeere im Auge behalten sollen, vor dem Busbahnhof, an dem Mitch McDeeres Bruder aussteigt, hält, ist er völlig in Ordnung. Während er jedoch dort parkt, weist sowohl die Fahrertür als auch der linke Kotflügel einen breiten grünen Farbstreifen auf. Bis die Tür geöffnet wird: dann erscheint sie wieder wie neu.

---

[4] Protegé »lateinisch-französisch« der; -s, -s: jmd., der protegiert wird; (...) Quelle: LR

[5] Cayman Islands [englisch], Inselgruppe im Karibischen Meer, südlich von Kuba, kam 1670 an England, seit 1962 eigene Kolonie, 259 km², 23 700 E, Hauptstadt Georgetown auf Grand Cayman Island. (...) Quelle: LR

Anschlussfehler: Obwohl William Devasher [Wilford Brimley] vor dem Faxgerät von »Bendini, Lambert und Locke« in die Runde fragt: »Was ist denn mit euch Pfeifen los? In dem Ding ist kein Papier mehr drin!«, weist das Fax aus der Strafanstalt, welches er am Boden findet, keinen roten Streifen[6] auf. Außerdem ist es auf einem völlig anderen Papier geschrieben als das ursprünglich gesendete.

Faktischer Fehler: Als »der Nordische« [Tobin Bell], als Passagier der »Mud Island River Park«-Schwebebahn, Mitch McDeere in der ihm entgegenkommenden Schwebebahn sichtet, rast er, nachdem seine Bahn zum Halt kam, los, um Mitch McDeere am anderen Ende abfangen zu können. Das geht nur nicht: Beide Schwebebahnen fahren zeitgleich los – und kommen zeitgleich am jeweils anderen Ende an.

Hintergrundwissen: »Die Firma« ist der zweite Film, in dem Tom Cruise als »Mitch« (als Abkürzung für »Mitchell«) auftritt, auch wenn er in »Top Gun« [1986] mit Nachnamen »Mitchell«[7] heißt. Auch ist dies der zweite Film, in dem Tom Cruise einen Bruder namens »Ray«[8] hat. Der andere Film ist »Rain Man« [1988].

---

[6] Bei Faxgeräten, die mit Thermopapier auf Rollen arbeiten, die unter einer Klappe im Bauch des Gerätes liegen, lässt der rote Streifen gegen Ende der Rolle den Bediener erkennen, dass das Papier auf der Rolle zu Ende geht und diese deshalb gegen eine neue Rolle ausgetauscht werden sollte – um Datenverlust zu vermeiden.

Faxe mit Thermopapier stammen aus einer Zeit, als ein Faxgerät nur empfangen und ausdrucken konnte und keinen Speicherchip hatte, der aufzeichnet, falls das Papier zu Ende geht oder sich staut. Faxgeräte mit Thermopapier-Technik waren Standard in der zweiten Hälfte des 20. Jahrhunderts, bis sie von Normal-papier-Faxgeräten mit Tintenstrahl oder Laserdruckertechnik abgelöst wurden.

[7] Lieutenant Pete »Maverick« Mitchell

[8] »Raymond Babbitt« [Dustin Hoffman]

FLAMMENDES INFERNO
TOWERING INFERNO
USA 1974 • REGIE: JOHN GUILLERMIN
REGIE ACTIONSZENEN: IRWIN ALLEN

Vorabinformation: Das Gebäude, über dem die Widmung: »To those who give their lives, so that others might live … To the firefighters of the world … This picture is gratefully dedicated« – »Denen, die ihr Leben geben, damit andere leben dürfen. Den Feuerwehrleuten der ganzen Welt ist dieser Film in Dankbarkeit gewidmet«, steht, ist das Rathaus von San Francisco.

Achtung: Die Namen der Hauptdarsteller Paul Newman und Steve McQueen erscheinen im Vorspann zeitgleich und gleich groß. McQueen links – Newman, dafür ein wenig höher, rechts im Bild.

Achtung: Der für die Vermietung der Hotelapartments zuständige junge Mann [William Bassett] erklärt: »Die Räume vom 81. bis hoch zum 120. Stockwerk sind ausschließlich für Wohnzwecke reserviert.«

Deutsche Sprache, schwere Sprache: In der Besetzungsliste des Films erscheint Jennifer Jones I., an die Harlee Claiborne [Fred Astaire] sich heranpirscht, als »Lisolette« anstatt als »Liselotte« Mueller.[IMDb]

Zusatzinformation: Das Gebäude, das der Architekt Doug Roberts [Paul Newman] entwarf, bekam den Namen »Der gläserne Turm«. Dahinter steckt, dass der Film aus zwei Romanen zusammengesetzt ist: aus »The Tower«, »Der Turm« von Richard Martin Stern und aus »The Glass Inferno«, »Das Glas Inferno«[1] von Thomas N. Scortia und Frank M. Robinson. Für Ersteren hatte Warner Brothers (für 390 000 Dollar) die Filmrechte erworben, jene für Zweiteren – acht Wochen später um 400 000 Dollar 20th Century Fox. Um – bei mehr oder minder demselben Thema – nicht um die Gunst des Kinopublikums rivalisieren zu müssen, trafen die Studiobosse eine weise Entscheidung: Sie ließen aus zwei Büchern eines machen – auch den Titel »Towering Inferno« aus beiden Vorlagen zusammensetzen –, zahlten je die Hälfte der Produktionskosten und teilten sich den Gewinn.[2]

Dies und das: Will Giddings [Norman Burton] hechtet zu der Tür, hinter welcher ganz offenbar ein Feuer ausgebrochen ist. Als er fällt (↑) und die Tür, deren Öffnen er verhindern wollte, aufgeht, ist deutlich zu sehen, dass er Schutzhandschuhe trägt.

[1] Inferno (lateinisch-italienisch), Unterwelt, Hölle; Ort eines unheilvollen Geschehens, entsetzliches Geschehen. Quelle: LR
[2] 20th Century Fox erhielt die Einnahmen aus den US-Kinokassen, Warner Brothers die Einnahmen aus dem Rest der Welt. Quelle: IMDb

? **Ungereimtheit:** Nachdem er um Aufmerksamkeit gebeten hat, erklärt James »Jim« Duncan den Gästen der Einweihungsfete: »Hier im Haus ist vor ein paar Minuten ein Feuer ausgebrochen. Ein kleiner Brand in einem Lagerraum 50 Stockwerke unter uns.« Doch das kann so nicht stimmen. Da sich der »Promenadenraum«, in welchem die Gäste versammelt sind, im 135. Stock befindet, müsste besagter Lagerraum auf der 85. Etage liegen. Das allerdings kann er nicht, da die Räume »ab dem 81. bis hoch zum 120. Stockwerk ausschließlich für Wohnzwecke reserviert sind«. Völlig unklar bleibt, was sich – außer dem Promenadenraum – vom 121. bis zum 137. Stockwerk des gläsernen Turms befindet.

Deutsche Sprache, schwere Sprache: In selbiger Szene erklärt James »Jim« Duncan weiter: »Auf Anordnung der Feuerwehr (…) müssen wir die Party vorübergehend in einen unserer Festsäle im Erdgeschoss verlegen. Selbstverständlich werden wir ihnen auch da Cocktails und Champagner servieren. Aber eins versprech' ich Ihnen: Es wird auf jeden Fall pünktlich gegessen.« Wieso »aber«? Heißen müsste es »und«.

Dies und das: Mag sein, dass Doug Roberts es in der Hitze des Gefechts nicht bemerkt hat, aber er hätte Harry Jerrigan [O. J. Simpson] gar nicht auffordern müssen, die Tür einzutreten: Es ist überaus deutlich auszumachen, dass die Tür der Albright-Wohnung, bevor der Sicherheitschef diese »eintritt«, bereits einen Spaltbreit geöffnet ist!

Dies und das: Wie praktisch! Mrs Albright [Carol McEvoy] schläft offenbar mit Puschen – und auch Söhnchen Phillip [Mike Lookinland] geht in voller Montur, inklusive roter Turnschuhe, zu Bett!

Dies und das: Während Doug Roberts Phillip Albright ermutigt, sich zu ihm herunterzuhangeln, ist eindeutig: Der Architekt – und bald auch Liselotte Mueller und Angela Albright [Carlena Gower] – befinden sich (↓) im 83. Stock. Von hier aus steigen die vier – da das Feuer unter ihnen ist – hoch zum Promenadenraum. Dort sind sie dann, als wär's ein Klacks, 52 Stockwerke – und das unter den gegebenen Umständen! – zu erklimmen, in Null komma nichts angelangt.

Dies und das: Als der Hubschrauber auf dem Dach des gläsernen Turms zur Landung ansetzt – und letztlich explodiert –, bricht unter den sich bereits auf dem Dach befindlichen Menschen Panik aus. Als Doug Roberts der zu Boden gestürzten Frau in dem grünen Kleid [ungenannt] wieder auf die Beine hilft, sind, als ihr Kleid während dieser Aktion hochrutscht, Knieschoner darunter sichtbar.

Dies und das: Das Seil, welches vom Rettungshubschrauber in den Promenadenraum geschossen wird – und an dem eine Rettungsgondel befestigt werden soll –, weist bei verschiedenen Einstellungen eine unterschiedliche Dicke auf.

( ) **Anschlussfehler:** Nachdem Doug Roberts dem Chef der Feuerwehr [Steve McQueen] aus dem Schutzanzug half, weht dessen Krawatte im Wind. In der nächsten Einstellung allerdings schon – als Michael O'Hallorhan sich im Promenadenraum festbindet, um nicht von den durch die absichtlich herbeigeführte Explosion der Wassertanks herunterstürzenden Wassermassen mitgerissen zu werden – ist sie mit einer Krawattennadel versehen.

Hinter den Kulissen: Steve McQueen – der ursprünglich für die Rolle des Architekten vorgesehen war – bestand darauf, dass er, der es vorzog, den Chef der Feuerwehr zu spielen, und Paul Newman, der den Architekten verkörperte, exakt dieselbe Menge Text zu sprechen hatten. Die Gage beider Schauspieler betrug eine Million US-Dollar plus 7,5 Prozent aller Einnahmen.[IMDb]

Hintergrundwissen: Die Eingangshalle des gläsernen Turms ist in Wirklichkeit die Lobby des »Hyatt Regency«-Hotels, 5 Embarcadero Center on Drumm Street Market. Die Szenen, welche im Freien direkt vor dem gläsernen Turm spielen, wurden vor dem Gebäude der »Bank of America«, 555 California Street at Keamy Street – ebenfalls in San Francisco – gedreht.

Hintergrundwissen: Jennifer Jones I., Jahrgang 1919, war – vom 13. Juli 1949 bis zu seinem Tod am 22. Juni 1965 – mit dem um 17 Jahre älteren David O. Selznick, dem Produzenten von »Gone with the Wind«, »Vom Winde verweht«, verheiratet. Für beide war es die zweite Ehe.

Hintergrundwissen: Irwin Allen, Co-Regisseur von John Guillermin bei »Flammendes Inferno«, hatte sich schon einmal den Job als Regisseur eines Filmes mit einem Kollegen geteilt, zwei Jahre früher, die Rede ist von »The Poseidon Adventure« (1972), »Die Höllenfahrt der Poseidon«. Irwin Allen war dabei Co-Regisseur von Ronald Neame. In beiden Fällen war Irwin Allen als Spezialist für Actionszenen angeheuert. Der große Erfolg beim »Schiffeversenken« und »Feuerlegen« brachte Irwin Allen in der Branche den ehrenvollen Spitznamen »Master of Desaster« ein, frei übersetzt: »König der Katastrophen«. Mit an Bord der »Poseidon« war neben Ernest Borgnine, Gene Hackman und Roddy McDowell in einer kleineren Rolle auch Pamela Sue Martin, die erste »Fallon« in »Dynasty«, »Der Denver-Clan«. Niemand wird glauben, dass »Dynasty« ohne Pamela Sue Martin zu dem Erfolg in Serie hätte werden können – und zu einer ernst zu nehmenden Konkurrenz von »Dallas«. Die brünette Pamela Sue Martin hatte zwar nicht viel Text, aber viele verschiedene Kleider – alle mit tiefem Ausschnitt ...

GOLDFINGER
GOLDFINGER
GB 1964 • REGIE: GUY HAMILTON

Dies und das: Gleich zu Beginn des Films, als James Bond [Sean Connery] aus dem Wasser steigt und ein Seil über die Mauer schießt, sind Ton und Bild asynchron. Zudem erscheint das Seil nicht nur verzögert, sondern kommt auch nicht aus der Pistole, sondern aus dem Nichts (↑).

Dies und das: Die Blume, die James Bond sich ans Revers steckt, entstammt offenbar einer ganz besonderen Züchtung: Wo immer er sie herzaubert – sie sieht aus wie frisch gepflückt.

Achtung: Nachdem Bonita, die Nachtclubtänzerin [Nadja Regin], James Bond fragt: »Warum trägst du eigentlich immer dieses Ding?«, und er antwortet: »Ach, ich hab' einen kleinen Minderwertigkeitskomplex«, hängt er seine Waffe im Halfter an eine Wand.

Faktischer Fehler: Sein potenzieller Mörder, dessen Abbild James Bond in Bonitas Auge wahrnimmt, müsste in Bonitas Pupille spiegelverkehrt zu sehen sein. Das ist er aber nicht.

Fehl am Platz: Wie kann Bonds Waffe von der Badewanne aus greifbar sein? Dort hatte er seinen Halfter doch gar nicht platziert?

Anschlussfehler: Während Jill Masterson [Shirley Eaton] Auric[1] Goldfinger [Gert Fröbe] vom Balkon ihres Hotelzimmers aus per Funk Informationen über das Kartenblatt von Mr Simmons [Austin Willis] gibt, kommt James Bond unbemerkt hinzu und schaltet das Funkgerät aus. Sie blickt auf und fragt: »Wer sind Sie?« – und als er antwortet: »Bond, James Bond«, geht er erneut von der Balkontür aus auf die blonde Schönheit zu.[2]

Ungereimtheit: Nachdem Bond Goldfinger wissen ließ, dass sein Falschspiel aufgeflogen ist, sagt er: »Jetzt fangen Sie an zu verlieren, Goldfinger. Sagen wir – 10 000 Dollar. Ach nö, wir wollen großzügig sein. Sagen wir 15 000.« Die Frage ist nur: Wie kommt Bond auf diese – unter Umständen irrsinnig hohe oder lächerlich niedrige – Summe? Er hat schließlich null Ahnung, wie hoch der Spieleinsatz ist.

Dies und das: Offenbar war Mr Simmons mit seinem Gewinn zufrieden. Nachdem er Goldfinger gegenüber bemerkt: »Sehen Sie, heute ist wirklich mein Glückstag – was

---

[1] »Auric« heißt Goldfinger – doppelt gemoppelt – in Anlehnung an das lateinische Wort für Gold: »Aurum«; Au, die Kurzform davon, ist in der Chemie die Bezeichnung für das Element Gold.

[2] Selbiger Filmfehler unterlief dem Team von »Thunderball«, Feuerball, als 007 Jill Fiona Volpe [Luciana Paluzzi] im Bad ihres Hotelzimmers überraschte.

sagen Sie nun?«, zeigt die Kamera, wie 007 Goldfinger erneut durch das Fernglas auf Jill Mastersons Balkon beobachtet. Dabei kriegt er mit, dass Goldfinger einen Bleistift zerbricht – und hört das dazugehörige Knacken. Das er nicht hören dürfte – weil Jill Mastersons Funkgerät, seinem Zweck entsprechend, ausschließlich zum Senden und nicht zum Empfang ausgerüstet ist.

Anschlussfehler: James Bond verliert keine Zeit und beginnt ein Tête-à-Tête mit Jill Masterson. In der ersten Einstellung, die das Bondgirl auf seinem Hotel-zimmerbett zeigt, liegen ihre Beine auf dem Oberlaken. Kaum aber klingelt, nur einen Augenblick später, das Telefon, ist Jills Körper von den Zehen bis zur Taille mit dem Laken bedeckt.

Anschlussfehler: Nachdem Jill während James Bonds Telefonat mit Felix Leiter eine Zwischenbemerkung macht (»Nicht zu früh!«), schubst 007 sie scherzhaft um und auf das Bett. Nachdem Jill dort auf dem Rücken landet, rutscht sie – besonders gut in Zeitlupe zu beobachten – wieder ein Stück näher an Bond heran. Nach einem kurzen Umschnitt auf den Agenten zeigt die Kamera erneut Jill – mit ihrem Kopf direkt an der Bettkante.

Anschlussfehler: Als Bond, nachdem er vor dem Kühlschrank niedergeschlagen wurde, wieder zu sich kommt und zu Jill ins Zimmer zurückgeht, ist diese – die Beine ein wenig gespreizt bäuchlings auf dem Bett liegend – von Kopf bis Fuß mit Goldfarbe bedeckt. Ihr linker Fuß (↓) ragt halb über die Bettkante.
In der nächsten Einstellung, die Bond auf Jill Masterson zugehend zeigt, sind ihre Beine dichter beieinander und auch die Fußstellung ist eine andere. Während Bond, Sekunden später, auf seine Telefonverbindung mit Felix Leiter wartet, fährt die Kamera erneut auf Jills goldglänzende Beine. Diesmal hängen beide Füße halb über die Bettkante. Das ist schon eine Leistung, wo 007 doch (so schnell und so zutreffend) erkannt hat: »Das Mädchen ist tot.«

Anschlussfehler: Als Bond aus dem Zimmer seines Bosses »M« kommt und Miss Moneypenny [Lois Maxwell] ihren (noch immer und auch weiterhin) großen Schwarm zum Essen einlädt, wirft sie seinen Hut auf den Mantelständer, wo er auf dem rechten von drei Haken landet. Als Bond sich verabschiedet, nimmt er besagten Hut vom linken, also dem ersten Haken.

Anschlussfehler: Bei Bonds Dinner mit Colonel Smithers [Richard Vernon] und »M« steht direkt vor seinem ihm gegenübersitzenden Boss eine Karaffe mit Cognac (↑). Dann reicht »M« Bond die Karaffe – und noch während dieser sie begutachtet (»Ich würde sagen, es ist ein dreißig Jahre alter, mittelmäßig verschnittener Cognac«) und daran riecht, steht ebenjene Karaffe zeitgleich vor »M«!

Englische Sprache, schwere Sprache: Peinlich, peinlich! Als 007 den Erfinder und Entwickler seiner genialen Verteidigungs-, Kampf- und Rettungsutensilien [Desmond Llewelyn] trifft, begrüßt er ihn mit »K« anstatt mit »Q«.

? Ungereimtheit: Als »Q« 007 die Vorrichtungen des von ihm »verbesserten« Aston Martin DB 5 aufzählt, erklärt er unter anderem: »Die Windschutzscheibe ist kugelsicher, die Seiten- und das Rückfenster auch.« Ein wenig später fügt er hinzu, dass der Wagen auch eine »kugelsichere Rückwand« habe. Die Frage ist nur: Wozu braucht Bond die? Wo doch die Scheiben bereits kugelsicher sind?

Dies und das: Für diese zwei aufeinander folgenden Fehler ist der Zeitlupe-Knopf unerlässlich! Um dem Agenten die Tödlichkeit seines Bowlers zu demonstrieren, köpft Oddjob [Harold Sakata] eine weibliche Statue damit. Obwohl der Hut danach weiterfliegt, liegt er – am Ende dieser Szene – direkt neben dem Kopf vor der Statue. Dazu kommt, erstens: Der Bowler trifft die Statue am Kinn – der Einschnitt allerdings ist am Hals. Zweitens bewegt die mittlerweile kopflose Statue ihren linken Arm (↓), als wolle sie den ihr abgeschlagenen Kopf auffangen.

Anschlussfehler: Am Ende dieser Begegnung auf dem Golfplatz steigt Goldfinger in seinen von Oddjob chauffierten Wagen. Als Oddjob abfährt, tut er das ohne seinen Boss.

Anschlussfehler: Als James Bond Goldfingers Wagen verfolgt und – last but not least – auch in ein Wettrennen mit einer attraktiven Blondine [Tania Mallet] verwickelt wird, trägt er einen braunen Anzug. Nachdem er deren weißes Cabriolet vorbeigewunken hat, öffnet 007 die Konsole, in welcher sich die Apparatur zur Aktivierung der Reifenschlitzer befindet. Erstaunlicherweise steckt sein Arm für diesen einen Moment in einem dunklen Pullover.

? Ungereimtheit: Goldfinger erklärt Mr Ling [Burt Kwouk]: »Sehen Sie, diesmal besteht die Karosserie meines Rolls-Royce aus 18-karätigem Gold«. Wie kann das sein – und der Rolls trotzdem noch fahrtüchtig?

Zusatzinformation: Als James Bond auf Goldfingers Anwesen auf eine schöne Blonde [Honor Blackman] trifft, fragt er: »Wer sind Sie?«, und bekommt zur Antwort: »Ich bin Pussy Galore« – er kommentiert dies mit: »Das muss ein Traum sein!« Hinter dieser Bemerkung steckt mehr, als sich für viele Zuschauer ahnen lässt. Das Wörtchen »galore« bedeutet »in Hülle und Fülle«, »in rauen Mengen« …

Zusatzinformation: Als Bond sich in Goldfingers Flugzeug wiederfindet, fragt ihn die Stewardess Mei-Lei [Mai Ling I.]: »Darf ich etwas für Sie tun, Mr Bond?« – woraufhin 007 erwidert: »Bringen Sie mir einen Drink. Einen Martini. Geschüttelt, nicht gerührt«[3]. Damit Sie nicht

---

[3] Ein geschüttelter Wodka-Martini schmeckt anders als ein gerührter. Der Drink sollte Sekunden nach der Zubereitung getrunken werden, durch das Schütteln entstehen Bläschen, die den Drink trüber machen. Wird er gerührt, entsteht eine öligere Konsistenz, die dementsprechend anders schmeckt. Ebenso wird durch das Schütteln der Oxidationsprozess der Aldehyde im Wermut beschleunigt. Das hat einen ähnlichen Effekt, wie er bei Rotwein auftritt, den man ja auch nach dem Öffnen »atmen« lassen soll, damit er die richtige Qualität hat. Quelle und mehr zum Thema: We Care Life: »Geschüttelt, nicht gerührt«: http://www.wecarelife.at/CDA_Master/1,3008,4029_6163_0,00.html

erst lange danach suchen müssen, hier der – übersetzte – Text dazu aus der Originalvorlage »Einen trockenen Martini«, sagte Bond. »Einen. In einem tiefen Champagnerglas. Drei Teile Gordons, einen Teil Wodka und einen halben Teil Kina Lillet. Schütteln Sie das Ganze und garnieren Sie es mit einer großen, dünnen Zitronenscheibe.«

Achtung: Bei dem Treffen mit seinen Geschäftspartnern, die ihn nach dem Geld, das er ihnen schuldet, fragen, gibt Goldfinger zu: »Ich schulde jedem von Ihnen eine Million – in Goldbarren«, und fährt dann fort: »Sie können die Million heute haben – oder zehn Millionen morgen.«

Deutsche Sprache, schwere Sprache: Der Plan, den Goldfinger verfolgt und welchen er seinen »Geschäftspartnern« erklärt, läuft darauf hinaus, sich die US-Goldreserven zunutze zu machen. Goldfinger zu dem Lageplan, den er an die Wand projiziert hat: »Das ist meine Bank. Das Golddepot von Fort Knox, Gentlemen. In seinen Stahlkammern liegen 15 Billionen Dollar.« Das Dumme ist nur: »One billion« – eine Billion im Englischen – ist das Äquivalent zu einer Milliarde, nicht, wie im deutschen Sprachgebrauch einer Million Millionen (1 000 Milliarden).[4]

Ungereimtheit: Goldfingers Erklärungen zu dem geplanten großen Coup hin, Goldfingers Erklärungen her: Mr Solo [Martin Benson] besteht (als Einziger) darauf, sein Geld sofort zu bekommen. Ergo packt ein Lakai auf Goldfingers Anweisung eine Million Dollar in Goldbarren in eine Kassette im Kofferraum von Goldfingers Wagen, mit welchem Oddjob Mr. Solo (scheinbar) zum Flughafen chauffieren soll. Die Sache ist nur die: wenn – wie Bond an späterer Stelle feststellt – 15 »Billionen« – korrekt: *Milliarden* – Dollar in Goldbarren 10 500 t wiegen, hat eine Million Dollar ein Gewicht von 700 kg. Die wiederum würde *kein* PKW transportieren können … Oddjob allerdings fährt mit dem derart (über)beladenen 1964er Lincoln Continental und Mr Solo als Passagier auf dem Rücksitz los, als wöge das Gold kaum mehr als Papier.

Dies und das: Nachdem Oddjob Mr Solo auf dem Rücksitz von Goldfingers Wagen erschossen hat, stellt er das Auto auf einem Schrottplatz ab, um es sofort verschrotten zu lassen. Als der Kran den Wagen hochhebt, stellt sich heraus, dass der Lincoln gar keinen Motor hat …

Anschlussfehler: Sowohl als der Kran besagtes Auto anhebt als auch als dieses in die Schrottpresse fällt, ist deutlich zu erkennen, dass Mr Solos Leiche, die sich auf der Rückbank befinden müsste, nicht drinnen ist.

---

[4] Dass von US-Billionen – also Milliarden – die Rede war, ergibt sich schon daraus, dass die tatsächlichen Goldreserven der USA 1964 bei in etwa 15 Mrd. Dollar gelegen haben: »Von ihren Goldreserven waren 1968 nur mehr 10,8 Mrd. Dollar übrig; damit hatten sich die Goldbestände, die in den Tresoren der amerikanischen Zentralbank lagerten, innerhalb von 10 Jahren halbiert.« Quelle: Ernst Lohoff, »Die harte Landung des Dollars«, http://www.krisis.org/e-lohoff_harte-landung-des-dollar_krisis15-17_1995.html

? Ungereimtheit: Auch dem Lastwagen, auf dem der zusammengepresste PKW mitsamt seiner Fracht landet, scheint das Gewicht, mit dem er beladen wurde, nichts auszumachen …

Dies und das: Nicht unbedingt ein Filmfehler, aber schlicht und ergreifend eine immer wieder gern benutzte, aber völlig schwachsinnige Formulierung: Als 007 seinen Gegenspieler wissen lässt, dass er dessen Plan kennt, sagt er: »Sie werden 60 000 Menschen *sinnlos* umbringen.« Als wenn es je ein »sinnvolles« Töten von – egal, wie vielen Menschen – gegeben hätte oder geben würde.

Englische Sprache, schwere Sprache: Als Antwort auf Bonds obige Bemerkung erwidert Goldfinger: »Ach, Autofahrer bringen im Lauf von zwei Jahren genauso viel um.« Im Original sagt er: »Hah! American motorists kill that many every two years« – womit die Übersetzung sinnverändernd ist.

Zusatzinformation: James Bonds Avancen in Goldfingers Pferdestall kontert Pussy Galore mit: »Ich bin nicht interessiert, gehen wir.« Als Bond nachhakt: »Was könnte Sie dazu bringen, die Dinge mit meinen Augen zu sehen?«, erwidert sie: »Sehr viel mehr, als Sie haben.« Was den Film von der Originalvorlage unterscheidet: Bei Ian Fleming ist Pussy Galore explizit lesbisch. Den Filmemachern war eine solche Aussage – 1964! – allerdings zu heiß.

Dies und das: Als Pussy Galores Champagnerstaffel »das Baby einschläfert«, fällt das Gros der Militärs bereits – und das mehr als offensichtlich gespielt! – um, kaum dass das Nervengas es auch nur erreicht hat.

Dies und das: Dafür, dass »Delta 9«-Nervengas tödlich wirkt, setzt Goldfingers Truppe die Gasmasken reichlich spät auf!

? Ungereimtheit: Nein, nein, nein und noch mal nein! Es passt einfach nicht zu einem Mann von James Bonds Format, zu kurze Socken zu tragen!!! Was er jedoch tut, wie deutlich zu sehen ist, als er im Kampf gegen Oddjob, nachdem dieser ihm in den Magen geboxt und ihn von sich weggeschleudert hat, lang hinschlägt und über den Boden schlittert.

Anschlussfehler: Man sieht und hört sehr deutlich – schon als die Zeituhr der Bombe 39 Sekunden anzeigt –, dass je ein Ticken für eine Sekunde steht. Wenn Sie einmal rückwärts mitzählen, stellen Sie fest, dass die Bombe dreimal explodiert sein müsste, bevor Felix Leiters Kollege – nicht James Bond! – sie entschärft: Von 31 Sekunden an runtergezählt, sind es tatsächlich noch 19 Sekunden – als die Uhr eine Restzeit von 24 Sekunden zeigt. Von 25 an heruntergezählt bleiben tatsächlich noch vier Sekunden – als die Uhr noch verbleibende 18 Sekunden angibt. Von diesen 18 Sekunden heruntergezählt müsste die Bombe bereits seit 3 Sekunden explodiert sein, als das Display 13 Sekunden Restzeit angibt. Von 13 Sekunden heruntergezählt müsste die Bombe explodieren, als offiziell noch 8 Sekunden

Zeit übrig sind. Ergo: Als der Zähler bei James Bond alias 007 stehen bleibt, ist eigentlich schon längst alles zu spät, viel zu spät ...

( ) Anschlussfehler: Als Goldfinger den Vorhang im Flugzeug aufzieht, steht links hinter ihm (↓) ein junger Chinese. Wer er ist, weshalb er dort ist – geschweige denn, was nach dem Flugzeugabsturz aus ihm wird – bleibt unergründlich.

( ) Anschlussfehler: Als das Flugzeug ins offene Meer stürzt, ist weit und breit kein Land in Sicht. Das heißt: James Bond und Pussy Galore, die sich ganz offenbar mit einem Fallschirm gerettet haben, müssen mit diesem Fallschirm zunächst meilenweit über das Meer in Richtung Land geflogen sein und dann noch etliche Meilen landeinwärts geflogen sein; denn dort, wo sie gelandet sind, ist wiederum weit und breit kein Meer in Sicht ...

Hinter den Kulissen: Als Pussy Galore James Bond ihren Namen nennt, antwortet er bekanntermaßen: »I must be dreaming«, »Das muss ein Traum sein«. Doch diese bekannte und beliebte Textzeile stand nicht von Anfang an im Skript. Ursprünglich sollte Bond Pussy Galore antworten: »I know you are, but what's your name?«, »Ich weiß, aber wie heißen Sie?« Dann aber wurde diese Textzeile als »eindeutig zweideutig« aus dem Drehbuch gestrichen und durch eine Textzeile ersetzt, an der selbst Moralapostel kaum Anstoß nehmen können.

Hinter den Kulissen: Ursprünglich war die Bombe mit drei Sekunden Restzeit gestoppt worden – was heute in der Originalversion noch daran erkennbar ist, dass Bond sagt: »Three more ticks and we would have had it«, »Noch drei Ticker und wir hätten es gehabt.« Weil mal wieder wer geschlampt hat, ist der Ton nie dem veränderten Bild angepasst worden.[5]

Hinter den Kulissen: Obwohl der Film zu einem großen Teil in den USA spielt, verbrachte Sean Connery nicht eine Sekunde der Dreharbeiten in Amerika. Alle scheinbar in den Staaten stattfindenden Szenen, in denen er mitspielt, wurden in den Londoner Pinewood-Studios gedreht.

Hintergrundwissen: Oddjob Harold Sakata trat, 27-jährig, 1948 für die USA als Gewichtheber bei den Olympischen Spielen an – und gewann die Silbermedaille.

Hintergrundwissen: Bond-Autor Ian Fleming, geboren am 28. Mai 1908 in London, starb am 12. August 1964 in Canterbury. 1964, das Jahr, in dem der dritte Bond »Goldfinger« ins Kino kam und der vierte Bond-Film »Feuerball« vorbereitet wurde. Fleming hatte Bond-Darsteller Sean Connery immer wieder getroffen und zwischen den beiden bestand so etwas wie eine distanzierte, aber gleichzeitig auch sehr enge Freundschaft. Fleming hatte vor allem sein Bestes getan, um dem Macho-Mann Connery den Schliff zu geben, den der weltmän-

---

[5] Bei der Synchronisation hat – ausnahmsweise – mal wer mitgedacht. Hier heißt es: »Noch drei Ticker und Goldfinger hätte die Partie gewonnen.«

nische James Bond unbedingt hat. Der Bergarbeiter-Sohn Connery war vieles, aber nicht weltmännisch. Das musste er sich erst erarbeiten. Doch als Connery im Sommer 1964 beim Golfspiel in Rom die Nachricht ereilte, dass Ian Fleming gestorben war, nahm er dies so auf, wie James Bond es in einem Film aufgenommen hätte. Connery kehrte ins Clubhaus zurück, nahm einen stillen Erinnerungsdrink auf das Wohl des Verblichenen – und setzte anschließend sein Golfspiel fort.

Hintergrundwissen: Sean Connery ist der erste Bond und damit der Original-Bond. Kein Zweifel. Doch Connery ist auch der Mann, durch den festgelegt wird, der wievielte Bond praktisch jeder seiner Nachfolger im Dienste Ihrer Majestät ist. Dabei ergeben sich Möglichkeiten für verschiedene Zählweisen: 1. Sean Connery; 2. George Lazenby (sein einziger Bond-Film: »Im Geheimdienst Ihrer Majestät«) 3. Roger Moore; 4. Timothy Dalton; 5. Pierce Brosnan – so wird der Einfachheit am häufigsten gezählt.

Es geht aber auch so: 1. Sean Connery (Von »007 jagt Dr. No« bis »Man lebt nur zweimal«); 2. George Lazenby »Im Geheimdienst Ihrer Majestät«) 3. Sean Connery, seine (erste) Rückkehr in »Diamantenfieber«; 4. Roger Moore in »Leben und Sterben lassen« bis »Im Angesicht des Todes«; 5. Timothy Dalton in »Der Hauch des Todes« und »Lizenz zum Töten«; 6. Pierce Brosnan (»Golden Eye« bis »Stirb an einem anderen Tag«).

Rechnet man Sean Connerys zweite Rückkehr ins Metier noch dazu, 1983, in der nicht zur offizi- ellen Bond-Reihe gehörenden Neuverfilmung von »Feuerball« unter dem Titel »Sag niemals nie«, dann ergeben sich daraus neue Möglichkeiten – dann zählt Pierce Brosnan allerdings nicht als der fünfte 007 und auch nicht der sechste 007 – sondern bereits als der siebte 007!

Aber selbst damit ist man noch nicht am Ende aller Möglichkeiten. Denn da gab es auch noch eine völlig überdrehte Bond-Persiflage unter dem Titel »Casino Royale« mit Woody Allen in der Rolle eines Superagenten namens Jimmy Bond. Hier allerdings ist nur der Titel »Casino Royale« bei Ian Fleming geborgt. Die Handlung des Films ist, selbst an den Maßstäben von James Bond gemessen, ins Absurde übersteigerter Agenten-Klamauk.

Hinter den Kulissen: Honor Blackman, sie spielt in »Goldfinger« Pussy Galore, die Anführerin von Goldfingers Fliegerstaffel, war die Cathy Gale in der britischen Agenten- Serie »The Avengers«, »Mit Schirm, Charme und Melone«. Ihre Nachfolgerin bei der TV-Serie an der Seite von Patrick Macnee als John Steed wurde Diana Rigg in der Rolle der Emma Peel. Britischen Humor zeigte man bei »Mit Schirm, Charme und Melone«, als John Steed in einer Folge aus dem Jahr 1965 zu Emma Peel sagt, er habe eine Postkarte von Cathy Gale erhalten – aus Fort Knox.

Auch Diana Rigg kam zu Bond Ehren, 1969, in »On her Majesty's Secret Service«, »Im Geheimdienst Ihrer Majestät«. Sie ist die einzige Frau, die Bond jemals vor den Traualtar brachte. Dafür musste sie allerdings auch sterben … Und auch George Lazenby, der Bond, der heiratete, fand ein schnelles Ende: Er ist der einzige Bond-Darsteller, der nach nur einem Film abtreten musste. Er war beim Publikum durchgefallen.

HALLOWEEN – DIE NACHT DES GRAUENS
HALLOWEEN[1]
USA 1978 • REGIE: JOHN CARPENTER

Achtung: Zu Beginn des Films erfolgt eine Rückschau auf die Ereignisse der Halloween-Nacht 1963. Ein weiblicher und ein männlicher Teenager [Sandy Johnson, David Kyle] knutschen ein Weilchen auf der Couch, gehen dann hoch in das Zimmer des Mädchens. Danach sehen wir, wie jemand (der nicht im Bild ist!) ein riesiges Fleischmesser aus der Küchenschublade nimmt. Als das Messer groß ins Bild kommt, erhaschen wir auch einen Blick auf die Wanduhr (↑): Es ist 9:25 Uhr (abends).

Achtung: Nach etwas über einer halben Stunde verabschiedet sich der (namenlose) Teenager von seiner Freundin mit: »Susan, es ist ziemlich spät. Ich muss jetzt gehen.« Das Dumme ist nur: Sie heißt gar nicht Susan. Sie heißt Judith.

Filmfehler oder Interpretationsfrage? Als ihr Freund fort ist, sitzt Judith fröhlich vor sich hin singend vor ihrer Spiegelkommode und kämmt ihr Haar. Die Uhr schlägt zehn. Wenige Augenblicke später wird sie von ihrem kleinen Bruder Michael [Will Sandin] abgeschlachtet. Dass 35 Minuten zwischen »das Tatwerkzeug an sich nehmen« und »die Tat ausführen« liegen, muss nicht unbedingt ein »Zeitfehler« sein: Der sechsjährige Michael Myers kann auch darauf gewartet haben, dass seine Schwester wieder allein ist, um nicht mit zwei Halbwüchsigen kämpfen zu müssen.

Anschlussfehler: Nach dem Mord an seiner Schwester geht der kleine Michael vor das Haus – und läuft direkt in seine Eltern [unbenannt], die soeben wieder heimkommen. Erstaunlicherweise glänzt nicht nur das Messer wie neu – an dem gesamten Kind ist nicht ein einziger Tropfen Blut zu finden …

Achtung: Während der Unterhaltung, die Dr. Sam Loomis [Donald Pleasance] und Marion Chambers [Nancy Stephens] auf ihrer nächtlichen Fahrt in die psychiatrische Klinik führen, in der Michael Myers seit nunmehr 15 Jahren verwahrt wird, erklärt der Psychiater der

---

[1] Der Name ist eine Kurzform von »All Hallows' Evening«, zu Deutsch »Abend vor Allerheiligen«. (…) Die Verkleidung geht auf den alten keltischen Jahreswechsel zurück, der in der Nacht vom 31. Oktober auf den 1. November gefeiert wurde. (…) Heutzutage ziehen die Kinder in dieser Nacht von Tür zu Tür und fordern: »Trick or treat« (Süßigkeiten oder Streich). Auch dieser Spruch geht auf die Druiden zurück. Sie glaubten, dass die Toten in dieser Nacht den Menschen böse Streiche spielen würden. Deshalb mussten sie beschwichtigt werden und so stellte man überall im Freien Essensreste auf. (…) Nachdem die Römer Großbritannien erobert hatten, wurden dem Halloween-Fest Elemente der römischen Erntefeste hinzugefügt. Dies erklärt den Einsatz von Kürbissen an Halloween. Sie werden ausgehöhlt und mit Furcht erregenden Gesichtszügen versehen, um die bösen Geister zu erschrecken. Die Kerzen, die in die ausgehöhlten Kürbisse gesteckt werden, sollen als Irrlichter dienen. So wurde Halloween zu einem multikulturellen Fest. Quelle: »Sibyllas Hexenkalender« 2003, Goldmann Verlag, ISBN 3-442-33654-6

Krankenschwester, sie müsse nicht fürchten, dass Myers sie totreden würde: »Er hat seit 15 Jahren kein einziges Wort gesagt.«

( ) Anschlussfehler: Es gießt in Strömen. Allerdings nur, solange der Wagen fährt und bei Einstellungen, die aus dem Wagen heraus gefilmt sind.

Achtung: Als Marion Chambers den Psychiatriepatienten durch das Heckfenster auf ihr Autodach springen sieht, ist das Innere ihres Wagens *nicht* durch ein Gitter geteilt.

Ungereimtheit: Obwohl es wie aus Kübeln schüttet, ist das Fenster neben dem Fahrersitz weit geöffnet.

Achtung: Um gleich beim Wagenfenster – diesmal dem neben dem Beifahrersitz – zu bleiben: Michael Myers [Tony Moran] schlägt es ein – doch schon in der nächsten Einstellung, die den Wagen zeigt (auf dessen Türen »For Official Use Only« steht und diesen ausdrücklich als Dienstwagen kennzeichnet), wird sich das Fenster selbst repariert haben.

Ungereimtheit: Auf ihrem Weg zur Schule bittet Immobilienmakler Morgan Strode [Peter Griffith] seine Tochter Laurie [Jamie Lee Curtis], den Schlüssel für das Myers-Haus unter dessen Türmatte zu legen, weil es um halb elf von Kaufinteressenten besichtigt werden soll. Die Frage ist nur, wie er in *diese* – zudem als »Horrorhaus« stadtbekannte – Bruchbude irgendjemanden schicken kann …

Achtung: Halloween ist bekanntlich am 31. Oktober. Dafür, dass der Film in (einer fiktiven Stadt) in Illinois spielt, sind Bäume, Sträucher und Hecken reichlich grün …

Achtung: Von den Schulbüchern, die Laurie unter dem Arm hat, sind zwei rot, die anderen blau.

Achtung: Auf dem relativ kurzen Fußweg von ihrem Zuhause zur Schule begegnet Laurie Tommy Doyle [Brian Andrews], dessen Babysitter sie an diesem Abend sein wird.

Dies und das: Als Tommy Laurie sieht, ruft er: »Sally!« Wo er doch sehr wohl weiß, dass sie Laurie heißt.

Ungereimtheit: Wer die Halloween-Filmreihe kennt, weiß: Dr. Sam Loomis widmete sein gesamtes Leben kaum etwas anderem, als Michael Myers unschädlich zu machen. Schon in diesem ersten Halloween-Film sagt er (in einer späteren Szene): »Ich hab' acht Jahre lang versucht, Kontakt zu ihm zu bekommen, dann noch mal sieben Jahre um zu verhindern, dass er jemals wieder auf freien Fuß gesetzt wird.« Der Einzige, der von all diesen Bemühungen offenbar nichts weiß, ist der Leiter des psychiatrischen Klinikums, in dem Michael Myers untergebracht war, Dr. Terence Wynn. Der nämlich macht den Psychiater nach Myers' Ausbrechen an: »Es war *Ihr* Patient, Doktor, auf seine Unberechenbarkeit hätten Sie hinweisen müssen.«

? **Ungereimtheit:** Michael Myers war sechs Jahre jung, als er in die Psychiatrische kam. Trotzdem kann er hervorragend Auto fahren. »Vielleicht«, mutmaßt Dr. Loomis Dr. Wynn gegenüber, »hat es ihm hier jemand beigebracht.« Nur: Wer soll das gewesen sein – und wie und wann?

Achtung: Während des Unterrichts schaut Laurie Strode aus dem Fenster – und erspäht (ohne zu realisieren, wer es ist) Michael Myers. Der steht nämlich neben seinem Auto vor dem Schulgebäude – und zwar mit einer über das Gesicht gestülpten Maske.

Achtung: Auch als Myers am Zaun des Schulgeländes entlanggeht und Tommy nachschaut, trägt er eine weiße Maske.

( ) **Anschlussfehler:** Der Dienstwagen, in dem Michael Myers durch Haddonfield kurvt, ist ein anderes Modell als der Wagen, den er sich in der Nacht zuvor gewaltsam angeeignet hat. Nicht nur ist die Rückbank von den vorderen zwei Sitzen durch ein Gitter abgetrennt, die Seitenfenster sind auch andere – und allesamt heil. Das ist deutlich zu erkennen, als Myers – nachdem er Tommys Klassenkameraden Ritchie [Mickey Yablans] auf dem Schulhof erschreckt hat – wieder in das Auto steigt.

? **Ungereimtheit:** Während seines Telefonats mit Sheriff Leigh Brackett [Charles Cyphers] von einer Telefonzelle aus sagt Loomis voraus, dass Myers in Haddonfield auftauchen wird. Auf Nachfrage des Sheriffs, weshalb er sich dessen so sicher sei, entgegnet Loomis: »Weil ich ihn *genau* kenne, Sheriff. Ich bin sein *Arzt*.« Die Frage ist nur: Wie genau kann selbst der gewiefteste Psychiater einen Patienten kennen, der 15 Jahre lang kein einziges Wort von sich gegeben hat?

( ) **Anschlussfehler:** Als Laurie gemeinsam mit Lynda [P. J. Soles] aus der Schule kommt, trägt sie vier Schulbücher bei sich. Nicht eines davon ist rot – obwohl mindestens eines das sein müsste (selbst wenn der Einband des Chemiebuchs, von dem Laurie wenig später feststellen wird, es im Klassenzimmer vergessen zu haben, ein roter ist).

? **Fehl am Platz:** Die Sommersonne. Als Laurie, Lynda und Annie Brackett [Nancy Kyes] durch einen Park kommen, ist es dort herrlich sonnig und grün, grün, grün – nirgendwo liegt auch nur ein einziges Blatt Herbstlaub. (Was kein Wunder ist: Der Film wurde im Frühling in Kalifornien gedreht, weshalb sämtliche Autos *kalifornische* Kennzeichen haben!)

( ) **Anschlussfehler:** Als die drei Teenager dem Wagen, in dem (unerkannt) Michael Myers am Steuer sitzt, nachschauen, ist Herbstlaub in Hülle und Fülle auf dieser Straße. Und scheint die Sonne nicht mehr so hell. Als begänne genau dort eine neue Wetterzone ...

Dies und das: Als Annie dem Fahrer des (Dienst-)Wagens nachruft: »Vollidiot! Geschwindigkeit kann tödlich sein!«, fährt Myers gar nicht überschnell.

Achtung: Von Belang für den zeitlichen und räumlichen Ablauf späterer Geschehnisse: Die Wallaces, bei denen Annie am Abend auf Lyndsey [Kyle Richards II.] aufpassen wird,

»verziehen sich«, so Annie, »gegen sieben«. Laurie wiederum erklärt, dass die Doyles – bei denen sie sich um Tommy kümmern wird – »nur drei Häuser weiter« wohnen.

Achtung: Nachdem Lynda sich von Annie und Laurie verabschiedet hat, erhascht Laurie einen weiteren Blick auf Michael Myers – mit Maske.

Das Team spielt mit: Als Laurie Annie erklärt, »den Typen aus dem Wagen, dem du vorhin nachgeschrien hast (…)«, hinter einer Hecke verschwinden gesehen zu haben, sucht Annie nach ihm. Meint dann scherzhaft: »Er will mit dir sprechen.« Als sie fortfährt: »Er will heute Abend mit dir ausgehen«, kommt von links Zigarettenrauch ins Bild. Natürlich von der Zigarette eines Crewmitglieds.

Achtung: Nachdem Annie daheim angekommen ist, sind es – hier – nur noch ein paar Meter bis zu Lauries Zuhause.

Achtung: Als Laurie die restlichen paar Meter allein weitergeht, stößt sie mit Sheriff Brackett, Annies Vater, zusammen. (Übrigens: Wenn man die Szene genau betrachtet, sieht man, dass sie sich nur schwer verkneifen kann zu lachen.)

Anschlussfehler: Solange Laurie und Annie den Heimweg gemeinsam gingen, waren der Bürgersteig und die Straße trocken. Kaum läuft Laurie – die offenbar nur ein paar Häuser hinter Annie wohnt – über den Rasen vor ihrem Haus, ist die Straße regennass.

Anschlussfehler: Bei dem Telefonat, das Laurie und Annie am Nachmittag führen, erklärt Annie, dass sie den Wagen ihrer Mutter nehmen dürfe. Und: »Ich hol dich um halb sieben ab.« Die Frage ist nur: Weshalb muss Laurie abgeholt werden? Die paar Meter zu Annies Haus könnte sie problemlos zu Fuß zurücklegen …

Anschlussfehler: Als Laurie auf der Straße auf Annie wartet, ist es zwar einerseits 18:30 Uhr – andererseits aber helllichter Tag. Und das am 31. Oktober in Illinois – wo es normalerweise um diese Jahreszeit gegen 17:00 Uhr dunkel wird.

Dies und das: Ebenfalls noch hell ist es auf dem Friedhof, auf dem Dr. Sam Loomis sich von dem Friedhofswärter [Arthur Malet] das Grab von Michael Myers' Schwester zeigen lässt.

Achtung: Das Grab »Reihe 18, Nr. 20«, welches die beiden suchen, ist das von *Judith* – nicht Susan – Myers.

Achtung: Nicht nur wurde ganz offenbar Judith Myers' Grabstein geklaut, sondern auch noch der Sarg fein säuberlich ausgegraben und sonst wohin verschleppt.

Dies und das: Als Annie Laurie fragt, wofür sie den Kürbis benötige, den sie dabei habe, bekommt sie zur Antwort: »Den brauch' ich für Tommy – wir machen 'ne Laterne, dann ist er wenigstens beschäftigt.« Kann es tatsächlich sein, dass Annie – aufgewachsen in dem Land, in dem seit spätestens 1930 Halloween auf die Art und Weise begangen wird, wie wir es heute kennen, nicht weiß, weshalb Laurie sich einen Kürbis unter den Arm geklemmt hat?[1]

Dies und das: Während der Fahrt zu ihren Babysitter-Jobs teilen Annie und Laurie sich einen Joint – der allerdings, insbesondere nachdem Laurie einen Hustenanfall bekommt und Annie, bevor sie ihren Dad erblickt, einen letzten Zug nimmt, eher wie eine Filterzigarette aussieht. Als Annie ihren Vater sieht, ruft sie zwar: »Weg mit dem Joint!«, denkt aber nicht im Traum dran, schnell durch das Öffnen der Autofenster für Durchzug zu sorgen. Stattdessen kurbelt Laurie ihr Fenster erst runter, als die beiden neben Sheriff Brackett halten – und der gute Mann kriegt die geballte Duftladung ab (ohne etwas zu merken!).

Dies und das: Es ist in jedem Fall nach 18:30 Uhr, als Annie und Laurie an dem Laden vorbeikommen, zu dem Sheriff Brackett wegen eines Einbruchs gerufen wurde, bei dem »ein paar Masken, ein Seil und ein paar Messer« entwendet wurden. Die Frage ist nur: Weshalb wurde der Einbruch erst jetzt gemeldet? Michael Myers läuft schließlich schon seit den frühen Morgenstunden mit einer Maske durch Haddonfield!

Dies und das: An der Ladentür hängt ein Schild mit der Aufschrift »open«, »geöffnet«. Ganz schön lax, wie Sheriff Brackett seinen Job handhabt! Normalerweise ist ein zum Tatort gewordener Laden während der polizeilichen Ermittlungen geschlossen!

Dies und das: Auch als Dr. Loomis das Gespräch mit dem Sheriff sucht, ist es noch taghell – obwohl es nach 18:30 Uhr sein muss.

Dies und das: Soooo weit weg von Lauries und Annies Elternhaus kann Tommy doch gar nicht wohnen! Dennoch fahren die Mädchen ewig lang, bis sie – plötzlich in rabenschwarzer Nacht – endlich zu den Doyles respektive den Wallaces (»drei Häuser weiter«) gelangen.

Dies und das: Obwohl beiden Mädchen Michael Myers' Wagen im Laufe des Tages mehrmals auffiel, registriert Annie nicht, dass ebendieses Auto hinter ihnen herfährt (vielleicht ist sie einfach zu stoned?).

Achtung: Als Annie Laurie vor dem Haus der Doyles absetzt, ist dessen Eingangstür vornehmlich gläsern.

Filmfehler oder Interpretationsfrage: Als Dr. Sam Loomis und Sheriff Brackett in das (seit 15 Jahren leer stehende) »Myers-Haus« gehen, öffnet sich die Tür, ohne aufgeschlossen werden zu müssen. Es kann natürlich aber auch sein, dass die Leute, die das Haus morgens besichtigten, derart schnell die Flucht ergriffen, dass sie vergaßen, es wieder abzuschließen und den Schlüssel unter der Matte zu deponieren.

---

[1] Mehr zu »Halloween: History and Tradition« im Internet unter: http://www.historychannel.com/cgi-bin/frameit.cgi?p=http%3A//www.historychannel.com/exhibits/halloween/hallowmas.html

Deutsche Sprache, schwere Sprache: Dr. Loomis erzählt Sheriff Brackett über Michael Myers unter anderem: »Ich traf auf ein sechsjähriges Kind mit einem blassen, farblosen, emotionslosen Blick (…).« Seit wann wird »face«, »Gesicht«, mit »Blick« übersetzt? Im Original heißt es: »I met this six-year-old child, with this blind, pale, emotionless face (…).«

Achtung: Während ihres Telefonats mit Laurie schmilzt Annie offenbar Butter für das bereits fertige Popcorn (↑).

Anschlussfehler: Während Annie Laurie am Telefon mit deren Schwarm Ben Tramer neckt, sieht Tommy aus dem Fenster und entdeckt auf der Veranda der Wallaces Michael Myers (↑). Nicht nur ist das Haus der Wallaces keine »drei Häuser weiter« als das der Doyles (sondern gegenüber): auf der Veranda brennt auch kein Licht. Als Laurie auf Tommys Rufen hin einen Blick auf das Haus wirft, ist das Licht auf der Veranda an.

Dies und das: Wer je versehentlich geschmolzene Butter über sich gekippt hat, weiß: Die fettige Flüssigkeit ist verdammt heiß! Trotzdem meint Annie, nachdem ihr genau dieses Malheur passiert ist, ohne den Ausdruck irgendeines Schmerzes: »Scheiße – nein, nein, ich hab mich nur gerade bekleckert.« (Danach tut Annie dann zig andere Dinge – schmilzt aber keine neue Butter für das Popcorn.)

Dies und das: Nachdem Annies Kleidung voller Butter ist, greift sie in den Schrank der Wallaces und schlüpft in ein Hemd von Mr Wallace. Welcher Babysitter wagt das noch so locker?

Achtung: Als Annie sich umzieht, ist ihr Slip weiß.

Dies und das: Was immer Annie auf das Popcorn streut – es wird auf dem Boden der Schüssel landen. Ohne dass zuvor flüssige Butter über das Corn gegossen wurde, bringen Zucker (oder Salz) diesem gar nichts – das Corn ist nur schrecklich fad und trocken.

Ungereimtheit: Als Annie in der Waschküche ist, fällt die Tür zu – und lässt sich nicht mehr öffnen. Dennoch: Michael Myers kann sie unmöglich abgeschlossen haben. Man hätte ihn sehen oder hören müssen.

Achtung: Wie kann ein Telefon, dessen Hörer daneben liegt, klingeln? Das der Wallaces kann den Trick. Als Paul [ungesehen und ungenannt][3] anruft und Lindsey an den Apparat geht, legt sie den Hörer neben das Telefon, während sie Annie holt.

Anschlussfehler: Als Annie im Fenster feststeckt, ist ihr bis dahin weißer Slip plötzlich blau gemustert.

---

[3] in der Originalfassung die Stimme von John Carpenter. Quelle: IMDb

Anschlussfehler: Als Lindsey und Annie von der Waschküche zurück ins Haus kommen, klingelt das Telefon. Das in dieser Situation weder klingeln dürfte noch müsste: Denn Paul war ja schließlich bereits mit dem Telefonanschluss der Wallaces verbunden.

Achtung: Bevor Annie Lindsey zu Laurie ins Haus der Doyles bringt, schaltet sie den Fernsehapparat nicht aus. Dennoch ist hinter den Fenstern des Hauses alles dunkel, als man die beiden von dort über die Straße gehen sieht.

Anschlussfehler: Die Eingangstür der Doyles hat sich in weniger als zwei Stunden total verändert. Nun besteht sie nicht mehr hauptsächlich aus Glas, sondern ist durchgehend aus Holz.

Achtung: Als Tommy Annie und Lindsey öffnet, befindet sich der Türknopf – von innen gesehen – rechts (↓).

Dies und das: »Unfertiges« Popcorn hat wohl doch seine Vorteile: Wäre es mit Butter begossen, müsste Annie sich erst die Hände waschen, bevor sie irgendetwas anderes machen könnte. So kann sie sich das sparen – und tut es auch.

Achtung: Verknallt bis über beide Ohren singt Annie, als sie ins Auto steigen will, um ihren Freund abzuholen, vor sich hin:»Oh Paul, ich find dich so toll« – stellt dann fest, dass der Wagen verschlossen ist, singt weiter:»kein Schlüssel – komm bloß bald, Paul« und geht in das Haus der Wallaces, um den Autoschlüssel zu holen.

Anschlussfehler: Im Haus der Wallaces läuft kein Fernseher.

Anschlussfehler: Nachdem sie sich noch einmal das Haar gekämmt hat, geht Annie – mitsamt dem Autoschlüssel – zum Wagen … und öffnet die Tür, ohne auch nur Anstalten zu machen, den Schlüssel zu benutzen. Mehr noch: Sie stutzt nicht einmal, dass die Tür sich nun doch gleich so öffnen lässt.

Dies und das: In Zeitlupe sehr deutlich zu sehen: Als Annie ihr Leben aushaucht, schließt sie einen Moment lang die Augen – und reißt sie dann wieder auf (als sei ihr gerade noch rechtzeitig eingefallen, dass die Regieanweisung lautet, eine Leiche mit geöffneten Augen zu sein).

Anschlussfehler: Als Michael Myers die tote Annie auf seinen Armen vom Auto ins Haus der Wallaces trägt, ist ihr Kopf links. Nach dem kurzen Umschnitt auf Tommy, der ihn vom Fenster aus beobachtet, trägt Myers Annie plötzlich so, dass ihre Füße links sind und der Kopf rechts.

Achtung: Lyndas Freund, Bob Simms [John Michael Graham], lässt die Beifahrertür seines Wagens offen stehen, als er Lynda, spaßeshalber, in das Haus der Wallaces trägt.

Die Ausstattung spielt mit: Nachdem klar ist, dass Lindsey die Nacht bei den Doyles verbringt und Bob erklärt: »Der Abend ist gerettet!«, steht Lynda von der Couch auf, um mit Bob nach oben zu gehen. Dabei gerät sie kurz ins Stolpern. Der Grund dafür dürfte ein am Boden liegendes Kabel gewesen sein.

Dies und das: Die »Flower-Power-Make-Love-Not-War-Ära« hat diesen Film definitiv mitgeprägt. Das zeigt nicht nur der Joint, den Annie und Laurie rauchen, sondern auch die unbeschwerte Einstellung der Teenager zu ihrer Sexualität: Absolut problemlos vergnügen Bob und Lynda sich in einem ihnen doch eher fremden Haus (in dem Annie Babysitter ist!), in einem Bett, von dem nicht klar wird, wem es gehört. Dass Annie jederzeit mit ihrem Freund Paul auftauchen könnte, stört die zwei offenbar wenig.

Ungereimtheit: Als Bob sich aufmacht, ein Bier aus der Küche zu holen, sagt er zu Lynda, die im Bett auf ihn wartet: »Zieh dich bloß nicht an!« Obwohl er erklärt: »Ich bin gleich wieder da«, hat er Hemd und Hose übergezogen, bevor er nach unten geht. Das passt nun überhaupt nicht zu seinem sonstigen Verhalten – erklärt sich aber daraus, dass er (auch wenn er nicht weiß, dass er auf ihn trifft) Michael Myers nicht nackt gegenübertreten kann. Das wäre – als Filmszene – wirklich zu daneben gewesen.

Dies und das: Großes Messer hin, großes Messer her: Dass Michael Myers Bob – der so klein und spillerig wahrlich nicht ist – damit an die Tür spicken kann, ist doch wohl eher unwahrscheinlich (macht sich aber dafür umso besser!).

Anschlussfehler: Nachdem Laurie – ohne zu wissen, was sie hörte – am Telefon den Mord an Lynda van der Klock miterlebte, schaut sie aus dem Fenster auf das Haus der Wallaces. Im Dunkeln, aber halbwegs erkennbar, steht Bobs Auto (↓). Nun ist die Beifahrertür geschlossen.

Achtung: Als Laurie das Haus der Doyles verlässt um zu erkunden, was im Haus der Wallaces vor sich geht, befindet sich das Schloss der Eingangstür – von innen – rechts.

Dies und das: Da ist er wieder: Judith Myers Grabstein! Kein Wunder, dass es für Michael Myers kein Problem war, ihn von A nach B zu transportieren. Der »Stein« ist so leicht, dass er nicht einmal das Bett eindrückt, auf dem er steht. (Überaus beeindruckend ist, dass Myers den Stein offenbar auch noch gründlich gesäubert hat. Nach 15 Jahren im Freien dürfte er einiges an Moos und Dreck angesetzt gehabt haben!)

Fehl am Platz: Zuckerglas ist nun wirklich für Fensterscheiben nicht geeignet! Als Laurie an der – durch einen Rechen festgeklemmten – Küchentür, die nach draußen führt, rüttelt, erkennt man sehr deutlich, welche Scheiben aus Glas sind – und welche Attrappen.

Anschlussfehler: Nachdem es Laurie gelang, eine der (falschen) Glasscheiben zu zerschlagen, befinden sich noch große Glasstücke im Holzrahmen. In der nächsten Einstellung allerdings sind diese großen Glasstücke voll und ganz verschwunden. (Und das ist auch wirklich gut so: Nun kann Laurie sich nicht mehr an den Glasscherben schneiden.)

Dies und das: Michael Myers' Wundermesser ist wieder mal im Einsatz. Wo andere Klingen brechen, bleibt diese hart – und schneidet gar durch eine Holztür.

Ungereimtheit: Nachdem es Laurie gelang, aus dem Haus der Wallaces zu fliehen, weckt sie deren Nachbarn. Die machen kurz das Licht an, schauen durch die Jalousien, nehmen Lauries »Helft mir, um Gottes willen, helft mir – bitte, bitte!« nicht ernst. Sehr viel größere Chancen auf Hilfe hätte Laurie gehabt, wenn sie entweder nach der Polizei verlangt　oder aber »Feuer!« geschrien hatte. »Feuer!« zu rufen, das weiß heute fast jedes Kind, ist sehr viel wirksamer als Hilferufe loszulassen.

Anschlussfehler: Als Laurie – noch immer um Hilfe rufend – auf das Haus der Doyles zustolpert, ist die Eingangstür zu sehen. Das Türschloss ist von außen rechts. Als Tommy – von innen natürlich – öffnet, ist es ebenfalls auf der rechten Seite. (Ob da – siehe »Shining« – der gleiche Handwerksbetrieb am Werk war wie im »Overlook«-Hotel? Da ist auch so eine Tür.)

Achtung: Ebenfalls zu sehen ist Michael Myers (↑), der Laurie auf dem Fuß folgt – und das Haus der Wallaces. Es liegt im Dunkeln.

Achtung: Als Laurie – nun wieder im Wohnzimmer der Doyles – neben der Couch am Boden hockt und nach einer Stricknadel greift, befinden sich links auf der Couch (↑) drei Kissen: ein rotes und zwei beigefarbene, eines davon gerippt (mit vertikal ausgerichteten Rippen).

Anschlussfehler: Nach Michael Myers' Angriff auf Laurie – und Lauries Gegenwehr mit der Stricknadel – sind die Kissen auf der Couch völlig anders, aber fein säuberlich arrangiert (also nicht durch den Kampf verschoben). Die Rippen des gerippten Kissens sind nun in der Waagerechten.

Achtung: Da Laurie davon ausgeht, Michael Myers außer Gefecht gesetzt – gar getötet – zu haben, lässt sie sein Messer, das sie sich in der Zwischenzeit aneignen konnte, neben der Couch zu Boden fallen (↑).

Ungereimtheit: Dafür, dass Dr. Loomis – weil er den Wagen sah, den Michael Myers ihm unter dem Hintern wegklaute – mit Sicherheit weiß, dass der Irre sich in nächster Nähe aufhalten muss, verhält er sich unverhältnismäßig sorglos. Anstatt sich darauf zu beschränken, mit dem Sheriff die Häuser zu beobachten, hätten die beiden lieber mal überall klingeln sollen …

Dies und das: Nachdem Michael Myers sich als untot erweist, schickt Laurie Tommy und Lindsey in das nächstbeste Zimmer. »Los«, sagt sie, »da rein mit euch!« Und: »Schließt die Tür ab!« – die sie dann aber von außen verriegelt, bevor sie vor Myers die Flucht ergreift.

Dies und das: Zielen – sowohl mit der Stricknadel als auch mit einem auseinander gedrehten Drahtkleiderbügel – kann Laurie in ihrer Stresssituation offenbar sehr viel besser als denken: Als sie aus dem Schrank humpelt, hat sie Myers' Messer ein zweites Mal an sich gebracht, lässt es aber erneut – und das direkt neben den am Boden liegenden

Michael Myers – fallen. Dazu kommt, dass sie auch noch geradewegs an Myers vorbeiläuft – anstatt über das Bett zu flüchten. In diesem Fall ist zwar nichts passiert, was wir aus anderen Horrormovies kennen – er hat nicht (wie für jeden außer Laurie) zu vermuten gewesen wäre, nach ihren Fesseln gegriffen –, aber überaus unbedacht war ihre Vorgehensweise (im wahrsten Sinne des Wortes) allemal!

? Ungereimtheit: … und da ist er auch schon wieder! Diesmal allerdings *ohne* Messer (dabei lag es doch so nah!). Stattdessen versucht er, sie zu strangulieren.

? Ungereimtheit: Endlich darf auch Dr. Sam Loomis mitmischen. Kaum sieht er Michael Myers, hebt er seinen Revolver, schießt – und trifft seinen Erzfeind auch in einer Art, dass dieser zu Boden geht – um jedoch nur Sekunden darauf wieder fest auf beiden Füßen zu stehen.

() Anschlussfehler: Nachdem Michael Myers – zumindest für Halloween I – endlich gestorben ist, kommt noch einmal das Wohnzimmer der Doyles mitsamt Couch ins Bild. Und was liegt da am Fußboden? Das Messer! Obwohl es doch eigentlich im ersten Stock sein müsste, wo Laurie es fallen ließ.

() Anschlussfehler: Die letzte Einstellung zeigt uns noch einmal das Haus der Wallaces. Mit einer hell erleuchteten Veranda.

Hintergrundwissen: Was haben John Carpenters »Halloween« und Alfred Hitchcocks »Psycho« [1960] gemeinsam? Ganz einfach: In beiden Filmen heißt eine der Hauptpersonen »Sam Loomis« – hier der Psychiater, dort der (verheiratete) Geliebte [John Gavin] von Marion Crane [Janet Leigh]. Und natürlich, dass die zwei weiblichen Hauptrollen aus einer Familie besetzt sind: Laurie Strode alias Jamie Lee Curtis ist eine Tochter von Janet Leigh (und Tony Curtis). Außerdem sind beide Filme in den vom »American Film Institute« im Juni 2001 gewählten Top 100 der spannendsten amerikanischen Kinofilme: »Psycho« als »the most heart-pounding movie of all time«, der aufregendste Film aller Zeiten – auf Platz 1 und »Halloween« auf Platz 68. Womit der Film immerhin vor solchen Kassenmagneten liegt wie »Terminator 2« (Platz 77), »The Omen« (81), »Blue Velvet« (96) und »Speed« (99).

Hintergrundwissen: »Halloween« war Jamie Lee Curtis erste Kinofilmrolle. Der Grund für ihre Besetzung als Laurie Strode soll Janet Leighs Erfolg in »Psycho« gewesen sein.

Hintergrundwissen: Nachdem Annie sich bekleckert hat, beginnt im TV der Film »The Thing« – Das Ding aus einer anderen Welt [1951, Regie: Christian Nyby]. Vier Jahre nach »Halloween« erschien davon eine Neuverfilmung – von Carpenter.

Hinter den Kulissen: Nun wissen wir, weshalb in »Halloween« manche Straßen (im kalifornischen Frühling) mit Herbstlaub bedeckt sind – und andere nicht: Es handelt sich hierbei um – eigens für den Film eingefärbte – Papierblätter. Die – aus Kostengründen – nach dem Drehen einer Szene wieder eingesammelt und für die nächste Szene verwendet wurden.[IMDb]

Hintergrundwissen: Bei seinem ersten Telefonat mit dem potenziellen Attentäter fragt Frank Horrigan [Clint Eastwood]: »McCrawley?« – und bekommt von Mitch Leary [John Malkovich] (alias McCrawley) zur Antwort: »Nennen Sie mich doch einfach ›Booth‹«. John Wilkes Booth (1839–1865) wiederum war jener amerikanische Rassenfanatiker, der am Abend des 14. April 1865 während einer Vorstellung des Washingtoner »Ford's Theater« auf Abraham Lincoln[1] schoss, was am Morgen des folgenden Tages dessen Tod zur Folge hatte.

Frank Horrigan wiederum entgegnet auf Learys Bemerkung: »Warum nicht Oswald?« Lee Harvey Oswald[2] war es – vermutlich –, der am 22. November 1963 in Dallas während dessen Fahrt in einer offenen Limousine das tödliche Attentat auf John F. Kennedy[3] verübte.

Anschlussfehler: Bei dem ersten offiziellen Treffen zur Fallbesprechung schlägt Sam Capagna [John Mahoney] zweimal hintereinander das rechte Beine über das linke. Einmal während Bill Watts [Gary Cole] den Raum mit den Worten »Halten Sie mich auf dem Laufenden, Sam!« verlässt – und dann gleich wieder, nachdem Watts die Tür hinter sich geschlossen hat.

Dies und das: Während Lilly Raines [Rene Russo] und Frank Horrigan sich auf den Stufen einer Treppe im Lafayette-Park in der untergehenden Sonne über ihren Beruf unterhalten, löffeln beide ein Eis. Die Frage ist nur: Wo ist Lilys leerer Pappbecher, als sie sich von Frank verabschiedet? Einfach liegen lassen wird sie ihn wohl kaum haben: »littering« – Abfall auf die Straße werfen – kostet in den USA richtig hohe Geldstrafen. Eingesteckt hat Lilly den Becher aber ebenso wenig. Was also ist daraus geworden?

Dies und das: Kein »Fehler« im eigentlichen Sinne, aber doch bemerkenswert: Als Mitch Leary, alias Jim Carney, nach seinem Mord an der Bankangestellten Pam Magnus [Patrika Darbo] und deren Mitbewohnerin Sally [Mary van Arsdel] die Wohnung der beiden verlässt, schlägt er sich, als er sie öffnet, die innere der zwei Ausgangstüren gegen den Kopf.

Dies und das: Als Mitch Leary – mit einer Langhaarperücke als Tarnung – nach einem Telefonat mit Frank Horrigan von einer Horde von Secret-Service-Agenten durch den

---

[1] Abraham Lincoln, geb. 12.2.1809, der 16. Präsidenten der USA (1861–1865), dessen Präsidentschaft den Beginn der Abschaffung der Sklaverei markierte. Quelle: LR

[2] Lee Harvey Oswald (1939–1963) wiederum wurde am 24. November 1963 von dem amerikanischen Nachtclubbesitzer Jack Ruby mit einer Schusswaffe niedergestreckt und in der Nacht zum 25.11. für tot erklärt ... Gerüchte, dass Ruby Oswald tötete, damit dieser vor Gericht keine Aussagen über seine eventuellen Hintermänner machen könne, kursierten binnen kürzester Zeit und haben sich bis heute hartnäckig gehalten. Quelle: Lee Harvey Oswald : www.icky.de/k_oswald.htm

[3] John F(itzgerald) Kennedy (geb. 29.5.1917), der 35. Präsident der USA (1961–1963), der sich für die Einstellung des Kalten Krieges einsetzte. Quelle: LR

Lafayette-Park verfolgt wird, stolpert er gegen ein Auto und landet auf dessen Motorhaube. Obwohl Leary dieser Zwischenfall völlig unverletzt lässt, ist die Frontscheibe des Wagens in sich zersprungen. Das steht in keiner Relation zu dem eher geringfügigen Aufprall.

Anschlussfehler: Als Frank Horrigan und sein Partner Al D'Andrea [Dylan McDermott] in Learys Haus einbrechen, steigen sie durch die untere Fensterscheibe ein – zerbrochen hatten sie zu diesem Zweck jedoch die obere …

Anschlussfehler: Obwohl Frank das Fenster zu Learys Haus nach innen einschlug, befinden sich auf dem Wohnzimmerboden keinerlei Glasscherben – die zuhauf dort liegen müssten.

Dies und das: Als Frank bei der Verfolgung Learys drauf und dran ist, von einem Dach in die Tiefe zu stürzen, sucht er Halt an einem Regenrohr. In der ersten Einstellung, in der das Rohr zu sehen ist, zeigt es in etwa fünf Zentimetern Höhe (vom Zuschauer aus auf der rechten Bildseite) eine weiße Markierung – wo es später brechen wird. In der darauf folgenden Einstellung ist die Markierung eingefärbt und nicht mehr wahrzunehmen.

Achtung: Die Patronen, die Leary in seinem Schlüsselanhänger versteckt, sind ziemlich kurz, haben einen silbernen Kopf und er füllt sie mit diesem nach unten ein.

Ungereimtheit: Als Frank Horrigan »Sandy« Sanford Riggs [William G. Schilling] verschiedene Fotos von Mitch Leary zeigt, verneint Riggs Horrigans Frage: »Kommt Ihnen auf diesen Fotos irgendjemand bekannt vor?« *Spätestens* auf dem zweiten Foto (welches der Zuschauer sieht) hätte er zumindest eine große Ähnlichkeit mit dem spendablen Geschäftsmann »James Carney«, mit dem er gerade im Smalltalk begriffen ist, erkennen müssen. Insbesondere, da Riggs, der Organisator des »Bonzenessens«, sehr wohl um die Gefährlichkeit und Verwandlungsfähigkeit des Gesuchten weiß: Es ist nicht das erste Mal, dass jemand vom Secret Service Riggs auf Leary anspricht: »Ich bin die Fotos gestern schon mit 'nem andern Beamten durchgegangen. (…) Langsam fühl' ich mich belästigt.«

Anschlussfehler: Die Munition, die Leary während des Galaabends in die von ihm selbst angefertigte Schusswaffe gibt, ist nicht identisch mit der, welche er in seinem Schlüsselanhänger versteckte. *Diese* Patronen sind deutlich länger – und liegen anders herum, als Leary sie einfüllte.

Dies und das: Als Leary – um in dem gläsernen Lift nicht als Zielscheibe zu dienen – eine Glühbirne nach der anderen zerschlägt, verlischt jede Birne, kurz bevor Leary sie auch nur berührt. Am deutlichsten erkennbar wird dieser sich wiederholende Fehler in Zeitlupe.

Anschlussfehler: In der ersten Einstellung, die man von Learys Leiche sieht, sind beide Arme des Toten seitlich gerade ausgestreckt. In der zweiten Einstellung – als Frank vom Lift aus auf die Leiche blickt – zeigt der rechte Arm (↑) nach unten, der linke ist angewinkelt. In der dritten und letzten Einstellung wiederum, die Learys Leichnam zeigt, sind erneut beide Arme ausgestreckt – allerdings nicht, wie zuvor in einem knapp 90-, sondern einem etwa 45-Grad-Winkel zum Oberkörper.

Hintergrundwissen: Die Wahlkampfszenen sind zu einem nicht unbeträchtlichen Teil echt und stammen aus dem 1992er-Wahlkampf von Bill Clinton (gegen George Bush sen.).

Zusatzinformation: In der Fassung, die in den britischen Kinos lief, wurde eine Szene geschnitten, in der Mitch Leary die Bankangestellte Pam Magnus und ihre Mitbewohnerin Sally tötet, indem er ihnen beiden das Genick bricht. John Malkovich, Darsteller von Mitch Leary, wollte gerne den Charakter seiner Rolle noch bösartiger gestalten, indem er auch noch den Hund der Bankangestellten tötet. Regisseur Wolfgang Petersen lehnte das ab. Er befand, Learys Doppelmord durch Genickbrechen sei abstoßend genug.

Zusatzinformation: Die Telefonnummer, welche die Secret-Service-Agentin Chavez [Joshua Malina] Frank Horrigan gibt, lautet 619-UKELELE (619-8535353). 619 schlicht ist der Area Code für Kalifornien und die Zahlenfolge 853 steht in den meisten kalifornischen Städten für die Zeitansage. Das ist sehr ungewöhnlich für einen Hollywoodfilm. Denn ein ungeschriebenes Gesetz besagt: Im Film beginnt jede Telefonnummer mit 555[4] – weil diese drei Ziffern so nicht vergeben werden und somit keine Privatperson versehentlich dem Telefonterror von neugierigen Kinobesuchern ausgesetzt werden kann.

Übrigens falls Sie persönlich Lust auf »Telefonterror« haben, dann wählen Sie doch einfach mal die 619-8535353 (natürlich vorab die 001 für die USA) – und hören Sie, wie spät es gerade in Kalifornien ist ...

---

[4] Alles über die 555 und jede Menge weitere wissenswerte Infos über Filmklischees finden Sie unter www.typemania.de/special_filmklischees.php

JACKIE BROWN
JACKIE BROWN
USA 1997 • REGIE: QUENTIN TARANTINO

Faktischer Fehler: Nachdem Sidney [Julia Ervin], »Ausbilderin und Teilnehmerin an der Wahl zu ›Miss Orange County‹«, auf dem »Chicks who Love Guns«[1]-Video erklärt: »Ich liebe meine Tech-9«[2], beschließt Ordell Robbie [Samuel L. Jackson]: »Ich glaube, das reicht jetzt« – und spult das Band per Fernbedienung vor. Dummerweise drückt er zum Vorspulen, wie deutlich zu erkennen ist, die Rückspul- und nicht die FF-Taste.

Achtung: Als Ordell Robbie Louis Gara [Robert de Niro] auf die nächste Waffe auf dem »Chicks who Love Guns«-Video – vorgeführt von »Cindy« [Juliet Long] – verweist (»Jetzt sieh dir das Teil an. Also das da ist eine Steyr R«), schaltet er, wie gehabt per Fernbedienung, den Ton erst laut und dann ab. Das auf dem Bildschirm eingeblendete digitale Display des TVs zeigt dementsprechend zunächst, um wie vieles der Waffenhändler den Ton lauter stellt – und danach in der rechten oberen Ecke »Muting«, »Stummschalten«.

Dies und das: Nachdem Ordell von der »AK 47«[3] schwärmt: »Wenn du *hundert* Pro sicher sein willst, dass du jedes Arschloch, das dir auf die Nerven geht, umlegst, gibt's keine Alternative.«, stellt er den Ton des Fernsehers wieder an. Doch als das schwarzhaarige »Chick« [Michelle Berube] erklärt: »Nichts trennt mich und meine AK«, ist kein eingeblendetes digitales Display für den Lautstärkeregler zu sehen – das in diesem Moment zu sehen sein müsste.

Anschlussfehler: Kaum hat Melanie Ralston [Bridget Fonda] – auf das Telefonklingeln hin – den Hörer abgenommen und Ordell an den Apparat geholt, lässt sie sich in den weißen Sessel fallen, welcher der dazugehörigen Couch schräg gegenübersteht, und schlägt ihre langen, hübschen Beine übereinander. Aus Louis Garas Sicht liegt ihr rechtes Bein über dem linken – sobald die Kamera doch Louis Gara zeigt, ist es umgekehrt. Nachdem dieser Fehler dreimal hintereinander aufgetreten ist, wird er schließlich – als sie einen tiefen Zug aus der Haschischpfeife nimmt und meint: »Langweilig, nicht?« – behoben.

Dies und das: Bei seinem Besuch bei Max Cherry [Robert Forster] raucht Ordell Robbie eine Zigarette und bekommt auf seine Frage: »Wo kann ich meine Asche lassen?«, zur Antwort: »Sie können von mir aus die Tasse nehmen.« Zu der greift Ordell Robbie dann auch, um sie näher zu sich zu stellen. Die Frage ist, weshalb er das tut. Denn obwohl er sich vorbeugen müsste, um die Tasse nehmen zu können, langt er, in den Besuchersessel gelehnt, ganz locker danach.

---

[1] Mädels, die Kanonen lieben

[2] Kein Filmgag: Die Firma Intratec in Florida pries Anfang der neunziger Jahre ihre halbautomatische Tech-9-Pistole als »so hart wie unsere härtesten Kunden«. Quelle: Die Zeit 19/2000, Böhm, Andrea: »Die Angst der Revolverhelden«: www.zeit.de/2000/19/200019_waffen.html

[3] Bei dieser Kalaschnikow handelt es sich um eine der meistbenutzten Waffen weltweit. Quelle: »Kalashnikov AK«: http://kalashnikov.guns.ru/

Deutsche Sprache, schwere Sprache: »Um *wen* geht es?«, erkundigt sich der Kautionsvermittler[4] bei seinem neuen Klienten. »*Ein* Verwandter?«

Anmerkung: Nachdem ausgerechnet der Max Cherry darstellende Robert Forster – nicht nur als Theaterschauspieler, sondern auch als Schauspiellehrer – seine Muttersprache perfekt beherrscht, ist es wirklich ein Unding des Synchronsprechers Gunther Schoß, ihn ein derart falsches Deutsch sprechen zu lassen.

Deutsche Sprache, schwere Sprache: Ordell Robbies alias Samuel L. Jacksons Synchronsprecher Thomas Petruo schießt sich in seiner Antwort dann gleich auf das falsche Deutsch ein: »Der Typ heißt Beaumont (…). Ist besoffen Auto gefahren, aber die wollen ihn drankriegen wegen illegale*m* Waffenbesitz.«

Zusatzinformation: Nachdem Beaumont Livingston Ordell Robbie hinaufgebeten hat, kommt ein Fernsehgerät ins Bild. Auf dem eingeschalteten Sender läuft offenbar gerade so etwas wie ein Talk oder Interview. Der silberhaarige Prominente, der erklärt: »Für mich gehört zu einem guten Leben, dass ich mit einer attraktiven Frau zusammen bin. Sie sollte möglichst jung und attraktiv sein«, ist Tony Curtis[5] – Exehemann von Janet Leigh (siehe »Psycho«) und Vater von Jamie Lee Curtis (siehe »Halloween«).

Ungereimtheit: Während Simone [Hattie Winston] für Louis Gara zu »Baby Love« von den Supremes tanzt, klingelt das Telefon. Es ist Ordell Robbie und er möchte ganz offensichtlich Louis Gara sprechen. Und was sagt der auf Ordells Frage: »Louis, hör mal, wie geht's dir?« Doch tatsächlich: »Ganz gut, ganz gut. Ich bin bei Simone.«

Achtung: Der Umschlag, den Detective Mark Dargus aus Jackie Browns Reisetasche nimmt, ist durch eine Metallklammer, die durch ein Loch im Umschlag und eines in der Klappe geführt wird, verschließbar.

Achtung: Nachdem die Detectives Mark Dargus und Ray Nicolette Jackie Brown am Internationalen Flughafen von L.A. abgefangen und mit in ihr Büro genommen haben, liest Mark Dargus aus Jackie Browns Akte: »Nach dem, was hier steht, sind Sie nicht das erste Mal mit dem Gesetz in Konflikt geraten. 1985 (…) hat man Sie erwischt, als Sie Drogen für einen Piloten

---

[4] Sicherheitsleistung, Mittel zur Abwendung der Gefahr künftiger Rechtsverletzung oder sonstiger Benachteiligung. Im Zivilrecht kann sich die Pflicht zur Sicherheitsleistung aus Vertrag (Kaution), richterlicher Anordnung oder Gesetz ergeben. (…) Quelle: LR

[5] geboren am 3.7.1925 in New York, spielte in über 130 Kinofilmen – von Komödien »Manche mögen's heiß« [1959, Regie: Billy Wilder] bis zu »The Boston Strangler«, »Der Frauenmörder von Boston« [1969, Regie: Richard Fleischer]. In Deutschland kennt ihn fast jedes Kind aus den Wiederholungen der amüsanten TV-Actionkrimiserie »Die Zwei«, die von 1971 bis 1973 erstausgestrahlt wurde. An der Seite des englischen Adeligen Lord Brett Sinclair [Roger Moore] brilliert Tony Curtis als der Selfmade-Ölmillionär und Playboy Danny Wilde. Quelle: DJ

geschmuggelt haben. (…) 13 Jahre später, Sie sind inzwischen 44, fliegen Sie für die beschissenste, kleinste mexikanische Drecksairline, die es gibt.« Dieser Aussage nach spielt der Film 1998.

Deutsche Sprache, schwere Sprache: Detective Ray Nicolette berichtet Jackie Brown, wie Beaumont Livingston starb: »Zweimal ist auf ihn gefeuert worden. Eine Kugel in *der* Brust und eine *im* Kopf.«

Anschlussfehler: Als Detective Ray Nicolette in seinem Büro den Umschlag aus Jackie Browns Reisetasche einer gründlichen Inspektion unterzieht und dabei auch ein Tütchen Heroin findet, ist der Umschlag ein anderer als zuvor. Er hat keine Klappe und keine vorgestanzten Löcher für eine Metallklammer.

Achtung: Nachdem sie in seinen Wagen gestiegen ist, verlangt Jackie Brown, Max Cherry möge sich ausweisen. Daraufhin zeigt er ihr seinen Kautionsvermittlerausweis. Sein Geburtsdatum ist der 15.3.1948. Das macht ihn im Juni 1998 50 Jahre alt.

Zusatzinformation: Ordell Robbie bittet Melanie Ralston: »Na dann sei mal ein gutes Mädchen und mix mir einen Screwdriver.« Die Rezepte dafür variieren von einem Teil Wodka gemixt mit einem Teil Orangensaft, bis zu einem Teil Wodka und zweieinhalb Teilen O-Saft. In jedem Fall gehören Eiswürfel mit in den Tumbler!

Achtung: Während Jackie Brown in der Küche für sich und Max Cherry Kaffee zubereitet und feststellt: »Oh, die Milch ist sauer geworden, während ich im Knast war«, macht er es sich zu den Worten »Ich mag ihn schwarz« in einem ihrer Sessel im Wohnzimmer gemütlich. Links von ihm (↓) hängt ein Kalender, der den Monat »June«, also Juni, zeigt. Da der 30. Juni – so dieser Kalender, wie alle anderen, mit einem Montag beginnt – ein Dienstag ist, muss es sich um ein Kalenderblatt für den Juni 1998 handeln.[6]

Anschlussfehler: Max Cherry kauft, da ihm »Didn't I Blow Your Mind This Time«[7] so gut gefällt, eine Audiokassette der Delfonics. In dem Regal, aus dem er sie nimmt, stehen – von oben nach unten – Kassetten, deren Rücken folgende Farben haben: rot, rot, rot, beige, rot, rot, blau … Nachdem der Kautionsvermittler die Delfonicskassette herausgenommen hat, ist die Anordnung der restlichen Kassetten in dem Regal eine andere: rot, beige, rot, rot, rot, blau …

---

[6] Der 30.6. war 1992 ein Dienstag, 1993 ein Mittwoch, 1994 ein Donnerstag, 1995 ein Freitag, 1996 ein Sonntag, 1997 ein Montag und 1998 wieder ein Dienstag.

[7] Dieser Song gelangte zum ersten Mal im Januar 1970 in die US-Billboard Charts und wurde im Handumdrehen vergoldet. Im gleichen Jahr gab es dafür – für »die beste Rhythm & Blues Performance« einen »Grammy« – den Oscar der Musikbranche! Quelle: »Buddharecords: The Delfonics«: http://www.buddharecords.com/noflash/newindex.html?pages/masters/delfonics.html. Den Text von »Didn't I Blow Your Mind This Time« finden Sie bei »Soundtracklyrics«: http://www.stlyrics.com/lyrics/jackiebrown/didntiblowyourmindthistime.htm

Achtung: Während ihrer Unterhaltung im Del-Amo-Einkaufszentrum erklärt Max Cherry Jackie Brown, dass er seinen Job an den Nagel hängt:»Da dachte ich: Warum machst du das? Neunzehn Jahre lang diese Scheiße. Und – dann hab ich eine Entscheidung getroffen: Das war's.«

Anschlussfehler: Bei dem Testlauf für die Geldübergabe im Parkhaus des Flughafens von Los Angeles spricht Detective Ray Nicolette in sein Diktiergerät:»Es ist jetzt genau drei Uhr sieben, 1. Juli 1995.« Wie kann das sein – bislang schien es doch immer 1998 zu sein?

Anschlussfehler: Während Jackie Brown mit Sheronda an einem Tisch sitzt und meint: »Worauf wartest du, iss doch!«, macht die Flugbegleiterin Anstalten, ihre Zigarettenasche abzustreifen. In der nächsten Einstellung allerdings hält sie ihre Zigarette wieder so, als hätte sie sie die gesamte Zeit so gehalten.

Achtung: Als Jackie den Tisch verlässt, an dem Sheronda noch sitzt, steht die Del-Amo-Einkaufstüte, in der sich die 10 000 Dollar befinden, rechts neben Sherondas Füßen unter dem Tisch.

Anschlussfehler: Max Cherry beobachtet, wie eine Frau am Nebentisch Sheronda nach der Uhrzeit fragt. Nachdem diese antwortet:»Ich hab keine Uhr, Madam«, steht sie auf, nimmt die Tüte, die rechts von ihr steht und verlässt den Restaurantbereich. Klar ist, dass Sheronda und die andere Frau (Simone) einen erneuten Tütenaustausch vorgenommen haben. Die Frage ist nur: Wie? Neben Simone steht zwar auch eine Del-Amo-Einkaufszentrum-Tüte – doch diese war der von Sherondas nie auch nur nahe gekommen.

Achtung: Als Jackie Brown während des Fluges von Cabo San Lucas, Mexiko, nach LAX, Los Angeles, Ordell Robbies 500 000 US-Dollar auf den Boden ihrer Reisetasche packt, sichert sie das Transportgut mit einem schwarzen Gurt, bevor sie andere Dinge darüber packt.

Anschlussfehler: Als Jackie Brown in der Umkleidekabine der Designerabteilung von Billingsley die halbe Million Dollar aus ihrer Reisetasche in eine Einkaufstüte packt, sind die Banknotenbündel nicht mehr mit einem schwarzen Gurt zusammengehalten.

Achtung: Beim Verlassen der Umkleidekabine lässt Jackie Brown »die Tüte mit den Strandtüchern« auf der Bank in der Kabine stehen. Und zwar am linken Rand des mittleren Kissens.

Anschlussfehler: Als Max Cherry die Tüte mit Strandtüchern aus der Umkleidekabine holt, steht diese plötzlich ganz links auf dem linken Bankpolster.

Dies und das: Auf dem Weg zur 9. Straße, »wo die Autohändler sind«, herrscht, als Louis Gara und Ordell Robbie dort entlangfahren, zunächst ein durchaus reger Verkehr. Kaum aber gebietet der Waffenhändler Louis Gara: »Fahr da vorn rechts ran, Mann!«, ist – außer dem Bus der beiden – kein einziges Auto mehr auf der Straße.

Zusatzinformation: »Drei Tage später« begrüßt Jackie Brown Max Cherry mit einem »Klopf, klopf!« in seinem Büro. Die Erklärung zu diesem Kinderspiel finden Sie in einer Fußnote zu »American Werewolf«.

Dies und das: Als Jackie Brown zu Max Cherry sagt: »Wir sind Partner!«, erwidert er: »Ich bin 56 Jahre alt.« Damit ist er – so der Film 1998 spielt – in null Komma nichts um sechs Jahre gealtert. Sollte der Film gar – Ray Nicolettes Aussage nach – 1995 spielen, wäre er innerhalb weniger Tage gar neun Jahre älter geworden.

Ungereimtheit: Obwohl Max Cherry Jackie Brown erklärt hatte, dass er seinen Beruf als Kautionsvermittler aufgibt, bittet er den potenziellen Kunden, der anruft, als Jackie Brown gerade in ihr Auto steigt, um zum Flughafen zu fahren: »Können Sie mich in einer halben Stunde noch einmal anrufen?«

Zusatzinformation: In einer Szene von »Jackie Brown« tadelt Ordell Robbie [Samuel L. Jackson] Max Cherry, weil dieser sich nach dem Pinkeln nicht die Hände gewaschen hat. Die gleiche Textzeile hat Regisseur und Drehbuchautor Quentin Tarantino Samuel L. Jackson auch in dem Film »Pulp Fiction« (1994) schon sagen lassen. Ein drittes Mal macht Samuel L. Jackson mangelnde Hygiene in »The Negotiator« (1998), »Verhandlungssache«, zum Thema, diesmal in einem Witz, den er einem Geiselnehmer erzählt.

DIE JURY[1]
A TIME TO KILL
USA 1996 • REGIE: JOEL SCHUMACHER

Achtung: Die junge Frau, welche – bevor Carl Lee Hailey [Samuel L. Jackson] an den Vergewaltigern seiner zehnjährigen Tochter Tonya [Rae'ven Kelly] Selbstjustiz übt – aus dem Auto steigt, über das Harry Rex Vonner [Oliver Platt] seinem Freund Jake Tyler Brigance [Matthew McConnaughey] gegenüber bemerkt: »Oh Junge, weißt du, ich steh' wie verrückt auf diese deutschen Cabrios«, ist die Jurastudentin Ellen Roark [Sandra Bullock].

Anschlussfehler: Nachdem Carl Lee Hailey Billy Ray Cobb [Nicky Katt] und James Louis »Pete« Willard [Doug Hutchison] im Gerichtsgebäude erschossen hat, liegen beide, mehr oder minder bäuchlings, am Ende der Treppe. Zunächst befindet sich Billy Ray Cobbs Kopf etwa in Gürtelhöhe von James Louis »Pete« Willards Körper – Cobbs Beine sind gespreizt, sein rechter Fuß ruht auf der ersten Stufe. In der folgenden Einstellung liegt Cobbs Leichnam seitlich auf dem Rücken – sein linkes Bein ist angewinkelt, aber nicht mehr abgespreizt.

Ungereimtheit: »Jetzt mal im Ernst«, will Jake Tyler Brigance von Ellen Roark wissen: »Was führt Sie nach Canton? Auf dem Auto rumsitzen kann man doch sicher auch bei Ihnen auf dem Campus.«[2] Daraufhin antwortet die Studentin: »Carl Lee Hailey.« Das allerdings kann nicht sein: Carl Lee Hailey wurde erst zu einem »Fall«, nachdem er die Vergewaltiger seiner Tochter getötet hatte. Und das geschah erst, *nachdem* Ellen Roark in Canton angekommen war.

Dies und das: Stump Sisson [Kurtwood Smith], der Kopf des Ku-Klux-Klan[3] in Mississippi, macht sich zwar gern wichtig – besitzt aber keine Manieren. Sonst hätte er sie seinem Lakaien beigebracht. Der stellt nämlich – was auch in den USA falsch ist – den (was im Zusammenhang mit Ku-Klux-Klan-Mitgliedern zugegebenermaßen reichlich schräg klingt) »Ranghöheren« dem »Rangniedrigeren« vor: »Mr Cobb, das ist Stump Sisson« – anstatt umgekehrt.

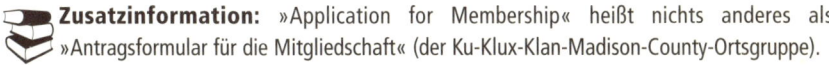**Zusatzinformation:** »Application for Membership« heißt nichts anderes als »Antragsformular für die Mitgliedschaft« (der Ku-Klux-Klan-Madison-County-Ortsgruppe).

Anschlussfehler: Der erste Blick, den Reverend Ollie Agee [Thomas Merdis] von Cora Mae Cobb erheischt, zeigt Carl Lees Frau mit drei Kindern. Kaum aber hat sie

---

[1] Jury, Versammlung der (12) Geschworenen (bei Prozessen gegen Kapitalverbrecher in angelsächsischen Ländern). Quelle: LR

[2] Universitätsgelände

[3] Ku-Klux-Klan, terroristischer Geheimbund in den Südstaaten der USA, gegründet 1865 als Zusammenschluss weißer Farmer, der seine Aktionen (u. a. Fememorde) insbesondere gegen emanzipierte Schwarze und radikale Republikaner richtete; gekennzeichnet durch hierarchischen Aufbau, ordensähnliches Ritual, Symbole (Flammenkreuz) und Tracht (weiße Kutte, spitze Kapuze); 1869/71 aufgelöst; 1915 wieder begründet und 1924, 1925 mit 4–5 Mio. Mitgliedern auf dem Höhepunkt seiner Macht. Quelle: LR

mit diesen drei Kindern die Kirche betreten, ist ganz unvermittelt auch ihr viertes Kind mit von der Partie.

Zusatzinformation: Reverend Ollie Agee [Thomas Merdis] sagt zu Reverend Isaiah Street [Joe Seneca]: »Ich hab Sie auf dem Marsch mit Dr. King gesehen.« Gemeint ist Dr. Martin Luther King, der wohl prominenteste Bürgerrechtler der USA.[4]

Zusatzinformation: Reverend Isaiah Street erklärt Carl Lees jungem Anwalt gegenüber: »Mr Brigance, lassen Sie mich ganz offen sein. Mr Haileys Fall hat ausgesprochen weit-verzweigte Auswirkungen. Würde er vom Mord an zwei weißen Männern freigesprochen, wäre das der größte Fortschritt für alle schwarzen Menschen in diesem Staat seit der Aufhebung der Rassentrennung an allen Schulen.« So ungeheuerlich es erscheint: Erst 1954, »im Weichen stel-lenden Rechtsstreit *Brown vs. Board of Education of Topeka*, 347 U. S. 483 (1954), hat das oberste Gericht die offizielle Rassentrennung in allen öffentlichen Schulen für verfassungs-widrig erklärt« (was – noch ungeheuerlicher – allerdings noch lange nicht hieß, dass schwarze und weiße Schüler und Schülerinnen gleichbehandelt wurden).

Deutsche Sprache, schwere Sprache: Nicht ahnend – noch nicht ahnend –, was mit diesem Prozess auf ihn zukommt, erklärt Jake Tyler Brigance Ellen Roark gegenüber: »Roark, Sie brauchen mir auf gar keinen Fall zu helfen. Ich danke Ihnen trotzdem« – und sie ant-wortet: »Okay, das ist ja dann wohl nicht *meiner*, sondern Ihr Schaden.«

Zusatzinformation: Richter Omar Nooze [Patrick McGoohan] erklärt Jake Tyler Brigance: »Ich komm gleich auf den Punkt. Ich habe Ihr schriftliches Ersuchen um Verlegung des Verhandlungsortes gründlich geprüft und ich stimme Ihnen zu: Es ist sicherlich unmöglich, hier in Canton eine unvoreingenommene Jury zu finden. Ich bin *auch* der Auffassung, man findet unmöglich eine unvoreingenommene Jury in ganz Mississippi. Und daher wäre eine Jury *hier* genauso fair wie eine Jury irgendwo anders. Also lehne ich Ihren Antrag auf Verlegung des Verhandlungsortes ab.« Was Autor John Grisham mit dieser Konstellation geschaffen hat, ist eine typische »Catch 22«-Situation: Der »catch«, der »Haken« an »Catch 22« – nach dem gleichnamigen Buch von Joseph Heller[5] – ist eine paradoxe Regelung innerhalb der US-Airforce aus dem Zweiten Weltkrieg. Einerseits gilt ein Mann, der willentlich gefährliche Kampfeinsätze fliegt, für verrückt. Bittet er aber (weil er verrückt sein muss, wenn er diese Einsätze fliegt) um seine Befreiung von derartigen Kampfflügen, ist dies der Beweis dafür, dass er geistig gesund ist – und folglich nicht vom Dienst befreit werden kann. Seit Heller den Begriff prägte, steht er in der englischen Sprache für Bedingungen, unter denen man niemals gewinnen kann, egal, wie man die Angelegenheit dreht und wendet.

[4] King, Dr. Martin Luther, * Atlanta (Ga.) 15.1.1929 – † 4.4.1968 ermordet in Memphis (Tenn.), amerikani-scher Bürgerrechtler und Baptistenpfarrer. Trat seit Mitte der 1950er Jahre als Kämpfer der Bürgerrechts-bewegung in den USA hervor; führte zahlreiche Demonstrationen durch für die Gleichstellung von Schwarzen und Weißen und war mehrfach inhaftiert; erhielt 1964 den Friedensnobelpreis. Quelle: LR

[5] Joseph Hellers Roman »Catch 22« wurde verfilmt: 1970, Regie: Mike Nichols.

Anschlussfehler: Bei dem gemeinsamen Essen von Ellen Roark und Jake Tyler Brigance bei »Claude's« blitzt, als sie erklärt: »(…) und ich sag Ihnen was: Danach (wenn Sie einer Hinrichtung beigewohnt haben) kommen Sie wieder her und erzählen mir noch mal diesen Müll über Gerechtigkeit und Sicherheit«, ihr linker (weißer) BH-Träger unter ihrem Top hervor. Als sie ihn schließlich fragt: »(…) oder sind Sie auch nur so ein unterdrückter, heuchlerischer Südstaatenspießer, der Angst hat, mit einer Frau wie mir in der Stadt gesehen zu werden?«, ist der Träger wieder aus dem Blickfeld verschwunden.

 Deutsche Sprache, schwere Sprache: Als Ellen Roark – die »Finderin der Präzedenzfälle«[6] – sich bei Jake Tyler Brigance für das, was sie ihm im Lokal verbal an den Kopf warf, entschuldigt, sagt sie: »Ich bin manchmal etwas aufbrausend. Das ist nicht angesagt, wenn man sich *für* einen Job bewirbt.« Man(n & frau) bewirbt sich nicht *für*, sondern *um* eine Stelle.

Dies und das: Alles, alles von Jake Tyler Brigances Haus ist total niedergebrannt. Erstaunlicherweise aber findet er dennoch unter all der Asche ein intaktes Familienfoto.

Zusatzinformation: Im richtigen Leben ist es nicht anders, wenn – zumeist aus aktuellem Anlass – zugleich für und gegen die Todesstrafe[7] demonstriert wird. »Free Carl Lee« heißt: »Lasst Carl Lee frei!«, »Fry Carl Lee« – bezugnehmend auf das qualvolle Sterben auf dem elektrischen Stuhl: »Röstet Carl Lee!« (was deutlich zeigt, wes Geistes Kind Todesstrafenbefürworter sind).

Zusatzinformation: Auf die Bitte von Staatsanwalt Rufus Buckley [Kevin Spacey] erklärt der Psychiater Dr. Wilbert Roadheaver [Anthony Heald] der Jury die »McNaughton«-Regel: »Die McNaughton-Regel besagt, dass eine Person, um den Tatbestand der Unzurechnungsfähigkeit[8] zu erfüllen, gänzlich unfähig sein muss, jedwede Konsequenzen eigener Handlungen zu erkennen und/oder Recht von Unrecht zu unterscheiden.« Benannt ist diese Regel nach Daniel McNaughton, der 1843 Edward Drummond erschoss, den Privatsekretär des damaligen britischen Premierministers Sir Robert Peel[9]. McNaughtons (erfolgreiche) Verteidigung

---

[6] Präzedenzfall [lateinisch/deutsch], im Recht ein Fall, dessen Beurteilung oder Entscheidung für einen zukünftigen gleichartigen Fall richtungweisend ist. Quelle: LR

[7] Informationen zum Thema Todesstrafe finden Sie unter »amnesty international: SKG Kampagne gegen die Todesstrafe«: http://sunsite.informatik.rwth-aachen.de/ai-todesstrafe/

[8] »Unzurechnungsfähigkeit« geht Hand in Hand mit »Schuldunfähigkeit«: Schuldunfähigkeit, die mangelnde Fähigkeit, schuldhaft zu handeln. Schuldunfähig sind: (…)Personen über 18 Jahren, deren Einsichts- und /oder Steuerungsfähigkeit bei Tatbegehung aufgehoben war (Unzurechnungsfähigkeit). Sie hat zur Folge, dass der Täter strafrechtlich nicht zur Verantwortung gezogen werden kann. Er kann jedoch Maßregeln der Besserung und Sicherung unterworfen werden. (…) Quelle: LR

[9] Peel, Sir Robert [englisch], 5.2.1788 bis 2.7.1850, brit. Politiker. 1822–27 und 1828–30 Innenminister; 1834/35 und 1841–46 Premierminister; eigentlicher Begründer der späteren Konservativen und Unionistischen Partei (1834); führte 1846 mit seinem Einsatz für die Abschaffung der Getreidezölle seinen Sturz herbei. Quelle: LR

basierte darauf, dass er – in Bezug auf sein eigentliches Opfer – unter Verfolgungswahn litt. Auf wen beispielsweise besagte McNaughton-Regel angewandt wurde, ist der innerhalb dieser Szene erwähnte Ronald-Reagan-Attentäter John Hinckley. .

Dies und das: Als Ellen Roark Jake Tyler Brigance ihre Recherchen über Dr. Wilbert Roadheaver in die Verhandlung bringt, bemerkt Richter Omar Nooze: »Mr Brigance, wenn Sie und Lois Lane fertig sind …« – und ist damit – siehe »Superman« – auf dem völlig falschen Pferd: Lois Lane weiß nicht nur nicht, dass man »Appell« mit Doppel-P, »Wollust« dafür ohne »H« schreibt, und stellt sich auch sonst recht hinterwäldlerisch an. Ellen Roark hingegen ist gewitzt und clever.

Achtung: Auf die Frage des Staatsanwalts, ob die Vergewaltiger seiner Tochter den Tod verdient hatten, antwortet Carl Lee Hailey: »Ja, sie hatten den Tod verdient – und ich hoffe, sie schmor'n in der Hölle.«

Ungereimtheit: »Stellen Sie sich vor«, sagt Carl Lee Hailey zu seinem Anwalt – welcher ihm gerade mitgeteilt hatte, dass er mit seinem Latein am Ende sei –, »Sie wären Teil der Jury. Was wäre nötig, um Sie zu überzeugen, mich freizusprechen? Das ist der Weg, meinen Arsch zu retten.« Das Problem ist nur: Carl Lee Hailey hatte selbigen selbst riskiert – indem er dem Staatsanwalt ins Gesicht gebrüllt hatte, dass Cobb und Willard den Tod verdient hatten. Und sich von Brigance nicht davon abhalten ließ, diese – unter diesen Umständen im Prinzip selbstmörderische – Aussage zu machen.

Deutsche Sprache, schwere Sprache: Jake Tyler Brigance in seinem Schlussplädoyer: »Stellen Sie sich das kleine Mädchen vor. *Sie* sieht einen Laster angerast kommen. Zwei Männer springen raus und greifen *sie*.«

Englische Sprache, schwere Sprache: Nach dem Urteilsspruch der Jury öffnet ein kleiner Junge die Türen des Gerichtssaals und ruft: »Unschuldig, er ist unschuldig!« Das ist nun völlig unsinnig. Der Spruch der Jury kann nur lauten: »guilty«, »schuldig«, oder »not guilty«, »nicht schuldig«. Letzteres ist allerdings keinesfalls mit »unschuldig« gleich- und zu übersetzen.

Anschlussfehler: Von einem hasserfüllt blickenden Freddie Lee Cobb [Kiefer Sutherland] erfolgt ein Schnitt – und der Blick auf ein Fernsehgerät in der Klinik, in welcher Ellen Roark sich – nach der Folter durch den Ku-Klux-Klan – regeneriert. Das TV-Bild zeigt – von links nach rechts – Jake Tyler Brigance, Lucien Wilbanks und Harry Rex Vonner *vor* dem Gerichtsgebäude. Dazu ruft Ellen Roarks Krankenschwester [Octavia Spencer]: »Wir haben gewonnen, wir haben gewonnen!« In der nächsten Einstellung allerdings zeigt sich, dass die drei Anwälte sich noch *innerhalb* des Gerichtsgebäudes, im Gerichtssaal nämlich, befinden. Und diesen tatsächlich erst um einiges später verlassen.

Hintergrundwissen: Anthony Heald, in »A Time to Kill« Leiter des »Whitfield Psychiatric Hospital«, verkörperte schon einmal einen (leitenden) Psychiater: Dr. Frederick Chilton in »The Silence of the Lambs«, »Das Schweigen der Lämmer« [1991].

Hinter den Kulissen: Matthew McConnaughey alias Jake Tyler Brigance lieferte sein Schlussplädoyer in einem Take – die Tränen, die er dabei vergoss, standen allerdings nicht im Drehbuch.[IMDb]

Hinter den Kulissen: Die ursprüngliche Wahl für die Rolle des Richter Omar Noose war Bruce Dern, Schauspieler-Vater von Schauspieler-Tochter Laura Dern. Großvater George Dern hatte übrigens noch einen bürgerlichen Beruf – George Dern war Gouverneur von Utah. Bruce Dern war einer der ganz wenigen Auserwählten, die John Wayne im Film töten durften: »The Cowboys« (1972), »Die Cowboys«. Da Bruce Dern zum Drehzeitpunkt bereits anderweitig vertraglich gebunden war, musste er ablehnen.
Donald Sutherland, Schauspieler-Vater von Schauspieler-Sohn Kiefer Sutherland, wollte seine Rolle als Lucien Wilbanks eigentlich noch stärker als Trunkenbold anlegen – genauso wie Wilbanks im Roman von John Grisham beschrieben ist –, durfte aber nicht. Regisseur Joel Schumacher wollte in diesem ernsten Film keine Ablenkungsmomente durch den unfreiwilligen Humor, der der Rolle im Roman anhaftet. »Die Jury« ist übrigens eine der ganz wenigen Gelegenheiten, Vater und Sohn Sutherland gemeinsam in einem Film zu sehen.

Zusatzinformation: Matthew McConnaughey war ursprünglich gar nicht für die Rolle des Jake Tyler Brigance vorgesehen, er sollte eigentlich einen der Vergewaltiger spielen, nämlich Billy Ray Cobb. Doch als er das Drehbuch in Händen hatte, gab es für ihn nur noch eine Rolle, die er spielen wollte: Jake Tyler Brigance oder gar nichts. Und McConnaughey konnte Regisseur Joel Schumacher dazu bewegen, umzudisponieren.

KAP DER ANGST
CAPE FEAR
USA 1991 • REGIE: MARTIN SCORSESE

Achtung: Das erste Mal, dass wir Max Cady [Robert de Niro] mit entblößtem Oberkörper sehen, trägt er über die gesamte Rückenpartie ein tätowiertes Kreuz, an dem zwei Waagschalen hängen. Unter der linken steht »TRUTH« (Wahrheit), unter der rechten »JUSTICE« (Gerechtigkeit). Max Cadys Arme sind an der Innenseite (noch) gar nicht tätowiert, der linke Arm (↓) weist bis knapp unter der Beuge Tätowierungen auf – der linke Unterarm (↑) gar keine. Cadys Brust zeigt links und rechts oben je ein ziemlich großes Tattoo – links (↓) ein rotes Herz; in Bauchhöhe auf beiden Seiten je drei gezackte Linien, die nach links respektive rechts oben weisen. Was wir (hier) weder im Rücken- noch Frontbereich sehen, ist ein weinender Clown … und (Bibel-)Zitate.

Achtung: Nachdem sich herausstellt, dass das, was Sam Bowden [Nick Nolte], seine Frau Leigh [Jessica Lange] und Tochter Danielle [Juliette Lewis] in der Eisdiele konsumiert hatten, bereits bezahlt wurde, sucht Sam Bowdens Blick den Spendierfreudigen – und sieht (ohne allerdings zu realisieren, wer dieser Typ ist) Max Cady in einem – *seinem* – roten Cabriolet mit schwarzer Innenausstattung genüsslich eine Zigarre rauchen.

Achtung: Auch Sam Bowdens Auto verändert sich. Zunächst – als Max Cady die Autoschlüssel des Anwalts an sich nimmt – ist es silbern und hat ein kleines Schiebedach. Einige Tage später sieht es doch sehr anders aus.

Anschlussfehler: In der soeben beschriebenen Szene verabschiedet sich Cady von Bowden mit den Worten: »Sie *lernen* noch, was Verlust heißt.« Dann geht er zum Parkplatz – wo ein rotes Cabrio mit weißem Verdeck auf ihn wartet.

Ungereimtheit: Nachdem Sam Bowden seiner Tochter gute Nacht sagte (und fragte, worum es bei *ihrer* Reminiszenz[1] ginge, die sie für die Schule schreiben müsse, beginnt draußen ein Feuerwerk. Dieses wiederum veranlasst Leigh Bowden zu der Bemerkung: »Es ist doch noch viel zu früh für den 4. Juli!«[2] Nachts, als die Werbegrafikerin aus dem Fenster schaut und Max Cady auf einer Mauer vor ihrem Grundstück entdeckt, ist das Feuerwerk noch immer in vollem Gang. Auf dieses Ereignis hin weckt Leigh ihren Mann und erklärt: »Ich hab' ihn gesehn, als das Feuerwerk losging.« (Wenn dem denn tatsächlich so gewesen wäre – was es eindeutig *nicht* war –, würde dieser Fehler unter »Ungereimtheiten« gestanden haben.) Die Frage wäre dann nämlich, weshalb sie Sam Bowden nicht gleich alarmiert hätte.

Anschlussfehler: Am nächsten Morgen, als Sam sich von seiner Frau verabschiedet, um Tom Broadbent [Fred Dalton Thompson] über Cadys Verhalten zu unterrichten, ist das

---

[1] Erinnerung, Anklang

[2] Unabhängigkeitstag der USA – im Gedenken an die Unterzeichung der von Thomas Jefferson, dem (von 1801 bis 1809) 3. Präsidenten der USA verfasste Unabhängigkeitserklärung vom 4. Juli 1776.

Auto, in das er steigt, nicht mehr silbern, sondern weiß – und hat auch kein Schiebedach mehr.

( ) Anschlussfehler: Als Max Cady vor einem Discountladen an dem soeben daran vorbeilaufenden Sam Bowden hält, ist das Cabrio, in dem er sitzt, mit einem Mal innen und außen weiß. Bestens erkennbar ist das übrigens, kurz bevor Cady die Unterredung beendet: »Upps – oh, oh – die Zeit rennt. Ich bin spät dran, ich hab' noch einen Termin«, und losfährt.

( ) Anschlussfehler: Gröber geht ein Fehler schon kaum mehr! Nach der Festnahme Cadys, die Lieutenant Elgart [Robert Mitchum] auf Betreiben Sam Bowdens veranlasst hatte, muss Cady sich einer Leibesvisitation unterziehen und ausziehen. Voller Faszination liest Elgart (der das Geschehen gemeinsam mit Sam Bowden durch einen – von deren Seite – blickdurchlässigen Spiegel beobachtet) die Sprüche, die der Exsträfling auf seinem Körper geschrieben stehen hat.
Zunächst wird der Verhaftete aufgefordert, sein Hemd auszuziehen. Nun haben die Tattoos auf seiner Brust die Seiten gewechselt: das Herz ist rechts (↑). Als Nächstes soll Cady die Arme ausstrecken. Als er dies tut, läuft plötzlich über die Innenseite beider Arme ein Motto. Auf dem linken Arm lesen wir: »Vengeance is mine«, »Die Rache ist mein«, auf dem rechten: »My Time is at Hand«, »Meine Zeit ist nahe« – und das auch noch mit Quellenangaben. Dann schwenkt die Kamera – von unten nach oben – auf eine Reihe von Zitaten (wiederum mit Quellenangabe): »I have put my Trust in him Lord, God, in him will I TRUST«, »Meine Zuversicht ist meine Burg – mein Gott, auf den ich hoffe«, »THE LORD IS THE AVENGER«, »Der Herr ist mein Rächer«, »My time is not yet full come«, »Meine Zeit ist noch nicht da«. Über all diesem befindet sich der bereits erwähnte Clown, der in seiner Linken einen rauchenden Colt und in seiner Rechten eine Bibel hält. – Nun erhält Cady die Order, sich langsam umzudrehen. Daraufhin unternimmt die Kamera einen höchst skurrilen Schwenk und zeigt die Tätowierung(en) auf Cadys Rücken. Diese sind mit denen aus der ersten Einstellung im Wesentlichen identisch. Zuletzt erfolgt ein Blick auf Cadys Brust. Diesmal ist das rote Herz wieder auf der linken Seite (↓) – nun steht »Loretta« darüber – und auf der rechten oberen Brustseite (↑) ein Sensenmann mit Kapuze – unterschrieben mit »Time – the Avenger«, »Zeit – der Rächer« und der dazugehörigen Quelle. Die zweimal drei Zacken auf dem Bauch entsprechen im Wesentlichen denen aus der ersten Einstellung.
Die Frage ist nur: *Wo* auf Cadys Körper befinden sich die vielen Sprüche? Auf Rücken und Brust keinesfalls – für die Seitenpartien sind sie zu großflächig –, auf Beinen oder Po stehen sie ebenfalls nicht. Erstere sind untätowiert, Letzterer steckt in langen Boxershorts – und beide Möglichkeiten böten ohnehin nicht genug Fläche für die vielen Zeilen.

Dies und das: Bild und Ton stimmen in der Synchronisation nicht überein. Als die Kamera auf »THE LORD IS THE AVENGER«, »Der Herr ist mein Rächer« hält, liest Lieutenant Elgart gerade: »Mein Gott, auf den ich hoffe.«

( ) Anschlussfehler: In der Szene, in der Lori Davis [Illeana Douglas] sich in einer Bar bei Max Cady [Robert de Niro] über ihr unglückliches Verliebtsein in Sam Bowden auskotzt – und last but not least auch mit ihrem Gegenüber flirtet –, sind zunächst zwei ihrer Blusenknöpfe geöffnet. Einmal der des Bubikragens und der Knopf darunter. Während sie zu Cady sagt: »Denken Sie bloß nicht, dass ich mit diesem Typen geschlafen habe!«, nestelt sie an ihrem

Kragen, schließt ihn kurz – öffnet ihn aber gleich darauf wieder. Dennoch ist er – nach Cadys Erwiderung: »Das ist Ihre Sache, das geht mich nichts an« – auf einmal geschlossen. Und wieder geöffnet, als sie erzählt: »Diese Ratte hat mich doch tatsächlich heute versetzt.« Kurz vor Ende des Baraufenthalts der beiden jedoch – nachdem sie sich noch einen Drink bestellt und er das kommentiert mit: »Aber du musst nüchtern bleiben. (…) Denn ich kann ganz schön zur Sache kommen« – sind die ersten zwei Knöpfe von Loris Bluse erneut geschlossen.

Anschlussfehler: Nach dem Gespräch, in dem Lieutenant Elgart vorschlägt, Bowden solle sich Cady als »Tiger« vorstellen, ist der Wagen, in den der Rechtsanwalt steigt, weiß (wird aber im weiteren Verlauf des Films schon noch wieder silbern!).

Anschlussfehler: Während der mittlerweile von Sam Bowden angeheuerte Privatdetektiv Claude Kersek [Joe Don Baker] seinem Auftraggeber von einem Autotelefon aus erzählt, wie Cady mit einem Knastbruder – der sich über seinen Zigarrenqualm beschwert hatte – verfahren ist, trainiert Cady mit den Hanteln. Diesmal sind auch seine Unterarme – in jedem Fall der linke – voll tätowiert.

Anschlussfehler: Zur Abwechslung ist Max' Cabrio nun rot lackiert – mit weißer Innenausstattung. (Als Cady Leigh Bowden Benjamins Hundemarke entgegenhält und fragt: »Ma'm, gehört das Ihnen?«)

Anschlussfehler: In selbiger Szene sind einige der Tattoos verschwunden, die bislang auf Cadys Arm zu sehen gewesen waren. Sein linker Arm ist innen überhaupt nicht tätowiert – und soweit man sieht (also in jedem Fall bis zur Armbeuge) außen ebenso wenig. Von den anderen Tattoos sind einige stark verblasst.

Anschlussfehler: Da ist er wieder, der silberne Wagen, den Sam Bowden als Erstes fuhr. Und zwar, als er Claude Kersek auf einem Parkplatz trifft und dieser ihm vorschlägt, Cady zusammenschlagen zu lassen. (Dass er drei Autos hat – es kommt noch ein weiterer Wagen ins Spiel –, ist nicht anzunehmen. Und seine Frau fährt, wie – etwa wenn sie Danielle damit zur Schule bringt – noch zu sehen sein wird, einen schwarzen Volvo.)

Anschlussfehler: In eben erwähnter Szene ist, als Sam Bowden in seinen Wagen steigt und die Tür zuknallt, das Wagenfenster auf der Fahrerseite geschlossen. In der nächsten Einstellung allerdings – als Bowden erklärt: »Ich bin Anwalt!« – ist es geöffnet – ohne dass Bowden es heruntergekurbelt hätte.

Anschlussfehler: Bei seinem Telefonat mit Danielle sind Cadys beide Unterarme *nicht* tätowiert.

Anschlussfehler: Als Danielle nach ihrer Zusammenkunft mit Max Cady die Treppen des Theatersaals ihrer Schule hochhastet, zieren ihr Haar – wie die gesamte Szene über – zwei rosa Haarspangen. Kaum aber rennt sie der Kamera entgegen, trägt sie keinen Haarschmuck mehr.

Achtung: Nachfolgende Drohung, die Sam Bowden gegenüber Max Cady ausspricht, wird von Cady heimlich auf Band mitgeschnitten: »Wenn Sie nicht verschwinden, wenn Sie meine Familie nicht in Ruhe lassen und schnellstens das Weite suchen, wird es Prügel setzen, so wie Sie sich es noch nie haben träumen lassen.« Als Cadys Anwalt Lee Heller [Gregory Peck] das Band einige Szenen später als Beweis dafür vorspielt, dass er auf Bowdens Order hin zusammengeschlagen wurde, ist der Wortlaut ein anderer. Sam Bowden: »Wenn Sie meine Familie nicht in Ruhe lassen und schnellstens das Weite suchen, wird es Prügel setzen, so wie Sie sich es noch nie haben träumen lassen.«

Zusatzinformation: Bei dem Buch »zwischen dem Buch Esther und den Psalmen«, auf das Cady Sam Bowdens Aufmerksamkeit lenkt, handelt es sich um das »Buch Hiob«[3].

Anschlussfehler: Als Sam Bowden [Nick Nolte] von Danielle wissen will, ob Max Cady sie angerührt habe, verfällt sie in ein hilflos-hysterisches Lachen – woraufhin er ihr den Mund zuhält. Wenn die Kamera *ihr* Gesicht zeigt, ist seine Handhaltung eine andere, als wenn sie auf Sam Bowdens Gesicht geht.

Achtung: Da ist auch er wieder – der Wagen, mit dem Max Cady vor der Eisdiele parkte. Das heißt, sein rotes Cabrio – das kurz ins Bild kommt, nachdem Cady bereits zwei der drei Schläger, die Bowden bezahlte, kampfunfähig gemacht hat. Es weist nun wieder sowohl eine schwarze Innenausstattung als auch ein schwarzes Verdeck auf.

Anschlussfehler: Als Sam Bowden Claude Kersek aufsucht, um ihn um eine Waffe zu bitten, erzählt er dem Privatdetektiv auch, welche Konsequenz sein Auftrag, Cady zusammenschlagen zu lassen, nach sich zieht. Als er sagt: »Die wollen in Raleigh 'ne Anhörung wegen der Tätlichkeit abhalten«, raucht er plötzlich eine Zigarette – ohne diese aus einer Schachtel genommen geschweige denn angezündet zu haben.

Anschlussfehler: An eben erwähnter Zigarette zieht Bowden dann wiederum eine ganze Weile lang nicht – folglich sieht man auch keinen Qualm. Auch nicht aus dem Aschenbecher, in den er die Zigarette abgelegt haben könnte. Dann kommt – völlig unvermutet – Zigarettenqualm ins Bild. Erst zaghaft, dann – als Kersek seinem Klienten vorschlägt, man könne Cady, wenn er in Bowdens Haus eindränge, »Abknallen – quasi in Notwehr« – ein ganzer Stoß.

Anschlussfehler: Als Cady Sam Bowden und dessen Familie zum Flughafen folgt, ist Cadys Cabrio wieder rot-weiß.

Achtung: Claude Kersek trägt, als er Max Cady in der Villa der Bowdens nachts auflauert, ein dunkelblaues, langärmeliges Hemd.

---

³ Hiob (Ijob, Job), zentrale Gestalt des nach ihr benannten alttestamentl. Buches, das zur Weltliteratur zählt; Hauptthema ist die Erprobung der Frömmigkeit Hiobs und dessen Heimsuchung mit den *Hiobsbotschaften* (Unglücksbotschaften). Quelle: LR

Dies und das: Als der Privatdetektiv ins Erdgeschoss geht und in der Küche auf (vermeintlich) Graciella [Zully Montero], die spanische Hausangestellte der Bowdens, trifft, setzt er sich an den Küchentisch und gießt sich einen »Jim Beam« ein. Darauf kippt er dann einen roten Mix und erzählt, dass eben dieses der Lieblingsdrink seines Vaters war. Als er das gefüllte Glas dann anschaut und in seiner Erzählung fortfährt mit »20 Jahre lang«, ist in dem Glas – ohne dass er bislang daran auch nur genippt hätte – nur noch ein Viertel dessen, was Kersek soeben erst einfüllte. (Sehr deutlich in Zeitlupe zu erkennen.)

Ungereimtheit: In ebendieser Szene setzt Kersek sich mit dem Rücken zu Graciella, was nicht nur überaus unhöflich, sondern auch unüblich (und in seinem Fall letztlich tödlich) ist – obwohl auch noch genau dieser Platz der einzige ist, an dem kein Bastset liegt.

Achtung: Als Graciella sich als Max Cady entpuppt, ist dessen Gesicht – insbesondere die Augenpartie und der Bereich an der Nasenwurzel – noch reichlich mitgenommen von den Hieben, welche ihm die drei Schläger versetzten. In jedem Fall hat er noch einen Bluterguss.

Anschlussfehler: Kerseks Leiche ist mit einem blau-weiß gestreiften Hemd bekleidet. Dass Cady den Toten (der dazu – wie die Lache zeigt – aus der Halsschlagader heftigst blutet) umgezogen haben könnte, ergibt absolut keinen Sinn.

Anschlussfehler: Bei der Entdeckung von Kerseks Leiche durch Sam, Leigh und Danielle Bowden ist rechts davon (←) eine riesige Blutlache. Sekunden später liegt ein weißes Tuch – oder was auch immer – darin, das jedoch niemand dort platzierte.

Dies und das: Auf der Fahrt von ihrer Villa zu ihrem Hausboot leuchten die Bäume auf der rechten Seite der Landstraße golden im Sonnenlicht. Dabei ist noch lange nicht Herbst. Es war doch gerade erst der 4. Juli. (Auf der Weiterfahrt sind die Bäume entsprechend von sattem Grün.)

Anschlussfehler: Als Max Cady sich in der Hafentoilette frisch macht, ist sein Gesicht längst nicht mehr so lädiert wie noch wenige Stunden zuvor (was sich aber auch wieder verändert).

Anschlussfehler: Nachdem Cady Sam Bowden auf dessen Hausboot aus dem Hinterhalt heraus außer Gefecht gesetzt hat, ist seine Stirn plötzlich reichlich mitgenommen. Und zwar ohne dass Bowden ihm einen Schlag versetzt hätte.

Anschlussfehler: Es stürmt und gießt in Strömen. Soeben war Max Cady noch klitschnass – doch schon als er Leigh und Danielle mit »Guten Abend, Ladys« überrascht, ist seine Kleidung total trocken: Als er den beiden Sams – nun in seinem Hosenbund steckende – Waffe zeigt, ist nirgendwo auch nur ein Tröpfchen Wasser. Nicht an der Kleidung, nicht auf der Waffe, nicht auf seiner Haut.

Anschlussfehler: Auch die Zigarre, die Cady aus seiner Kluft zaubert, ist trocken ... ganz wie die Zellophanhülle, welcher er sie entnommen hat.

( ) Anschlussfehler: Sam Bowdens Kleidung scheint ebenfalls auf wundersame Weise zu trocknen. Als er – nachdem er sich wieder bekrabbelt hat – am Steuer seines Hausboots steht, zeigt sein Hemd keine Spur von Nässe.

( ) Anschlussfehler: Als Cady sich – bei immer noch strömendem Regen an Deck des Bootes – Bowden gegenüber zum Richter aufspielt (»Das Volk ruft Samuel J. Bowden als Zeugen auf«), klebt Bowdens Hemd pitsche-patsche-nass an dessen Körper. Doch schon als Cady den Satz – nun innerhalb des Bootes – weiterführt und den Anwalt beschwört: »Die Wahrheit zu sagen und nichts als die Wahrheit«, sitzt Bowdens Hemd wieder locker und leicht.

(👁) Achtung: Um bei Bowdens Hemd zu bleiben: Als das Hausboot zu schlingern beginnt und alle durcheinander purzeln, ist es (wie die ganze Zeit über auf dem Hausboot) – bis auf den oberen Knopf – geschlossen. Die Ärmel sind – wie ebenfalls bisher die ganze Zeit – lang. Das heißt, die Manschetten umschließen die Handgelenke.

( ) Anschlussfehler: Nachdem Leigh und Danielle vom Boot gesprungen sind, ist bei dem darauf folgenden Kampf zwischen Cady und Bowden Bowdens Hemd zwar – wie es sich für diese Szene gehört – klitschnass. Dafür sind die Ärmel – als Sam Bowden (vergeblich) nach der am Boden liegenden Waffe langt – plötzlich bis zum Ellenbogen aufgekrempelt. Aber nur für einen Moment. In der nächsten Einstellung sind sie wieder lang.

(👁) Achtung: Als Bowden – nachdem er gestrandet ist – einen kleinen Stein aufgreift und damit nach Cady schlägt, weist sein linker Hemdsärmel (↓) einen Riss auf, der knapp über dem Ellenbogen beginnt und kurz vor der Schulter endet.

( ) Anschlussfehler: In derselben Szene, in der Bowden mit dem Stein auf Cady zurobbt, ist Bowdens Hemd auf einmal weit offen. Es sind gut und gern drei Knöpfe, die nun geöffnet sind.

( ) Anschlussfehler: Als Max Cady ruft: »Da sind wir, Anwalt! Zwei Anwälte, die es miteinander austragen«, versetzt er Bowden einen Schlag. Als Bowden sich um sich selber dreht, einen Augenblick lang im Matsch liegen bleibt, sich wieder hochrappelt und weiterkämpft, ist sein Hemdsärmel wieder heil.

( ) Anschlussfehler: Am Ende der Kampfszene – nachdem Bowden Cady erklärt: »Ich werde Sie töten«, und einen dicken Steinbrocken hochwuchtet, um diesen auf Cady zu werfen – sind nur noch die zwei oberen Hemdknöpfe geöffnet. Kaum hat er den Stein geworfen und hechelt – nach dieser Anstrengung – nach Luft, ist das Hemd (wieder) bis knapp zum Nabel offen.

( ) Anschlussfehler: Als Bowden am Strand hockt, während Cady kauderwelschend untergeht, ist wieder der Riss in Bowdens linkem Ärmel.

( ) Anschlussfehler: Nachdem Cady in den Fluten versunken ist und Sam Bowden die blutigen Innenflächen seiner Hände betrachtet, haben sich einige der Hemdknöpfe offenbar wieder von allein geschlossen. Um sich, nachdem Bowden seine Hände gewaschen hat, auf ebenso magische Art – diesmal bis auf den untersten Knopf – wieder geöffnet zu haben.

 Dies und das: So, wie Leigh, seit sie gestrandet war, offenbar mit der Nase im Matsch gelegen hat, dürfte sie eigentlich keine Luft mehr gekriegt haben …

 Anschlussfehler: Als Sam auf seine Frau zugeht, zeigt sein linker Hemdsärmel auf einmal einen langen und schmalen Riss. Also einen völlig anderen als zuvor.

Hintergrundwissen: Knapp drei Jahrzehnte nach Veröffentlichung der Originalversion von »Cape Fear« [1962, Regie: J. Lee Thompson] – »Ein Köder für die Bestie« –, ließen drei der damaligen Hauptdarsteller sich dafür gewinnen, in dem (überaus gelungenen!) Remake in Nebenrollen mitzuspielen: Robert Mitchum, der einst Max Cady verkörperte, schlüpfte nun in die Rolle von Lieutenant Elgart; Gregory Peck, im Original der Darsteller von Sam Bowden, ist in der Neuverfilmung Cadys Anwalt, und Martin Balsam, der ursprünglich die Rolle von Chief Dutton innehatte, ist in der neuen Version der Richter.

Zusatzinformation: In den seltensten Fällen gelingt es einem Remake, dem Original auch nur nahe zu kommen. Hier ist es anders: »Cape Fear« von 1991 übertrifft »Cape Fear« von 1962 – und zwar sowohl an Spannung als auch an der Ausgefeiltheit der Handlung und der Modellierung der Charaktere. Der große Unterschied in der Geschichte ist: Sam Bowden agierte nicht als Max Cadys Anwalt, sondern lediglich als Zeuge bei einem Prozess gegen den Vergewaltiger. Vor allem aber ist Cady – in der Urfassung – kein Analphabet, der sich, wie Max Cady im Remake, nachdem er im Gefängnis Lesen gelernt hat, zu einem zwar absolut irren, dennoch aber Hochintellektuellen entwickelt, der das Gelesene genial für seine Zwecke auszubeuten weiß. Nicht nur, als er sich mit Gott auf eine Stufe stellt (»Ich bin wie *Gott* und Gott ist wie *ich*. Ich bin so *groß* wie Gott, er ist so *klein* wie ich. Er kann nicht über *mir* und ich nicht *unter ihm* stehen! Angelus Silesius[4], 17tes Jahrhundert«), sondern auch, als er sich zu Bowdens Richter aufspielt: »Ich bin Vergil[5] und ich führe Sie durch die Pforten der Hölle! Wir sind jetzt in der neunten Hölle, der Hölle der Verräter!«[6] Filmfehler hin, Filmfehler her: »Cape Fear« ist die gelungenste Neufassung eines Films, die bislang gedreht wurde.

[4] Angelus Silesius (Pseudonym für Johann Scheffler), 1624–1677 – deutscher Dichter und Arzt – konvertierte 1653 zum Katholizismus, war ab 1661 als Priester tätig und verfasste, als eines von vielen Werken, »Der cherubinische Wandersmann«, Geistreiche Sinn- und Schlussreime, in dem er u. a., schrieb: »Ich bin so groß wie Gott, er ist als ich so klein. Er kann nicht über mir, ich unter ihm nicht sein.« (Dies und mehr zu Silesius in »Meister Eckhard – Mystik als Versuch einer Selbstbestimmung des Menschen« von Dr. Gerald Wicklein: www.here-now4u.de/meister_eckhard_-_mystik_als_v.htm)

[5] Römischer Dichter (70–19 v. Chr.), den Dante Alighieri (1265–1321) in dem in seinem Todesjahr vollendeten dreiteiligen Hauptwerk »Divina Commedia«, »Die Göttliche Komödie« als Führer durch Teil I (Die Hölle) und II (Die Läuterung) erkor.

[6] Mit Vergil als seinem Führer durchschreitet Dante neun Höllenkreise – beginnend beim Limbus, wo sich die unschuldig schuldig Gewordenen, die ungetauften Kinder sowie die antiken Dichter und Denker aufhalten, bis zur neunten und innersten Hölle, wo Lucifer die drei Erzverräter Judas, Brutus und Cassius zwischen den Zähnen zermalmt.

KRAMER GEGEN KRAMER
KRAMER VS. KRAMER
USA 1979 • REGIE: ROBERT BENTON

? **Ungereimtheit:** Als Billy Kramer [Justin Henry] seinen Vater Ted [Dustin Hoffman] mit der Frage »Wo ist Mami?« aus dem Schlaf reißt, will dieser wissen: »Wie viel Uhr ist es?«, woraufhin der Fünfeinhalbjährige auf die Uhr an Ted Kramers Handgelenk schaut und erwidert: »Der kleine Zeiger steht kurz vor der Sieben und der große auf der Neun.« Eigenartig daran ist, dass der Kleine zwar offenbar die Uhr nicht lesen kann, dafür aber problemlos die – aus seiner Sicht – auf dem Kopf stehenden Zahlen lesen kann, obwohl eine »9« darunter ist, welche durchaus mit einer »6« zu verwechseln wäre …

Dies und das: Um für Billy und sich »Arme Ritter«[1] zum Frühstück zuzubereiten, nimmt Ted Kramer unter anderem vier Eier aus dem Kühlschrank. Nachdem der Artdirector zu seinem Sohn sagt: »Ich ernenne dich hiermit zu meinem Assistenten«, legt er die Eier auf die Arbeitsplatte neben dem Herd. Als er das erste davon hochnimmt, um es in die Tasse zu schlagen, gerät ein anderes Ei ins Rollen – und müsste eigentlich auf dem Fußboden landen. Was es offenbar erstaunlicherweise nicht tut, obwohl weder Ted noch Billy Kramer es abfangen.

Achtung: In ihrem Brief an Billy schreibt Joanna Kramer [Meryl Streep]: »(…) Mami ist weggegangen. Manchmal kommt es vor, dass Daddys weggehen und Mamis mit ihren Jungen allein bleiben. Aber manchmal kann eben auch eine Mami fortgehen (…). Ich bin fortgegangen, weil ich etwas mit meinem Leben machen muss. (…) Jeder muss das tun und so tue ich das auch. Deine Mami zu sein ist eine Aufgabe, doch es gibt auch noch andere, und um diese anderen Aufgaben geht es mir jetzt (…).«

Achtung: Das Glas mit Milch, welches beim Abendessen neben Billys Teller steht, ist zur Hälfte gefüllt.

Anschlussfehler: Die Füllhöhe des Glases, in welchem sich – neben Ted Kramers Teller – ein Softdrink befindet, erreicht nicht ganz den oberen Rand der danebenstehenden Dose. Als Ted Kramer das Glas jedoch an die Lippen setzt, ist es um einiges mehr gefüllt.

Dies und das: Weit dürfte Ted Kramer in dem Bemühen, seinem Sohn Tischmanieren beizubringen, wohl eher nicht kommen. Mit: »Iss nicht mit den Fingern (…), hier – nimm 'ne Gabel!«, und mit »Sitz gerade!« ist es schließlich nicht getan, zumal Ted Kramers eigene Tischmanieren mehr als zu wünschen übrig lassen: Sein rechter Zeigefinger ruht auf dem Rücken der Klinge, als er Billys Essen schneidet. Anstatt die Gabel zum Mund zu führen, führt Ted

---

[1] »French Toast« (»Arme Ritter«): In einer Schüssel 2 Eier, 100 ml Milch und 1 Tüte Vanillezucker mischen. Den Toast hineintauchen und umdrehen, bis er sich vollgesogen hat. In einer Pfanne 1 Esslöffel Butter bei mittlerer Hitze zerlassen. Wenn sie aufhört zu schäumen, den nassen Toast von beiden Seiten goldbraun anbraten. Quelle: Kinderkanal: www.kika.de/_inhalte/tv/sendungen/k/koch_charts/index_folge010505.shtml

Kramer den Mund zur Gabel. Dann klebt er mit dem rechten Ellenbogen am Tisch fest und liest auch noch beim Essen!

Anschlussfehler: Nachdem Billy vom Tisch aufgestanden und in sein Zimmer gegangen ist, zeigt die Kamera den Esstisch erneut. Nun ist das Glas mit Milch nur noch zu etwa einem Drittel gefüllt – ohne dass Billy zwischenzeitlich davon getrunken hätte.

Anschlussfehler: Nachdem Billy »das Eis mit den Schokoladensplittern« aus dem Gefrierfach genommen und die Packung geöffnet hat, häuft er Eiscreme auf einen Esslöffel – ein Teil davon fällt wieder zurück in die Eispackung. Als er den Löffel zum Mund führt, ist sehr viel mehr darauf als vorher. Mehr noch: Als sein Vater ausrastet und sich den Kleinen packt, ist der Löffel plötzlich leer. Gegessen haben kann Billy das Eis noch nicht – aber es fällt auch nirgendwohin.

Ungereimtheit: Auf Billys Behauptung: »Deshalb ist Mami weggegangen, nicht? Weil ich ungezogen bin«, widerspricht sein Vater ihm, erklärt ihm vielmehr: »Ich glaube, Mami ist viel länger bei uns geblieben, als sie wollte. Nur, weil sie *dich* so lieb hat. Und der Grund, warum Mami weggegangen ist, der liegt bei *mir*, Billy. Sie konnte nicht mehr mit *mir* leben. Sie hat uns nicht *deinetwegen* verlassen, sondern *meinetwegen*.« Verwunderlich ist an dieser Stelle, dass der mittlerweile über sechsjährige – und sonst immerhin recht aufgeweckte – Junge weder zur Sprache bringt, was seine Mutter in ihrem Brief an ihn geschrieben hatte, noch – sollte er das verdrängt haben – wissen will, weshalb sie ihn dann nicht mitgenommen hat.

Achtung: Margaret Phelps [Jane Alexander], selbst Mutter, sitzt mit Ted Kramer auf einer Bank an einem Spielplatz und erzählt ihm von dem Reinfall mit ihrem Französischlehrer. »(…) Und während des ganzen Abends musste ich immer nur an *eins* denken. Dass *ich*, um mir seine *Probleme* anzuhören, einem Babysitter dreieinhalb Dollar pro Stunde bezahle.«

Ungereimtheit: Alldieweil Margaret Phelbs selbst Kinder hat – und wohl kaum ohne Kind (für das sie immerhin einen Babysitter engagiert) auf den Spielplatz geht: Wo ist ihr Kind, als sie Ted Kramer in die Notaufnahme des Krankenhauses folgt?

Ungereimtheit: Der Jobvermittler [Nicholas Hormann] erklärt seinem neuen Klienten: »(…) wir schreiben den 22. Dezember. (…) Es ist Freitag vor Weihnachten, Mr Kramer!« Dennoch beharrt Ted Kramer darauf, für 16:00 Uhr einen Termin bei der Agentur »Norman, Craig und Kummel« gemacht zu bekommen – und erhält einen solchen auch. Im »richtigen Leben« dürfte so etwas – selbst im Land der unbegrenzten Möglichkeiten – wohl eher kaum zu bewerkstelligen sein. Gleiches gilt übrigens für seine nachfolgende Zusammenkunft mit Mr Spencer [Jack Ramage], dem Creativedirector.

Dies und das: Völlig fasziniert von der Aussicht, die Daddys neues Büro bietet, fragt Billy Kramer seinen Vater: »Was is'n *das* für ein großes Haus, das da direkt am Wasser?«, und bekommt zur Antwort: »Das ist das UN-Gebäude. Das Wasser, das ist der East River. Und siehst du die Häuser da auf der andern Seite? Das ist Queens. Und *das* da – *ganz* weit da hinten –

weißt du, was *das* ist? – Brooklyn.« Nur genau das sagt Ted Kramer in der Originalfassung nicht. Da kommt lediglich ein »Br-« über seine Lippen, dann erfolgt ein harter Schnitt. Und: Brooklyn, so Orstkundige, kann aus dieser Perspektive nicht zu sehen sein, sondern nur die Bronx – wobei er hierfür »the Br-« hätte sagen müssen. Filmfehlerfans gehen folglich davon aus, dass Ted Kramer alias Dustin Hoffman sich versprochen hat – die Crew dem Kind (und wohl auch sich) aber ersparen wollte, diese Szene erneut drehen zu müssen.

Hinter den Kulissen: Die ursprüngliche Wahl für die Rolle des Ted Kramer war Al Pacino. Der wollte aber nicht, spielte stattdessen lieber in »And Justice for All«, »Und Gerechtigkeit für alle«. Für diesen Film wurde Al Pacino auch für den Oscar nominiert.
So kam durch Al Pacinos Absage schließlich Dustin Hoffman zu dieser Rolle und ebenfalls zu einer Oscar-Nominierung. Bei der Verleihung der Academy Awards zeigte sich dann, dass die zweite Wahl erste Wahl war: Dustin Hoffman kam als Ted Kramer zu seinem ersten Oscar, nachdem er zuvor schon als Darsteller in den Filmen »Die Reifeprüfung«, »Midnight Cowboy« – »Asphalt Cowboy« und »Lenny« dreimal für den Oscar nominiert gewesen war.

Zusatzinformation: Auch Dustin Hoffmans Film-Partnerin Meryl Streep wurde für die weibliche Hauptrolle als Joanna Kramer in »Kramer gegen Kramer« mit dem Oscar ausgezeichnet. Kaum entgegengenommen, ließ Meryl Streep das gute Stück noch während der Oscar-Verleihung auf der Damentoilette stehen – und weg war es.

Hinter den Kulissen: Für die Rolle der Joanna Kramer hatte man übrigens ursprünglich an Kate Jackson gedacht, die Sabrina Duncan in der Original-TV-Serie »Drei Engel für Charlie«. Doch wegen Terminüberschneidungen mit dem Drehplan für »Drei Engel für Charlie« musste das frühere Max-Factor-Model Kate Jackson absagen. Kate Jackson, deren schöne Beine mit unglaublichen 8 Millionen Dollar versichert waren, kam ohne große Kinoerfolge, allein über ihre Beliebtheit als Fernseh-Schauspielerin zu einem der heiß begehrten Sterne auf dem »Walk of Fame«.

MELODIE DES TODES
SEA OF LOVE
USA 1989 • REGIE: HAROLD BECKER

Deutsche Sprache, schwere Sprache: Nachdem Detective Frank Keller [Al Pacino] auf dem Plattenteller des ermordeten James Mackey [Brian Paul] die Single »Sea of Love« gefunden hat, erklärt er seinen Kollegen: »Schallplatten, 45er. Ist doch klar: Man kramt nur seine alten Schallplatten aus der Kommode für das erste Rendezvous. Wenn man noch beweisen will, wie toll man ist. Man lässt die alten Schnulzen *für sie* sprechen, die man nur für sie aufgehoben hat.«

Zusatzinformation: Die Originalversion des Songs »Sea of Love« stammt von Phil Phillips (eigentlich John Phillip Baptiste) und verkaufte 1957 mehr als zwei Millionen Singles (Mercury Records). Der Song, mit dem übrigens auch Del Shannon 1982 auf Platz 33 und die Honeydrippers[1] 1984 auf Platz 3 der US-Pop-Hitliste gelangten, war – 1957 mit Platz 2 der US-Popcharts (und 14 Wochen in den Top 40) – Phillips einzige Hit-Single. In dem Film »Sea of Love« ist auch eine Tom-Waits-Version des Oldies zu hören.

Anschlussfehler: Das zweite Mal, dass Detective Frank Keller [Al Pacino] die Wohnung des Mordopfers James Mackey betritt, geht er hinein, ohne die Tür hinter sich zu schließen. Als, noch während Kellers Anwesenheit, »Lonelyheart« Gina Gallagher [Christine Esterbrook] James Mackey besuchen will, muss sie klingeln – und der Detective die Wohnungstür erst aufsperren –, die sich offenbar von selbst verriegelt hat.

Dies und das: Nach Detective Frank Kellers und Helen Grubers [Ellen Barkin] überaus erotischem Treffen im Supermarkt übernachtet er bei ihr. Als er – während sie weiterschläft – aufwacht, setzt er sich auf das Bett und beginnt, seine Unterwäsche anzuziehen. Er trägt jedoch bereits eine Unterhose, wie, als er auf dem Bett sitzt (↑), deutlich an deren Gummizug sichtbar ist.

Ungereimtheit: Obwohl Detective Frank Keller vorgibt, seine neue Freundin sei – in jedem Fall für ihn – über jeden (Mord-)Verdacht erhaben, lässt er das Ergebnis seiner Suche danach, ob sie (was nicht der Fall ist) einen Eintrag im Strafregister hat, auf dem Monitor seines Computers stehen, anstatt es wegzudrücken.

Anschlussfehler: Als Detective Frank Keller nachts um eins in Helens Küche steht – während sie ihre Mutter [Jaqueline Brookes] fragen will, ob sie mit zu ihm gehen kann –, stößt er versehentlich an eine Ansichtskarte, die am Kühlschrank befestigt ist. Obwohl er nur den dazugehörigen Magneten aufhebt und wieder an der Kühlschranktür anbringt, ist bei

---

[1] Unter diesem Namen nahm der frühere Led-Zeppelin-Sänger Robert Plant zusammen mit Freunden eine Hand voll Oldies aus den 50ies und 60ies neu auf. Man erreichte damit Hitparadenplatzierungen: Billboard-#3 Pop-Charts für die Single »Sea of Love«, mit denen niemand rechnen konnte.

der ersten Großaufnahme der ebenfalls dort angehefteten Heiratsannoncen die Karte wieder da. Bei der nächsten Einstellung ist sie erneut verschwunden – und, bei Helens Rückkehr in die Küche, wieder da.

 Dies und das: Die Zeitungsannonce von James Mackey besteht – in der deutschen Synchronversion – aus lediglich vier Zeilen:
»Großstadtstraßen unter meinen Füßen,
vier Uhr morgens, die längsten Stunden.
Die Jagd geht weiter, nach meiner Süßen,
denn nur die Liebe heilt meine Wunden.«
In der an Helen Grubers Kühlschrank befestigten und markierten Seite aus dem Heirats-anzeigenmarkt umfasst sie fünf bis sechs Zeilen.

Dies und das: Der Wandspiegel, der in Detective Frank Kellers Wohnung hängt, ist definitiv nicht aus Glas. Nicht nur geht er während Kellers Kampfes mit Terry Gruber [Michael Rooker] nicht zu Bruch, sondern bewegt sich, als Frank Keller – nachdem sein Angreifer ihn mit den Worten: »Es ist nicht deine Frau, es ist nicht deine Familie«, angesprungen hat – mit dem Rücken heftigst hineingestoßen wird.

Hinter den Kulissen: Von 1988 bis 1993 war Ellen Barkin mit dem Schauspieler Gabriel Byrne (»The Ususal Suspects«, »Die üblichen Verdächtigen«) verheiratet, mit dem sie auch zwei Kinder hat. Interessant ist, dass Gabriel Byrne gerne für den gleichen Typ besetzt wird wie Al Pacino, mit dem Ellen Barkin »Melodie des Todes« drehte. Die Scheidung der Schauspielerehe erfolgte übrigens erst nach sechs Jahren Trennung, 1999.

Zusatzinformation: 2000 ging Ellen Barkin eine Ehe mit dem elf Jahre älteren Ron Perelman, Vorstandsvorsitzender von Revlon, ein. Für Ron Perelman ist es die vierte Ehe.

MISERY

MISERY

USA 1990 • REGIE: ROB REINER

() Anschlussfehler: Der Film beginnt damit, dass Bestsellerautor Paul Sheldon [James Caan] die letzten Worte seines neuen Buches (bislang »Untitled« – ohne Titel) in eine Maschine tippt[1]. Und zwar – wie es sich für ein Manuskript gehört (das Platz für Korrekturen lässt) – zweizeilig. Als er die Seiten zusammenpackt, ist das gesamte Manuskript anderthalbzeilig beschrieben.

() Anschlussfehler: In der ersten Totale des Gästezimmers, in dem Annie Wilkes [Kathy Bates] Paul Sheldon untergebracht hat, gibt es mehrere Lichtquellen, aber keine Deckenlampe. Als Sheldon aus dem Koma erwacht, steht links neben dem Bett (↓) ein Tropf. In einer weiteren Szene, in der die Exkrankenschwester ihrem Patienten Novril gegen seine Schmerzen in den Mund gibt (»weit aufmachen!«), befindet sich auf der Bettseite (↓), wo zuvor der Tropf war, nun eine Wandlampe mit Schirm. Nur eben nicht durchgehend: Als Annie Wilkes Paul Sheldon – einige Filmminuten später – fragt: »Wie heißt Ihr neues Buch?«, ist besagte Lampe plötzlich verschwunden (taucht danach aber wieder auf).

? Ungereimtheit: Als Marcia Sindell Sheriff Buster [Richard Farnsworth] von Sivercreek anruft, um ihm zu sagen, dass es sie beunruhige, von Paul Sheldon nichts zu hören, begründet sie das mit: »(...) seine Tochter hat noch nichts von ihm gehört, und wenn ein neues Buch herauskommt, meldet er sich normalerweise.« Die Sache ist nur die: Zu diesem Zeitpunkt ist gar kein neues Buch von Paul Sheldon veröffentlicht worden. Was – wie wir später erfahren – soeben auf den Markt kam, ist die zweite Auflage von »Misery's Child«. (Sinn gemacht hätte zu sagen: Wenn er – was er ja hatte – die Arbeit an einem neuen Buch fertig gestellt hat, meldet er sich normalerweise.)

() Anschlussfehler: Nachdem Annie Paul Sheldon rasiert hat, hat er zwar noch Schaum im Gesicht, nicht aber rechts unter seinem Kinn (←). Kaum allerdings hat er sich den Rest des Rasierschaums mit einem Tuch fortgewischt (und Annie Wilkes fragt: »Was glauben Sie, wann kann man wieder telefonieren?«), zeigt sich ebendort ein Schaumtupfer. Als Annie – just bevor sie das Zimmer verlässt – Sheldon fragt: »Darf ich Sie um einen Gefallen bitten?«, und die Kamera wieder auf ihn umschneidet, ist die Haut unter seinem Kinn sauber. Nachdem sie angesetzt hat, ihm zu erklären, welcher Art der Gefallen ist, und er sagt: »Sie wollen es (sein soeben fertig gestelltes Manuskript) lesen?!«, kommt Sheldons Gesicht erneut ins Bild. Und da ist er wieder: der Schaumtupfer.

? Ungereimtheit: Interessiert an allem, was Paul Sheldon zu Papier bringt, fragt sie nach dem Titel seines neuen Buches, woraufhin er ihr antwortet: »Ich hab' noch keinen Titel.«

---

[1] »Breathing might not seem like much. But without it, what else was there …?« Sinngemäß: (Nur noch) zu atmen schien nicht viel zu sein. Aber wenn auch das nicht mehr war – was blieb dann noch?

Ihre Frage, wovon es handele, beantwortet er mit: »Keine Ahnung. Ich weiß, das klingt verrückt, aber ich hab' so lange nur an diesen ›Misery‹-Romanen gearbeitet –. *Lesen* Sie's doch und dann sagen Sie mir, wovon Sie meinen, dass es handelt – und vielleicht sagen Sie mir dann einen Titel.« Das allerdings klingt nicht nur verrückt, sondern ist auch unglaublich. Immerhin hatte er seiner Agentin kurz vorher erklärt: »Also, ich fahr' jetzt nach Colorado und versuch' das neue Buch fertig zu kriegen. Wenn ich das schaffe, dann schaff' ich vielleicht etwas, was auf einem Grabstein stehen kann.«

Wenn ein Autor meint, ein »Jahrhundertwerk« geschrieben zu haben, *muss* der Autor Sinn und Zweck dieses Buches kennen. Immerhin ist zumindest die erste Version des Manuskriptes bereits fertig gestellt – und endet mit einer Feststellung, die schlicht und ergreifend einen (wie auch immer gearteten) Handlungsablauf voraussetzt. Wie sonst könnte der (vermutlichen) Hauptperson (warum und wie auch immer) – nicht mehr geblieben sein als das nackte Leben – aber immerhin doch das ...?!

Anschlussfehler: Neben der Wandlampe mit dem beigebraunen Schirm macht sich auch der ovale Vorlegeteppich, der links neben Paul Sheldons Bett liegt (↓), gern selbstständig, denn er liegt nie an dem gleichen Platz. Und als Paul Sheldon sich – in einer späteren Szene –- nachts aus dem Bett fallen lässt, ist der kleine Teppich gar ganz verschwunden (bleibt dies aber ebenso wenig wie die Lampe an der linken Bettseite (↓).

Anschlussfehler: Die Suppe, mit der Annie Wilkes Paul Sheldon füttert, ist von mittel-dunklem Rot und reichlich flüssig. Als sie die Suppe verschüttet, ist sie wesentlich heller und wirkt in ihrer Konsistenz nicht mehr ganz so dünnflüssig.

Anschlussfehler: Auf der Suche nach Paul Sheldons schwarzem 65er Mustang fahren Sheriff Buster und dessen Frau Virginia [Frances Sternhagen] über eine (was besonders gut durch das Heckfenster zu erkennen ist) bis auf ihre Fahrspur schneebedeckte Landstraße. Nachdem sie an einer Böschung Halt gemacht haben, geht ihre Weiterfahrt auf einer wesentlich weniger schnee(matsch)bedeckten Straße weiter. Nun ist die Fahrspur so breit, dass Annie Wilkes – aus der Gegenrichtung kommend – problemlos an dem Auto der beiden vorbeifahren kann.

Anschlussfehler: Als Paul Sheldon sich nachts aus dem Bett fallen lässt, ist der Vorlegeteppich verschwunden.

Ungereimtheit: Obwohl Annie eine überaus großzügige Menge Feuerzeugbenzin auf Sheldons Bettzeug spritzt, entzündet er – »technisch« gesehen – problemlos das Streichholz, welches er dann auf das – ebenfalls von Annie mit Benzin getränkte – Manuskript seines jüngsten Werkes wirft. Sheldons Fingernägel sind zu diesem Zeitpunkt total kurz.

Dies und das: Nach dem vielen Benzin, das Annie auf Sheldons Bettzeug verteilte, wäre eigentlich ein Wechsel zumindest des Bezugs angebracht gewesen. Der geschieht aber noch lange nicht – obwohl es mindestens zwei weitere (weißgrundige) Sets Bettwäsche gibt. (Eines – mit zarten Ornamenten – sehen wir zu Beginn und gegen Ende des Films, nachdem der Autor ein Messer aus der Küche entwendet und unter seiner Matratze versteckt hat, ein weiteres sahen wir, als Annie Wilkes Paul Sheldon fragte, ob sie das in seiner Aktentasche befindliche Manuskript lesen dürfe.)

Anschlussfehler: Als Paul Sheldon die zwei Schmerztabletten, die Annie ihm verabreichte, unter seiner Matratze versteckt, sind seine Fingernägel – wie in der Szene davor – kürzer als kurz. Aber nicht mehr lange ...

Anschlussfehler: Als Annie in ihrem Zimmer fernsieht und Paul in seinem Zimmer eine Mahlzeit zu sich nimmt, hat sich die Beleuchtung seines Zimmers schon wieder verändert. Nun ist da eine Deckenlampe, die bisher nicht da war.

Dies und das: Um Annie zu zeigen, dass er auf dem teuren Papier, welches sie für ihn kaufte, das Farbband verschmiert, tippt er das Wort »Smudge« – Schmutzfleck, schmieren – auf eines der Blätter. Obwohl dieses Wort aus nur sechs Buchstaben besteht, tut er dies mit – was bei konzentriertem Zuhören feststellbar ist – sieben Anschlägen (erst folgen drei davon schnell aufeinander, dann vier).

Anschlussfehler: Während Annie erneut im Dorf ist, um die von Sheldon gewünschte Marke Schreibpapier zu besorgen, findet er eine ihrer Haarklammern. Als er sie aufhebt – um sich einen Schlüssel daraus zu fertigen –, sind seine Fingernägel enorm gewachsen. Wie lang sie nun sind, ist auch gut erkennbar, als er wenig später die Tür seines Zimmers mit besagter Haarklammer öffnet.

Anschlussfehler oder Interpretationsfrage? Beim Durchsuchen von Annies Zimmer stößt Paul Sheldon einen Keramikpinguin um – und stellt ihn falsch herum wieder auf den Tisch. In einer späteren Szene – bei seinem Candlelight-Dinner mit Annie – steht der Pinguin wieder so, wie er stehen sollte. Das allerdings muss nicht zwingend als Anschlussfehler gewertet werden: Wie sich herausstellt, hatte Annie anhand des falsch stehenden Pinguins erkannt, dass Sheldon es irgendwie geschafft haben musste, sein Zimmer zu verlassen – und kann ihn zwischenzeitlich selbst wieder richtig – mit dem Blick »genau nach Süden« hingestellt haben.

Ungereimtheit: Nach dem Malheur mit dem Pinguin entdeckt Sheldon auf einer Anrichte ein gerahmtes Foto von sich, rechts davon fünf und links davon vier gebundene »Misery«-Romane (und auf jeder Seite vier »Misery«-Romane im Taschenbuchformat). Bei flüchtiger Betrachtung erscheint das logisch: Sobald Paul Sheldon nach seinem Unfall wieder bei Sinnen war, erklärte ihm Annie Wilkes, sein »allergrößter Fan« zu sein, und fügte hinzu: »Ach, Paul, ich hab' alles von Ihnen gelesen. Die ›Misery‹-Romane, ich kenn alle auswendig. Alle *acht* Romane.«
Kurze Zeit später dann kam sie strahlend mit einer Hardcoverausgabe von »Misery's Child« aus dem Dorf zurück: »Sehen Sie mal, was ich hier *habe*! Sie hatten es im Laden, Paul. Es gab einen ganzen Stapel davon. Da hab' ich mein Geld auf den Tisch geknallt und bekam das *erste* Exemplar.« Abgesehen davon, dass Annie Wilkes – wie der Kolonialwarenhändler Pete [Jerry Potter) später noch Sheriff Buster erzählen wird – sich immer ein Exemplar von der ersten

Auslieferung reservieren lässt[2] – ist genau dies das Dilemma: Da wir von Paul Sheldons Literaturagentin Marcia Sindell [Lauren Bacall] zu Beginn des Films gehört haben: »Die Erstausgabe von ›Misery's Child‹ überstieg die Millionengrenze«, kann es sich bei dem Buch, welches Annie Wilkes soeben erstand, nur um ein Exemplar der zweiten Auflage gehandelt haben (welche sich bei Romanen – da keine Notwendigkeit einer Aktualisierung besteht – inhaltlich im Allgemeinen nicht von der ersten unterscheidet). Das wiederum bedeutet: Annie *muss* »Misery's Child« – und damit Miserys Ende – bereits gekannt haben, bevor sie Paul Sheldon nach seinem Autounfall zu sich nahm. Denn dass ein neues Buch eines derart berühmten Bestsellerautors seinen Weg nicht in Petes »General Store« geschafft hätte, ist mehr als unwahrscheinlich. Zumal auch die Medien – insbesondere, da der Autor seine Heldin sterben ließ – ausführlich darüber be-richtet haben müssten. (Hätte Ian Fleming James Bond sterben lassen, wäre das auch an niemandem vorbeigegangen ...)

Anschlussfehler: Als Annie mit dem von Sheldon gewünschten Maschinenpapier die Treppe zu ihrer Haustür hochsteigt, wird ihr Haar von keiner Nadel gehalten. Als sie durch die geschlossene Tür ruft: »Ich hab' Ihr Papier!«, und ihm wenig später einen Block und Kugelschreiber für eventuelle Notizen reicht, trägt sie auf der linken Seite (↓) eine Haarklammer.

Anschlussfehler: Als Paul Sheldon vor seiner Maschine sitzt und das unbeschriebene Blatt Papier anstarrt, steht dort (↓) eine Flasche Tipp-Ex. Die war vorher nicht da.

Dies und das: Als Sheldon »fuckkfuckfuckfuckfuck« in die Schreibmaschine tippt, ruhen seine Handballen auf der Tischkante. Nur: So dürfte er gar nicht schreiben können. Die Tasten der großen, alten »Royal 10« sind viel zu hoch, als dass er sie so anschlagen könnte. (In der Folgeszene, die seine Hände auf der Tastatur zeigt, stimmt die Handhaltung.)

Anschlussfehler oder Interpretationsfrage: Nach dem Schnitt auf die Ridge-Farm bei Nacht im Schnee findet das Candlelight-Dinner statt, welches Paul Sheldon seinem »allergrößten Fan« vorschlug, »um Miserys Rückkehr zu feiern«. In der ersten Einstellung dieser Szene steht vorn (↑) das Tischchen mit dem Keramik-Pinguin. Und man sieht es ein zweites Mal: Nachdem Paul Sheldon Annie erklärte, das Essen wäre wunderbar: »So wie Sie!«

Anschlussfehler: Links von Paul Sheldons Essteller liegt (↓) – als er Annie und sich Wein einschenkt – ein Brötchen. Als sie mit dem Essen beginnen will und er zu ihr sagt: »Warten Sie, es soll doch alles richtig sein. Haben Sie Kerzen?«, ist das Brötchen auf seinen Teller gehüpft. Sobald Annie jedoch mit Kerzenleuchter und Kerze wiederkommt und schwärmt: »Wenn mir mal einer gesagt hätte, dass ich in meinem eigenen Haus mit Paul Sheldon zu Abend essen würde ...«, befindet sich das Brötchen wieder links von Sheldons Essteller (↓).

---

[2] Kolonialwarenhändler Pete zu Sheriff Buster über Annie Wilkes Gepflogenheiten, was Paul-Sheldon-Romane angeht: »Jedes Mal, wenn der Bursche ein neues Buch schreibt, muss ich ihr das erste Exemplar zurücklegen.«

Dies und das: Während Paul Sheldon an den Kapiteln 12 bis 19 von »Miserys Rückkehr« schreibt, sind – in einer Großaufnahme – die Typenhebel der Schreibmaschine bestens zu sehen. Da fehlt nicht einer – und es ist auch kein Kopf abgebrochen. Das »N« ist also durchaus vorhanden – obwohl dieser Buchstabe auf keiner der Manuskriptseiten auftaucht, die Sheldon in diese Maschine tippt.

Fehl am Platz: Nachdem Paul Sheldon ein Messer aus Annies Küche entwendet und in seiner Armschlinge versteckt hat, übt er, es blitzschnell hervorziehen zu können. Dabei erklingt ein metallisches Geräusch – das hier absolut nichts zu suchen hat.

Dies und das: Nachdem Paul Sheldon, kurz vor dem Einschlafen auf Annie gemünzt, zu sich selber sagt: »Ich seh' dich morgen«, zeigt die Kamera eine Außenaufnahme der Ridge-Farm bei Nacht. Dass der Regen, der hier fällt, aus der Gießkanne kommt, ist mehr als offensichtlich.

Dies und das: In der Szene, in der Annie Paul Sheldon zugesteht, dass er »Miserys Rückkehr« zu Ende schreibt – und er »Drei Tage und drei Nächte hatte Misery geweint ...« in die Maschine tippt – sind die Nägel seines linken Daumens und Zeigefingers derart kurz, dass man fast meinen könnte, Paul Sheldon habe vor Verzweiflung begonnen, Nägel zu beißen ...

Anschlussfehler: Als Annie Wilkes »Nein, nein, nein – nicht Misery!« rufend vor dem brennenden Manuskript von »Miserys Rückkehr« kniet, hebt Sheldon die Schreibmaschine hoch, um sie der total verrückten Krankenschwester auf den Kopf zu werfen. Dabei dreht sich die Maschine in seinen Händen: Erst sind die Tasten oben, dann unten, dann wieder oben – als die Maschine zu Boden fällt, landet sie – rechts von Annie Wilkes (↑) auf dem Rücken. Dennoch befindet sich die Schreibmaschine, als Annie sie aus dem Weg schiebt, um Sheldon an die Gurgel gehen zu können, zu ihrer Linken – und steht auf ihren vier Füßen.

Dies und das: Als Paul Sheldon Annie Wilkes die Schreibmaschine auf den Kopf haut, sieht man für den Bruchteil einer Sekunde eine peinlich schlecht gearbeitete Perücke.

Anschlussfehler: In beider Kampf um Leben und Tod drückt Paul Sheldon mit seinen Daumen Annies Augen ein – woraufhin unter beiden Blutstropfen zu sehen sind. Nachdem er ihr noch einen Faustschlag auf die Nase versetzt, fällt sie rücklings flach zu Boden, kommt wieder hoch – und hat nun zwar Nasenbluten, aber kein Blut mehr unter den Augen. Auch der rechte Handrücken des Schriftstellers zeigt während des Kampfes unterschiedliche Mengen Blut – wirkt (als er in das verkohlte Papier greift, um es ihr in den Mund zu stopfen) gar wie in Blut getaucht. Seine linke Hand jedoch bleibt absolut sauber.

Dies und das: Der Dummy, welcher Kathy Bates am Ende des Kampfes ersetzt, ist grottenschlecht modelliert und hat mit dem Aussehen der Schauspielerin absolut nichts gemein. Zu sehen ist es, nachdem Annie Wilkes Paul Sheldon zwischen die Beine tritt, sich aufrappelt, er ihr ein Bein stellt und sie mit dem Kopf auf der Schreibmaschine landet.

Dies und das: Als Paul Sheldon – in der Annahme, Annie Wilkes sei tot – durch das Zimmer robbt (bevor sie ihn erneut angreift), zeigt seine linke Hand nicht die geringste Spur von Blut.

 Dies und das: Auch der Dummy, welcher Paul Sheldon ein schweres, eisernes Bügeleisen ins Gesicht knallt, ist alles andere als gelungen.

Hinter den Kulissen: Rob Reiner, der Regisseur des Films, hat einen Cameo-Auftritt[3] als Hubschrauberpilot in »Misery«.

---

[3] Cameo-Auftritt: der superkurze Filmauftritt eines Stars bzw. einer sonstwie bekannten Persönlichkeit. Das berühmteste Beispiel dafür sind Hitchcocks Auftritte in seinen eigenen Filmen.
Aber auch Busen-Filmer Russ Meyer – ein Regisseur im Bermudadreieck zwischen Kult, Trash und Kultur – zeigt sich gerne in Winzigrollen in seinen eigenen Filmen.

MONDSÜCHTIG
MOONSTRUCK
USA 1987 • REGIE: NORMAN JEWISON

Achtung: Das Grau in Loretta Costorinis [Cher] Haar ist mal mehr, mal weniger – und in gut der Hälfte der Szenen überhaupt nicht – grau.

Anschlussfehler: Als Loretta ihrem Vater Cosmo Costorini [Vincent Gardenia] mitteilt, dass Johnny Cammareri [Danny Aiello] ihr einen Heiratsantrag gemacht habe und sie mit ihm darauf anstößt, ist ihr Glas die gesamte Szene über mal mehr, mal weniger, dann wieder mehr mit Mumm gefüllt. Ohne dass sie davon getrunken hätte – oder obwohl sie davon getrunken (und das Glas nicht nachgefüllt) hat.

Die Ausstattung spielt mit: Während Rose Costorini [Olympia Dukakis] am Herd Röstebrot mit Spiegelei zubereitet, kommt ihr Schwiegervater [Feodor Chaliapin jr.] – siehe auch »Dies und das« – mit den Hunden nach Hause und in die Küche. Nachdem Rose sagt: »Geht nach oben, alle nach oben«, und »Paps« erwidert: »Wir gehen ja schon, va bene, va bene«, ist deutlich erkennbar, wie die Hunde nach links und damit aus dem Bild gezogen werden.

Anschlussfehler: Das Stück Steak, das Ronnie Cammareri [Nicolas Cage] abschneidet, ist sehr viel größer als jenes, welches er zum Mund führt.
Anmerkung 1: Keine linke Hand hin, keine linke Hand her – wie der Bäcker beim Steakessen das Messer (in seiner rechten Hand) benutzt, tut einfach nur weh!
Anmerkung 2: Der Synchronsprecher von Nicolas Cage für »Mondsüchtig« (und gleichermaßen auch »Peggy Sue hat geheiratet« [1986] – siehe auch »Hintergrundwissen«) war die denkbar schlechteste Wahl.[1] Nicht nur, weil seine Stimme der Originalstimme des US-Oscar-Preisträgers[2] nicht im Geringsten ähnelt, sondern weil auch die Phrasierung absolut grauenhaft ist. Mit »Kiss of Death« fand das ein Ende.[3]

Anschlussfehler: Als die gesamte Familie beim Abendessen über Lorettas bevorstehende Hochzeit diskutiert, zeigt auch die noch gefüllte der zwei Flaschen kalifornischen Rotweins magische Qualitäten. Sie füllt sich, was in Relation zum gläsernen Logo – in der ersten Großaufnahme (↓) – deutlich wird, (wenngleich nur einen Fingerbreit) von allein – und, nachdem aus ihr nachgeschenkt wurde, auch zum »Eingangspegel« wieder auf.

Englische Sprache, schwere Sprache: Bei ihrer Beichte erklärt Loretta dem Priester [Anthony Messuri]: »Zweimal hab ich den Namen des Herrn missbraucht, einmal hab ich mit dem Verlobten meines Bruders geschlafen (…).« Das ist natürlich völliger Blödsinn (zumal Loretta gar keinen Bruder hat)! Außerdem heißt es im Original eindeutig: » (…) once I slept with

---

[1] Ulrich Gressieker
[2] Oscar für 1995 für »Leaving Las Vergas« (Hauptdarsteller). Quelle: IMDb
[3] Seit »Kiss of Death« [1995] wird Nicolas Cage von Martin Kessler gesprochen

the brother of my fiancée«, also: »einmal hab ich mit dem Bruder meines Verlobten geschlafen.«

( ) Anschlussfehler: Wie schon in so vielen Einstellungen zuvor ist in Lorettas Haar, während sie in Raymond [Louis Guss] und Lotte Cappomaggis [Helen Hanft] Lebensmittelladen die Tageseinnahmen einpackt, um sie zur Bank zu bringen, und Lotte auf deren Frage, was mit ihr los sei, nur antwortet: »Mir geht so viel durch den Kopf – ich will nicht darüber sprechen«, nicht ein einziges graues Strähnchen sichtbar. Nur Minuten darauf (und in der direkt darauf folgenden Szene), bittet Loretta in »Cinderella's Beauty Shop«: »Machen Sie mir das Grau raus.« Und die sie bedienende Friseurin [Betti Orsatti] stutzt nicht – denn es gibt einiges an Grau zu überdecken.

( ) Anschlussfehler: Als Rose Costorini und der Professor für Kommunikation [Robert Payson] vor ihrem Haus noch ein wenig plaudern, schließt er das Revers seines Mantels mit den Worten: »Mir ist ein bisschen kalt.« In der nächsten Einstellung – nachdem Rose bemerkt: »Sie sind ein kleiner Junge, und Sie sind gern ungezogen«, ist sein Revers wieder geöffnet. Und erneut geschlossen, als sie auf seine Einladung in sein Apartment erwidert: »Ich bin zu alt für Sie.« Nachdem sie sich mit einem Kuss auf die Wange von ihm verabschiedet hat und er fragt: »Darf ich Sie auch auf die Wange küssen?«, ist sein Mantelkragen wieder offen – und bleibt es bis zum Ende der Szene.

? Ungereimtheit: – die hier allerdings eher eine Unhöflichkeit ist: Außer Lorettas Vater wird Ronnie niemandem der hinzukommenden Familienmitgliedern vorgestellt. Die gesamte Zeit über nicht Paps – und diesem stellt sich Ronnie, anders als bei Lotte und Raymond Cappomaggis, auch nicht selber vor.

Dies und das: Im Abspann wird nahezu jeder Statist mit der dazugehörigen Berufsbezeichnung aufgeführt. Cosmos Vater, Feodor Chaliapin jr.[4], aber wird weder als Wie-auch-immer-Costorini noch als »Paps« aufgeführt, sondern unter »ferner liefen« als »alter Mann« (wovon es nicht nur einen gibt). Und das, obwohl Chaliapin jr. schon in der Rolle des »Jorge de Burgos«, für den Lachen die Furcht ermöglicht und somit eine Gefahr für den Glauben bedeutet, in »Der Name der Rose [1986], als sehenswert hervorgehoben wurde, sondern eben später auch in Kritiken von »Mondsüchtig« (in dessen Erscheinungsjahr er nach einer Krankheit verstarb. Auch der »Professor für Kommunikation« [Robert Payson], der – anders als die als »Frau im Frisiersalon« (Woman in Hair Salon) bezeichnete Friseurin, geschweige denn der (nicht einmal

---

[4] Feodor Chaliapin jr. wird mitunter auch als Fyodor Chaliapin jr. in Besetzungslisten geführt. Zu den interessantesten Filmen, in denen er mitgewirkt hat, gehört auch noch der Horrorfilm »The Church« von Dario d'Argento. Auf verschiedenen Internetseiten wird Chaliapin übrigens auch als Darsteller in einem Film aus dem Jahr 1933 geführt: »Don Quixote«. Das ist natürlich blanker Unsinn und es zeugt nicht von einem überaus langen Leben, sondern davon, dass auch Feodor Chaliapin senior, von Beruf Sänger, schon im Film mitgewirkt hat. Feodor Chaliapin (sen.), Russe und Anfang des 20. Jahrhunderts einer der weltweit renommiertesten Sänger im Bass-Register, ist von unzähligen Schallplatten-Einspielungen her bekannt. Die im deutschsprachigen Raum gebräuchliche Schreibweise seines Namens lautet: Fedor Schaljapin.

voll ins Bild kommende) Priester [Anthony Messuri] – doch immerhin eine nicht unbeträchtliche Nebenrolle spielt, wird als »Man at Bar« geführt. Was unlogisch ist.

Hinter den Kulissen: Regisseur Norman Jewison wurde von der »Actor's Union«, Schauspielergewerkschaft, zu einer Geldstrafe verdonnert, weil er seine Protagonisten keine Mittagspause machen ließ, bevor sie sich nicht in die richtige Stimmung für die Schlussszene versetzt hatten.[IMDB]

Hintergrundwissen: Makaber, aber (fast) wie im richtigen Leben: Als Nicolas Cage, der in »Mondsüchtig« einen Bäcker spielt, der die linke Hand verlor, als Charlie Bodell in dem ein Jahr zuvor erschienenen »Peggy Sue hat geheiratet«[5] [1986] kurz vor Ende des Films eben jene Margaret »Peggy« Sue Kelcher [Kathleen Turner] bekniet, ihn ein zweites Mal zu heiraten, meint er: »Oh Peggy, ich erwarte nicht, dass all unsere Probleme einfach verschwinden – aber, oh Gott, ich würd' meinen rechten Arm dafür geben, wenn ich eine neue Chance kriegen könnte.«

---

[5] Charles Hardin Holley, berühmt geworden als Buddy Holly, geboren 7.9.1936, Lubbock, Texas, kam am 3.2.1959 bei einem Flugzeugabsturz ums Leben, mit ihm starben Ritchie Valens und Big Bopper. Die Inschrift auf seinem Grabstein vereinigt übrigens seinen Künstlernamen und seinen wirklichen Namen: »Buddy Holley«. Zu Buddy Hollys größten Hits gehörten »Peggy Sue«,1957, geschrieben von Buddy Hollys Schlagzeuger und seinem Manager, sowie der Antwortsong darauf, »Peggy Sue got married«, 1958, geschrieben von Buddy Holly selbst.

Während »Peggy Sue« noch ein einfacher Song für eine Jugendliebe ist, steht »Peggy Sue got married« schon ganz anders da: Die Liebe wird nicht ewig warten. Peggy Sue hat auch nicht für immer gewartet, sondern in der Zwischenzeit einen anderen geheiratet.

Im Film von 1986 allerdings, der sich eindeutig auf den berühmten Buddy-Holly-Song bezieht, bekommt Nicolas Cage eine zweite Chance von »Peggy« Sue Kelcher.

PLATOON
PLATOON
USA 1986 • REGIE: OLIVER STONE

Vorabinformation: »Platoon« heißt eigentlich Zug. US-Quellen zufolge ist es ein aus zwei oder mehr Einheiten bestehender, von einem Lieutenant befehligter Zug von etwa 45 Mann. Zwei oder mehr Platoons bilden – befehligt von einem Captain – eine Kompanie. Nach australischen Quellen zur Vietnam-Thematik ist ein Platoon ein aus drei oder mehr Einheiten bestehender Zug von etwa 40 Mann, der von einem Lieutenant befehligt wird. Vier oder mehr Platoons bilden – befehligt von einem Lieutenant Colonel – eine Kompanie.

Achtung: Bunny [Kevin Dillon] hat auf der Innenseite seines linken Unterarms ein Häschen eintätowiert – daher sein Name.

Anschlussfehler: Der Verband, den Rodrigues [Chris Castellejo] dem sterbenden Tubby Gardner [Bob Orwick] anlegt, sitzt nicht richtig. Nachdem die Kamera jedoch die um – den nun toten – Gardner stehenden Soldaten abgefahren hat, ist der Verband professionell angelegt.

Englische Sprache, schwere Sprache: Oder wohl eher eine Zensur der Dialogregie? Als der oben erwähnte Verband noch knapp im Bild ist, hebt Sgt. Barnes [Tom Berenger] an zu sagen: »Seht euch diesen blutigen Klumpen Fleisch genau an.« Im Original heißt es: »You all take a good look at this lump of shit«, »Seht euch diesen Klumpen Scheiße gut an« – wobei dies nicht die einzige Stelle ist, die innerhalb der deutschen Synchronisation einer Zensur zum Opfer fiel. Und abgemildert wurde.

Zusatzinformation: »Charlie« ist eine der Abkürzungen, die – ebenso wie »VC« und »Victor« – im Vietnamkrieg für »Vietnam Cong San« (Vietnamese Communist, vietnamesischer Kommunist) verwendet wurden. Nach dem internationalen Luftfahrtalphabet[1] buchstabiert, wird aus »VC«: »Victor Charlie«[2]. Letztlich setzte sich »Charlie« allein als Bezeichnung für den Vietcong, die südvietnamesischen Guerillakämpfer[3], durch.

Ungereimtheit: King [Keith David (I.)]: erklärt: »Noch 39 Tage, dann kommt der große Lichtblick (…)« – und Crawford [Chris Pedersen] fügt hinzu: »(…) 92 Tage hab ich noch abzureißen. Am 17. April ist es so weit.« Das bedeutet, wir schreiben Mitte Januar (1968). Oder auch nicht. Wenn nämlich Chris Taylor [Charlie Sheen], der zu diesem Zeitpunkt noch 332 Tage

---

[1] www.ballonsportgruppe-stuttgart.de/glossar/alphabet.htm
[2] Quelle: »Names, Acronyms, Terms: Acronyms«:
http://66.199.128.243/operation-battles-folder/Acronyms.htm
[3] Guerilla [spanisch], während des spanischen Unabhängigkeitskrieges aufgekommene Bezeichnung für (…) den Kleinkrieg, den irreguläre Einheiten der einheimischen Bevölkerung gegen eine Besatzungsmacht (oder auch im Rahmen eines Bürgerkrieges) führen (…). Quelle: LR

im Vietnamkrieg[4] vor sich hat, Crawfords gutem Rat, »vorläufig noch andersherum zu zählen« (»Wie viele Tage du schon hinter dir hast. Nämlich 40.«) folgt, liegt – da Taylor im September 1967 zu dieser Truppe stieß – die Zeit des Geschehens zwischen dem 11. Oktober und dem 9. November 1967.

Anachronismus: Den Eingang zur »Unterwelt«, in welcher Chris Taylor – zu Jefferson Airplanes »White Rabbit«[5] – seinen ersten Joint offeriert bekommt und raucht, ziert eine elektrische Mini-Weihnachtskette – welche in dieser Form erst 1968 erhältlich war.[MM]

Anachronismus: Als Bunny erklärt: »Ich möchte wissen, wo die wieder alle stecken, verdammt noch mal!«, setzt mit »We don't smoke marijuana in Muskogee« Merle Haggards Hit »Okie from Muskogee«[6] ein – auf den Bunny Junior [Reggie Johnson] mit »Hörst du das, das ist Supermusik!« hinweist. Das Dumme ist nur, dass dieser Song erst 1969 auf den Markt kam.[IMDb]

Anschlussfehler: Während Junior Haggards Hit »reaktionären Farmerkitsch« und »weißen Countrymist« nennt, ist auch die Innenseite von Bunnys Unterarmen zu sehen. Was diese *nicht* sind, ist tätowiert.

Anachronismus: Bunny beißt ein Stück aus einer leeren Bierdose heraus. 1967 hätte er das jedoch keinesfalls tun können, da Bierdosen damals noch aus Weißblech waren – und nicht aus Aluminium, das kam erst in den Siebzigern.

Anschlussfehler: Als Lieutenant Wolfe [Mark Moses] befiehlt: »Taylor, Sie bewegen Ihre vier Buchstaben die Flanke da rauf (…), Washington, geh da rüber!«, hat Manny Washington [Corkey Ford] (↑) ein Päckchen Marlboro an seinem Helm stecken. In der nächsten Einstellung, in der Manny zu sehen ist, ist aus der Marlboro-Schachtel ein Päckchen Kool – Mentholzigaretten! – geworden.

---

[4] Nach neun Jahren Krieg gegen die französischen Kolonialherren wurde Vietnam 1954 südlich des 17. Breitengrades geteilt. Der zweite Indochinakrieg, bekannt als Vietnamkrieg, zeichnete sich ab, als immer häufiger kommunistische Vietcongs aus Nordvietnam in Südvietnam einsickerten und dort begannen, Unruhe zu stiften. (Quelle: »Der Vietnamkrieg« www.derriere.de/Vietnam/Vietnamkrieg_1.htm). Die USA (…) griffen, als sich der Konflikt ausweitete, militärisch in die Auseinandersetzung ein. 1968 nahm in den USA und weltweit die Kritik an der amerikanischen Vietnampolitik zu. Das Waffenstillstandsabkommen vom 27.1.1973 (…) bestimmte den Abzug des gesamten militärischen Personals der USA (…). Quelle: LR
[5] Der vollständige Text unter: www.ivory.org/lyrics/wrabbit.html
[6] Darauf angesprochen, dass er selbst nicht nur Alkoholexzesse hinter sich habe, antwortete Haggard – geboren am 6. April 1937 – fünf Jahre nach Veröffentlichung in einem Interview: »Son, Muskogee is the only place I DON'T smoke it«, Muskogee ist der einzige Ort, an dem ich es NICHT rauche. Quelle: »The Official Home of Merle Huggard«: www.merlehaggard.com/emall/servlet/storeServlet?storeID=10464 Den vollständigen Songtext finden Sie dort ebenfalls.

Achtung: Das Wasser in dem Tunnel, den Sgt. Elias [Willem Dafoe] durchwatet, reicht ihm bis fast an die Brust. Entsprechend nass ist seine Kleidung, als er wieder herauskommt.

Anschlussfehler: Als Sgt. Barnes drauf und dran ist, die Tochter [Li Ti Van] des vietnamesischen Dorfhäuptlings [Bernardo Manalili] abzuschlachten, kommt Elias noch gerade rechtzeitig dazu, um Barnes daran zu hindern. Seine wenig zuvor noch klatschnasse Uniform ist bereits wieder trocken.

Anschlussfehler: Als der am Boden liegende, schwerstverwundete Sgt. Barnes Chris Taylor auffordert: »Hol mir einen Sanitäter! Los, Junge, beeil dich!«, hat sein Hemd vorne ein paar kleine Löcher. Nachdem die Kamera einen Schwenk auf Chris Taylor gemacht hat, weist Barnes' Hemd insgesamt andere und größere Löcher und rechts (↑) auf wundersame Weise gar einen langen, klaffenden Riss auf.

Anschlussfehler: Als Frances [Corey Glover] sich, um aus dem Kriegsgebiet herauszukommen, selbst verletzt, sticht er ein Messer mit aller Wucht mitten in seinen rechten Oberschenkel. Als er schließlich im Hubschrauber sitzt, ist das falsche Bein mit einem Verband versehen – nämlich das linke.

Hintergrundwissen: Während Charlie Sheen als Private Chris Taylor die Zuschauer durch »Platoon« führt, führte sein Vater Martin Sheen durch den mit sechs Oscarnominierungen und zwei Oscars bedachten Vietnamfilm »Apocalypse Now« [1976, Regie: Francis Ford Coppola].

Hintergrundwissen: Tom Berenger, Willem Dafoe, John C. McGinley, David Neidorf, Chris Pederson, Mark Moses, Corkey Ford und Dale Dye spielen auch in Oliver Stones zweitem Vietnamfilm mit: »Born on the 4th of July«[7], »Geboren am 4. Juli« [1989].

---

[7] Der 4. Juli ist der von den Amerikanern alljährlich groß gefeierte Unabhängigkeitstag, »Independence Day«, an welchem 1776 vom Kongress der 13 britischen Kolonien in Amerika, die Unabhängigkeitserklärung, »Declaration of Independence«, angenommen wurde. Quelle: LR

THE PLAYER

THE PLAYER

USA 1992 • REGIE: ROBERT ALTMAN

Vorabinformation: Für alle, die sich fragen, wie groß Tim Robbins alias Griffin Mill ist: 6 Fuß 4^1/$_2$ Inches, also 194,4 cm.[IMDb] (1 Fuß hat 12 Inches; 1 Inch hat 25,4 Millimeter.)

Zusatzinformation: Als Bonnie Sherow auf der Party von Dick Melon [Sidney Pollack] Harry Belafonte trifft, strahlt sie diesen an: »Ich bin ein Riesenfan von Ihnen. Ich hab' gesehen, wie Sie den Nelson-Mandela[1]-Courage[2]-Preis bekommen haben.« Neben diversen anderen Preisen für sein humanitäres Engagement erhielt der afroamerikanische Sänger, Schauspieler, Produzent und Aktivist im April 1990 als Erster den »Nelson Mandela Courage Award«.

Dies und das: Ton und Bild sind nicht synchron. Als Griffin Mill bei David Kahane [Vincent D'Onofrio] anruft, aber nur dessen Lebensgefährtin June Gudmundsdottir [Greta Scacchi] erreicht, beginnt der Produzent mit dieser eine Unterhaltung. Doch obwohl June Gudmundsdottir ihm antwortet, bewegen sich ihre Lippen erst, als sie – Bezug nehmend auf ihre Bemerkung »der tote Mann« – sagt: »Das ist nur ein Spitzname, den David Ihnen gegeben hat.«

Dies und das: Bild und Ton sind erneut nicht synchron. Als Griffin Mills von June Gudmundsdottir wissen möchte: »Also, wo kommen Sie her? Jetzt mal ohne Witz«, ist sie, als sie gegenfragt: »Also, wollen Sie die lange oder die kurze Geschichte hören?«, deutlich durch das Fenster zu sehen. Und eben auch, dass sie ihre Lippen *nicht* bewegt.

Zusatzinformation: Auf Griffin Mills Frage: »Ist Grönland nicht Grünland?«, erwidert June Gudmundsdottir: »Nein, Grönland ist Eisland. Island ist Grünland (…).« Und genauso ist es: »84% von Grönland, der mit 2,176 Mio. km^2 größten Insel der Erde, im Nordatlantischen Ozean, sind von Inlandeis bedeckt (…). – Island, die zweitgrößte Insel Europas, ist vulkanischen Ursprungs (…). Erdbeben, heiße Quellen, Geysire, Solfataren und Fumarolen sind typische Anzeichen vulkanischer Tätigkeit. Das zweite prägende Element der Insel ist das Eis. Island ist zu 11% von Gletschern bedeckt.«[LR]

Zusatzinformation: »Ladri di biciclette«, Fahrraddiebe [Italien 1948, Regie: Vittorio de Sica] hat die Situation der Massenarbeitslosigkeit der Nachkriegszeit zum Hintergrund.

---

[1] Mandela, Nelson Rolihlahla, *18.7.1918, südafrikanischer schwarzer Politiker und Bürgerrechtler. Rechtsanwalt; als Führer des African National Congress (ANC) wegen seines Kampfes gegen die Apartheid 1964 zu lebenslänglicher Haft verurteilt; setzte seinen Kampf aus dem Gefängnis heraus fort und wurde zur Symbolfigur des schwarzen Widerstands in Südafrika. Im Februar 1990 aus der Haft entlassen, wurde Mandela im Juli 1991 zum Präsidenten des ANC gewählt. Nach dem Wahlsieg des ANC bei den ersten freien gemischtrassigen Wahlen im April 1994 wurde Mandela der erste schwarze Staatspräsident der Republik Südafrika. (…) Träger des Friedensnobelpreises. Quelle: LR

[2] courage: Beherztheit, Mut, (Zivil-)Courage

Durch seine Geschlossenheit, die großartige Konzentrierung seines Hauptthemas, seiner Menschlichkeit und zugleich polemische Bitterkeit ist »Fahrraddiebe« eines der bedeutendsten Werke der italienischen Nachkriegszeit und gilt als *der* Klassiker des Neorealismus.[3]

Deutsche Sprache, schwere Sprache: Um mit David Kahane nach der Vorführung des italienischen Klassikers im Foyer des Kinos ins Gespräch zu kommen, bemerkt Griffin Mill: »Toller Film. Es ist erfrischend, so etwas zu sehen, nach all diesen – diesen Bullenfilmen. Sie wissen schon – *das,* was wir machen.« *Dem,* was wir machen, hätte er sagen müssen.

Dies und das: Kaum hat Griffin Mill in der Karaokebar seinen Sake bekommen, trinkt er ihn auch schon. Vorausgesetzt, dass besagte Bar nicht die letzte Absteige ist, dürfte er das nicht können: Sake, japanischer Reiswein, kann zwar heiß oder kalt getrunken werden, ist aber, wenn er in Karaffen serviert wird, in der Regel, kochend heiß.

Anschlussfehler: Zu Beginn ihres Gesprächs – als David Kahane sagt: »(...) Das war meine Story, wegen der Sie sich bei mir melden wollten. Das haben Sie wohl vergessen« – steht die Sakekaraffe vor Griffin Mills. Als Griffin abwehrt: »Nein, ich erinnere mich«, kommt der Hals der Karaffe (↑ unten) ins Bild – und tut dies während der gesamten Unterhaltung der beiden immer wieder. Doch genau das dürfte er nicht, da die Karaffe, als David Kahane die Bar verlässt, noch immer vor Griffin steht, wie die Kellnerin sie zu Beginn hingestellt hatte.

Dies und das: Nachdem er von Griffin Mill wohl eher durch Totschlag als durch Mord[4] zur Strecke gebracht wurde, liegt David Kahane mit dem Gesicht seitlich in der Pfütze. Als der Produzent Sekunden später noch einmal zu dem Opfer seines Gewaltausbruchs zurückkehrt, liegt das gesamte Gesicht des Autors im Wasser. Damit nicht genug, bewegt sich der Leichnam erneut. Nachdem Griffin Mill ihn umgedreht hat um zu sehen, ob Kahane vielleicht doch noch lebt – was dieser nicht tut –, liegt dieser, mit dem Gesicht gerade nach oben, auf dem Rücken in der Pfütze. In der zweiten Nahaufnahme allerdings ist Kahanes Kopf leicht nach links geneigt.

Zusatzinformation: Walter Stuckel [Fred Ward] fragt Joel Levison [Brion James]: »Erinnern Sie sich an einen Film mit dem Titel ›D.O.A.‹[5]?« – »Natürlich«, entgegnet dieser, »mit Eddie O'Brian und Pam Britton. Disney hat ein Remake davon gemacht. Es war 87 oder 88.«

---

[3] Darstellungsweise der italienischen Literatur (Einbeziehung von Umgangssprache und Dialekten) um die Mitte des 20. Jahrhunderts, die sich unter dem Eindruck der Ereignisse der 1940er-Jahre (Faschismus, Krieg, Partisanenkampf) vor allem auf die Konflikte der unterprivilegierten Schichten konzentrierte (...) Quelle: LR; Quelle: www.informatik.uni-freiburg.de/~aka/ws97/neorealismus.html#Fahrraddiebe

[4] *Mord* ist die durch besondere sozialethische Verwerflichkeit charakterisierte vorsätzliche Tötung. Als die Verwerflichkeit kennzeichnende Mordmerkmale nennt § 211 StGB Tatmotive (Mordlust, Befriedigung des Geschlechtstriebs [Lustmord], Habgier und sonstige niedrige Beweggründe), die Art der Tatausführung (heimtückisch, grausam, Verwendung von gemeingefährlichen Mitteln) und Ziele der Tötung (um eine andere Straftat zu ermöglichen oder zu verdecken). (...) Fehlen die Mordmerkmale, wird die vorsätzliche Tötung als Totschlag bezeichnet (...) Quelle: LR

[5] USA 1959, Regie: Rudolph Maté

Tatsache ist: In besagtem Remake[6] mit Dennis Quaid und Meg Ryan in den Hauptrollen ist Brion James – als Detective Ulmer – mit von der Partie.

Zusatzinformation: »Surprise« – was auf dem Fax steht, das Griffin Mill nach seiner Tötung David Kahanes in seinem Büro empfängt – heißt: »Überraschung«.

Faktischer Fehler: Als Detective Susan Avery [Whoopi Goldberg[7]] in Walter Stuckels Büro einen Oscar entdeckt, fragt sie: »Darf ich ihn mal hochheben?«, und bemerkt dann: »Oh, ist der schwer.« Walter Stuckel wiederum kommentiert ihre Feststellung mit: »Etwas über 1000 Gramm.« Das stimmt nur überhaupt nicht. Tatsächlich wiegt ein Oscar »$8^{1}/_{2}$ pounds[8]« und damit exakt 3,6299 kg. Hoch ist die Statuette übrigens $13^{1}/_{2}$ inches – und damit 21,59 cm.[AA]

Zusatzinformation: Tom Oakley [Richard E. Grant] fragt seinen offenbar Co-Autor Andy Civella [Dean Stockwell], ob sie Griffin Mill von ihrem neuen Projekt »Habeas Corpus« erzählen sollen. »Habeas Corpus«, lateinisch »du habest den Körper«, waren die Anfangsworte des mittelalterlichen Haftbefehls.[LR]

Das Team spielt mit: Als Griffin Mill, nachdem er die Schlange in seinem Range Rover entdeckt und die Beifahrertür geöffnet hat, zum Schlag ansetzt, spiegelt sich die Kameracrew in der Windschutzscheibe des Wagens (↑) wider.

Anschlussfehler: Nachdem Griffin Mill June Gudmundsdottir berichtet: »Ich bin heute Nacht dem Tod sehr nahe gewesen«, kommt, als die Kamera auf *sie* schwenkt, gut sichtbar ein offenbar angebissener Apfel ins Bild. In der nächsten Einstellung ist er dagegen unberührt.

Zusatzinformation: Als Griffin Mill Jan erzählt, wie er Larry Levin mit dem Drehbuch von Tom Oakley und Andy Civella bei der Filmproduktion auflaufen lassen will – »(…) und dann impfe ich Levison die brillante Idee ein, Larry dieses grandiose Projekt von mir übernehmen zu lassen. (…) Und diese absolute Scheißidee wird den beiden in der Fresse explodieren. Und dann werde ich auf die Bühne treten als der große Retter« – macht er sich das »Peter-Prinzip«[9]: (»In

---

[6] »D.O.A.« – »D.O.A. – Bei Ankunft Mord« [USA 1988, Regie Annabel Jankel und Rocky Morton]. Quelle: IMDb

[7] Whoopi Goldberg ist selbst Oscarpreisträgerin. Sie bekam diese Auszeichnung 1990 für ihre Rolle als beste Nebendarstellerin in »Ghost«, »Ghost – Nachricht von Sam« [Regie: Jerry Zucker]. Quelle: IMDb

[8] Pound, (englisch/lateinisch) Einheitenzeichen lb (von ›libra‹), in Großbritannien und den USA verwendete Masseneinheit: 1 lb = 0,4536 kg. Quelle: LR

[9] Das Peter-Prinzip, so genannt nach seinem Erfinder Laurence J. Peter, beschreibt die Gesetzmäßigkeiten, die die Ursachen sind für die in aller Welt herrschende Unfähigkeit im öffentlichen Leben, in jedem Beruf. Peter hat viele Beispiele für das Phänomen der Unfähigkeit gesammelt und analysiert. Dabei stellte er fest, dass alle Fälle gewisse Gemeinsamkeiten aufwiesen. Alle Personen, die er beobachtete, waren in einer Position, die sie voll und gut ausfüllten. Weil sie sich als fähig erwiesen, wurden sie befördert und nahmen dann eine Stellung ein, für die sie unfähig und ungeeignet waren. – Quelle: »Das Peter-Prinzip oder: Die Hierarchie der Unfähigen«: http://private.freepage.de/hame/peter.htm

einer Hierarchie neigt jeder Beschäftigte dazu, bis zu seiner Stufe der Unfähigkeit aufzusteigen«) zunutze.

Faktischer Fehler: In seinem Bestreben, Joel Levison das Projekt von Tom Oakley und Andy Vicella zu verkaufen, erzählt Griffin Mill kurz den Inhalt des Drehbuchs: »(…) er rast nach St. Quentin[10] – aber es ist zu spät. Die Gaspillen sind abgeworfen, sie ist tot. Durch *ihn* ist die Frau gestorben, die er liebte.« Die »Gaspillen« sind nur keine »Gaspillen«, sondern Kaliumcyanid, also Zyankali, die Salze der Blausäure, welche erst durch ihre Verwandlung in Blausäure tödlich werden.

Zusatzinformation: Tom Wolfe, für dessen neues Projekt Bonnie Sherow ein Gebot von einer Million Dollar machen kann, ist vielleicht die schillerndste Figur der amerikanischen Literaturszene. 1987 landete er mit seinem Erstlingsroman »Fegefeuer der Eitelkeiten« (»The Bonfire of the Vanities«) gleich einen Welterfolg. Elf Jahre vergingen, bis im Herbst 1998 sein zweiter Roman herauskam: »A Man in Full« (»Ein ganzer Kerl«). Die Erwartungen waren entsprechend hoch, die Startauflage von 1,2 Millionen Exemplaren wirklich gigantisch.

Anschlussfehler: Während Griffin Mill Bonnie Sherow im Eingang zu »Movies now more than ever!« klar machen will, weshalb er sie auf eine Geschäftsreise schickt, sitzt seine Krawatte zunächst gerade. Als Bonnie ihm jedoch erklärt, dass sie private Gründe dahinter vermutet – »(…) es sind verschiedene Dinge, Griffin. Es geht darum, wie du dich letzter Zeit verhältst. Irgendetwas ist los, und ich will nur wissen, was es ist« –, ist seine Krawatte unter die rechte Seite seines Jacketts gerutscht.

Deutsche Sprache, schwere Sprache: Um Detective Susan Averys bohrenden Fragen zu entgehen, erklärt Griffin Mill: »(…) Sie bringen mich hier in eine sehr unangenehme Lage. Ich möchte nicht verantwortlich sein, dass die falsche Person verhaftet wird.« Verantwortlich ist man für etwas. Ergo hätte es heißen müssen: »(…) dafür verantwortlich sein, dass (…)« – oder aber: »Ich möchte nicht verantworten, dass die falsche Person verhaftet wird.«

Englische Sprache, schwere Sprache: Oder eher: Empfindlichkeiten. Als Griffin Mill Detective Susan Avery Honig um dem Mund streichen will, indem er erklärt: »Wir drehen (…) gerade einen Film mit dem Titel ›The Lonely Room‹. Scott Glenn[11] spielt einen Detective, der Ihnen sehr ähnlich ist«, hakt diese nach. »Er spielt eine *farbige Frau*?« Im Original sagt Whoopi Goldberg: »What was he? A black woman?« – »Was spielte er? Eine schwarze Frau?«
Anmerkung: »Schwarz« ist kein Schimpfwort – sofern man es nicht selbst als solches erachtet. Und: »farbig« kann jede Hautfarbe sein – außer weiß.

---

[10] St. Quentin in Kalifornien ist eines der amerikanischen Gefängnisse, in welchen noch eine Gaskammer in Gebrauch ist. Quelle: »The Gas Chamber«: www.geocities.com/trctl11/gascham.html
[11] Darsteller von Clarice Starlings Boss Jack Crawford in »Silence ot the Lambs«.

Anschlussfehler: Als Bonnie Sherow in das Gespräch von Griffin Mill und Eric und Carl Schecter [Michael[12] und Stephen Tolkin] platzt, setzt Griffin Mill – der bislang auf der Ledercouch lag – sich auf, streckt seine Arme auf der Sofalehne aus. Mills Krawatte sitzt krumm und schief. Nachdem Bonnie Sherow Griffin Mill darauf anspricht, dass er über das Wochenende verreisen will – »zusammen mit einer gewissen June irgendwas« –, ist die Krawatte plötzlich gerade gerückt – schon in der nächsten Einstellung allerdings, nachdem die Autoren das Büro des Produzenten verlassen haben, wieder schief. Und das alles, obwohl Griffin Mill seine Sitzhaltung die gesamte Szene über nicht ein einziges Mal verändert hat.

Ungereimtheit: Bevor Griffin Mill und June Gudmundsdottir an den für »Mr M.« reservierten Tisch im Restaurant kommen, zündet der Kellner die darauf stehenden drei frischen Kerzen an. Als das Paar kurz darauf erscheint, sind die Kerzen bereits zu mehr als der Hälfte niedergebrannt.

Anschlussfehler: Zu dem Schlammbad gönnen Griffin Mill und June Gudmundsdottir sich auch eine Gesichtsmaske. Seine ist bereits zwischen Nase und Mund und an der Nasenspitze trocken. Als der Produzent ans Telefon gerufen wird, ist die gesamte Partie um den Mund herum getrocknet – und als er Dick Melon begrüßt, auch die Nase. Nach dem Telefonat jedoch ist Griffin Mills Gesichtsmaske nicht weiter getrocknet, sondern an einigen Stellen wieder feuchter geworden.

Zusatzinformation: Ein Jahr später: rechts von »Columbo« alias Peter Falk steht Susan Sarandon als eine der Zeuginnen der nun folgenden (Film-)Hinrichtung. In dieser Rolle war sie schon einmal: als Schwester Helen Prejean in »Dead Man Walking« [1995], bei dem Tim Robbins, ihr (seit 1988) zweiter Ehemann und Vater zweier ihrer vier Kinder, Regie führte und für den er eine Oscar-Nominierung und sie (ebenso wie Hauptdarsteller Sean Penn als Matthew Poncelet) einen Oscar bekam.

Faktischer Fehler: Unrecherchierter, als das Filmende des Streifens innerhalb dieses Films, geht es wahrlich nicht mehr. Wäre die Hinrichtung der unschuldigen Frau (Julia Roberts) tatsächlich derart weit fortgeschritten gewesen, hätte sie nicht allein dadurch, dass der Mann, der sie liebte (Bruce Willis), sie aus der Gaskammer herausholte, gerettet werden können. Sie hätte vielmehr dringendst eine massive Sauerstoffbehandlung gebraucht. Ähnliches gilt für die bei der Hinrichtung Anwesenden.

Dies und das: Als Bonnie Sherow – soeben von Larry Levy gefeuert – nach der »Habeas Corpus«-Vorführung aus dem Studio kommt, stolpert sie und verliert den Absatz ihres rechten Schuhs. Irrwitzigerweise zieht sie daraufhin den linken Schuh aus – lässt den rechten aber weiterhin an. Als sie dann jedoch – immer noch auf dem Weg zu Griffin Mills Büro – erneut ins Bild kommt, ist sie barfuß.

---

[12] in der Besetzungsliste ausgewiesen als sowohl der Autor der Romanvorlage als auch des Drehbuchs von »The Player«. Quelle: IMDb

Das Team spielt mit: Bei dem Telefonat, das Griffin Mill mit Larry Levy und einem Autor, »der eine wirklich gute Idee hat«, vom Autotelefon aus führt, spiegelt sich, als Levy sagt: »Ich lege jetzt auf die Sprechanlage«, und auch, als Griffin Mill aus dem Tunnel herausfährt, am Kühler seines Rolls-Royce (unterer Bildrand (→ ←) das Kamerateam wider.

Hinter den Kulissen: Ein größeres Aufgebot an Cameo-Auftritten wird in keinem anderen Film geboten. Um nur, alphabetisch, einige Namen zu nennen, die nicht ohnehin in diesem Text erwähnt sind: Cher, James Coburn, John Cusack, Jeff Goldblum, Elliott Gould, Joel Grey[13], Anjelica Huston, Shari Belafonte, Jack Lemmon, Andie McDowell, Nick Nolte, Lily Tomlin und Robert Wagner. Kurzum: Wer immer in Hollywood Rang und Namen hat, ist mit von der Partie. Und wer es nicht ist, war vermutlich ursprünglich in der einen oder anderen Szene, fiel dann aber – wie beispielsweise Jeff Daniels, Patrick Swayze, Franco Nero und Tim Curry – dem Schnitt zum Opfer.[IMDb]

---

[13] Joel Grey ist der unvergessliche Conferencier aus dem Oscar-gekrönten Film »Cabaret«, der aber nicht Joel Grey, sondern Liza Minelli unsterblich machte. Für alle jene, die Musik-Filme generell mögen: Die Familie Grey hat eine Affinität zu diesem Genre. Joel Greys Tochter Jennifer Grey spielte die weibliche Hauptrolle in »Dirty Dancing« und wieder wurde jemand anderes mit dem Film zum Star – Patrick Swayze.

PSYCHO
PSYCHO
USA 1960 • REGIE: ALFRED HITCHCOCK

Zusatzinformation: Hitchcocks (obligatorischer) Auftritt in »Psycho«: Als Marion Crane [Janet Leigh] nach dem Schäferstündchen mit ihrem heimlichen Geliebten Sam Loomis [John Gavin] die Maklerfirma, in der sie arbeitet, betritt, steht vor der Glastür ein Typ mit einem Cowboyhut: Alfred Hitchcock.

Zusatzinformation: In dem Büroraum, den Marion sich mit ihrer Kollegin Caroline [Patricia Hitchcock][1] teilt, hängen – innerhalb dieser Szene über weite Strecken deutlich erkennbar – zwei Gemälde. Eines zeigt die Straße, auf der Marion auf ihrer Fahrt von Phoenix, Arizona, nach Fairvale, Kalifornien, von einem Highway-Cop [Mort Mills] nach ihren Fahrzeugpapieren gefragt wird, das andere den Sumpf, in dem Norman (Francis) Bates [Anthony Perkins] Marions Wagen versenkt.

Achtung: Was sich pausenlos verändert, ist der Briefumschlag, in den Marion Crane die Geldscheine packt, die sie zur Bank bringen soll. Als Caroline – über Tom Cassidy [Frank Albertson] – sagt: »Dass er mit *dir* geflirtet hat, liegt nur daran, dass er meinen Trauring respektiert«, gibt Marion zwei gleich große Packen in den nigelnagelneuen Umschlag und knickt ihn in der Mitte ab.

Anschlussfehler: Als Marion – nun mit schwarzen Dessous bekleidet – an ihren Kleiderschrank geht, schwenkt die Kamera auf den auf dem Bett liegenden Briefumschlag. Nun ist er nicht nur eingerissen (was eigentlich gar nicht passieren konnte), sondern es ist auch offensichtlich aus zwei Packen (die je von einem Gummiband zusammengehalten worden waren) einer geworden. Der Umschlag selbst sieht in jeder nun folgenden Einstellung anders aus.

Ungereimtheit: Der Waschraum, den Marion auf dem Gelände des Gebrauchtwagenhändlers aufsucht, stößt – von außen betrachtet – weder links noch rechts auf eine Seitenwand. Sobald Marion sich jedoch innerhalb des Waschraums befindet, hat er (↑) rechts außen eine Seitenwand.

Achtung: Um die 700 Dollar, die sie für den neuen Wagen zahlen muss, aus dem Umschlag zu nehmen, entfernt Marion das Gummiband – macht es aber nicht wieder darum, bevor sie den Umschlag zurück in ihre Handtasche steckt. Ansonsten ist der Umschlag – was völlig unerklärlich ist, da Marion nicht damit herumspielt – hier wieder völlig anders eingerissen als in den vorherigen Einstellungen.

Dies und das: Es regnet, als Marion an Bates' Motel aus ihrem Wagen steigt, wie die Amerikaner sagen, »cats and dogs«, das heißt, es schüttet aus Kübeln. Alles, was jedoch

---

[1] Tochter von Regisseur Alfred Hitchcock und dessen Frau Alma Reville, Drehbuchautorin und Cutterin

ein wenig nass ist, ist Marions Pony und sind seitlich im Gesicht ein paar Strähnen. Nicht ein einziger Tropfen Regen gelangte auf ihr Kleid – was wirklich mehr als erstaunlich ist.

? Ungereimtheit: Norman Bates kommt mit einem großen Schirm die Treppe vom Privathaus zum Motel herunter – benutzt den Schirm aber weder jetzt noch sonst irgendwann.

Achtung: Auf Marions Frage: »Haben Sie etwas frei?«, erwidert Norman Bates: »(…) Ja. (…) Zwölf Zimmer sind hier und alle sind leer. Das ist so, seitdem die neue Autostraße abgezweigt ist.« Die alte scheint – in einer späteren Szene – aber durchaus ebenfalls noch in Gebrauch zu sein …

Dies und das: Dafür, dass er durch den strömenden Regen lief, ist Norman Bates ebenfalls erstaunlich trocken.

Achtung: Ähnlich wie der Briefumschlag mit den Banknoten verändert sich auch die Anzahl der Zimmerschlüssel, die im Schlüsselkasten in der Motelrezeption hängen, von einer Einstellung zur anderen.

Achtung: Als Norman das Fenster aufreißt und sagt: »Die Luft ist etwas stickig hier – aber dafür ist die Matratze sehr weich«, ist auf dem Bett deutlich eine Tagesdecke erkennbar.

Anschlussfehler: Nun sind wieder zwei Packen Geldscheine im Umschlag. Und die sind, wie gehabt, in etwa gleich groß.

Achtung: Nachdem Marion das Geld in die Zeitung gewickelt hat, legt sie diese auf ihren Nachttisch. Oben links schließt die Zeitung fast mit der Nachttischplatte ab, unten ragt sie nur ein wenig über die Nachttischplatte hinaus.

Anschlussfehler: In Gedanken offenbar ganz woanders greift Marion nach einer Scheibe Brot nach der anderen. Die erste Scheibe setzt sie an zu brechen, bevor die Kamera auf Norman Bates überschwenkt, der gerade sein vorheriges Statement »Sie essen wie ein kleiner Vogel« relativiert und erklärt: »In Wirklichkeit fressen Vögel, auch die kleinsten, eine Unmenge.« Dennoch streicht Marion in der darauf folgenden Einstellung eine ganze Scheibe Toast. Und bricht dann diese, als ihr Gegenüber sagt: »Vögel sind viel netter und nicht so menschenähnlich.« Eine dritte Scheibe Brot – diesmal offenbar wieder eine ungebutterte – bricht Marion, als sie ihrer Bemerkung, sein Hobby (Vögel ausstopfen) sei nicht gerade alltäglich, hinzufügt: »Und ziemlich kostspielig.«

Anschlussfehler: Nun mümmelt Marion reichlich lange auf ihrer Scheibe Brot herum, beißt dann aber – als sie Norman Bates' Frage: »Sie haben keine einsamen Momente in Ihrem Leben – keine Leere?«, mit »*Manchmal* doch« beantwortet – (für ihre Verhältnisse herzhaft) hinein. Und dann ist die Scheibe Brot plötzlich wieder heil, als Norman Bates die Unterhaltung fortführt mit: »Nur – wir können unserem Schicksal sowieso nicht entgehn.«

Achtung: Nur zur Erinnerung: Achten Sie auf die sich immer wieder verändernde Anzahl der Schlüssel im Schlüsselkasten.

Achtung: Die Vokabelheftseite, auf der Marion offenbar ihre »Rückerstattungsrechnung« (»$ 40 000 – $ 700« und so weiter) ausführt, zerreißt sie viermal – und damit in 16 in etwa gleich große Schnipsel.

Anschlussfehler: Als Marion unter die Dusche geht, liegt die Tagesdecke zwar noch auf ihrem Bett – diesmal allerdings ist die Kopfkissenseite heruntergeschlagen. (Fast könnte man meinen, das sei das Werk von Normans Mutter gewesen, denn weder Marion noch Norman hatten – vom Zuschauer unbeobachtet – eine Gelegenheit, die Decke zu bewegen.)

Anschlussfehler: Mit letzter Kraft greift Marion nach dem Duschvorhang – und muss den Arm ausstrecken, um ihn packen zu können. Als sie ihn schließlich zu fassen bekommt, ist ihre Handhaltung eine andere. Und nicht nur die: Als sie in der Dusche hockt, befindet sich der Vorhang direkt vor ihr.

Achtung: Als Marion zu Boden geht, zeigt die Kamera auch den Fußbodenbereich vor der Toilette. Da liegt absolut nichts.

Dies und das: Bedingt durch das grelle Licht der Scheinwerfer sind Marions Pupillen, auch nach Todeseintritt, winzig klein. Was sie nicht sein dürften. Bei Toten sind die Pupillen vergrößert, was – um Filmleichen realistisch erscheinen zu lassen – durch die Gabe spezieller Augentropfen erreichbar ist.

Dies und das: Was Tote ebenfalls nicht tun, ist: einen Pulsschlag zeigen. An Marions Hals ist deutlich erkennbar, dass noch Leben in ihr ist.

Achtung: Marions Leichnam liegt in dem Duschbecken – lediglich ihr Kopf liegt, mit dem Gesicht nach unten, außerhalb der Dusche auf dem Badezimmerboden.

Anschlussfehler: Die Zeitung liegt nun anders als zuvor. Nun ragt nicht nur die untere, sondern auch die obere Kante über die Nachttischplatte hinaus.

Anschlussfehler: Nachdem Norman Bates das offene Fenster in Marions Zimmer schließt, erhaschen wir erneut einen Blick auf das Bett. Nun hat es gar keine Tagesdecke mehr … Auch nicht, als Norman Bates erneut in das Zimmer kommt, um »Ordnung« zu machen.

Anschlussfehler: Ohne dass Norman Bates die tote Marion bislang auch nur berührt hätte, liegt sie plötzlich samt und sonders außerhalb der Dusche auf dem Boden. Obendrein liegt der Leichnam von Marion nicht mehr mit dem Gesicht nach unten auf dem Boden, sondern die Tote liegt nun auf dem Rücken.

Anschlussfehler: Norman Bates packt Marion Crane bei den Handgelenken um sie zu bewegen. Dabei dreht er den Leichnam – und plötzlich sind Marions Füße auf dem Rand des Duschbeckens, wo sie gar nichts zu suchen haben.

Dies und das: Marion Cranes Handgelenke zeigen keinerlei Blutspuren. Dennoch sind Norman Bates' Hände, nachdem er die Leiche an den Handgelenken gefasst und bewegt hat, voller Blut.

Achtung: Ordentlicher geht's nicht mehr: Nachdem Norman Bates den Fußbodenbereich um die Toilette aufgewischt hat, ist alles blitzsauber. Übersehen hat er nichts.

Dies und das: Als Norman Bates – vor dem geöffneten Kofferraum stehend – die Leiche hochhebt, sieht man durch den Duschvorhang an ihrem Rücken, am besten in Zeitlupe, einen weißen BH.

Anschlussfehler: Obwohl wir bei Norman Bates' Aufräumarbeiten Zeuge waren, sahen wir eines nicht: Dass er die Tagesdecke wieder auf das Bett legte (was zu tun zu diesem Zeitpunkt auch mehr als überflüssig gewesen wäre). Trotzdem ist sie – als er Marions Pantoffeln und ihre übrigen Habseligkeiten zusammensammelt – auf dem Bett.

Anschlussfehler: Die Kamera zeigt einmal mehr die Zeitung. Diesmal ist sie breiter gefaltet als zuvor.

Anschlussfehler: Nachdem Norman Bates das zu Zimmer 1 gehörige Bad gründlichst gesäubert hat, ist – als er es verlässt – der Toilettendeckel heruntergeklappt.

Dies und das: Kein Fehler im eigentlichen Sinne. Verwunderlich ist nur, was alles in den Kofferraum des alten Ford passt. Nicht nur die Leiche, sondern auch noch ein relativ großer Koffer!

Anschlussfehler: Als Norman Bates in Marion Cranes Wagen steigt, ist dieser regennass. Kaum ist Bates losgefahren, ist das Auto trocken. Dann ist es wieder nass – und trocken, als er es im Sumpf versenkt.

Zusatzinformation: Die Zulassungsnummer von Marion Cranes Wagen lautet: NFB 418. Die Initialen stehen für Norman Francis Bates.

Achtung: Auch Detective Milton Arbogast erzählt Norman, dass sein Motel nicht mehr floriere, seit die Hauptstraße »da hinten« abzweige. Achtung auch: der Schlüsselkasten.

Ungereimtheit: Gegenüber Detective Milton Arbogast erklärt Norman Bates: »Ich sage Ihnen ganz offen, dass ich wenig Wert darauf lege, dass sich meine Gäste registrieren. Diese Formalitäten sind ja doch zu kontrollieren. (…)« Das ergibt keinen Sinn.

? Ungereimtheit: Als Arbogast von Norman Bates wissen will, weshalb er so sicher sei, dass Marion Crane in der Nacht, in der sie in seinem Motel war, nicht telefoniert hatte, druckst der Motelbesitzer herum. Weshalb konnte er es nicht damit erklären, dass sie gar keinen freien Zugang zu einem Telefon hatte? In der Lobby steht schließlich keines und auch in Zimmer 1 ist kein Telefonapparat. (Als Sheriff Al Chambers [John McIntire I.] sich in einer späteren Szene mit Bates' Motel verbinden lässt, sieht man sehr deutlich, dass Norman den Anruf im Haus empfängt – nicht im Motel.)

Dies und das: Als Milton Arbogast mit Lila Crane telefoniert, hört man lediglich ihn sprechen. Ihre Zwischenbemerkungen ergeben sich aus dem, was Arbogast sagt. Die Sache ist nur die: So schnell, wie er darauf reagiert, kann kein Mensch sprechen!

( ) Anschlussfehler: Obwohl Norman Bates Milton Arbogast ein riesiges Messer in die Brust jagt, ist dort weder eine Wunde noch auch nur das geringste Blut zu sehen (dafür hat der Detektiv im Gesicht Blutspritzer).

Dies und das: Weit vom Hotel entfernt kann der Sumpf nicht sein, in dem Norman Bates auch Milton Arbogasts Auto verschwinden lässt: Immerhin hört Bates Sam Loomis Rufe nach dem Detektiv. Und was sehen wir, als Loomis »Arbogast! Arbogast!« ruft? Ganz offenbar (↑) die Hauptstraße – und darauf einen Laster.

Dies und das: Als Mrs Chambers [Lurene Tuttle] zur Dame der Telefonvermittlung sagt: »Flori, der Sheriff möchte gern eine Verbindung mit Bates' Motel« – und dann mit: »Hier!« ihrem Mann den Hörer übergibt, ist (↑) (auch beim Gespräch des Sheriffs mit Norman Bates) unübersehbar, dass im Wohnzimmer der Chambers ein Stück Zimmerdecke fehlt.

👁 Achtung: Die Beine von Normans Mutter wirken »total normal«, als er sie in den Keller trägt.

( ) Anschlussfehler: Als Lila Crane [Vera Miles] und Sam Loomis das Bad von Zimmer 1 betreten, ist der Toilettendeckel hochgeklappt.

? Ungereimtheit: So penibel, wie Norman Bates nach seinem Mord an Marion Crane den Tatort gesäubert hatte, lag mit Sicherheit nicht auch nur das geringste Schnipselchen Papier neben der Toilette (zumindest die Zuschauer hätten es – als die Kamera den weiß gekachelten Badezimmerfußboden abfuhr – entdecken müssen). Wo also kommt der Minischnipsel her, den Lila dort findet? (Gewiss nicht aus der Toilette, sonst wäre er nass und Sam Loomis könnte ihn nicht so locker einstecken.) Dazu kommt: Keines der 16 Teile, in die Marion die Vokabelheftseite riss, war derart winzig.

? Ungereimtheit: Damit Lila Crane das Privathaus der Bates in Ruhe durchsuchen kann, verwickelt Sam Loomis Norman Bates in der Rezeption des Motels in ein Gespräch. Um zu erklären, weshalb er alleine ist, sagt er: »Meine Frau schläft schon.« Erstaunlicherweise hakt Norman Bates hier nicht nach – obwohl es ganz offensichtlich helllichter Tag ist.

Dies und das: Für ein – wie sich später herausstellen wird – (wenngleich bekleidetes) Skelett ist die Delle, die Lila in dem Bett des Zimmers, das sie unter die Lupe nimmt, unverhältnismäßig groß und vor allem tief.

Zusatzinformation: Die »Sinfonie Nr. 3 Es-dur op. 55« – »Eroica«, welche Lila auf dem Plattenteller findet, stammt aus dem Jahr 1804 – aus der Feder Ludwig van Beethovens.

Dies und das: Ganz offensichtlich ist »Mutter« nichts anderes mehr als ein (bekleidetes) Skelett – bis auf, siehe oben, die Beine …

Hintergrundwissen: Eine Anekdote zu diesem Film, die in verschiedenen Varianten kursiert, lautet: Nachdem »Psycho« in die Kinos gekommen war, schrieb ein besorgter Ehemann (Vater) an Hitchcock, seit seine Frau (Tochter) »Les Diaboliques«, »Die Teuflischen« [1954, Regie Henri-Georges Clouzot][2] gesehen habe, traue sie sich nicht mehr in eine Badewanne, und seit sie in »Psycho« war, auch nicht mehr unter die Dusche – was er mit seiner Frau (Tochter) nur machen solle? »Geben Sie sie in die Reinigung«, soll Hitchcock dem Mann vorgeschlagen haben.

Hintergrundwissen: Mag sein, dass die Originalvorlage ihn darauf brachte. In jedem Fall enthält dieser Film diverse Referenzen zu Hitchcocks Film »The Birds«, »Die Vögel«, der drei Jahre nach »Psycho« veröffentlicht wurde: Marion heißt – nach der Originalvorlage – mit Nachnamen »Crane«, Kranich. Die Stadt, in der Marion lebt, ist Phoenix (bei Robert Bloch kommt Marion Crane aus Texas, nicht aus Arizona). Phoenix wiederum ist zugleich die wohl bekannteste Vogelgestalt griechischer Mythen[3]. Norman Bates' Hobby ist es, Vögel auszustopfen (in Blochs Roman ist es ein Eichhörnchen) – und sowohl im Privathaus der Bates als auch in »Zimmer 1« des Motels hängen Bilder von Vögeln. Marion Crane gegenüber bemerkt Norman Bates: »Sie essen wie ein kleiner Vogel« – und Normans mittlerer Name ist »Francis«. Franz von Assisi wiederum konnte nicht nur mit den Vögeln sprechen, sondern gilt – unter anderem – auch als Schutzheiliger aller (gefiederten und ungefiederten) Tiere.[4]

Hintergrundwissen: In seinem 1959 erschienenen Roman »Psycho« schildert Autor Robert Bloch[5] Norman Bates vierzigjährig, gedrungen, dick und äußerst unsympathisch. Es war Hitchcocks Idee, ihn in »Psycho« als überaus attraktiven jungen Mann darzustellen – der mit Anthony Perkins grandios besetzt ist.

---

[2] in dem ein Internatsdirektor in der Badewanne ertränkt wird.
[3] Der Mythos sagt, dass der Vogel Phoenix, wenn er (alle 500 bis 1461 Jahre) seinen Tod herannahen spürt, sich selbst verbrennt – um dann, aus den Flammen neugeboren, der Asche zu entsteigen.
[4] »Welttiertag« ist am 4. Oktober – dem Tag des heiligen Franz von Assisi. Quelle: Sibyllas Hexenkalender
[5] 1917 (Chicago) bis 1994 (Los Angeles).

DIE REIFEPRÜFUNG
THE GRADUATE[1]
USA 1967 • REGIE: MIKE NICHOLS

Zusatzinformation: Um Benjamin Braddock [Dustin Hoffman] (vorerst) in der Sicherheit zu wiegen, dass sie ihn nicht verführen will, erklärt Mrs Robinson [Anne Bancroft], die während des gesamten Films von niemandem beim Vornamen genannt wird (und auch nicht mit einem solchen versehen wurde): »(…) Ich bin doppelt so alt wie du. Wie könnte denn jemand auf den Gedanken kommen?« Benjamin wiederum antwortet auf Mr Robinsons [Murray Hamilton] Frage nach seinem Alter: »Zwanzig, ich werde nächste Woche einundzwanzig.« Im »wirklichen« Leben allerdings ist Anne Bancroft, geboren am 17. September 1931, nur knapp sechs Jahre älter als Dustin Hoffman (8. August 1937) – und könnte Katharine Ross, geboren am 29. Januar 1940, niemals auch nur annähernd Anne Bancrofts Tochter sein …

Dies und das: Als Mr Braddock [William Daniels I.] auf der Geburtstagsparty seines Sohnes ankündigt, dieser würde »ein paar waghalsige, einmalige und sensationelle Kunststücke in unserem Swimmingpool vorführen«, fügt Benjamins Vater hinzu, dass besagter Swimmingpool »über 1,80 m tief ist«. Das ist offenbar ein Understatement: Die Tiefe besagten Pools beträgt – gemessen an Dustin Hoffmans Körpergröße von 166,4 cm (5¹/₂ Inches)«[IMDb] mindestens zwei Meter.

Anschlussfehler: Während Benjamin Braddock in der Hotelbar auf Mrs Robinson wartet, greift er – mit der rechten Hand – zu seinem Drink. Als sie dazukommt, setzt er ihn mit der linken Hand ab.

Achtung: Als Mrs Robinson Benjamin Braddock begrüßt, ist die Tischbeleuchtung rötlich.

Dies und das: Auf Benjamins Fingerschnippen zeigt der Barkellner keinerlei Reaktion, sondern geht vielmehr an dem Tisch vorbei. Daraufhin bemerkt Benjamin: »Der sieht mich nicht« – was so nicht stimmt. Der Kellner blieb vielmehr – wie in der Glaswand, in der er sich spiegelt (↓) erkennbar ist – in etwa auf Mrs Robinsons Höhe stehen und wartete dort auf seinen nächsten Einsatz. (Mrs Robinson: »Ich möchte einen Martini.«)

Zusatzinformation: Nachdem Mrs Robinson sich bei Benjamin dafür bedankt, dass er ihr aus der Bluse geholfen hat – und sie damit beschäftigt ist, einen Flecken darauf wegzureiben –, legt er ungelenk seine rechte Hand auf ihre Brust. Dann aber lässt er wieder von ihr ab – und hämmert mit seinem Kopf gegen die Wand. Beides allerdings stand nicht im Drehbuch, sondern war schlicht die Folge dessen, dass zunächst Regisseur Mike Nichols ob Hoffmans – für Anne Bancroft völlig unerwartete – Einlage in lautes Lachen ausbrach. Auch Hoffman konnte vor

---

[1] Graduate, I s 1. univ. Hochschulabsolvent(in), Akademiker(in); Graduierte m, f. 2. Am. Schulabgänger(in).
Quelle: LR

Lachen nicht mehr an sich halten – und ging, in der Annahme, die Szene verpatzt zu haben, zur Wand ... Nichols wiederum fand beide Einfälle derart genial, dass er sie im Film beließ.[MDb]

Anschlussfehler: Nach dem Besuch der Robinsons zeigt die Kamera Benjamin Braddock bei einer Nassrasur im Bad. Der Rasierschaum in seinem Gesicht bildet eine gerade Linie. Während seine hinzukommende Mutter [Elizabeth Wilson I.] sich mit ihm unterhält, rasiert Benjamin sich die rechte Halshälfte. Als sie das Bad mit den Worten »Ich lass' mich nicht an der Nase rumführen« verlässt und er ihr »Nein, warte, warte, warte doch!« nachruft, hat der Rasierschaum über seinem Mund eine runde Form angenommen.

Dies und das: Obwohl Mrs Robinson im Dunkeln raucht, glüht das Ende ihrer Zigarette nicht.

Zusatzinformation: Den gesamten Film über, und sei die Situation noch so intim, siezt Benjamin Braddock Mrs Robinson – mit einer einzigen Ausnahme. Nachdem Mrs Robinson sich dazu erweichen ließ, Benjamin zu erzählen, wo sie das erste Mal mit »Mr Robinson« Sex hatte, rutscht ihm – offenbar total überrascht – heraus: »Ach nein, ihr habt's im Wagen getan?« Danach geht er wieder, in jedem Fall, was die Anrede ihrer Person angeht, zurück auf Distanz.

Achtung: Als Mrs Robinson Benjamin Braddock im strömenden Regen auf der Straße abpasst, gerade als er ihre Tochter Elaine [Katherine Ross] nach dem Frühstück abholen will, trägt sie einen schwarzen Mantel, der ihr gerade über das Knie reicht.

Deutsche Sprache, schwere Sprache: Um zu verhindern, dass Mrs Robinson ihrer Tochter von ihrem Verhältnis mit ihm erzählen kann, drängt er: »Mach, beeil dich! Zieh deine Schuhe an!« Die »Schuhe« sind nur dummerweise Stiefel – die jeder auch als solche, und nicht als »Schuhe«, bezeichnen würde.

Anschlussfehler: Nachdem Benjamin Elaine seine Affäre mit ihrer Mutter gebeichtet hat und er Mrs Robinson nach seinem Hinauswurf aus Elaines Zimmer gegenübersteht, ist der Mantel, den sie trägt, ein langer. Und das, ohne dass sie die Zeit dafür gehabt hätte – geschweige denn, sich in der Situation die Zeit dafür genommen hätte – sich umzuziehen ...

Faktischer Fehler: Ortskundige erklären, dass so gut wie keine der Strecken, die Benjamin Braddock auf der Suche nach Elaine fährt, ihn dorthin bringt, wo er hin möchte – oder dies nicht auf die schnellste Weise tut. Da diese Fehler jedoch zu USA-spezifisch sind, um hier von allgemeinem Interesse zu sein, finden Sie diese hier nicht gelistet. Wer mag, kann die »Errors in Geography« auf den amerikanischen Filmfehlerseiten im Internet (siehe »Anhang«) nachlesen.

Fehl am Platz: Der Zoo, in den Benjamin Elaine – die dort mit Carl Smith [Brian Avery I.] verabredet ist – begleitet, befindet sich nicht in Berkeley, sondern in San Francisco.

Achtung: Als Elaine Benjamin in dem von ihm gemieteten Zimmer aufsucht und von ihm wissen will, wie er auf die Idee kommen konnte, ihre Mutter zu vergewaltigen, hat ihre silberfarbene Haarspange zunächst einen leichten Linksdrall.

Zusatzinformation: Der junge Student, welcher, nachdem Elaine einen lauten Schrei von sich gab, Mr McCleery [Norman Fell] fragt: »Soll ich die Polizei rufen?«, und dann erklärt: »Ich ruf die Polizei«, ist – ohne dass er in der Besetzungsliste auftauchen würde – Richard Dreyfuss[2].

Anschlussfehler: Nachdem sich die Meute vor seiner Tür wieder verzogen hat, ist Elaine noch immer bei Benjamin. Diesmal sitzt ihre Haarspange gerade und in der Mitte.

Achtung: Als Benjamin Braddock Elaine vor einer Vorlesung abfängt und wissen will, wo sie ihre Geburtsurkunde habe, ist ihre linke Hand deutlich zu sehen. Und damit natürlich auch, dass sie keinen Ring – geschweige denn einen goldenen am Ringfinger – trägt.

Zusatzinformation: Für diejenigen, die sich wundern, weshalb Benjamin Braddock darauf besteht: »Morgen früh gehen wir zur Blutuntersuchung«: In den meisten der U.S.-Bundesstaaten ist es Pflicht, dass vor der Heirat eine Blutuntersuchung (bloodtest) durchgeführt wird, und zwar von einem Arzt in dem Staat, in dem geheiratet werden soll.

Achtung: Der Film endet durchaus um eine Nuance ernsthafter, als es zunächst den Anschein hat. Tatsache ist: Die Trauung von Elaine Robinson mit Carl Smith ist, als Benjamin Braddock das Paar vor dem Traualtar sieht, bereits vollzogen. Denn dann erst werden Braut und Bräutigam aufgefordert, einander zu küssen. Was sie gerade tun, als Benjamin Braddock Elaine endlich gefunden hat.

Dies und das: Schenkt man dem Ton Glauben, klopft Benjamin Braddock wie wild an das große Kirchenfenster, um sich bei der Braut bemerkbar zu machen. Traut man hingegen seinen Augen, hämmert er keinesfalls an das Glas – sondern steht mit ausgebreiteten Armen an das Fenster gepresst. Tatsache ist: Auf das – der Kirche zum Geschenk gemachte – Glasfenster trommelte Dustin Hoffman lediglich einmal während der Proben. Als der zu der Kirche gehörige Geistliche dies mitkriegte, untersagte er jegliches An-die-Scheiben-Klopfen. Was Sie hören und sehen, ist ein (gelungener) Kompromiss. [IMDb]

Zusatzinformation: Ein weiterer – wenngleich äußerst subtiler – Hinweis darauf, dass die Trauung von Elaine und Carl bereits vollzogen ist, ist Mrs Robinsons Feststellung: »Elaine, es ist zu spät.«
Anmerkung: Und dass die frisch verheiratete Elaine kontert: »Nicht für mich!«, lässt darauf schließen, dass sie durchaus willens ist, Zeit und Nerven für so etwas wie die Annullierung der Ehe aufzubringen.

---

[2] Richard Dreyfuss brillierte unter anderem in Filmen wie »Whose Life is it, anyway?«, »Ist das nicht mein Leben?« [1980], »Nuts«, »Nuts – Durchgedreht« [1987], »What about Bob?«, »Was ist mit Bob?« [1991]
Quelle: IMDb

Achtung: Als – in der Schlussszene im Bus – Simon and Garfunkels »Sound of Silence« einsetzt, wischt Elaine sich mit der linken Hand eine Haarsträhne aus dem Gesicht. An dem Ringfinger glänzt ein goldener Ring. Alles in allem ist es wasserdicht: Benjamin Braddock »entführt« nicht Elaine Robinson, sondern Elaine Smith. In Amerika (auch in England), gehört der Ehering nämlich an die linke Hand. Was – wenn schon (von der christlichen Kirche abgesegneter) Aberglaube, denn schon – auch sinnvoll ist: »Die Sitte, den Ehering am Ringfinger zu tragen, geht aller Wahrscheinlichkeit nach auf den griechischen Glauben zurück, dieser Finger stehe über die so genannte ›Ader der Liebe‹ in direkter Verbindung mit dem Herzen.« Dass dies der *linke* und nicht der *rechte* Finger ist, versteht sich von selbst – weil das Herz auf der linken Seite sitzt.[3]

Hinter den Kulissen: Eigentlich war die Rolle der Mrs Robinson der französischen Schauspielerin Jeanne Moreau auf den Leib geschrieben worden. Die allerdings fand es nicht nur absurd, eine Amerikanerin zu verkörpern, sondern hielt sich für die Rolle auch noch für »ein wenig zu jung«.[IMDb] Jeanne Moreau wurde am 23. Januar 1928 in Paris geboren – und ist damit knapp vier Jahre älter als Anne Bancroft.[IMDb]

Hintergrundwissen: Das – durch *das* Promotion-Foto zum Film – berühmt-berüchtigte Bein Mrs Robinsons gehört nicht zu Anne Bancroft, sondern zu dem damals noch völlig unbekannten Model Linda Gray – heute nahezu allen Fernsehzuschauern weltweit in Erinnerung als »J. R. Ewings« [Larry Hagman] Ehefrau »Sue Ellen« in der TV-Serie »Dallas«.

Hinter den Kulissen: Die Besetzungsliste sah ursprünglich Robert Redford statt Dustin Hoffman für die Rolle des Benjamin Braddock vor. Doch nachdem ein paar Tests gedreht sind, stellen Robert Redford und Regisseur Mike Nichols einmütig fest, dass Reford nicht die richtige Ausstrahlung für den Part mitbringt. Gesucht wird ein junger Mann, der unerfahren wirkt und mit seiner eigenen Sexualität noch nicht besonders vertraut scheint. Also nimmt Robert Redford, Strahlemann mit Sexappeal, seinen Hut und Dustin Hoffman bringt schließlich die richtige Portion Unsicherheit für diese Rolle mit.

Interessant ist, dass Robert Redford zu diesem Zeitpunkt noch keinen der Filme gedreht hatte, die ihn beim Publikum unwiderruflich zum Sexsymbol gemacht haben. »Butch Cassidy and the Sundance Kid«, »Butch Cassidy und Sundance Kid (Zwei Banditen)«, »The Great Gatsby«, »Der große Gatsby«, diese Filme kamen alle erst später. So drehte Robert Redford dann eben 1967 »Barefoot in the Park«, »Barfuß im Park«, zusammen mit Jane Fonda.

»Nachrücker« Dustin Hoffman wurde für seinen starken Auftritt als Benjamin Braddock übrigens erstmals für den Oscar nominiert.

Auf solche Ehren musste Robert Redford warten bis 1973, »The Sting«, »Der Clou«, dem Film, in dem zur Freude des Publikums mit der Paarung Robert Redford und Paul Newman die Erfolgsbesetzung von 1969 aus »Butch Cassidy and the Sundance Kid« noch einmal zum Zug kam.

---

[3] Deutschlandfunk-Sendungen: »Eine lange Nacht der Feste und Rituale« 21.1.2000

DAS SCHWEIGEN DER LÄMMER
SILENCE OF THE LAMBS
USA 1991 • REGIE: JONATHAN DEMME

() Anschlussfehler: Als Jack Crawford [Scott Glenn] sich bei seinem ersten Gespräch mit Clarice Starling [Jodie Foster] daran erinnert, sie habe ihm bei einem Gasttermin an der Uni »wegen der Auslegung der Bürgerrechte durch das FBI in den Hoover-Jahren ziemlich zugesetzt – ich gab Ihnen eine Eins«, ist sein Hemdkragen über der Weste. Als sie ihm antwortet: »Eins minus, Sir«, befindet sich die linke Kragenecke (↓) plötzlich *unter* der Weste – obwohl Crawford die gesamte Zeit über seine Hände hinter dem Kopf verschränkt hält.

? Ungereimtheit: Nachdem Clarice Starling Dr. Frederick Chilton [Anthony Heald] erklärt: »Wenn Lecter Sie als seinen Feind empfindet, hätten wir vielleicht mehr Glück, wenn ich mich allein zu ihm begebe. Was halten Sie davon?«, antwortet dieser: »Wenn Sie mir das im Büro vorgeschlagen hätten, würde ich viel Zeit gespart haben.« In seinem Büro jedoch hätte Clarice Chilton diesen Vorschlag gar nicht unterbreiten können. Erst *auf dem Weg* von seinem Büro zu Hannibal Lecter hatte er zu ihr gesagt: »Oh Mann, wie er uns hasst. Er hält mich für seine Nemesis!«[1]

📌 Dies und das: Bevor Clarice Starling in den Sicherheitstrakt geht, in dem sich Hannibal Lecters Zelle befindet, wird sie von Barney [Frankie Faison], dem Wärter, gewarnt: »Sie wissen, Sie dürfen sich nicht der Glasscheibe nähern. (…) Halten Sie sich möglichst rechts.« Irrwitzigerweise allerdings hat er den Stuhl, den er für Clarice vor Lecters Zelle gestellt hat, in der Mitte des schmalen Gangs – anstatt so nahe wie möglich an der Wand – positioniert.

() Anschlussfehler: Nachdem Clarice Starling in der Garage für Selbsteinlagerungen die aus einer US-Flagge bestehende Plane des dort 1981 deponierten Autos entfernt hat, schaut sie – durch eine klare Scheibe – von außen ins Wageninnere. Als sie die Autotür öffnet, hat die Scheibe plötzlich eine Gardine.

? Ungereimtheit und deutsche Sprache, schwere Sprache: Ungeschickter geht's nicht mehr. Da stellt Clarice Starling Hannibal Lecter bei ihrem zweiten Besuch bei ihm die rhetorische Frage: »›Sedrin Morphet‹, das ist ein Anagramm[2], Doktor, nicht wahr?« – um dann fortzufahren: »Aus den Buchstaben des Namens ›Sedrin Morphet‹ kann man den Satz: ›Der Rest von mir‹ bilden, nicht?« Nur genau *das* ist bei dieser Wortwahl unmöglich. Abgesehen davon, dass weder »Sedrin« noch »Cedrin« (phonetisch) als Vorname existiert, lässt sich »Der Rest von mir« nicht aus den vorgegebenen Buchstaben bilden. Übrig bleibt von »Morphet« das PH, zu viel ist ein R in »Der Rest von mir«. (Hätte der Nachname »Morvet«

---

[1] griechische Rachegöttin (auch: in der Antike bei den Griechen Begriff und vergöttlichte Personifikation des sittl. Rechtsgefühls). Quelle: LR

[2] Anagramm [griechisch], Umstellung der Buchstaben eines Wortes oder Namens zu einem neuen: ›Roma–Amor‹, häufig als Pseudonym. Quelle: LR

lauten sollen, hätte er anders ausgesprochen werden müssen: mit einem weichen V = W, nicht mit einem F.)

Anmerkung: Im Original wird aus »Hester Mophet« »The rest of me«. Dass – wenn ohnehin ein neuer Name gefunden werden muss – aus »Der Rest von mir« nicht so etwas wie beispielsweise »Dee Morstvin« werden konnte, ist wirklich schade. Und:

Beim zweiten Anagramm hat es ja auch geklappt. Während in der amerikanischen Originalfassung aus »Louis Friend« »Ironsulfide« wurde, sagt Clarice Starling in der deutschen Synchronfassung: »Ihre Anagramme klären sich, Doktor. Nat Fisiules? Eisensulfid, auch bekannt als Katzengold.« Das ergibt Sinn.[3]

? **Ungereimtheit:** Jame »Buffalo Bill«[4] Gumb blickt durch seine Nachtsichtbrille direkt in die hell aufgeblendeten Scheinwerfer von Catherine Martins Wagen, als diese auf den Parkplatz vor ihrem Haus fährt – und wird dabei nicht im Geringsten geblendet …

📌 **Dies und das:** Nachdem Clarice Starling mitten aus ihrem Training geholt wird, um Jack Crawford nach West Virginia zu begleiten, wo soeben ein drittes Opfer von Buffalo Bill geborgen wurde, nimmt sie sich – obwohl in einem solchen Fall die Motoren des Flugzeugs schon laufen – ganz offenbar noch die Zeit, schnell zu duschen und sich umzuziehen sowie auch ihr Haar zu stylen – um wie aus dem Ei gepellt an der Seite ihres Bosses in Clay-County zu erscheinen.

? **Ungereimtheit:** Als Clarice Starling ihrem Chef auf dem Weg zur Leichenhalle des »Grieg Pineal Home« erklärt: »Deswegen hatten Sie mich dorthin (zu Hannibal Lecter) geschickt, nicht? Dass er im ›Buffalo Bill‹-Fall hilft, Sir? Falls das wirklich der Fall war, hätte ich mir gewünscht, ich wäre eingeweiht gewesen«, erwidert Jack Crawford: »Würde ich Sie mit diesem Auftrag zu ihm reingeschickt haben, hätte Lecter das sofort durchschaut. Einen Moment

---

[3] In der Romanvorlage »Das Schweigen der Lämmer« von Thomas Harris tauchen keine Anagramme auf.

[4] Buffalo Bill, eigentlich William Frederick Cody, (1846–1917), amerikanischer Kundschafter, Offizier und Schausteller, geboren in Scott County (Iowa, USA). 1860, im Alter von 14 Jahren, wurde Buffalo Bill Reiter für den neu gegründeten Pony Express. Bei Ausbruch des amerikanischen Bürgerkrieges 1861 diente Cody in der Armee der Nordstaaten als Kundschafter und Führer und 1863 trat er in die Siebte Kavallerie als Kundschafter ein. Nach Kriegsende 1865 arbeitete er drei Jahre lang für die Kansas Pacific Railroad als Fleischlieferant. Seine Behauptung, er habe für die Fleischversorgung der Streckenarbeiter in weniger als 18 Monaten über 4 000 Büffel getötet (Anm.: und, um an deren Fleisch zu gelangen, diese natürlich auch gehäutet), brachte ihm den Spitznamen »Buffalo Bill« ein.[ME/OE]

Anmerkung: Tatsächlich ist »Buffalo Bill« eine Kombination mindestens dreier Serienmörder, die wirklich existiert haben: Ed Gein (http://www.crimelibrary.com/gein/geinmain.htm), der Anfang der 50er-Jahre aus der Haut seiner Opfer unter anderem Lampenbezüge fertigte, Ted Bundy (http://www.crimelibrary.com/bundy/attack.htm) der während der 70er in den USA einen gebrochenen und eingegipsten Arm vorschob und durch seine scheinbare Behinderung Hilfsbereite zu seinen Opfern machte, und Gary Heidnik, ein in den 80ern wütender US-Serienmörder (http://www.crimelibrary.com/serial/heidnik/index.htm), der die von ihm entführten Frauen in einem Kellerloch gefangen hielt. (Für mehr Informationen zu Serienmördern, die ähnliche Vorgehensweisen wie Jame »Buffalo Bill« Gumb aufwiesen, siehe – Suchbegriff »Silence of the Lambs« The Crime Library: http://www.crimelibrary.com

hätte er mit Ihnen herumgespielt, um dann zu Stein zu werden.« Beide Statements sind unsinnig. Erstens ist Agentin Starling clever genug, um zu erkennen, dass zwischen ihrem Auftrag, Hannibal Lecters Psyche zu ergründen, und den Taten von »Buffalo Bill« ein Zusammenhang bestehen muss. Zweitens wäre sie nicht so plump vorgegangen, dass Lecter dicht gemacht hätte, und drittens hatte Lecter selbst das Thema bereits in ihrem ersten Gespräch mit ihm angeschnitten:

Hannibal Lecter: Jack Crawford muss enorm beschäftigt sein – wenn er schon Hilfe aus dem Nachwuchs zwangsverpflichtet. Er ist bestimmt damit beschäftigt, diesen Neuen zu jagen: Buffalo Bill. Was für ein ungezogener Bursche das ist! Ist Ihnen bekannt, wieso man ihn so nennt: »Buffalo Bill«? Verraten Sie es mir! In der Presse ist nichts zu finden.

Clarice Starling: Es begann als schlechter Scherz bei der Mordkommission in Kansas City. Die sagten dort: ›Er häutet seine Miezen ab.‹

Hannibal Lecter: Clarice Starling, was denken Sie: Wieso zieht er denen wohl die Haut ab, Agentin Starling. Faszinieren Sie mich durch Ihren Scharfblick.

Clarice Starling: Das geilt ihn auf.

In seinem zweiten Gespräch mit ihr – als Clarice Starling ihn nach ihrem Besuch in der Garage für Selbsteinlagerungen anrief – bot Hannibal Lecter ihr bereits seine Hilfe an:

Clarice Starling: Dr. Lecter, wessen Kopf ist in dem Glasbehälter?

Hannibal Lecter: Warum fragen Sie mich nicht gleich nach Buffalo Bill?

Clarice Starling: Weshalb – wissen Sie etwas über ihn?

Hannibal Lecter: Möglich wär's, wenn ich die Akte kriegen würde. *Sie* könnten sie mir beschaffen.

Bei ihrem zweiten Besuch bei ihm schlug Lecter ihr gar ganz explizit einen Handel vor – wobei er natürlich einkalkulierte, dass ein solcher erst von oberster Stelle abgesegnet werden müsste:

Hannibal Lecter: Ich bin jetzt acht Jahre in diesem Raum hier, Clarice. Ich weiß, dass die mich nie mehr hier herauslassen werden, solange ich noch am Leben bin. Was ich will, ist eine Aussicht. Ich will ein Fenster, damit ich einen Baum sehe. Oder vielleicht Wasser. Ich will in eine Bundesanstalt verlegt werden, weit weg von Dr. Chilton.

Clarice Starling: ›Flügge gewordener Mörder‹, was soll das heißen? Heißt das, dass er (Buffalo Bill) erneut getötet hat?

Hannibal Lecter: Ich biete Ihnen ein psychologisches Profil von Buffalo Bill an, auf der Grundlage des Beweismaterials. Ich werde Ihnen helfen, ihn zu schnappen, Clarice.

Clarice Starling: Sie wissen, wer er ist, nicht wahr? Sagen Sie mir, wer Ihren Patienten enthauptet hat, Doktor.

Hannibal Lecter: Sie wissen doch: Gut Ding will Weile haben – und ich habe lange gewartet, Clarice. Aber die Frage ist, wie lange können Sie und der alte Jack Crawford noch warten? Unser kleiner Billy wird sich bereits auf der Suche befinden nach der nächsten ›Dame seines Interesses‹.

? **Ungereimtheit:** Als Jack Crawford Clarice Starling auf dem Rückweg von Clay-County erklärt: »Starling, wie ich dem Sheriff sagte, wir sollten nicht vor einer Frau darüber reden, wurden Sie ganz schön wütend, nicht? Das war bloß Qualm, Starling, weil ich ihn loswerden wollte«, redet er – einmal mehr – Unsinn. Dadurch, dass Crawford Sheriff Perkins [Pat McNamara] mit den Worten: »Bei Sexualverbrechen dieser Art gibt es gewisse Aspekte, die ich lieber unter vier Augen erörtern würde«, kurz aus der Leichenhalle geführt hatte, war er ihn keinesfalls losgeworden. Wer sowohl den Sheriff als auch dessen gesamte Mannschaft freundlich, aber bestimmt, des Raumes verwiesen hatte, war Clarice Starling gewesen.

Deutsche Sprache, schwere Sprache: Als Dr. Chilton, weil er sich von ihr übergangen fühlt, Clarice Starling daran hindern will, Hannibal Lecter unangemeldet in seiner Zelle zu besuchen (»Er ist immerhin mein Patient, ich habe gewisse Rechte …«), entgegnet sie: »Das ist die Nummer der Bundesstaatsanwaltschaft. Bitte, entweder Sie regeln das mit ihm oder Sie lassen mich meiner Arbeit nachgehen, haben Sie verstanden?«

Deutsche Sprache, schwere Sprache: Jame »Buffalo Bill« Gumb [Ted Levine] zu Catherine Martin [Brooke Smith]: »Es reibt sich die Haut mit der Lotion ein, das macht es, wann immer man es ihr sagt. (…) Es reibt sich die Haut mit der Lotion ein, sonst kriegt es wieder eins mit dem Schlauch verpasst.«
Anmerkung: In der amerikanischen Originalfassung ist dieser Fehler nicht vorhanden: »It puts the lotion on its skin or else it gets the hose again. It does this whenever it's told.«

Ungereimtheit: Nachdem Dr. Chilton Hannibal Lecter erklärt, es habe nie die ihm von Clarice Starling vorgeschlagene Vereinbarung seiner Verlegung in eine andere Klinik gegeben, vergisst er seinen Kugelschreiber. Aus Hannibal Lecters Blick darauf lässt sich der Schluss ziehen, dass er besagten Stift an sich nehmen will und wird. Unterstrichen wird dieser Eindruck, dass Lecter ebendiesen Stift – oder einen Teil davon – in einer späteren Szene zum Öffnen seiner Handschellen einsetzt, dadurch, dass Chilton auf dem Flughafen von Memphis vergebens nach seinem Kugelschreiber sucht, der ihm offenbar nicht nachgebracht wurde – und, weil er ihn nicht findet, Sergeant Pembry [Ale Coleman] ihm seinen Kuli zum Tätigen einer Unterschrift reicht. Die Sache ist nur die: Wie soll Hannibal Lecter, der die gesamte Zeit über fest in einer Zwangsjacke steckt und zudem einen »Maulkorb« trägt, sich dieses Stiftes bemächtigt haben?

Anschlussfehler: Als Catherine Martins Mutter am Flughafen von Memphis auf Hannibal Lecter trifft, verändert sich permanent ihre Frisur.

Dies und das: Als Clarice Starling Hannibal Lecter im Shelby-County-Gerichtsgebäude in seiner provisorischen Zelle besucht und ihm seine Zeichnungen bringt, stellt Sergeant Pembrys Kollege die wohl eher rhetorische Frage: »Sie kennen die Vorschriften, Madam?«, woraufhin sie antwortet: »Ja, Lieutenant Boyle, ich habe ihn schon mal verhört.« In der Originalbesetzungsliste ist Lieutenant Boyle als Sergeant Boyle ausgewiesen.

Anschlussfehler: In etwa der Mitte von Lecters provisorischer Zelle steht ein brauner Tisch, an dem er sitzt und liest, als Clarice Starling ihn besucht. Wenig später – nachdem Lecter sich seiner Handschellen und beiden Aufpasser gleichermaßen entledigt hat – befindet sich dieser Tisch, ohne dass er bei einem Kampf bewegt worden wäre, plötzlich in der hinteren rechten Ecke der Zelle.

Ungereimtheit: Der kurze Metallstift, den Lecter aus seinem Mund nimmt, während Sergeant Pembry und Lieutenant Boyle [Charles Napier] ihm das zweite Essen, welches er bestellt hat, bringen, wirkt weniger wie ein Teil aus einem Kugelschreiber als vielmehr wie einer der drei Stifte, die sich im Mundteil der Gesichtsmaske befanden, die Lecter für sein

Zusammentreffen mit Senatorin Martin angelegt worden war. Aber auch einen solchen hätte Lector nicht entfernen können. Und zwar einmal nicht, weil er – wie gehabt – durch eine Zwangsjacke gefesselt war, und zweitens hätte das Fehlen von einem der drei Metallstifte bemerkt werden müssen. Kurz und (gar nicht) gut: Wie Lecter an sein »Ausbruchswerkzeug« kam, ist und bleibt im Film ungeklärt.[5]

Dies und das: Wie soll Hannibal Lecter das Mahl, das Lieutenant Boyle in seinen Käfig trägt – bestehend aus zwei Koteletts, einer Pellkartoffel, Mais, dicken Bohnen und grünem Blattgemüse – essen? Auf dem Tablett liegt nicht einmal ein Plastikbesteck. (Auch wenn dies eine zweite Mahlzeit war, die Lecter sich bestellt hatte: Dass er Messer und Gabel – egal, aus welchem Material – von dem ersten Essen in seiner Zelle hätte behalten dürfen, ist eher unwahrscheinlich.)

Anschlussfehler: Während Lieutenant Boyle den gefüllten Teller in Lecters provisorische Zelle trägt, liegen ein paar Maiskörner auf dem Tellerrand. Als Boyle den Teller auf den Boden gestellt hat, liegt der Mais fein säuberlich innerhalb des Tellerrandes. Nachdem Lecter Pembry und Boyle außer Gefecht gesetzt hat, ist mit einem Male weniger Blattgemüse auf dem Teller als vorher – ohne dass es durch die Gegend geflogen wäre.

Anschlussfehler: Als Pembry seinem Kollegen zu Hilfe eilt, tritt Lecter die Zellentür zu und dem Sergeanten direkt vors Gesicht. Dennoch ist in der nächsten Einstellung keine Tür zwischen den beiden – und Lecter kann Pembry unbehindert ins Gesicht beißen.

Dies und das: Nachdem Lecter Pembry ausgiebig gebissen hat, ist Lecters Kinn blutverschmiert. Blütenrein hingegen ist nach wie vor Lecters T-Shirt.

Anschlussfehler: Während Lecter Sergeant Boyle mit dessen eigenem Knüppel erschlägt, gelangen auf Lecters Hemd Blutspritzer – auch über der Nummer auf dem T-Shirt. Nachdem Boyle tot ist und Lecter noch ein wenig den aus dem Kassettenrekorder dringenden Glenn Gould dirigiert, der auf dem Klavier Bachs »Goldberg-Variationen« spielt, sind die Blutspritzer über der Nummer auf Lecters T-Shirt verschwunden.

Anschlussfehler: Obwohl der Kampf zwischen Boyle und Lecter – erkennbar an sowohl der spanischen Wand in Lecters Zelle als auch den Gitterstäben – *innerhalb* des Käfigs stattfindet und Boyle im Käfigeingang niedergeht, ist er nirgendwo zu sehen, als Lecter die Zelle verlässt – obwohl er dort liegen *müsste*.

Ungereimtheit: Bis Sergeant Tate [Danny Darst] anhand der Fahrstuhlanzeige realisiert, dass in dem Stockwerk, in dem Lecter verwahrt wird, etwas nicht stimmen kann, und er mit der gesamten im Erdgeschoss positionierten Polizeitruppe hinaufstürmt und den als Sergeant

---

[5] In der Buchvorlage »Das Schweigen der Lämmer«, ebd. ist dieser Punkt selbstverständlich geklärt: »Sechs Monate später übersah ein Wärter eine kräftige Papierklammer an einigen Dokumenten, die Dr. Lecter von seinem Anwalt geschickt bekommen hatte. (...) ließ sich leicht in Kleidernähten, zwischen Wange und Zahnfleisch oder im Rectum verstecken.«

Pembry getarnten Hannibal Lecter findet, vergehen knapp anderthalb Minuten. Schweizer Taschenmesser hin, Schweizer Taschenmesser her: Allein, dass Lecter sich nach *der* Hektik in *der* Kürze der Zeit offenbar ohne jedweden erhöhten Pulsschlag als nahezu toten Pembry ausgeben kann[6], ist absolut nicht machbar. Was er gerade noch so eben hätte tun können, wäre gewesen, eine Leiche (für die er allerdings erst hätte sorgen müssen – es gibt keinen weiteren Kampf) auf dem Dach zu positionieren. In keinem Fall hätte es ihm gelingen können, Pembry in Windeseile derart professionell zu häuten und sich dessen Gesichtshaut mitsamt Schopf perfekt überzustülpen. Selbst wenn er »Buffalo-Bill«[7]-mäßig auf das Häuten spezialisiert gewesen wäre, wäre er nach acht in der Psychiatrie verbrachten Jahren völlig aus der Übung gewesen, doch er war eher eine Mischung aus Kannibale und Vampir. (*Clarice Starling*: »Es gibt keinen Namen für das, was er ist.«)

Dies und das: Als Clarice die Spieluhr des ersten Buffalo-Bill-Opfers Frederika Bimmel auseinander nimmt, um an die dort von dieser versteckten Fotos zu gelangen, beginnt die Spieluhr zu eiern. Das bedeutet, die Musik kommt nicht aus der Spieluhr, sondern von einem Band.

Anschlussfehler: Während Catherine Martin in dem Brunnen, in dem sie steckt, Buffalo Bills Pudeldame zu sich lockt und ihr Entführer sich aufrüscht, wird, als er eine zweite Kette anlegt, unter seiner rechten Brustwarze eine Tätowierung sichtbar. Als Buffalo Bill kurz darauf vor seiner Kamera posiert, befindet sich die Tätowierung weiter rechts als zuvor und ein wenig tiefer – was auch deutlich zu erkennen ist, nachdem sein potenzielles viertes Opfer seine Hündin gefangen hat und er am Brunnenrand jammert: »Setz sie in den Eimer.«

Anschlussfehler: Als Clarice Starling Jame »Buffalo Bill« Gumb im Keller seines Hauses sucht, steht sie, nachdem sie die Treppen hinuntergestiegen ist, vor einer Tür, deren Türknopf rechts ist und die nach außen aufgeht. Kaum hat Clarice die Tür aufgemacht, ist der Türknopf plötzlich links und die Tür öffnet sich nach innen.

Dies und das: Die Handhaltung von Buffalo Bills Leiche ist für einen Toten eher ungewöhnlich: Obwohl die Muskeln sich nach Todeseintritt automatisch entspannen, sind seine Arm- und Handmuskeln weiterhin angespannt.

Hinter den Kulissen: Ursprünglich war Gene Hackman sowohl für die Rolle des Hannibal Lecter als auch als Regisseur vorgesehen. Jonathan Demme wiederum, der letztlich Regie führte, wünschte sich zunächst Michelle Pfeiffer als Clarice Starling.[IMDb]

---

[6] In der Buchvorlage »Das Schweigen der Lämmer«, ebd., ist, als beide Werte im Krankenwagen gemessen werden, Lecters Blutdruck 130:90, sein Puls bei 85.

[7] Im Buch »Das Schweigen der Lämmer« besteht diese Ungereimtheit auch – wenngleich in anderer Hinsicht. Hier ist Lecter alias Pembry die Leiche auf dem Dach des Fahrstuhls, das Gesicht zeigt »schwere Fazialschnitte mit aufstehenden Fleischfetzen, ein Auge herausgelöst« – ist also nicht erkennbar –, dafür aber hat Lecter es in kürzester Zeit geschafft, sich nicht nur Pembrys Uniform anzuziehen (und nicht nur den toten Pembry dafür auch erst einmal aus-!), sondern sich auch noch dessen Tattoos zuzulegen: »Ein Strafvollzugsbeamter schob sich nach vorn, blickte auf die ausgestreckten tätowierten Arme. ›Das ist Pembry‹, sagte er.«

SHINING
THE SHINING
GB/USA 1980 • REGIE: STANLEY KUBRICK

👁 **Achtung:** In der ersten Totale auf das verschneite »Overlook«-Hotel, gleich nach dem Vorspann, ist alles zu sehen – nur weit und breit kein Labyrinth (aus dichten, grünen Hecken).

🔗 **Anschlussfehler:** Es ist mehr als *ein* Sandwich, von dem Danny Torrance [Danny Lloyd] immer wieder Häppchen abbeißt. Nicht nur verteilen die Bisse sich anders: In der letzten Einstellung ist auch die obere (vom Zuschauer aus) rechte Seite des Sandwiches intakt – obwohl Danny diese, nachdem er zu seiner Mutter Wendy [Shelley Duvall] sagte: »Hier sind sowieso keine Kinder zum Spielen«, abgebissen hatte.

❓ **Ungereimtheit oder Interpretationsfrage?** Fotos aus »alten Zeiten« des Hotels hängen im »Overlook« an zig Wänden und Pfeilern – wie, unter anderem, auf der Besichtigungstour, die der Hoteldirektor Stewart Ullman [Barry Nelson] und sein Assistent Bill Watson [Barry Dennon] mit Wendy und Jack Torrance [Jack Nicholson] unternehmen, deutlich sichtbar ist: *Wenn* also, wie Delbert Grady [Philip Stone] Jack Torrance später erklärt – und wie es die letzte Filmeinstellung (ein Ballfoto, welches mit Jack darauf, im »Julio 1927« aufgenommen wurde) bestätigt –, dieser dort »von Anfang an« der Hausverwalter war: Weshalb erkannte ihn niemand aus der Hoteldirektion von der Fotografie her wieder? Oder war eine solche zu diesem Zeitpunkt noch nicht dort gewesen?

👁 **Achtung:** Zu den Räumen, die Wendy, Jack und Danny während ihrer Zeit im Angestelltentrakt des »Overlook«-Hotels bewohnen, führt eine Treppe. Diese gehen sie hoch, während Stewart Ullman erklärt: »Und dies ist Ihr Reich: Wohnzimmer, Schlafzimmer, Badezimmer – und ein Zimmer für Ihren Sohn.« Gleich nach einer Flügeltür mit Glasfüllungen gelangt man in einen Vorraum, in dem links ein großer Kühlschrank mit einem mit Gläsern gefüllten Tablett darauf steht.

❓ **Ungereimtheit:** Kurz vor Ende der Besichtigungstour erklärt Stewart Ullman auf Wendys Nachfrage, dass der Bau des »Overlook«-Hotels 1897 begonnen hatte und 1909 beendet worden war. Dem fügt der Hotelmanager hinzu: »Früher soll hier eine indianische Begräbnisstätte gewesen sein, und soviel ich weiß, mussten während der Bauarbeiten mehrere Indianerangriffe abgewehrt werden.« Was dieser Einwurf soll, ist völlig schleierhaft! Dass Indianer etwas mit den Geschehnissen im »Overlook« zu tun haben könnten, wird nie wieder aufgegriffen und auch durch absolut nichts ersichtlich. Vor allem: Wenn der Horror des »Overlook« tatsächlich »den Indianern« in die Schuhe geschoben worden wäre, hätte mit Sicherheit Marlon Brando[1] Kopf gestanden – und nie wieder ein Wort mit Jack Nicholson gewechselt ...

---

[1] Marlon Brando lehnte 1972 den »Oscar« ab, der ihm als bestem männlichem Hauptdarsteller für seine Rolle in »Der Pate« verliehen werden sollte, um gegen die Behandlung der Indianer in den USA zu demonstrieren.

❓ Fehl am Platz: Als Wendy und Danny Torrance Dick Halloran [Scatman Crothers] zum Tiefkühlraum folgen, befindet sich dieser auf einem Gang, der von der Großküche abgeht. Als die drei den Tiefkühlraum wieder verlassen, führt der Flur davor zu völlig anderen Räumen, was spätestens durch die Zeitstechuhr (↓) an der Wand deutlich wird.

❨❩ Anschlussfehler: Vom Flur her aufgenommen öffnet Dick Halloran die Tür zum Gefrierraum mit der linken Hand – während sich der Griff der Tür an deren rechter Seite befindet. In der nächsten Einstellung – aus dem Inneren des Kühlraums heraus gesehen – ist plötzlich alles »seitenverkehrt«. Halloran öffnet die Tür mit der rechten Hand – und der Türgriff ist plötzlich links.

👁 Achtung: Im »Overlook« gibt es Lebensmittel ohne Ende. Allein der Tiefkühlraum enthält »15 Rippenstücke, 75 Pakete mit Hamburgern, 12 Truthähne, etwa 40 Hähnchen, 50 Lendenbraten, 20 Schweinebraten und 30 Hammelkeulen!« Ergo muss es im »Overlook« – selbst wenn sie keine Erwähnung fanden – auch literweise Getränke geben. Und tut es: Als Stewart Ullman während der Besichtigungstour erklärt, die Angestellten würden gerne so schnell »wie möglich« abreisen, biegen die drei auch um eine Ecke, hinter der ein Stapel Getränkekisten steht. Das alles heißt: Ganz sicherlich wird es in diesem Hotel auch ein paar Flaschen Bier geben!

❨❩ Anschlussfehler: Als Halloran mit »Doc« über das Shining[2] reden will und ihn zu einem Eis einlädt, hält der Kleine seine Hände wechselweise mal gefaltet vor dem (mittlerweile leeren) Eisbecher vor ihm auf dem Tisch, mal dahinter. Und das, obwohl der Junge während dieses – relativ einseitigen – Gesprächs nahezu unbeweglich sitzt.

❓ Ungereimtheit: Halloran, der erkunden will, weshalb der Junge nicht über das Shining reden will, erklärt Danny, »Tony – der kleine Junge in meinem Mund« habe ihm dieses verboten. Als Halloran wissen will, *wie* Tony mit ihm spreche, erwidert Danny: »Erst muss ich einschlafen, dann zeigt er mir was.« Das allerdings stimmt so *nicht*. Tony kommuniziert durchaus mit (nicht nur) Danny, wenn dieser putzmunter ist. Während Danny sein Sandwich isst, spricht Tony mit Wendy (erklärt ihr, dass er nicht in das Hotel mitkommen will), und als Danny vor dem Badezimmerspiegel fragt: »Tony, glaubst du, Daddy kriegt die Stelle (als Hausverwalter des »Overlook«-Hotels während der Wintermonate)?«, antwortet Tony: »Er hat sie schon. Gleich ruft er (was dann auch geschieht) Wendy an, um es ihr zu sagen.«

❨❩ Anschlussfehler: Als Wendy Jack »Spiegeleier mit Speck« serviert, ist der Vorraum verschwunden. Stattdessen sind direkt hinter dem Spiegel (in welchem Jack im Bett liegend zu sehen ist) die Flügeltüren, die in »Zimmer 3« führen.

---

[2] Stephen King gibt an, von dem Refrain des »Plastic Ono Band«-Songs »Instant Karma« dazu inspiriert worden zu sein, sein 1977 erschienenes Buch »Shining« zu nennen. »Plastic Ono Band«: John Lennon, Yoko Ono und Freunde, darunter Klaus Voormann – der deutsche Bassist und Grafiker, der unter anderem die berühmte Plattenhülle von »Revolver« sowie die drei »Anthology«-Alben für die Beatles gestaltete.

Achtung: Nachdem Wendy Jack das Frühstück gebracht hat, zeigt die nächste Einstellung Jacks Schreibtisch. Darauf befindet sich eine kleine weiße Adler-Schreibmaschine (rechts daneben ein Kristallaschenbecher und ein Glas mit Schreibstiften, rechts daneben eine offene Packung Marlboro und zwei Stifte und ein Kasten mit Schreibmaschinenpapier). Dem Schreibtisch gegenüber steht eine eierschalenfarbene viersitzige Couch.

Anschlussfehler: »Einen Monat« – und nur wenige Filmminuten – später taucht plötzlich ein Labyrinth aus grünen Hecken nahe dem Hotelgebäude auf – das bei der Luftaufnahme des Hotelgeländes, zu Beginn des Films, *nirgendwo* zu sehen war.

Anschlussfehler: Das Modell des Labyrinths, vor dem Jack steht, als Wendy und Danny es erkunden, ist identisch mit der Ansicht des Labyrinths, die zur Information an dessen Eingang aushängt. Sobald die Kamera das Modell des Irrgartens jedoch in Nahaufnahme zeigt – in dessen Mitte Jack seine Frau und deren beider Sohn beobachten kann –, ist es ein völlig anderes und wesentlich komplexeres Modell, auf das Jack sieht.

Anschlussfehler: Dienstag: Danny saust mit dem Dreirad durch die Flure, hält dann vor Zimmer 237 – und zwar direkt neben einem schwarzen Standaschenbecher. Er schaut – von dem zum Stillstand gekommenen Rad sitzend aus – auf die Zimmernummer, und als er erneut auf dem Dreirad ins Bild kommt, hat er mit dem Rad plötzlich *vor* dem Aschenbecher Halt gemacht. Ferner ist dieser Anschlussfehler auch bestens anhand der Reifenstellung auf dem Teppichmuster erkennbar.

Anschlussfehler: In der zweiten Einstellung, die Jacks Schreibtisch zeigt, ist es Abend – und nun steht, was sinnvoll ist, auch eine Lampe darauf. Unlogisch ist allerdings, dass die *Couch* nicht mehr steht, wo sie stand – und dass sich die weiße kleine Adler in eine große blaue Schreibmaschine verwandelt hat.
Anmerkung: Völlig unsinnig ist, dass sich rechts auf dem Tisch – aufgeschlagen – ein dickes, großes Buch befindet: Nicht ein einziges Mal sieht man Jack darin blättern – es bleibt die gesamte Handlung über absolut bedeutungslos.

Achtung: Als Wendy den Raum betritt, in dem Jack arbeitet – um ihn zu fragen: »Na, Liebling, wie geht's?« –, reißt er schnell das Blatt Papier, das sich in der Maschine befindet, heraus.

Anschlussfehler: Absolut scharf ist der Versteck spielende Stuhl – in der Szene, in der Wendy Jack beim Arbeiten besucht. Nachdem sie sagt: »Bist du gut vorangekommen?«, steht hinter Jack an der Wand ein brauner Holzstuhl. Kaum aber hat Wendy verkündet: »Der Wetterbericht sagt, dass es heute noch schneit!«, ist der Stuhl verschwunden. Taucht aber wieder auf, nachdem sie auf seine knappen Antworten hin gefragt hat: »Was ist denn los mir dir?« Nachdem sie gegangen ist und Jack weiter arbeitet, hat sich der Stuhl erneut in Luft aufgelöst.

Anschlussfehler: Kaum hat Wendy – nachdem Jack sie heftig zusammengestaucht hat, weil er beim Arbeiten nun mal nicht gestört werden will – den Raum wieder verlassen, schreibt er sofort weiter. Allerdings auf einem Blatt Papier, das er zuvor gar nicht eingelegt hatte.

Achtung: In der ersten Innenaufnahme vom »Samstag« liegt vor dem lodernden Kamin (↓) ein Bärenfell. Und zwar eines, das sich im Verlauf des Films auch mehrmals selbstständig machen wird …

Anschlussfehler: Da steht sie wieder – die verschwundene Couch. Allerdings nicht mehr da, wo sie vorher stand. Und auch das, ohne dass die Torrances erst einmal großartig das Mobiliar umgestellt hätten.

Anschlussfehler: Als Danny mal wieder auf seinem Dreirad durch die Hotelflure saust, trifft er auf die Grady-Mädchen [Louise und Lisa Burns], die »für immer und immer und immer« gern mit ihm spielen würden. Als er die beiden – in harten Zwischenschnitten – auch niedergemetzelt am Boden sieht, liegt dort auch die Axt, mit der Delbert Grady seine gesamte Familie abgeschlachtet hat. Erstaunlicherweise ist lediglich der Griff blutig – die Schneide der Axt so gut wie gar nicht.

Ungereimtheit: Als Danny – in ebenerwähnter Szene – zu »dem kleinen Jungen in seinem Mund!« sagt: »Tony, ich hab' Angst«, antwortet Tony: »Weißt du nicht mehr, was Mr Halloran gesagt hat? Danny, das gibt es nicht in Wirklichkeit. Hab keine Angst!« Nur: Dass Danny »keine Angst haben« soll, hat Mr Halloran ihm keinesfalls so gesagt. Bevor er dem Jungen ausdrücklich verbot, einen Fuß in Zimmer 237 zu setzen, sagt Halloran wortwörtlich: »Weißt du, Doc, manchmal passiert etwas, das für immer und ewig Spuren hinterlässt. Genauso, als ob man was in einen Baum ritzt. Nicht jeder kann solche Spuren sehen. Nur besondere Menschen – mit dem Shining – sehen sie. *Die* können sogar sehen, was noch *nicht* passiert ist. Ja – und manchmal können sie sehen, was vor langer Zeit mal war.«[3]
Anmerkung: Was Tony sagte, war die Schlussfolgerung aus Hallorans Ausführungen. So niedlich er ist – Danny erweckt nicht gerade den Eindruck, diesen Schritt weiterzudenken. Abgesehen davon ergibt Tonys »Hab keine Angst (…)« schon deshalb keinen Sinn, weil Danny sehr wohl weiß, dass Halloran – auch wenn er dies nicht zugibt – panische Angst vor (wohl nicht nur) »Zimmer 237« des »Overlook«-Hotels hat.

Anschlussfehler: Als Danny zu seinem Vater geht, um ihn zu fragen: »Kann ich meine Feuerwehr aus meinem Zimmer holen?«, ist der zuvor verschwundene Vorraum wieder da.

Anschlussfehler: In selbiger Szene nimmt Jack Danny auf seinen Schoß; seinen linken Arm hat er um den Jungen gelegt, Jacks Hand ruht auf Dannys Oberarm – bis er, auf eine Frage, die Danny stellt, nachhakt: »Was meinst du?« Bei »Hat dir das deine *Mutter* eingeredet, dass ich dir was tun will?« liegt Jacks rechte Hand plötzlich auf dem Unterarm seines Sohnes,

---

[3] In der US-Originalfassung erwidert Tony: »Remember what Mr Halloran said. It's just like pictures in a book, Danny. It isn't real.«, »Denk dran, was Mr Halloran gesagt hat: Es ist wie Bilder in einem Buch, Danny. Es ist nicht wirklich.«

Jacks linker Arm ist überhaupt nicht mehr sichtbar. Vorerst. Zur ursprünglichen Handhaltung kehrt Jack zurück, nachdem Danny ihm versicherte, dass dem nicht so sei – und Jack dem Kleinen eindringlich erklärt: »Ich liebe dich (…).«

Anschlussfehler: Als Danny – Mittwoch – im Flur mit seinen Autos spielt, verändert er, in der Einstellung, die ihn von hinten zeigt, seine Position um 180 Grad – ohne sich tatsächlich beim Spielen gedreht zu haben. Selbstverständlich haben auch sowohl die Autos als auch der Ball, der ihm entgegengerollt war – wie aus dem Teppichmuster ersichtlich wird –, ihre Positionen verändert.

Anschlussfehler: Als Jack am Schreibtisch eingeschlafen ist, steht keine Lampe mehr darauf. Und wird – bis zum Ende des Films – auch nie wieder dort sein. Auch was auf dem Schreibtisch steht, ist – wie bei jeder Einstellung – neu und leicht verändert arrangiert.

Anschlussfehler oder Interpretationsfrage? Als Wendy Jack nach seinem Albtraum tröstet, hält ihre linke Hand für eine ganze Weile – bis sie sagt: »Beruhige dich!« – seinen Arm. Als er erklärt: »Ich hab' geträumt, ich hab' euch *umgebracht*. Aber nicht nur das: Ich hab' euch beide *zerstückelt*!«, ist ihre Hand auf seinem Knie. Als Jack fortfährt: »Oh mein Gott! Ich glaube, ich verlier' den *Verstand*!«, liegt Wendys Hand auf ihrem Schoß. Und all das geschieht nicht fließend, sondern abrupt.

Pointe verspasst: In der Originalfassung wehklagt Jack, als er das erste Mal an der Bar des goldenen Salons (Gold Room) des »Overlook«-Hotels sitzt, einen herrlichen Satz von ungeheurer Tragweite: »God, I'd give anything for a drink. I'd give my god-damned soul for just a glass of beer!« – »Gott, ich gäbe alles für einen Drink. Ich würd' meine gottverdammte Seele hergeben für nur ein Glas Bier!« In der deutschen Synchronfassung sagt er lediglich: »Gott, was gäb' ich für einen Drink! Gottverdammt – nur *ein einziges Bier*!«

Ungereimtheit: Obwohl Jacks Bemerkung den Anschein erweckt, er könne in dem gesamten Hotel nicht ein einziges Bier finden, muss es auch davon Lagerbestände geben. Zudem bestellt Jack – als der Barkeeper Lloyd [Joseph Turkel] auftaucht – bei diesem kein Bier, sondern einen Whisky.

Anschlussfehler: Jacks Whiskyglas wird leerer, bevor er auch nur daran genippt hat – füllt sich dann aber auf magische Weise auch wieder, während Jack sich mit dem Barkeeper unterhält.

Anschlussfehler: Obwohl Halloran die TV-Nachrichten über die Wettersituation total reglos auf seinem Bett liegend verfolgt, verändern sich die Positionen der beiden grünen Kopfkissen – am schnellsten und deutlichsten an der Lage der Nähte zu erkennen.
Ferner verändert sich – obwohl Halloran sich absolut nicht bewegt – seine Handhaltung. Zunächst weisen die Fingerspitzen der rechten Hand leicht nach unten, bei der nächsten Einstellung jedoch geradewegs auf das Handgelenk.
Last but not least verändert sich sein Schlafanzugkragen. Erst steht er ein wenig hoch

und deutet zur Schulter. Danach liegt er an – mit der Spitze zur Achsel des rechten Arms (↑) ausgerichtet.

( ) Anschlussfehler: Auch das zweite Mal, das Jack an der Bar des »Gold Rooms« sitzt, wird sein »Jim Beam Black Label« mal *mehr*, mal *weniger*, dann wieder *mehr* … ohne dass er diesmal den Drink auch nur angerührt hätte.

( ) Anschlussfehler: Der – wenngleich nur kleine, aber immerhin doch – Spritzer Eierlikör, der unter der rechten Kniebeuge auf Jacks Jeans gerät, verschwindet von allein, kaum dass Delbert Grady und Jack die Herrentoilette betreten haben, wo Grady Jack den Eierlikör, den er ganz offenbar absichtlich über Jacks Kleidung gekippt hat, von dieser mit heißem Wasser entfernt.

Achtung: Nachdem Halloran vom nächstgelegenen Flughafen zum »Overlook«-Hotel fährt, geschieht dies in einem von ihm am Flughafen angemieteten roten PKW.

( ) Anschlussfehler: Als Wendy – auf ihrer Suche nach Jack (und dazu vorsichtshalber mit einem Baseballschlager bewaffnet) – am Kamin vorbeikommt, ist davor nacktes Parkett. Also nicht auch nur die Spur eines Bärenfells.

? Ungereimtheit: Bevor Jack zu arbeiten begann, sahen wir eine kleine weiße Adler – ein deutsches Fabrikat. Wann immer Jack tippte, tat er das in ein amerikanisches Modell. Was Sinn ergibt: Auch wenn ein Amerikaner einen deutschen Satz schreibt (wie hier: »Was du heute kannst besorgen, das verschiebe nicht auf morgen«[4]), wird er dazu ein US-Fabrikat benutzen (bei der das »Z« liegt, wo sich auf deutschen Tastaturen das »Y« befindet – und umgekehrt).

Dies und das: In dem Moment, in dem Danny das Wort »Murder« als »REDRUM« – von hinten beginnend – an die Tür schreibt, ist in der deutschen Fassung die Übersetzung: »Mord« als Schriftzug eingespielt. Die derart beschriebene Tür taucht jedoch zuvor schon diverse Male in Dannys Träumen auf – ohne dass der Zuschauer, der kein Englisch kann, auch nur das Geringste damit anfangen könnte. Warum wurde nicht anfangs »DROM« eingeblendet? Damit fehlt ihnen ein (– siehe auch »Pointe verpasst« – weiteres) Aha-Erlebnis.

( ) Anschlussfehler: Als Wendy schluchzend rückwärts die Treppe hochgeht – »(…) ich bin ganz durcheinander. Ich will erst alles in Ruhe überlegen« –, hat das Bärenfell es sich wieder vor dem Kamin gemütlich gemacht. Und ist auch, als Jack ihr folgt (»Du hattest in deinem verschissenen Leben Zeit genug, zu überlegen. Was willst du jetzt noch mit den paar Minuten anfangen?«), deutlich sichtbar.

---

[4] In der Originalfassung lautet der Satz, den Jack wieder und wieder und einzig alleine auf ungezählte Seiten Papier tippt: »All work and no play makes Jack a dull boy« (»Nur Arbeit und kein Spiel macht dumm«). In der italienischen Synchronfassung tippt Jack unablässig: »Il mattino ha l'oro in bocca« (wörtlich übersetzt: »Morgenstund' hat Gold im Mund«) Im Spanischen steht: »No por mucho madrugar amanece más temprano« (in etwa: »Früh aufstehen macht nicht eher tagen.«)

Achtung: Als Wendy verzweifelt versucht, das Schloss des Vorratsraums zu öffnen, in den sie Jack sperren will – und sperrt –, hat sie zwei in der Hitze des Gefechts abgebrochene Daumennägel, ansonsten aber irrsinnig lange Fingernägel (in Zeitlupe ist dieser Umstand bestens erkennbar).

Anschlussfehler: Wendy zerrt Jack zweimal durch die Vorratskammertür. Obwohl seine Hände bereits in den Türrahmen waren, sind sie plötzlich wieder draußen …

Anschlussfehler: Als Wendy heulend vor der Speisekammer sitzt, aus der Jack »Liebling, ich brauch' einen Arzt« ruft, sind die Daumennägel wieder da – dafür alle Fingernägel kürzer. Und zwar gefeilt.

Anschlussfehler: Wie überaus praktisch! Ohne dass Halloran den Wagen hätte wechseln müssen (oder können!), sitzt er plötzlich in einem Schneemobil. Mit dem PKW, den er zuvor fuhr, hat der winterwettertaugliche Wagen lediglich die Farbe gemeinsam.

Dies und das: Ohne nachzudrehen kann Danny das Wort REDRUM niemals mit Lippenstift an die Tür schreiben.

Anschlussfehler: Die Art, wie Wendy das Messer hält, als sie sich im Bad einsperrt, verändert sich. Erst umklammert sie es mit dem Daumen zur Schneide, als sie es in das Waschbecken wirft, weist der Daumen in Richtung ihres Körpers.

Anschlussfehler: Als Jack die Tür zum Bad einschlägt, stimmt die Szene vorn und hinten nicht: Obwohl er mit der Axt auf das rechte obere Paneel losgeht, ist es in der Einstellung vom Badinneren das linke, wobei die gesamte Tür – erkennbar an deren Rahmen – eine andere ist. Zweitens ist das Paneel von innen noch unversehrt, obwohl er von außen bereits zweimal kräftig durch das Holz geschlagen hat. Drittens greift er – obwohl er seinen Kopf durch das Loch des linken Paneels steckt, als er sagt: »Hier ist Jacky!«, in der nächsten Einstellung durch das (von außen gesehen) rechte Paneel nach dem inneren Türknauf. Last but not least sind – als Jack Hallorans Wagen hört – beide Paneels ausgeschlagen. Obwohl er das zweite gar nicht anrührte.

Ungereimtheit: Wagengeräusch hin, Wagengeräusch her: Bevor irgendwer, der im Anmarsch ist, das Bad vom »Zimmer 3« erreichen könnte, könnte Jack längst auch das die Füllungen der Kassettentüren verbindende Zwischenstück eingehauen haben, hindurchgeklettert sein und Wendy erschlagen haben. Dass er stattdessen von dem Vorhaben, seine Frau zu töten, erst einmal ablässt, ergibt keinen Sinn (außer dem, dass der Film für Wendy ein »Happy End« hat).

Ungereimtheit: Als Halloran durch die Hotelhalle geht, ist er nicht nur überaus unvorsichtig, sondern auch total unbewaffnet. Beides ist irrwitzig – zumal er die Reise (nicht zuletzt durch den Schneesturm) auf sich nahm, *weil* er wusste, dass im »Overlook« Schreckliches geschehen würde.

◯ Anschlussfehler: Obwohl Jack die Axt mehrmals bis zum Anschlag in Hallorans Oberkörper gewuchtet hat, ist an der Schneide so gut wie kein Blut zu erkennen. Als Jack mit der Axt durch den Irrgarten humpelt, ist die Schneide gar wieder blitzsauber – und zwar ohne, dass er sie etwa durch den Schnee geschleift und dadurch gesäubert hätte. Die Klinge ist absolut trocken.

? Fehl am Platz: In eiskalter Winternacht kann die Schlussszene nicht gedreht worden sein: Obwohl Jack schwer atmet (als er zu der Stelle kommt, an der Dannys Fußspuren enden), ist kein Atem zu sehen. Auch nicht, als er wieder und wieder nach seinem Sohn ruft.

Hinter den Kulissen: Das Management des »Timberline Lodge«-Hotels auf Mt. Hood in Oregon, in dem die Außenaufnahmen zu »Shining« stattfanden, bat Stanley Kubrick, nicht das im Buch genannte Zimmer »217« als das Horrorzimmer zu nehmen. Die Hoteldirektion befürchtete, dass sonst niemand mehr darin wohnen wollen würde. Kubrick entsprach der Bitte und änderte die Zimmernummer in 237 – die es in diesem Hotel nicht gibt.[IMDb]

Hinter den Kulissen: Stanley Kubrick war bekannt und gefürchtet dafür, dass er Szenen wiederholen ließ ohne Ende. Shelley Duval war mit 127 Wiederholungen ein und derselben Szene Rekordhalterin beim Drehen von »Shining« – was keine Wertung über ihre Qualitäten als Schauspielerin sein kann, sondern lediglich Zeugnis ablegt vom Perfektionismus Kubricks. Von einer Szene mit Scatman Crothers wollte Kubrick mehr als 120 Takes. Von der Szene, in der Jack Nicholson den siebzigjährigen Crothers umbringt, wollte Kubrick an die 70 Takes. Es kostete Nicholson viel Überredungskunst, Kubrick dazu zu bewegen, es nach rund 40 anstrengenden Takes gut sein zu lassen – er wollte schließlich nur so tun als ob und seinen nicht mehr ganz jungen Kollegen nicht wirklich umbringen.

Doch es ging auch anders! Die Szene, in der das Blut aus dem Aufzug strömt, war nach nur drei Takes abgedreht. Bemerkenswert, nicht? Der Haken an der Geschichte ist lediglich, dass es jeweils neun Tage dauerte, diese Szene für einen einzigen Take neu aufzubauen.

SLEUTH – MORD MIT KLEINEN FEHLERN
SLEUTH[1]
USA 1972 • REGIE: JOSEPH L. MANKIEWICZ

Anschlussfehler: Als Kriminalschriftsteller Andrew Wyke [Sir Laurence Olivier[2]] abhört, was er bereits zu seinem neuesten Werk diktiert hat, liegt sein Handmikrofon vor dem Aufnahmegerät – bis direkt nach dem letzten Satz: »Offen gesagt, Sir, wir von der Polizei stehen da vor einem Rätsel.« Da hält er das Mikrofon – schneller, als er dürfte – in der Hand.

Anschlussfehler: Bei seinem ersten Auftritt ist das Einstecktuch, welches Milo Tindle [Michael Caine] in seinem Jackett trägt, korrekt eingesteckt. Kaum aber betritt er – gemeinsam mit Andrew Wyke – dessen Haus, ist besagtes Einstecktuch unordentlich herausgezupft. Als der Hausherr ihm dann einen Drink reicht: »Hier mein Freund, brausen Sie sich das hinter den Knorpel!«, schaut das Tuch zwar noch unproportional weit heraus, ist aber wieder ordentlich arrangiert.

Anschlussfehler: Als Andrew Wyke seinem Rivalen Fragen über dessen Herkunft stellt, sitzt Milo Tindles Einstecktuch wieder ein wenig tiefer.

Anschlussfehler: Während Milo Tindle und Andrew Wyke in das Billardzimmer gehen und der Friseur seinen Kommentar zu der Geliebten des Schriftstellers abgibt (»Wie ich gehört habe, ist sie eine frisch geschrubbte Blondine mit dem Sexappeal eines Jeeps aus zweiter Hand!«), hat sich das Einstecktuch in Milo Tindels Jackett in ein völlig anderes verwandelt.

Anschlussfehler: Während die beiden Männer sich über kettenrauchende Detektive unterhalten, puttet Andrew Wyke die schwarze Kugel. In der darauf folgenden Totale des Billardtisches liegt die schwarze Kugel wieder (oder immer noch) darauf. Trotzdem gelingt Milo Tindle in der nächsten Einstellung das Kunststück, die schwarze Kugel aus der Tasche zu holen.

Zusatzinformation: Das »Weissagerad«, welches Andrew Wyke mit einem Hebel in Bewegung setzt, bleibt auf »A Proposal« stehen. Es prophezeit also »einen Vorschlag«.

Zusatzinformation: In dem Kellergewölbe, in welches Andrew Wyke seinen Gast führt, zeigt er diesem zunächst: »Szenen aus einigen meiner Bücher – liebevoll nachempfunden von einem befreundeten Künstler.« In diesem Zusammenhang erwähnt der Schriftsteller mehrere Titel seiner Werke (in denen der von diesem ins Leben gerufene Detektiv »Merrydew« die Hauptrolle spielt): »Der nekrophile Barbier von Tunbridge Wells« und der einfältige Pfannkuchenvergifter aus dem Buch »Morde am laufenden Band«. Weitere Buchtitel

---

[1] »Spürnase«, umgangssprachlich für Detektiv, Detektivin.
[2] Sir Laurence Olivier, 22.5.1907 bis 11.7.1989. 1947 geadelt, 1957 in den Adelsstand erhoben: Lord Laurence Olivier. Quelle: IMDb

Andrew Wykes, die im Verlaufe von »Mord mit kleinen Fehlern« erwähnt werden sind: »Das Tagebuch der in die Luft gesprengten Herzogin«, »Der geheimnisvolle Tod des Jack Spratt« und »Der Fall der gekreuzigten Witwe«.

Deutsche Sprache, schwere Sprache: Bei seinen lauten Überlegungen, wie er seinen Rivalen am geschicktesten töten könnte, erklärt Andrew Wyke: »Ich sollte überhaupt keinen Revolver benutzen. Das Beste wär' vielleicht eine typisch englische Waffe, sehr beliebte Waffe: den Golfschläger.«

Zusatzinformation: Als Inspector Doppler Andrew Wyke erklärt: »Wir echten Polizisten sind nicht ganz so blöd, wie wir oft von Schriftstellern, wie *Sie* einer sind, überheblicherweise dargestellt werden. Wir haben vielleicht keine vornehmen Monokel oder teure Orchideenhäuser und Rennställe (…). Aber auf der anderen Seite sind wir doch ziemlich clever. Oder finden Sie *nicht*, Sir?«, bezieht er sich erstens auf den von Dorothy L. Sayers erschaffenen Lord Peter Wimsey, für den ein kleines Monokel Markenzeichen ist, und zweitens auf den von Rex Stout erfundenen Nero Wolfe, der nicht nur Detektiv, sondern zugleich Orchideenzüchter ist, und drittens auf die Krimis von Dick Francis, die so gut wie alle im Rennbahnmilieu spielen.

Hintergrundwissen: »Mord mit kleinen Fehlern« ist der einzige Film, für welchen die gesamte Besetzung eine Oscar-Nominierung bekam – möglich gemacht dadurch, dass dieser Film (»Inspektor Doppler« mal außen vor gelassen) von lediglich zwei Schauspielern in Szene gesetzt wurde: Sir Laurence Olivier (1907 bis 1989) und Sir Michael Caine (geboren 1933). Ebenfalls nominiert für einen Oscar waren Joseph L. Mankiewicz (Regie) sowie John Addison I. (Originalfilmmusik).[3]

---

[3] Gewinner war in diesem Jahr – als bester männlicher Darsteller – Marlon Brando für »The Godfather«, »Der Pate« – nahm jedoch diese Auszeichnung nicht an (siehe Fußnote zu »Shining«).

SLIVER
SLIVER
USA 1993 • REGIE: PHILLIP NOYCE

Achtung: Angeblich begeht Naomi Singer [Allison Mackie] Suizid – durch den Sprung vom Balkon des von ihr gemieteten Apartments 20 B. Da das Hochhaus jedoch 25 Stockwerke hat, muss sie sich bei ihrem Fall mindestens in der 22. Etage befinden. Fünf Stockwerke sind jedoch niemals mehr über ihr.

Achtung: Als Evelyn McEvoy [Nina Foch], die Maklerin, Carly Norris [Sharon Stone] das zu vermietende Apartment zeigt, tritt die Sutton-Lektorin auch auf den Balkon. Nie und nimmer befindet sich dieses Apartment im 20. Stock – da, was sehr gut erkennbar ist, nachdem Carly sich auf die Brüstung gelehnt hat und dann hochschaut, weit mehr als fünf Stockwerke darüber liegen.

Achtung: Als Zeke Hawkins [William Baldwin] sich von Carly Norris im 13. Stock verabschiedet, lässt er sie wissen, dass sie ihm jederzeit willkommen ist. »Willkommen in Nummer 113«, sagt er, »es wird Ihnen gefallen.« Später aber hat seine Wohnung eine ganz andere Bezeichnung.

Achtung: Als Gus Hale [Keene Curtis] Carly Norris im Supermarkt trifft und mit ihr in das Hochhaus, in dem auch er wohnt, zurückgeht, erzählt er ihr von Naomi Singer. Nicht nur, meint er, sehe sie Carly verblüffend ähnlich: »Das Merkwürdige dran ist nur, dass sie – dass sie auch in 20 B gewohnt hat.« Das allerdings stimmt – siehe oben – vorn und hinten nicht.

Dies und das: Die Kameras, mittels derer Zeke Hawkins Carly Norris im Bad beobachtet, sind fest verankert. Dennoch folgen sie ihr manchmal durch den Raum …

Achtung: Als Carly Norris den Todesfall Naomi Singers im Zeitungsarchiv recherchiert, lassen sich in einem Artikel in der »Daily News« (»Horror high rise claims third victim« – »Horrorhochhaus fordert das dritte Opfer«) die Stockwerke des Sliver-Gebäudes in der Standbildfunktion sehr gut abzählen.

Deutsche Sprache, schwere Sprache: *Zeke Hawkins*: Möchtest du mit mir Trüffeln essen gehen?
Carly Norris: Trüffel? Jetzt?
Zeke Hawkins: Ja, wieso nicht? Ich *liebe* Trüffeln über alles.

Anschlussfehler: Abgesehen davon, dass Carly – in dem Restaurant, in das Zeke sie eingeladen hat – noch bevor die beiden etwas zu essen bestellt haben, offenbar eine Menge mehr Wein in sich hineinkippt als er: Ihr Glas füllt sich auch wieder, ohne dass jemand nachgeschenkt hätte. Seit wir die zwei dort sehen – bis zu dem Zeitpunkt, wo Carly ihren neuen Liebhaber fragt: »Kannst du ihn jetzt sehen?« (den BH – Teil der Dessous, die er ihr für diesen

Abend liefern ließ) –, ist das Glas so gut wie leer. Als er, kurze Zeit später, meint: »Ich hab'
gewonnen und du verloren« – und die Kamera wieder sie ins Bild bringt, ist Carlys Glas
plötzlich wieder gefüllt.

Achtung: Als Carly – weil sie sich ausgesperrt hat – nicht in ihre Wohnung kommt
und vor Jack Lansford [Tom Berenger] in den Lift flüchtet, lässt sich anhand der Knöpfe
eindeutig feststellen, dass das Haus 25 Stockwerke hat.

Anschlussfehler: Plötzlich wohnt Zeke nicht mehr in Apartment »113«, sondern in »13
A«. Das jedenfalls gibt Jack Lansford bei seinem Verhör auf dem Polizeirevier zu Protokoll.

Anschlussfehler: »Sie sehen ihr (Naomi Singer) auch noch so ähnlich«, sagt Jack
Lansford zu Carly Norris. »In *dem* Apartment (welches nun sie bewohnt) war's. Und von
diesem Balkon dort ist sie gesprungen.« Ist sie nicht.

Anachronismus: Als Jack Lansford sich bei Carly Norris über Zeke Hawkins echauffiert,
sagt er: »Der Kerl hat noch bessere Strohmänner und noch einflussreichere Anwälte als
dieser Scheiß-Nixon!« Dass Lansford – der Film spielt zum Zeitpunkt seiner Veröffentlichung –
1993 ausgerechnet Richard Nixon zum Vergleich hernimmt, ist absolut irrwitzig: Zu diesem Zeitpunkt war Nixon schon lange kein Präsident mehr – und Watergate nicht mehr in den Köpfen
der Amerikaner. (Al Capone wäre ein geschickterer Vergleich gewesen – auch wenn dieser letztlich wegen Steuerhinterziehung ins Gefängnis kam und Nixon – bis auf den Verlust seines Postens
– ungeschoren davonkam.)

Englische Sprache, schwierige Aussprache: Carly Norris nennt Vida (phonetisch
korrekt: Weida) »Whyda«. Dabei ist das eine der ersten Lektionen, dass ein »V« wie ein
schlichtes »W« – nicht wie »wh« (wie in »Whisky«) – ausgesprochen wird.

Dies und das: Während Zeke Hawkins Jack Lansford siezt, duzt Jack Lansford Zeke
Hawkins:
Zeke Hawkins: Das werden ja immer mehr. Drei Leute soll ich umgebracht haben? Dabei hab'
ich Naomi Singer gar nicht gekannt. Aber *Sie* kannten sie, Jack. Ich hab Sie nämlich mit ihr
gesehen. Ich weiß auch, *warum* Sie's taten.
Jack Lansford: Wie meinst du das, du hast uns gesehen?
Zeke Hawkins: Ich hab sie dabei gesehen, wie sie Ihnen den Wohnungsschlüssel gegeben hat.
Sind Sie mit dem auch wieder hier rein gekommen? Sie haben den Schlüssel noch. Geben Sie uns
den Schlüssel, Jack.
Jack Lansford: Ich weiß nicht, wovon du sprichst.
Zeke Hawkins: Ich spreche davon, dass Sie keinen mehr hoch gekriegt haben, Jack. Das hab
ich auch beobachtet. (…)

---

[1] Richard Milhous Nixon hatte bei den Präsidentschaftswahlen 1968 über den Demokraten H. H.
Humphrey gesiegt und war vom Januar 1969 bis zum 9. August 1974, als Nixon sein Amt niederlegte,
bevor es ihm aberkannt werden konnte, US-Präsident gewesen. Quelle: LR

Dass Lansford Hawkins duzt, ist nicht nur eine total eigenmächtige, sondern auch absolut unsinnige Entscheidung der Synchronregie. Vom gesamten Setup her müsste Lansford Hawkins siezen – wie Hawkins ihn mit »Sie« anspricht. (Dass der Schriftsteller den Hausbesitzer duzt und Hawkins Lansford – um ihn in seine Schranken zu verweisen – weiterhin siezt, passt nicht zur Filmszene.)

? **Ungereimtheit:** Dass Jack Lansford Naomis Wohnungsschlüssel hatte, wusste Zeke, seit Naomi Lansford diesen gab. Weiterhin wusste er – zumindest mit hoher Wahrscheinlichkeit –, dass Lansford erst kürzlich von diesem Schlüssel Gebrauch gemacht hatte (als er Carly in ihrem Apartment überraschte – und sich über die Rosen, die Zeke ihr geschickt hatte, mokierte). Weshalb ließ Zeke nicht das Schloss auswechseln, als Carly Norris in das einst von Naomi Singer bewohnte Apartment zog? Und weshalb ließ Carly kein anderes Schloss einsetzen? Sie wusste, dass sie ihre Tür abgeschlossen hatte (»Ich lebe seit zehn Jahren in New York und habe noch nie meine Tür offen stehen lassen.«).

? **Ungereimtheit:** Als Carly alte Videoaufnahmen, die Zeke (nicht nur) von Naomi gemacht hatte, abspielt, ist auch der Mord an ihr auf Band. Und Lansford unschwer als Mörder zu identifizieren. Wie kommt es, dass Hawkins das nicht wusste? Er ließ doch – sagt er selbst im Laufe des Films – die Kamera öfter einfach laufen … Zumindest hätte er neugierig genug sein müssen, zu überprüfen, ob seine Kamera in der Mordnacht lief – und wenn ja, was auf dem Film zu sehen war.

Hinter den Kulissen: Das ursprünglich gedrehte Ende – mit Zeke Hawkins als dem Täter – war bei Testvorführungen vom Publikum nicht angenommen worden. Also wurde es kurzerhand umgeschrieben – und Jack Lansford zum Mörder gemacht.

SUPERMAN
SUPERMAN
GB 1978 • REGIE: RICHARD DONNER

Vorabinformation: »Geoffrey Unsworth«, dem dieser Film »in love and respect«, »in Liebe und Respekt«, gewidmet ist, wurde über Jahrzehnte hinweg als weltweit einer der genialsten Kameramänner gehandelt. Zu den – für sein Metier bahnbrechenden – Filmen des Briten zählen sowohl »2001: A Space Odyssey« [1968] als auch »Becket« [1964] und »Murder on the Orient Express«, »Mord im Orient-Express« [1974], für die er für einen Oscar nominiert war, sowie »Cabaret« [1973] und »Tess« [1979], für die Geoffrey Unsworth je einen Oscar bekam. Letzteren gemeinsam mit Ghislain Cloquet, der »Tess« nach Unsworths Tod – er erlitt Ende 1978, während dieser Produktion und zugleich der Produktion von »Superman II«, den er parallel drehte, einen tödlichen Herzinfarkt – vollendete. Da ein Großteil der Szenen der zweiten Episode jedoch bereits bei den Filmarbeiten zu »Superman« mitgedreht worden war, ist Geoffrey Unsworth – obwohl er mehr als ein Jahr vor der Veröffentlichung von »Superman II«, »Superman II: Allein gegen alle« [GB 1979, Regie Richard Lester], bereits gestorben war – auch als Kameramann des zweiten Superman-Films genannt.[1]

Achtung: Der Film beginnt im Juni 1938 mit Informationen aus dem Superman-Comic[2]: »In den dreißiger Jahren blieb auch die große Stadt Metropolis nicht von den Auswirkungen der Weltwirtschaftskrise verschont. In dieser Zeit der Angst und Verwirrung lag die Verantwortung für die Unterrichtung der Öffentlichkeit beim ›Daily Planet‹, einer großen Zeitung dieser Stadt, die aufgrund ihres Rufes für saubere und wahrheitsgemäße Berichterstattung für Metropolis ein Symbol der Hoffnung geworden war.«

Achtung: Da das Metropolis von 1938 gezeigt wird und gleich danach der Planet Krypton, ist davon auszugehen, dass das dortige Geschehen sich ebenfalls im Jahr 1938 abspielt. Dass also Kal-El alias Superman – den wir zunächst als Baby [Lee Quigley] sehen – 1938 geboren wurd, und Krypton wenig später explodiert: Jor-El [Marlon Brando], Supermans Vater, zum Ältestenrat: »(…) wir müssen auf der Stelle diesen Planeten evakuieren. (…) Dieser Planet explodiert in 30 Tagen. Wahrscheinlich sogar früher.«

Deutsche Sprache, schwere Sprache: Jor-El fordert den Ältestenrat auf: »Fällt euer Urteil über diese Angeklagten. Über diesen – über diesen bösartigen

---

[1] Insgesamt kamen vier Superman-Filme in die Kinos. »Superman«, »Superman II«, »Superman III: Der stählerne Blitz« [1983, Regie: Richard Lester] und »Superman IV: The Quest for Peace«, »Superman IV: Die Welt am Abgrund« [USA 1986, Regie: Sidney J. Furie]. Diese – und so gut wie jede – Information zu und um »Superman« und »Superman II« unter: www.deceptions.net/superman/s1facts.htm

[2] Erschaffen wurde Superman 1933 von den Highschool-Teenagern Jerry Siegel (Texte) und Joe Shuster (Zeichnungen); das erste Superman-Comicheft erschien im Juni 1938 bei der National Periodical Publishing Inc., die ab 1940 als DC (Detective Stories) Verlag geführt wurde. Quelle: »The King of the Superheroes« www.archangels.com/legends/page1.html

Abtrünnigen, dessen einziges politisches Mittel willkürliche Gewalt und Zerstörung sind.«[3]

👁 **Achtung:** Auf die Frage seiner Frau Lara [Susannah York], weshalb ihr Mann beider kleinen Sohn ausgerechnet zur Erde schicken wolle (»Zu diesen Primitiven, Tausende von Jahren im Rückstand!«), antwortet Jor-El: »Er muss ihnen überlegen sein, damit er überleben kann« und: »In der Erdatmosphäre ist er lebensfähig«.

❓ **Fehl am Platz:** Als Jor-El Baby Kal-El in die Raumkapsel legt, blinkt an Jor-Els linkem Arm (linke Bildhälfte ↓) eine Rolex.

📌 **Dies und das:** Zwei Säuglinge spielen Baby Kal-El: Zunächst Lee Quigley, dann – das Baby, welches in der wie ein Stern geformten Raumkapsel durch das All fliegt – die damals sechs Monate alte Elisabeth Schwartz (die in der Besetzungsliste keine Erwähnung findet). Da zwischen beiden Aufnahmen knapp zwei Jahre lagen, war Lee Quigley für diese Szene zu groß geworden.

👁 **Achtung:** Jor-El erklärt seinem Sohn: »Es ist dir verboten, den Ablauf der menschlichen Geschichte zu beeinflussen.«

👁 **Achtung:** Lana Lang [Dianne Sherry] lässt (ganz offensichtlich ihren Schwarm) Clark Kent [Jeff East] explizit wissen, was als Nächstes auf dem Nachmittagsprogramm steht: »(…) eine ganze Gruppe von uns fährt noch mit rüber zu Mary Ann, neue Platten anhör'n.« Brad, der selbst ein Auge auf Lana geworfen hat, will Clark Kent aber nicht mitnehmen – und beschäftigt ihn mit Aufräumarbeiten. Als Brad [Brad Flock], daheim angekommen, völlig entgeistert feststellt, dass Clark Kent schon vor ihm da war, klingt aus Brads Autoradio – als er zu seinen Freunden sagt: »Haltet euch fest, ich fahr weiter« – »(We're Gonna) Rock around the Clock« von Bill Haley and His Comets. Dieser Song gelangte am 29. Juni 1955 in die US-Charts, wo er acht Wochen lang auf Platz 1 lag.
Anmerkung: Diese Szene – wie auch alle anderen Szenen, in denen Clark Kent alias Superman von Jeff East verkörpert wird – spielt ganz offensichtlich 1955/56. Angefangen vom Kleidungsstil bis hin zur Musik. Und das kommt auch hin: Da Kal-El alias Clark Kent alias Superman ein Baby war, als er zu Erde geschickt wurde, ist er nun, gegen Ende seiner Highschoolzeit, siebzehn.

📌 **Dies und das:** Zwischen der Beerdigung von Jonathan »Pa« Kent [Glenn Ford] und der nächsten Einstellung, die Martha »Ma« Kent [Phyllis Thaxter] zeigt, ist diese – vom Äußeren – um Jahre gealtert. Ihr Haar ist nun schlohweiß. Nicht – jedenfalls nicht wesentlich – gealtert ist indes ihr Ziehsohn, der – zunächst – weiterhin von Jeff East dargestellt wird.
Anmerkung: Möglich ist natürlich, dass der überraschende Tod ihres Mannes »Ma« Kent derart mitnahm, dass sie so alterte. Tatsächlich nämlich kann kaum viel Zeit vergangen sein, bis der junge Clark den grünen Kristall findet, welcher ihn in sein irdisches Zuhause führt.

---

[3] General Zod [Terence Stamp], Non [Jack O'Halloran] und Ursa [Sarah Douglas I.]

Achtung: Jor-El – genauer, ein Hologramm[4] von Jor-El –, spricht zu Kal-El alias Clark Kent alias Superman: »Ich bin Jor-El, ich bin dein Vater. Du hast jetzt dein 18. Lebensjahr erreicht – nach dem Zeitmaß der Erde. (…) Wenn du in die engen Grenzen deiner eigenen Galaxis (das Erdenleben) zurückkehrst, werden zwölf deiner irdischen Jahre vergangen sein.«

Ungereimtheit: Abgesehen davon, dass Jor-El seinem Sohn noch einmal erklärt, dass er den Ablauf der menschlichen Geschichte nicht beeinflussen dürfe, sagt er weiter: »Vielmehr soll dein Vorbild die Menschen dazu anregen, ihr Leben zu ändern. Aus diesem Grunde, unter anderem, habe ich die Erde für dich ausgewählt.« Davon allerdings, dass Kal-El die Menschen missionieren sollte, war ursprünglich (s. oben) keine Rede gewesen.

Pointe verpasst: In der synchronisierten Fassung erkundigt sich Clark Kent [Christopher Reeve] bei seinem Chefredakteur Perry White [Jack Cooper]: »Dürfte ich Sie fragen, ob es sich eventuell machen ließe, dass Sie jede Woche die Hälfte meines Gehalts an diese Adresse überweisen lassen?« Nachdem Lois Lane [Margot Kidder] zunächst darauf tippt, dass besagtes Geld an einen Buchmacher ginge, meint sie: »Jetzt sagen Sie bloß noch, der Junge schickt sein Geld wöchentlich an seine silberhaarige Mutter«, woraufhin ihr neuer Kollege bemerkt: »Sie hat tatsächlich silbernes Haar.« Abgesehen davon, dass Lois Lane für eine Journalistin erstaunliche Fragen stellt (»mit wie viel ›l‹ schreibt man ›Knaller‹?«) – sie macht auch aus der Hälfte des Gehalts gleich das gesamte Gehalt. In der Originalfassung sagt sie: »Don't tell me: he sends a check every week to his sweet, greyhaired old mother«, »Sagen Sie nicht, er schickt jede Woche einen Scheck an seine süße, alte, grauhaarige Mutter« – und Clark Kent widerspricht: »Actually, she's silver-haired«, »Tatsächlich ist ihr Haar silbern.«

Das Team spielt mit: In der Drehtür, in welcher Clark Kent sich beim Verlassen des Verlagshauses verfängt, spiegelt sich ein Crewmitglied wider.

Achtung: Als Otis [Ned Beatty] – von einem Undercover-Polizisten beschattet – auf dem Weg zu Lex Luthor [Gene Hackman] ist, fährt ein Zug mit der Nummer 5048 an ihnen vorbei.

Dies und das: Der Zug, welcher soeben erst an Otis und dem Polizisten vorbeifuhr, zermalmt – obwohl er schon längst woanders sein müsste – den Otis heimlich verfolgenden Polizisten.

Englische Sprache, schwere Sprache: Während Nachtaufnahmen von Metropolis zu sehen sind, ist der Funkverkehr zwischen der Bodenstation und einem Flugpiloten zu hören. Gesagt wird unter anderem, Miss Lane müsse bei der Landung von »Air Force eins« dabei sein. Die Sache ist nur die: »Air Force One« hat so etwas wie »Eigennamenstatus«: So heißt nämlich – seit 1954 – nicht nur das offizielle Flugzeug des US-Präsidenten, sondern *jedes* Flugzeug, sobald es diesen an Bord hat.

---

[4] Hologramm, das; -s, -e: Speicherbild; dreidimensionale Aufnahme eines Gegenstandes (…) Quelle: LR

Achtung: Die Unterseite vom Rumpf des Helikopters ist weiß. Darauf steht die Registrierungsnummer.

Anschlussfehler: Als der Hubschrauber ins Trudeln gerät, sind die Türen – auch die auf Lois Lanes Seite – geschlossen. Während des äußerst turbulenten Flugs sieht es allerdings so aus, als säße sie mitten in der geöffneten Tür und suche Halt an deren Rahmen.

Ungereimtheit: Obwohl sie – nach einem Blick aus dem Fenster – sieht, dass der Hubschrauber voll in der Luft hängt, öffnet Lois Lane – und das bei mittlerweile offener Tür – auch noch ihren Sicherheitsgurt!

Achtung: Zunächst ist – von der Straße aus gesehen – das Gebäude des »Daily Planet« irrsinnig hoch. Vereinzelt brennt in den Räumen noch Licht.

Anschlussfehler: Als ein Ordnungshüter die neugierigen Zuschauer auffordert: »Gehen Sie zur anderen Straßenseite«, wird das »Daily Planet«-Gebäude erneut in voller Höhe gezeigt. Nur ist es diesmal lang nicht so hoch wie vorher – und es sind andere Fenster erleuchtet.

Achtung: Obwohl die Zeit drängt, eilt Superman nicht sofort zu Lois Lanes Rettung – und der des Helikopterpiloten: Erst sucht er einen Ort, an dem er sich unbeobachtet umziehen – in »Superman« verwandeln – kann.

Zusatzinformation: Superman trägt sein Haar links gescheitelt – während Clark Kent den Scheitel rechts trägt.

Anschlussfehler: Nachdem Superman den Fall von Lois Lane abgefangen hat und der Helikopter vom Dach kracht, ist die Unterseite des Hubschraubers plötzlich rot.

Achtung: Seitlich gesehen ist der untere Teil des Hubschraubers – bislang durchgehend – weiß.

Dies und das: Als Superman sich von Lois Lane mit »Auf Wiedersehen« verabschiedet, dreht er sich im Flug auf den Rücken. Eigentlich müsste sein rotes Cape nun herunterhängen – zumindest flattern –, tut es aber nicht.

Anschlussfehler: Nachdem die soeben von ihm gerettete Redakteurin Superman nachgewunken hat und ohnmächtig zu Boden fällt, kommt der Hubschrauber – von der Seite – erneut ins Bild. Nun ist mit einem Mal der vordere untere Teil schwarz.

Dies und das: Als Superman sich im Flug umdreht, um den diebischen Fassadenkletterer aufzufangen, weht sein Cape ebenfalls nicht – obwohl es das müsste.

Faktischer Fehler: Als es darum geht, dass Air Force One notlanden muss, instruiert der Pilot [Colin Skeaping] den Copiloten [Brian Protheroe]: »Sag ihnen, wir haben den

Präsidenten an Bord.« Das ist allerdings ebenso eine Tautologie wie der »weiße Schimmel«. Und dürfte keinem Air Force-, also Luftwaffenpiloten über die Lippen kommen.

Dies und das: Ab wann sein Tun als »Eingreifen in den Verlauf der menschlichen Geschichte« betrachtet werden könnte, hat Jor-El seinem Sohn offenbar nicht genauer erklärt. Unter Umständen könnte es damit beginnen, das Leben des amerikanischen Präsidenten zu retten. Denken Sie nur: Was wäre gewesen, wenn John F. Kennedy *keinem* Attentat zum Opfer gefallen wäre …?

Anschlussfehler: Im Rahmen der TV-Berichterstattung über die Ereignisse der vergangenen Nacht ist auch zu sehen, wie Superman den Helikopter zurück auf das Dach des »Daily Planet« befördert. Allerdings ist es ein völlig anderes Hubschraubermodell!

Anschlussfehler: Es war eindeutig tiefschwarze Nacht, als »der Mann mit einem roten Cape und einem blauen Anzug« diverse Menschenleben rettete. Als die Zeitungen tags darauf darüber berichten, zeigen die Fotos ihn in Aktion bei Tageslicht.

Deutsche Sprache, schwere Sprache: Manchmal rafft Lois Lane offenbar doch etwas. Auf Supermans Bemerkung: »Ich finde, Sie sollten lieber nicht rauchen, Miss Laine«, erwidert sie – recht hochgestochen –: »Sie meinen, wegen des *Lungenkrebs*, nicht?«

Achtung: Auf Lois Lanes Frage »Wie alt sind Sie?« erwidert Superman: »Über 21.« Wo liegt sein Problem, sein Alter zu nennen?
Anmerkung: Es liegt natürlich darin, dass Superman – die Figur – nicht älter werden darf – nicht gravierend jedenfalls. Was sein Alter im Film angeht, herrscht ohnehin Kuddelmuddel: Geboren wurde Kal-El alias Clark Kent alias Superman 1938. Als der grüne Kristall ihn zu seinem leiblichen Vater führte, war er 18. Zwölf Jahre später tauchte er wieder in sein Erdenleben ein und in Metropolis auf. Das macht ihn (egal wie knapp) 30. Im Film jedoch müsste er, als er sich beim »Daily Planet« als Redakteur einstellen lässt, mindestens 39 Jahre alt sein: Wie die Kleidung – vor allem jene der Menschen auf der Straße – zeigt und wie auch noch verifiziert werden wird, beginnt sein Journalistenleben ganz offensichtlich Ende der 70er: In denen Schlaghosen und nicht, wie in den 60ern, Miniröcke getragen wurden.

Ungereimtheit: Auf die Frage nach seinem Alter gibt Superman Lois Lane eine recht ausweichende Antwort – dafür aber erzählt er ihr anderseits lang und breit: »Ich hab' immer Probleme, durch Blei durchzusehen« – und bittet sie nicht etwa, ihr Wissen über diese seine Achillesferse für sich zu behalten.

Faktischer Fehler: In der ersten Einstellung, in welcher Superman mit Lois Lane – mit dem Vollmond im Hintergrund – über den Wolken fliegend zu sehen ist, werfen beide einen Schatten voraus.

Dies und das: Obwohl Lois Lane – anders als Superman – ein rein menschliches Wesen ist, benötigt sie zu ihrem Flug über den Wolken mit ihm keine Sauerstoffmaske. Nicht einmal, als sie seine Hand loslässt und ins Bodenlose zu stürzen droht, zeigt sie auch nur die geringste Atemnot …

Zusatzinformation: Während ihres Fluges mit Superman sind Lois Lanes Gedanken zu hören, unter anderem: »Kannst du in meinem Herzen lesen? Weißt du, wie du mich verwandelt hast? (…) Hier bin ich – ein törichtes Kind an der Hand eines Gottes.« Als sie Letzteres – für Superman hörbar – denkt, zuckt er keinesfalls zusammen, ist also offenbar einverstanden damit, dass sie ihn als einen Gott ansieht.

Anmerkung: Nun könnte man argumentieren, dass Männer ganz generell dazu neigen, sich als so etwas wie gottgleich zu sehen. Bei Kal-El alias Superman liegen die Dinge jedoch etwas anders. Als Tom Mankiewicz Mario Puzos Drehbuch bearbeitete, betonte er die darin angedeuteten Parallelen zwischen Kal-El und Jesus:

1. Gott warf Satan aus dem Paradies – Jor-El verbannte General Zod in die Phantomzone:
2. Als Jor-El seinen Sohn – bevor er ihn auf die Erde sendet – verabschiedet, erklärt er: »Aus dem Sohn wird der Vater und aus dem Vater wird der Sohn.«
3. Die Raumkapsel, in welcher der Kal-El zur Erde reist, hat die Form eines Sternes (von Bethlehem).
4. Kal-El »landet« – im wahrsten Sinne des Wortes – als Dreijähriger [Aaron Smolinski] bei einem Ehepaar, das selbst keine Kinder bekommen konnte.
5. Ebenso, wie es von Jesus keinerlei Aufzeichnungen darüber gibt, wie er die Zeit zwischen seiner Geburt und der Bergpredigt verbrachte, bleibt, wie Kal-El die Zeit zwischen seinem Highschool-Abschluss und seiner Anstellung beim »Daily Planet« verbrachte, ein Mysterium.
6. Ähnlich, wie es Jesu Aufgabe war, den Menschen zu helfen, erwartet Jor-El von seinem Sohn, den Menschen zu »dienen: Die Menschen sind zu Einsichten und guten Taten fähig (…). Es mangelt ihnen nur an Vorbildern und Beispielen. Vor allem ihrer Fähigkeit zum Guten wegen habe ich die Erde für dich ausgewählt.«
7. Als Jesus seine Arbeit begann, war er dreißig. In demselben Alter, in dem Kal-El seine Arbeit als Superman aufnimmt.

Faktischer Fehler: Als Lois Lane – während ihres Nachtflugs mit Superman – (laut) denkt: »Du kannst fliegen, wie ein Vogel so frei, du holst mir die Sterne (…)«, fliegen Tauben an ihnen vorbei. Nur wenige Vögel fliegen höher als 1 500 m – Tauben zählen nicht dazu.

Dies und das: Nachdem Superman Lois Lane wieder »abgesetzt« hat, steht Clark Kent vor ihrer Tür. Bevor sie – wie zuvor abgemacht – mit ihm ausgeht, erklärt sie ihm, sie würde gern noch ihr Haar in Ordnung bringen, und verschwindet für ein paar Minuten. Als sie zurückkommt, ist ihr Haar jedoch keinesfalls ordentlicher als vorher.

Anschlussfehler: Lex Luthor tut Miss (Eve) Teschmacher [Valerie Perrine] gegenüber über Superman kund: »In dem Interview hat er gesagt, dass der Planet Krypton 1948 explodiert ist. Diese lächerliche Missgeburt hat für den Flug zur Erde drei Jahre gebraucht.«

Ob Supermans Gedächtnis nicht das Beste ist oder ob Lois Lane – auch das ist vorstellbar – falsch mitgeschrieben hat: Supermans Heimatplanet explodierte 1938.

Anmerkung: Dass Superman plötzlich zehn Jahre später geboren sein soll, liegt schlicht und ergreifend daran, dass der Hauptteil des Films in den 70ern spielt. Die Sache ist nur die: Wäre Krypton tatsächlich 1948 explodiert, hätte Clark Kent alias Superman seinen Highschool-Abschluss 1965[5] gemacht – und wären die »neuen Platten« nicht von Bill Haley gewesen, sondern von den Beatles, die im Sommer 1964 bereits mit »A Hard Day's Night« einen Riesenhit hatten – und im Sommer 1965 mit »Help«. Und hätten die Jugendlichen Kleidung nicht im Stil der 50er-, sondern der 60er-Jahre getragen.

Achtung: Während der von Lex Luthor ferngesteuerte grüne Wagen sich überschlägt, öffnete sich an einem Punkt – in Zeitlupe gut erkennbar – die Motorhaube. Und zwar nicht vorn, sondern unter der Windschutzscheibe.

Dies und das: Der grüne ferngesteuerte Wagen bleibt nicht nur – in Zeitlupe gut zu beobachten – trotz mehrmaligen Sich-Überschlagens völlig heil, sondern wird es auch wieder, nachdem er sich – endlich – eine Delle eingefangen hat.

Anschlussfehler: Als besagtes Auto die Fahrbahn blockiert, ist es nicht nur unerwartet schwer ramponiert, sondern die Motorhaube ist eine, die von vorn geöffnet wird. Damit ist das für den Schrott reife Gefährt – siehe oben – ein anderes Modell. Es geht nämlich nur: entweder – oder.

Zusatzinformation: Als Major, der die Mund-zu-Mund-Beatmung an Miss (Eve) Teschmacher vornimmt (»Ich würde von meinen Männern nie etwas erwarten, das ich nicht selbst zu tun bereit wäre«), gibt Larry Hagman einen Cameo-Auftritt.

Anmerkung: Als »Superman« gedreht wurde, war Hagman »nur« berühmt als NASA-Astronaut Captain Tony Nelson in der TV-Serie »Bezaubernde Jeannie«[6] – und noch nicht »berüchtigt« als »J. R. Ewing« – dem Ekelpaket aus der »Straßenfeger«-TV-Serie »Dallas«, deren erste Folge in den USA (von CBS) erst am 2. April 1978 gesendet wurde.

Ungereimtheit: Gewiss, es ist ein Indianerhäuptling [Chief Tug Smith], demgegenüber Lois Lane erklärt: »(…) was ich nicht verstehen kann, ist, wieso Sie Land verkaufen an jemanden, den Sie noch nie zuvor gesehen haben. Ich meine, Sie kennen ja noch nicht mal seinen Namen«, und der daraufhin erwidert: »Bei dem irrsinnig hohen Preis, den er für das wertlose Stück Wüste geboten hat, hoffe ich, es ist General Custer.« Warum gerade er? General George

---

[5] »Superman III«, Superman III – Der stählerne Blitz [USA 1983, Regie Richard Lester], beginnt (fälschlicherweise) mit einem Klassentreffen der Smallville-Schülerinnen und -Schüler, die 1965 ihren Abschluss gemacht hatten (»Welcome back class of 1965«).

[6] 139 Folgen mit Barbara Eden in der Titelrolle, die zwischen dem 18. September 1965 und dem 26. Mai 1970 von dem US-TV-Sender NBC ausgestrahlt wurde. Quelle: http://epguides.com/idreamofjeannie

Armstrong Custer[7] hat sein Fett doch schon längst weg: Mit der Schlacht gegen Sitting Bull[8] und Crazy Horse[9] am Little Bighorn[10] verschaffte er – der dabei selbst sein Leben lassen musste – der amerikanischen Armee die größte Niederlage gegen die Indianer.

Zusatzinformation: Lex Luthor droht Superman: »In schätzungsweise sieben Minuten werden Giftgaskugeln, die ein Gemisch aus Propan und Lithium enthalten, durch Tausende von Entlüftungskanälen durch diese Stadt gejagt werden.« Nun denn: »Lithium [griechisch], Symbol Li, chem. Element aus der I. Hauptgruppe des Periodensystems; (…) reagiert mit Wasser unter Wasserstoffentwicklung zu Lithiumhydroxid; (…). Die Verbindung von Lithium (…) mit Deuterium (…) ist Ausgangssubstanz bei der Kernfusion (erstmals 1953 in sowjetischen Wasserstoffbomben verwendet).«[LR] Propan wiederum ist ein »zu den Alkanen gehörender, gasförmiger Kohlenwasserstoff; Brenn- und Heizgas, zur Herstellung von Äthylen und Propylen verwendet.«[LR]

Dies und das: »Daily Planet«-Chefredakteur Perry White fordert Clark Kent auf: »Lassen Sie sich von Lois mit Superman bekannt machen. Finden Sie raus, wer er ist, wie er ist, woher er den blauen Anzug hat. Hat er ihn maßschneidern lassen? Ist er aus Seide, ist er aus Plastik?« Die Sache ist nur die: Lois Lane wird den Teufel tun, ihre »Exklusivrechte« an allem, was Superman angeht, auch nur ansatzweise aus der Hand zu geben …

Deutsche Sprache, schwere Sprache: Als Lex Luthor sich – über eine Frequenz »die nur ein Lebewesen mit weniger als vier Beinen« empfangen kann – mit Superman in Verbindung setzt, sagt er unter anderem: »Ich weiß, das klingt alles ein bisschen verrückt, aber wie soll ich dich sonst kennen lernen, Superman. Eine Einladung zum Tee würdest du niemals annehmen, aber eine Katastrophe, bei der Menschen in Gefahr sind und Hilfe brauchen, da *wusste* ich einfach, dass du nicht widerstehen kannst (…).« Heißen müsste es: »*weiß* ich einfach (…)« – denn noch ist er mit Superman ja nicht zusammengetroffen.

Ungereimtheit: Auf Lex Luthors Drohung, Tausende von Menschen durch Giftgaskugeln umzubringen, macht Superman sich – noch in der Gestalt von Clark Kent – umgehend auf,

---

[7] General George Armstrong Custer, geboren am 5. Dezember 1839, gefallen in der Schlacht am »Little Bighorn« am 25. Juni 1876. Quelle: About famous people: General Armstrong Custer: www.aboutfamouspeople.com/article1159.html

[8] Sitting Bull [englisch, »sitzender Stier«] (indianisch Tatanka Yotanka), * im heutigen South Dakota um 1831, † bei Fort Yates (N. Dak.) 15.12.1890 (erschossen), Häuptling der Hunkpapa-Sioux (Gruppe der Teton-Dakota). Ab den 1860er-Jahren einer der Anführer der indianischen Freiheitskämpfe; 1876 zusammen mit Crazy Horse Führer im siegreichen Kampf am Little Bighorn River. Quelle: LR

[9] Crazy Horse [englisch, »verrücktes Pferd«], * um 1840 (?), † 5.9.1877, Siouxhäuptling. Galt als geistiger Führer der Indianer in den Kämpfen 1875–77; hatte maßgeblichen Anteil am Custer-Massaker am Little Bighorn River (...) Quelle: LR

[10] Am Little Bighorn River wurde am 25.6.1876 eine Abteilung der US-Kavallerie unter General George Armstrong Custer (* 1839, † 1876) von Indianern unter Führung von Crazy Horse und Sitting Bull völlig vernichtet; heute Nationalfriedhof und -denkmal. Quelle: LR

Luthor zu stoppen. Plötzlich muss er sich nicht erst – wie bei seinem ersten spektakulären Rettungseinsatz – in seinen Superman-Anzug werfen, um losfliegen zu können …

Dies und das: Nachdem Superman – soeben auf der Straße gelandet, unter welcher Lex Luthors Domizil liegt – den verdutzten Passanten erklärt: »Sie brauchen sich nicht zu beunruhigen, alles in Ordnung!«, »schraubt« er sich durch den Asphalt in Luthors unterirdisches Heim. Nur ist es kein Asphalt, auf welchem er steht, sondern ganz offenbar eine dünne Abdeckplatte. Und auf der Zielseite gibt der Stein bereits nach, bevor Superman sich durch das Gemäuer gebohrt hat.

Faktischer Fehler: Das »genialste Verbrecherhirn« aller Zeiten ist – beziehungsweise hat – Lex Luthor dann doch wohl nicht. Nordamerikas Westküste würde – anders, als er es sich vorstellt – bei einem massiven Erdbeben, das den San-Andreas-Graben[10] ereilen würde, keinesfalls »im Meer versinken«: Die Platten würden sich, was sie in diesem erdbebenreichen Gebiet ohnehin immer wieder einmal tun, gegeneinander verschieben.

Achtung: Bevor Miss Teschmacher Superman aus seinen »Kryptonidfesseln« befreit, damit er das von Lex Luthor in die Wege geleitete Erdbeben verhindern – beziehungsweise davon betroffene Menschen retten – könne, verlangt sie von ihm: »Aber zuerst kommt meine Mutter dran. Wenn Sie's mir versprechen, tu ich's, denn Sie sagen immer die Wahrheit« – und Superman sagt: »Ich tu es, ich versprech' es.«

Ungereimtheit: Dass die Geschehnisse um Superman in den 70ern – anstatt, wie es korrekt wäre, in den 60ern – stattfinden, lässt sich auch an dem Song festmachen, der aus Lois Lanes Autoradio dringt. »Give A Little Bit« von Supertramp gelangte am 14. Mai 1977 in die Cashbox Top 100 Charts.[11]

Anschlussfehler: Nach dem Erdbeben ist die Lücke zwischen den Bahnschienen um einiges größer, als Superman lang ist. Als er sich jedoch dazwischen legt, um das fehlende Stück zu »ersetzen«, passt er genau hinein.

Dies und das: Als Superman vor Schmerz und Wut über Lois Lanes Tod aufschreit, sieht man seine Zahnfüllungen. Ob das ein weiterer Schwachpunkt der Kryptonianer ist?

Dies und das: Nicht ein einziger Kiesel des Gerölls, unter dem Lois Lane in ihrem Wagen vergraben ist, gerät ins Rollen, als Superman die Redakteurin aus ihrem Auto hebt.

---

[10] San Andreas Fault [englisch], erdbebenreiche Verwerfungszone in Kalifornien, erstreckt sich vom N-Ende des Golfs von Kalifornien über 1100 km lang in nw. Richtung. Hier verschieben sich zwei Platten der Erdkruste jährlich um durchschnittlich 5 cm. Quelle: LR

[11] Der Song hielt sich 21 Wochen lang in den Charts – Platz 13 war die Bestplatzierung. Quelle: Supertramp Timeline 1977: http://pages.globetrotter.net/corny/timelin2.htm

Anschlussfehler: Lois Lanes Wagen verändert – ohne gefahren zu werden – permanent seinen Standort. Mal befindet er sich direkt an einem Hang, dann wieder steht er mitten auf einer ebenen Fläche.

Ungereimtheit: Lügt Superman doch? Schließlich rettete er alle möglichen Leute – nur Miss (Eve) Teschmachers Mutter nicht!
Anmerkung: Kann natürlich sein, dass er sie dadurch rettete, dass er die erste der zwei Raketen in eine andere Bahn lenkte. Aber dann: Was soll's.
Nachdem er die Welt auf ihren Stand vor dem großen Beben zurückgedreht hat, ist ohnehin alles beim Alten …

Hinter den Kulissen: Marlon Brando, heißt es, hatte überhaupt keinen Bock darauf, als Jor-El in »Superman« zu erscheinen. An einem Punkt soll er Regisseur Richard Donner vorgeschlagen haben, nach dem Motto: »Es weiß doch ohnehin keiner, wie ein Kryptonianer aussieht« statt seiner einen »grünen Bagle«[12] zu filmen – dem er dann seine Stimme leihen wollte.[IMDb]

Hintergrundwissen: Als der 40. Geburtstag ihres Helden mit millionenteurer Werbung gefeiert wurde, verdiente Jerome »Jerry« Siegel 150 Dollar die Woche als Postangestellter, Joe Shuster lebte von Sozialhilfe. Die Erfinder hatten einen kapitalen Fehler begangen: Sie hatten die Rechte an ihrem Kind für ein paar Dollar an DC verkauft. Eine Klage gegen den Verlag blieb erfolglos – erst auf ungezählte Briefe von Superman-Fans weltweit erklärte Warner Communications, die zwischenzeitlich DC erworben hatten, sich dazu bereit, den beiden Vätern von »Superman« für den Rest ihres Lebens, neben ihrer medizinischen Versorgung, jährlich 20 000 Dollar zu zahlen (Siegel starb 82-jährig, 1986). An keiner der diversen Verfilmungen waren die zwei, die mit »Superman« den Beginn des »Goldenen Zeitalters der Comics« markiert hatten, mit auch nur einem Cent beteiligt.

[12] kleines, rundes amerikanisches Brötchen. Ein leckeres Rezept für zwölf Bagles: 500 g Mehl in eine Schüssel füllen. Mulde in die Mitte drücken, 1 Würfel Hefe hineinbröckeln, 1 TL Zucker, $1/2$ TL Salz und 300 ml warmes Wasser hinzufügen. Zunächst die Hefe im Wasser auflösen, dann nach und nach das Mehl unterrühren. Weiterkneten, bis sich ein geschmeidiger Teig ergibt. 45 Minuten an einem warmen Ort gehen lassen. Teig gut durchkneten, 12 Kugeln daraus formen. Mit bemehltem Stil eines Kochlöffels ein Loch in die Kugeln stechen, mit dem Finger durch kreisende Bewegung erweitern. Die Kringel weitere 10 Minuten gehen lassen. 4 l Wasser und einen Esslöffel Salz in einem großen Topf aufkochen. Mit einem Schaumlöffel einige Teigkringel hineingeben, jede Seite etwa 2 Minuten im Wasser vorkochen. Mit der Schaumkelle herausheben, abtropfen lassen. Mit Abstand auf zwei mit Backpapier ausgelegte Backbleche legen. Ein Eigelb mit einem Esslöffel Wasser verquirlen, die Teigkringel damit bestreichen. Backzeit: 20 Minuten bei 200 Grad in der Mitte des vorgeheizten Ofens backen. Auf einem Kuchengitter auskühlen lassen. Aufgeschnitten lassen sich die Bagles buttern und belegen, z. B. mit Roastbeef, Lachs und Dill, Gouda und Kochschinken, Frischkäse und Schnittlauch, Avocadoscheiben – oder süß mit Kirschen und Sahne, Früchtequark, Erdnussbutter. Quelle: »Thomas Langens Cookbook«: http://www.thomas-langens.de/cookbook/bagles.html

TAGE WIE DIESER
ONE FINE DAY
USA 1996 • REGIE: MICHAEL HOFFMAN

Achtung: Um 8:07 Uhr machen sich Melanie Parker [Michelle Pfeiffer] und ihr Sohn Sammy [Alex D. Linz] von ihrem Apartment aus auf den Weg, um Maggie Taylor [Mae Whitman] einzusammeln. Melanie trägt dabei die »Schulgoldfische« in einem offenen Glas.

Anschlussfehler: Während Melanie Parker Sammy unterwegs die Schuhe erneut zuschnürt, steht das Glas mit den Goldfischen – ohne dass es zu sehen ist – am Boden. Als sie es hochnimmt, ist es mit einer Zellophanfolie verschlossen.

Pointe verpasst: Der deutsche Dialog zum Thema »Verpflegung für unterwegs« läuft folgendermaßen ab. Maggie Taylor: »Ich hab' Hunger, Daddy.« – Jack Taylor: »Willst du'n Tic Tac?« – Maggie Taylor: »Nein.« – Jack Taylor: »Na, dann nicht.« Im Original macht Jack Taylor seiner Tochter klar »That's all I've got.«, »Das ist alles, was ich hab'.«

Achtung: Weshalb sie nun ohne das Modell, das sie doch eigens für eine Besprechung an diesem Tag anfertigen ließ, in seinem Büro auftaucht, erklärt die Architektin ihrem Chef Mr. Smith Leland [George Martin II.] mit: »(…) ich hab' vergessen, dass das Modell noch immer beim Modellbauer in der Stadt ist. (…) Aber ich verspreche Ihnen, Sie werden von meinem Modell begeistert sein (…). Und wenn es die Herren von Yates & Yates pünktlich um zwei zu Gesicht bekommen, werden sie ebenfalls begeistert sein.«

Dies und das: Da die Kinder mit den Handys von Jack und Melanie gespielt haben, wurden die beiden Handys vertauscht: Jack hat Melanies Handy und umgekehrt. Als er sie mit ihrem Telefon anruft, drückt er jedoch nur zwei bzw. eine Taste und ist schwuppdiwupps mit ihr verbunden! Streitpunkt unter Filmfehler-Freunden ist, ob er eine oder zwei Tasten drückt. Die einen behaupten, er kann nur eine Taste drücken, da er zuerst das Gespräch mit Ruth (Melanies Mutter) beenden muss. Egal, ob nun eine oder zwei Tasten, fest steht: Eine Kurzwahl kann es nicht sein, denn die beiden hatten sich ja gerade erst kennen gelernt.

Anschlussfehler: Dem Modellbauer [ungenannt] erklärt Melanie Parker: »Ich will mir gar nicht ausmalen, was mit meinem Leben passiert, wenn ich das Modell bis zwei Uhr nicht in den Händen halte.« Nur ist 14:00 Uhr schon zu spät: Dann nämlich beginnt bereits die Besprechung mit den Herren von Yates & Yates. Das heißt, die Architektin sollte das Modell bis um spätestens 13:30 Uhr repariert zurückhaben.

Deutsche Sprache, schwere Sprache: Jack Taylor fragt seine Tochter Maggie: »Sag mal, machst du das mit deiner Mutter auch? Einfach so wegzuspazieren?« (Worauf die Kleine antwortet: »Ja.«)

Deutsche Sprache, schwere Sprache: Als Melanie Parker und Jack Taylor sich von ihren Kindern, die sie für kurze Zeit in einen Kinderhort gegeben haben, verabschieden, sagt Melanie: »(…) wenn *die beiden bösen* Jungs euch immer noch nicht mitspielen lassen wollen, dann geht ihr zuerst zur Lehrerin. (…)«, und der Reporter ergänzt ihre Aufzählung mit: »Oder ihr tretet *ihm* einfach vors Schienbein.« Die Rede war – siehe Melanie Parkers Text – jedoch in diesem Fall von zwei Jungen, nicht von einem. Aber wer weiß, vielleicht liegt es auch nur daran, dass Jack furchtbar nuschelt …

Dies und das: Als Jack Taylor seine Tochter und Melanie Parkers Sohn vom Kinderhort abholt, nimmt er sie an der Hand und überquert mit ihnen die Straße – bei (↑) Rot! Wobei er nicht der Einzige ist, alle anderen Passanten scheinen ebenfalls farbenblind zu sein. Als die Kamera umschneidet – und Taylor und die Kleinen von vorn zeigt – ist die Ampel (↑) endlich grün.

Anschlussfehler: Als Melanie Parker – auf dem Taxi stehend – nach Maggie Ausschau hält und sie ruft, ist das Haar der Architektin zerzaust und regennass. Als sie, nur Augenblicke später, bei der Polizei eine Vermisstenanzeige aufgibt, ist Melanies Haar zwar nach wie vor nass, aber ordentlich gekämmt.

Anschlussfehler: Als Melanie Parker in den Tag gestartet war, trug sie einen langen Regenmantel und eine Kostümjacke zu ihrem Rock. Als sie Maggie verloren hat, begibt sie sich zu einer Polizeiwache, um eine Vermisstenanzeige zu machen. Sie trägt dabei keinen Mantel. Da sie vollkommen durchnässt ist, hängt ihr ein Polizist einen rot-weiß gestreiften Wollmantel um. Normalerweise haben die auf der Polizeiwache zwar höchstens Decken und nicht passende Kleidungsstücke, aber wir sind ja beim Film! Als sie sich später auf einen Drink trifft, ist auch der Mantel, den ihr der Polizeibeamte gab, plötzlich verschwunden und sie trägt wieder nur ihre Jacke. Aber wer weiß, vielleicht hat sie das alles in ihrer großen und geräumigen Handtasche untergebracht!

Achtung: Nachdem Jack Taylor, Melanie Parker auf den Armen, mit den beiden Kindern durch eine riesige Pfütze getobt ist, sind seine Hosenbeine nass bis zu den Knien. Und sein Mantel hat natürlich auch etwas von dem Schmutzwasser abgekriegt.

Anschlussfehler: Jack Taylor kommt wieder kurz in der Totale ins Bild, nachdem Sammys Vater Eddie [Michael Massee] seine Exfrau auffordert: »Komm mit, ich hab uns 'n Platz (für das Footballspiel) freigehalten.« Erstaunlicherweise ist die Hose des Reporters nur ganz unten an den Hosenbeinen ein wenig nass. Und, nicht nennenswert später, als Jack Taylor mit seiner Tochter den Platz verlässt (»Also gut, woll'n wir?«), ist sowohl seine Hose als auch sein Mantel völlig sauber und trocken.

Achtung: Nachdem Jack Taylor abends noch siedend heiß einfällt, neue Fische für Sammy zu besorgen, ist es dunkel. Er holt seine Tochter Maggie aus dem Bett und gemeinsam gehen sie Fische kaufen. Während der gesamten Szene ist es dunkel. Es besteht also kein Zweifel daran, dass es Abend ist.

Dies und das: Weil sie Miss Almira Gulch [Margaret Hamilton], »die böse Frau«, welche Toto, das Hündchen von Dorothy Gales [Judy Garland] »entführt«, nicht sehen wollen, bittet Sammy seine Mutter, das Video vom »Wizard of Oz«[1], »Der Zauberer von Oz« (1939), ein klein wenig vorzuspulen. Das tut diese auch – sagt dann: »Da – weg ist sie. Jetzt kommt der Teil in Farbe.« Doch »der Teil in Farbe« kommt noch lange nicht. Farbig wird der Film erst, als Dorothy in das Zauberland eintritt. Und das dauert noch.

Anschlussfehler: Als Jack und Melanie sich unterhalten, ist es plötzlich wieder Tag und dann wieder Nacht, wenn man durch die Jalousien nach draußen sieht. Zu allem Überfluss bemerkt Melanie auch noch, dass es aufgehört hat zu regnen! Es sieht jetzt nach spätem Nachmittag aus, wenn man durch die Jalousien nach draußen blickt. Und als die Kamera am Schluss nach draußen abblendet, da ist es wieder dunkel – überall im Haus sind Lampen an.

---

[1] »The Wizard of Oz«, 1939, gilt als der bekannteste Film des Studios Metro-Goldwyn-Mayer, kurz MGM. Und dieses Studio ist eines der erfolgreichsten in der Geschichte Hollywoods. Auch »Casablanca« oder »Vom Winde verweht« sind zum Beispiel MGM-Produktionen. Doch »The Wizard of Oz« ist für viele der Märchenfilm schlechthin. Interessant: Kaum ein anderer Hollywoodstreifen hat so viele Regisseure kommen und gehen sehen wie dieser Film. Und jeder drückte dem Film auf seine Art einen Stempel auf. Judy Garland zum Beispiel sollte zuerst eine Art Lolita sein. Der erste Regisseur Norman Taurog hatte das Projekt nach einigen wenigen Tests hinter sich gelassen, als Richard Thorpe zum Zuge kam. Auch der wurde nach wenigen Wochen gefeuert. So kam George Cukor ins Spiel – eigentlich steckte er mitten in den Vorbereitungen für »Vom Winde verweht« – und der kippte erst mal alles in die Tonne, was Thorpe schon gedreht hatte. Ein Märchenfilm mit einer Lolita kam für ihn nicht in Frage. So wurde die 16-jährige Judy Garland also zu dem netten unbedarften Mädchen Dorothy, das wir kennen. Damit war Cukors Zeit auch schon wieder um, er musste zurück zu »Vom Winde verweht«. Auftritt Victor Fleming, ein Mann, der für MGM schon bei verschiedenen Projekten die Kastanien aus dem Feuer geholt hatte. Er verfolgte den von Cukor eingeschlagenen Weg konsequent weiter. Er wollte gewissermaßen einen Film für seine beiden kleinen Töchter drehen. Kurz vor Fertigstellung des »Wizard of Oz« jedoch zog MGM den widerstrebenden Fleming von diesem Film ab. Man hatte sich mit Cukor überworfen und Fleming musste wieder einmal die Kastanien aus dem Feuer holen, diesmal bei »Vom Winde verweht«. Auftritt Regisseur Nr. 5: King Vidor. King Vidor brachte nicht nur den Film gut zu Ende, ihm verdanken wir vor allem auch die Szenen, die Judy Garland unsterblich machten: »Somewhere Over the Rainbow«. Victor Fleming ließ den »Wizard of Oz« zwar ungern im Stich, doch als Retter in der Not erhielt er für »Vom Winde verweht« immerhin den Regie-Oscar – auch nicht schlecht!
Die Film- und Musikgeschichte ist voll von Referenzen an »The Wizard of Oz«. Neben der Szene in »Tage wie dieser« seien noch erwähnt »Goodbye Yellow Brickroad«, ein Album von Elton John, das seinen Titel entlehnt von der Yellow Brick Road, über die Dorothy im Film läuft, sowie ein Fantasy/Science-Fiction-Film mit Sean Connery: »Zardoz«. Das erste Mal, dass der Ur-Bond, der Männer mit langen Haaren weibisch findet, im Film einen Pferdeschwanz tragen musste. Die Story: In den Zeiten einer verweichlichten und vergeistigten Zukunftsgesellschaft, die von einem Unbekannten namens Zardoz gelenkt wird, taucht als animalischer Urmensch Sean Connery auf. Und der akzeptiert keinen Chef, den noch nie jemand gesehen hat. Am Ende erweist sich Connerys »Zardoz«, 1974 (Regie: John Boorman), als der gleiche Papiertiger wie Judy Garlands »Wizard of Oz«. Und überdies hat er seinen Namen auch noch diesem Märchen entlehnt.

TOOTSIE

TOOTSIE

USA 1982 • REGIE: SYDNEY POLLACK

Zusatzinformation: Auf der Geburtstagsfeier, die Jeff [Bill Murray] für Michael Dorsey [Dustin Hoffman] gibt, erklärt er an einem Punkt: »(…) ich denke, der amerikanische Indianer ist genauso Amerikaner wie John und Ethel Barrymore oder Donnie und Marie Osmond.« John[1], Ethel[2] und deren ältester Bruder Lionel[3] Barrymore galten in etwa der Mitte des vorigen Jahrhunderts als »The Royal acting familiy of America«, die »königliche Schauspielerfamilie der USA«. Donnie und Marie Osmond sind zwei von neun Kindern einer mormonischen Musikerfamilie aus Ogden, Utah, USA, deren älteren Geschwister als die »Osmond Brothers« 1959 erstmals in einer Kirche öffentlich auftraten – und in den 70ern einen Hit nach dem anderen landeten.[4]

Ungereimtheit: Wo die vielen Gäste von Michael Dorseys Geburtstagsüberraschungs-party herkamen, erklärt deren Organisator Jeff mit: »Ich hab einfach zehn Leute eingeladen und jeder von denen hat wiederum zehn Leute eingeladen«, fährt aber dann, obwohl dies (nicht gerechnet die Partner, die wiederum von den Eingeladenen mitgebracht werden

[1] Nach dem Greta-Garbo-Erfolg »Grand Hotel«, »Menschen im Hotel« [1932, Regie: Edmund Goulding], avancierte John Barrymore – Darsteller des verschlagenen Baron von Gaigern – (15.2.1882 bis 29.5.1942) zu einem der bestbezahlten Filmschauspieler in Hollywood. Quelle: Prisma Online: www.prisma-online.de/tv/person.html?pid=john_barrymore

[2] Ethel Barrymore (15.8.1879 bis 18.6.1959) bekam gleich für ihren ersten Film »None but the lonely Heart« (der in Deutschland offenbar nicht veröffentlicht wurde) [1944, Regie: Clifford Odets] als »Mia Mott« (Ehefrau von Ernie Mott, dargestellt von Clark Gable) einen Oscar für die beste weibliche Nebenrolle (und zwischen 1946 und 1949 drei weitere Oscar-Nominierungen). Quelle: IMDb: Biography for Ethel Barrymore

[3] Lionel Barrymore (28.4.1878 bis 15.11.1954) war das Allroundgenie der Familie. Er war nicht nur ein erfolgreicher Schauspieler (für »A Free Soul« [1931, Regie: Clarence Brown I.] – dem Film, der Clark Gable den Durchbruch zum König aller Hollywoodschauspieler verschaffte – bekam er für die Rolle des versoffenen Rechtsanwalts Stephen Ashe einen Oscar als bester Hauptdarsteller, er schrieb, nicht weniger erfolgreich, auch Musik (darunter viele Klavierstücke), als Regisseur von »Madame X« erhielt er 1929 auch eine der (in diesem Jahr allesamt inoffiziellen) Oscar-Nominierungen. Und als Autor betätigte er sich auch. Quelle: IMDb.

[4] Änderten 1971 den Namen und starteten eine eindrucksvolle Hitserie mit einem eingängigen Popsound. 1972 und 1973 stießen mit ›Little‹ Jimmy Osmond (*16.4.1963) bzw. Marie Osmond (*13.10.1959) weitere Familienmitglieder dazu. Weltweite Tourneen und zahlreiche TV-Produktionen. Trennten sich im August 1980 (…), nannten sich ab 1990 »Osmond Boys«. Donny (*9.12.1957) feierte 1987 ein Comeback als Popsolist, während Marie Country bevorzugte. Quelle: Taurus-Press: »Wer ist noch mal …«: www.taurus-press.de/test.php3?S_SortierName=6851
Übrigens: Der erste Hit von »Boyzone« war die Coverversion des Osmond-Songs »Love me for a Reason«. Quelle: Stef's Boyzone Page: http://saphira.exhome.de/boyzone/geschichte.htm

[5] Ries, Adam (fälschlich Adam Riese), (1492–1559), deutscher Rechenmeister. Verfasste mehrere Lehrbücher des praktischen Rechnens (…), die erhebl. Einfluss auf den Unterricht an deutschen Schulen hatten. Quelle: LR

könnten) nach Adam Riese[5] 110 Leute macht, fort: »So um die vierzig neue Leute musst du heute kennen gelernt haben, die dich alle sehr schätzen.« Woraus will Jeff schließen, dass Michael Dorsey knapp zwei Drittel seiner Geburtstagsgäste kannte?

Zusatzinformation: Sandy Lester [Teri Garr] fragt Michael Dorsey: »Hast du etwas Seconal?« Seconal ist ein Barbiturat[6] –, zählte aber auch, umgangssprachlich als »Reds«[7] bezeichnet, in den 60er-Jahren zu »Mother's Little Helpers«[8], heute bekannt als so genannte »Lifestyledrogen«.[9]

Achtung: Michael Dorsey lackiert seine offenbar falschen Fingernägel. Und trägt sie, als Dorothy Michaels, immer perfekt.

Faktischer Fehler: Als Michael Dorsey gegenüber seiner Freundin Sandy Lester vorgibt, eine starke Grippe zu haben, rät diese: »(…) und trink, so viel es geht. Und nimm bitte *stündlich* 1 000 Einheiten Vitamin C. Aber nur mit Milch, klar?« Das ist nur völliger Blödsinn, weil – wie jedes Kind weiß – der Körper nur eine bestimmte Menge an Vitamin C aufnehmen kann,[10] was darüber ist, scheidet er sofort über den Urin wieder aus. Dass Michael Dorsey das Vitamin unbedingt mit Milch – und nicht, wie allgemein üblich, mit Wasser – nehmen soll, kann sich Frau Dr. Sellerberg vom »Deutschen Apothekerverband« lediglich damit erklären,[11] dass derart viel Vitamin C auf einmal genommen den Magen angreift – und die Milch diese Wirkung »abpuffern« soll.[12]

Anschlussfehler: Als Michael Dorsey/Dorothy Michaels Julie Nichols [Jessica Lange] nach Drehschluss besucht, drückt er/sie ihr ein paar Blumen in die Hand. Nachdem Mrs Crawley [Anne Shropshire] sich verabschiedet hat und Julie Michael Dorsey/Dorothy Michaels

---

[6] Barbiturate sind eingestuft als beruhigend-hypnotisch, das sind Medikamente welche Entspannung, Befreiung von Ängsten und Schlaf bewirken. (…) Die schnell und mittelschnell wirkenden Barbiturate erzeugen eine Wirkung, als ob man betrunken ist. (…) Quelle: »Barbiturate – stärker als einfache Schlaftabletten«: www.geocities.com/thelastproject/methods/barbiturat_ger.html

[7] Quelle: Informationszentrale gegen Vergiftungen der Universität Bonn, »Kleines Slang-Lexikon«: www.meb.uni-bonn.de/giftzentrale/slang-r.html

[8] Dass die Psychopillen schon lange nicht mehr nur »mother's little helpers«, also Stimmungsaufheller für frustrierte Hausfrauen sind, sondern insbesondere auch Managern bei der Bewältigung ihres beruflichen Alltags nützliche Dienste leisten, bestätigen Fachleute reihum. Quelle: Lukesch, Barbara: »Der Pharmaka-Missbrauch der Manager«: www.lukesch.ch/Text99_05.htm

[9] »Living on reds, vitamin C and cocaine« – Zeile aus einem »Grateful Dead«-Songtext. Quelle: The Annotated Grateful Dead Lyrics: a Web Site, »The Annotated ›Truckin'‹«: http://arts.ucsc.edu/gdead/agdl/truckin.html

[10] Die empfohlene tägliche Zufuhr von Vitamin C beträgt für ab 13-Jährige 100 mg. Quelle: Deutsche Gesellschaft für Ernährung e.V., Datenbank: http://www.dge.de/Pages/navigation/dge_datenbank/index.htm

[11] in einem Telefonat am 5. September 2002

[12] Interessant ist in diesem Zusammenhang auch die Website zu der MDR-Sendung »Medikamente auf dem Speisezettel« aus der Reihe: »Hauptsache gesund« vom 11.4.2002: www.mdr.de/hauptsache-gesund/102001.html

auffordert »Legen Sie Ihren Mantel irgendwohin«, wirft Julie die Blumen auf den Küchentisch. Nachdem ihr Gast, Bezug nehmend auf Mrs Crawley, fragt: »Wer war denn das?«, legt Julie Nichols bei ihrer Antwort: »Amys Kinderfrau, ich glaube, sie hasst mich«, den Strauß ein zweites Mal auf den Tisch.

Englische Sprache, schwere Sprache: Auf den Text der Schauspielerin in der Rolle der misshandelten Ehefrau [ungenannt]: »Ich kann nicht einfach abhauen, Miss Kimberley. Ich kann nirgendwohin gehen. Ich weiß nicht, was ich *machen* soll«, antwortet Michael Dorsey/Dorothy Michaels als Emily Kimberley: »Sie liegen einfach so da und erzählen mir, Ihr Mann verprügelt Sie und Sie können nicht abhauen? (…) Wissen Sie, was ich tun würde, wenn jemand so mit mir umspringt? Wenn er das *wieder* versucht, würde ich nach dem erstbesten harten Gegenstand greifen und und und – und ihm den Schädel einschlagen, dass ihm das Gehirn um die Ohren fliegt, ehe ich mich noch mal von ihm verprügeln lassen würde. (…)« Daraufhin entsetzt sich die Schauspielerin: »Moment mal, Ihr Satz heißt: Ihr Mann fühlt sich *verachtet*, ja, *verachtet*.« Doch genau das heißt er nicht. Auf dem Teleprompter steht: »Your husband's problem is that he feels worthless without a job. You must try to understand this.« – »Das Problem Ihres Mannes ist, dass er sich als Arbeitsloser *wertlos* fühlt. Sie müssen versuchen, das zu verstehen.«

Zusatzinformation: Als Julie Nichols als Krankenschwester der TV-Serie »Southwest Central« erklärt: Es ist *meine* Schuld, Miss Kimberley. Ich weiß, dass ich hübsch bin, und ich nutze es aus. Es ist richtig, ich hätte nicht so spät in Dr. Brewsters Büro gehen sollen«, entgegnet Michael Dorsey/Dorothy Michaels: »(…) Das ist es nicht. Sie wissen, Dr. Brewster hat schon öfter versucht, Schwestern auf seiner Station zu verführen, und jedes Mal behauptet, ein Opfer unkontrollierter Impulse zu sein. – Wissen Sie was? Ich glaube, ich werde *jede* Schwester auf dieser Station mit einem elektrischen Rindertreiber ausrüsten und sie anweisen, ihn notfalls damit in die Epidermis zu schicken.« Der Satz, der im Drehbuch stand, lautete: »Dr. Brewster has some mid-life problems and our job is to see him though this difficult time. That's the only way we can be of real help to him.« – »Dr. Brewster durchlebt so etwas wie eine Midlife-Crisis und es ist unsere Aufgabe, ihm in dieser schwierigen Zeit beizustehen. Nur so können wir ihm wirklich helfen.«

Anschlussfehler: Als Michael Dorsey auf der Party von Phil Weintraub [Ronald L. Schwary] Julie Nichols gegenüber nahezu wortgetreu wiederholt, was diese Dorothy Michaels erklärte, am liebsten – wie am unkompliziertesten[13] – von einem Mann hören zu wollen, kippt seine Angebetete ihm ihr Glas Champagner ins Gesicht. Dabei bekommt nicht nur sein Jackett, sondern auch das des männlichen Partygastes hinter ihm einige Spritzer ab. Als Michael Dorsey jedoch sein Glas abstellt und sich sein Gesicht am Jackett des Mannes hinter ihm abwischt, ist dessen Jackett trocken.

---

[13] »Ich, ich könnte Ihnen jetzt wer weiß was erzählen. Wir könnten tolle Rollen spielen – aber die Wahrheit ist, ich finde Sie wirklich interessant. Und ich möchte mit Ihnen schlafen. Einfach so.«

Dies und das: Julies Besuch mit ihrer Tochter Amy [Amy Lawrence] und Dorothy Michaels/Michael Dorsey bei Julies Vater Les [Charles Dunning] auf dem Land wird anhand eines Videozusammenschnitts des Tages dokumentiert. Dass die Frauen sich für verschiedene Tätigkeiten umziehen, ist logisch. Unlogisch ist hingegen, dass Dorothy zum Ausklang des Tages nicht die lilafarbene Bluse anbehält, die sie nach dem Abendessen im Garten trug, sondern wieder in die rosafarbene Bluse schlüpfte, welche sie während der Vorbereitungen für das Dinner und beim Abendessen selbst trug.

Dies und das: Als sei es nicht schon hart genug, nicht nur tagtäglich ein perfektes Frauen-Make-up aufzulegen, sondern auch falsche Fingernägel aufzukleben, schafft Michael Dorsey/Dorothy Michaels beides in Sekundenschnelle. In jedem Fall an dem Punkt, an dem Julie Nichols ihren »Notruf« auf Michaels Anrufbeantworter hinterlässt – und er sofort zu ihr eilt, um für sie den Babysitter zu machen.

Dies und das: Noch schneller, als Michael Dorsey sich in Dorothy Michaels verwandelt, schafft er es offenbar, wieder zu Michael Dorsey zu werden. Also keinerlei Spuren von Make-up mehr zu zeigen und die falschen Fingernägel abzulösen. In jedem Fall gelingt ihm das, als Sandy Lester unangemeldet vor der Tür steht – und eingelassen werden muss.

Zusatzinformation: Eigentlich sollte dieser Film »Shirley« heißen und eigentlich sollte Dudley Moore die Hauptrolle spielen. Doch es kam anders, Dudley Moore drehte 1982 das Drama »Six Weeks«, »Ein Hauch von Glück«, mit Mary Tyler Moore. So stieß Dustin Hoffman zu »Shirley« und aus »Shirley« wurde »Tootsie«. Dustin Hoffman schlug »Tootsie« als Titel vor, weil das der Kosename war, den seine Mutter für ihn als kleiner Junge hatte.

EIN UNMORALISCHES ANGEBOT
INDECENT PROPOSAL
USA 1993 • REGIE: ADRIAN LYNE

Die Ausstattung spielt mit: Während des Streits zwischen Diana Murphy [Demi Moore] und ihrem Mann David [Woody Harrelson] – beginnend bei ihrer Frage: »Was denkst du dir eigentlich dabei? Seit wann gehören Schuhe auf den Tisch?« – ist am obersten Bildrand ab und an das (dicke, runde) Raummikrofon zu sehen.

Achtung: Nachdem Diana oben erwähnte Schuhe nach David geworfen hat – als er gerade im Begriff war, in sein Honigbrot zu beißen –, kommt (↓ von David) kurz der Herd ins Bild. Darauf steht ein Wasserkessel, dahinter ein Frühstückstablett. Als Diana ihrem Mann – nur Augenblicke später – nach und nach den Inhalt des Wäschekorbs um die Ohren haut und erklärt: »Wasch deine dämliche Wäsche gefälligst alleine!«, landet eine seiner Boxershorts direkt neben dem Wasserkessel auf der Feuerstelle, der blau-weiße Bund berührt auf der einen Seite den darauf stehenden Wasserkessel, auf der anderen eine Packung geschnittenes Brot, die in der Einstellung zuvor nicht dort lag. Auch ist das Tablett ein Stück nach links gewandert.

Anschlussfehler: Als Diane Murphy ihren Mann um den Küchentisch jagt und er meint: »Das langt jetzt wohl«, kommt der Herd erneut ins Bild – *ohne* Davids Boxershorts.

Anschlussfehler: Als David erklärt: »Also, jetzt reicht's (...)«, und Diane lachend fragt: »Hast du was abgekriegt?«, schwenkt die Kamera erneut auf den Küchenherd. Diesmal liegt Davids Boxershorts, vor sich hin kokelnd, direkt auf der vorderen linken Herdplatte – der Wasserkessel und auch die Packung mit Brot sind spurlos verschwunden. Und das bleiben sie auch, als Diana – während des Liebesspiels, in welches ihr Streit mündet – zu David bemerkt: »Deine Hose brennt.«

Englische Sprache, schwere Sprache: David nennt Diane – sowohl in der Original-, als auch in der synchronisierten Fassung – phonetisch »Di«. Da, wenn schon, denn schon, »Di« – die Abkürzung von »Diane« – »Dei« ausgesprochen werden müsste, klingt Davids »Di« reichlich verwirrend. Das allerdings nur, bis sich im Verlauf des Films (als er, in Erinnerungen schwelgend, Fotos von ihr und sich betrachtet) herausstellt, dass er sie (und sie sich) nicht »Di«, sondern schlicht »D« nennt. Der Buchstabe »D« wiederum wird zwar im Englischen als »Di« ausgesprochen, nicht aber im Deutschen. Korrekt müsste David Diane folglich »De« und nicht »Di« nennen.

Faktischer Fehler: Da es sich bei dem Herd um einen Gasherd handelt, hätte nicht nur zu sehen sein müssen, dass eine der Feuerstellen – die, auf welcher der Wasserkessel steht – in Betrieb ist, Davids Hose hätte auch Feuer fangen, nicht nur vor sich hin kokeln müssen.

Anschlussfehler: Nachdem Diana und David Murphy von ihrem Rechtsanwaltsfreund Jeremy Green [Oliver Platt] erfahren haben, dass die Bank ihnen ihr Darlehen gekündigt hat, zeigt die nächste Szene das Paar gemeinsam im Bad seines Hauses. Während Diana – auf dem Toilettendeckel sitzend – sagt: »David, ich hab' Angst. Wir haben überhaupt kein Geld. Was soll'n wir denn jetzt machen?«, und er sie beruhigt: »Ich geh' Taxi fahren oder kellnern. Oder sonst irgendsowas«, rasiert er seine linke Gesichtshälfte. Als er sich – im nächsten Augenblick – vor sie kniet und erklärt: »Hey, du musst doch keine Angst haben!«, ist sein gesamtes Gesicht wieder voller Rasierschaum.

Achtung: Diana und David Murphy benötigen 50 000 Dollar – damit wären sie aus dem Schneider.

Ungereimtheit: Obwohl Diana Murphy keinesfalls auf den Mund gefallen ist, bringt sie es nicht fertig, zu John Gage [Robert Redford], einem Mann, von dem sie weiß, dass für ihn 100 000 Dollar (und wohl locker auch das Zwanzigfache davon – eine Million hatte Gage an diesem Abend bereits verloren) Peanuts[1] sind, als er mit ihr – als Glücksbringer! – eine Million Dollar im Würfelspiel setzt, so etwas zu sagen, wie: Wenn Sie gewinnen, hätte ich gerne fünf Prozent. Wenn nicht, bringe ich Ihnen offenbar nur Pech – und mach mich ganz schnell davon ...

Faktischer Fehler: Während David Murphy – in Reaktion auf eine von John Gage gestellte Frage – zurückfragt: »Wollen Sie damit sagen, dass Sie nicht zufrieden sind?«, versenkt er die weiße Kugel[2]. Dennoch spielt John Gage, als habe sein Gegenspieler kein Foul[3] fabriziert, weiter.

Ungereimtheit: So naiv kann David Murphy doch nicht sein, dass er auf John Gages »Nehmen wir an, ich würde Ihnen eine Million Dollar anbieten« antwortet: »... dann würd' ich glauben, dass Sie scherzen.« Der (arbeitslose) Architekt muss doch inzwischen gerafft haben, dass der Milliardär eine Million aus der Portokasse nimmt. Und dass Diana ihn enorm fasziniert.

Ungereimtheit: Während – als potenzielle neue Klienten – zwei Drehbuchautoren [Danny Zorn/Kevin West] bei Jeremy Green sind, ruft David Murphy bei seinem Anwaltsfreund an – und die Lautsprecheranlage ist auf »Mithören« gestellt. Nachdem das Kind ohnehin bereits in den Brunnen gefallen ist und die beiden Drehbuchautoren mitgekriegt haben, dass John Gage (der immerhin einen riesigen Bekanntheitsgrad hat) David eine Million Dollar für eine Nacht mit dessen Frau Diana angeboten hat, und David Jeremy nun bittet, einen

[1] »Peanuts« – das »Unwort des Jahres 1994«. Begründung der Jury: Der Aufsichtsratsvorsitzende und ehemalige Chef der Deutschen Bank, Hilmar Kopper, geringschätzig über offene Handwerkerrechnungen in Höhe von rund 50 Millionen Mark im Zusammenhang mit der Pleite des Immobilienunternehmers Jürgen Schneider. Quelle: »Unwort des Jahres«: www.wortspass.de/unworte/ Alles rund um das »Wort« und »Unwort« des Jahres auf der Homepage der Aktion: www.unwortdesjahres.org

[2] (1) Wird die Weiße infolge eines Stoßes in eine Tasche gespielt, so liegt ein Foul vor. (...) Quelle: »Pool Billard Regeln – 3.19 Versenken der Weißen«: www.billardaire.de/billardaire.htm?billardregeln.htm

[3] Das Spiel ist verloren, sobald ein Spieler drei Fouls nacheinander begeht. Quelle: »Christian Marx Spielecke – Billardregeln: www.physik.tu-freiberg.de/~cmarx/spiele.html

entsprechenden Vertrag auszuarbeiten, erfasst der Anwalt die inhaltliche Brisanz dieses Telefonats. Daraufhin meint er zu seinen Besuchern: »Könnten Sie mich wohl ganz kurz entschuldigen?«, schaltet den Lautsprecher ab, geht ein paar Schritte zum Fenster – und redet prompt so weiter, dass die Drehbuchautoren auch über den weiteren Verlauf des Gesprächs exakt im Bild sind.

Achtung: Während des eben erwähnten Telefonates fragt der Anwalt seinen Architektenfreund: »Wie konntest du nur so etwas tun? Wie konntest du ohne mich verhandeln? Man verhandelt niemals ohne seinen Anwalt. *Niemals*. Für eine Frau wie Diana krieg' ich doch glatt *zwei* Millionen. Soll er *dich* aufs Kreuz legen, nur weil er *sie* aufs Kreuz legt?«

Ungereimtheit: Jeremy Green baut diverse Klauseln in den Vertrag zwischen John Gage und den Murphys ein, hat aber wohl völlig vergessen, was er nur kurz zuvor am Telefon zu David Murphy so großspurig von sich gegeben hat: Als er, John Gage und Mr Shackleford [Seymour Cassel] aus dem Meeting kommen, erklärt der Milliardär David: »Morgen werden Ihnen eine Million Dollar auf dem Kasino-Konto gutgeschrieben.«

Ungereimtheit: Wer Freunde hat wie Jeremy Green, braucht wahrlich keine Feinde. Als der Anwalt und der Architekt nach Vertragsabschluss in der Bar des Hotels sitzen, erklärt Jeremy doch tatsächlich: »Ich konnte es gar nicht fassen. Er hätte auch zwei Millionen geblecht!« Die Frage ist nur: Wenn es ein solches Kinderspiel gewesen wäre, bei diesem Deal das Doppelte herauszuholen, warum hat er das dann nicht gemacht?

Das Team spielt mit: In dem Wasserkessel, welchen David auf den Herd stellt, spiegelt nicht nur er selbst sich wider, sondern – direkt hinter seinem rechten Arm (ein wenig ↓ von der Bildmitte) auch ein Crewmitglied in einem grünen T-Shirt.

Ungereimtheit: Ganz generell sind die Persönlichkeiten der Hauptpersonen inkonsequent durchdacht. Einerseits ist Diane Murphy alles andere als naiv, anderseits erklärt sie ihrem Mann auf dessen Frage bezüglich ihres (erneuten) Treffens mit John Gage: »Hast du mit ihm geschlafen? Hättest du's gern gemacht?«, doch tatsächlich: »Nein, ich hab ihn am helllichten Tag getroffen.« Dazu erübrigt sich wohl jeder weitere Kommentar.

Dies und das: Was die IMDb-Site (International Movie Database) in der Rubrik »Trivia Browser« zu »Indecent Proposal« als »taken nearly verbatism from a similar speech in Citizen Kane«[4], nahezu wortwörtlich aus »Citizen Kane« übernommene Rede deklariert, ist nichts weiter als ein überaus lausiger Abklatsch des Originals. In dem nämlich erklärt Mr Bernstein [Everett Sloane], der Generalbevollmächtigte von Foster Kane [Orson Welles], dem Reporter Jerry Thompson [William Alland]: »Ein Mann erinnert sich an mehr, als Sie glauben. Ich bin 1896 eines Tages mit der Fähre nach Jersey gefahren. Eine andere Fähre kam uns entgegen. Da stand ein Mädchen, es wollte aussteigen. Sie trug ein weißes Kleid und hatte einen weißen Sonnenschirm. Ich sah sie nur eine Sekunde. Sie bemerkte mich nicht. Aber seitdem ist kein Monat vergangen, ohne dass ich an sie dachte.« Hier sagt John Gage zu Diana Murphy: »Ich möchte dir was

---

[4] USA 1941, Regie Orson Welles

erzählen. Als ich ein Junge war, da bin ich mal von irgendwo zurückgekommen – China oder so was. Und in der U-Bahn saß mir *ein Mädchen* gegenüber. Sie hatte ein Kleid an, das bis oben zugeknöpft war. Sie war das schönste Wesen, das ich je im Leben gesehen hatte. Ich war sehr schüchtern. Und jedes Mal, wenn sie mich angesehen hat, hab ich woanders hingesehen. Und wenn ich dann wieder zu ihr rübersah, guckte sie weg. Dann kam meine Station, ich musste aussteigen. Ich stieg aus, die Türen wurden geschlossen – und als der Zug dann wieder abfuhr, sah sie mich plötzlich an und schenkte mir ein unglaubliches Lächeln. Es war entsetzlich. Ich wollte die Tür wieder aufreißen – und kam jeden Abend zurück. Um die gleiche Zeit. Zwei Wochen lang. Aber ich hab sie nie mehr gesehen. Das ist jetzt dreißig Jahre her. Und doch – seit dieser Zeit vergeht kein Tag, an dem ich nicht an sie denke.«

( ) Anschlussfehler: Reichlich frustriert sitzt David Murphy vor einem knappen Dutzend gepackter Umzugskartons – auf einem davon liegen Fotos von ihm und Diane aus glücklichen Zeiten. Er nimmt ein Schwarzweiß-Porträt seiner Frau in die Hand, streichelt über das Gesicht, und als die Kamera das Foto in seinen Händen von hinten zeigt, ist es unbeschriftet. Dann ist erneut zu sehen, wie er über Dianes Gesicht streichelt, das Foto umdreht – und eine Widmung liest (»D. Have I ever told you I love you?« – »D. Hab' ich dir schon mal gesagt, dass ich dich liebe?«), die wie von Zauberhand geschrieben plötzlich auf der Rückseite steht.

Achtung: Nachdem David die Fotos betrachtet hat, zerreißt er sie, eines nach dem anderen.

Dies und das: Als Mr Shackleford mit John Gages Limousine vor dem Hotel vorfährt – vor welchem David auf seine Frau und seinen Rivalen wartet –, schüttet es wie aus Kübeln. Trotzdem kriegt Diana nicht einen Tropfen Regen ab. Was sie – Schirm hin, den Shackleford über seinen Boss, Diana und sich hält, Schirm her – tun müsste. Shackleford hält den Schirm nämlich derart hoch, dass alle darunter Stehenden in jedem Fall teilweise nass werden müssten.

( ) Anschlussfehler: Nachdem Mr Shackleford den unverkennbar bis zur Bewusstlosigkeit betrunkenen David Murphy nach Hause getragen und auf sein Bett gelegt hat, lässt er seinen Blick kurz durch das Zimmer schweifen. Und was bekommt er zu Gesicht? Eine Pinwand mit just den Fotos von »D.«, welche David zerrissen hatte – und dann offensichtlich wieder zusammengeklebt. Die Frage ist nur: Wann tat er das? Zwischen dem Zerreißen der Fotos und seinem Auftauchen vor dem Hotel dürfte er, erstens, noch nicht in der Stimmung gewesen sein, die Fotos wieder zusammenzufügen und eine Wand damit zu bestücken; zweitens muss er sich – schon bevor er das Hotel erreichte – reichlich betrunken haben und kann somit gar nicht mehr in der Lage zu einer Tätigkeit gewesen sein, die doch ein wenig mehr Fingerspitzengefühl erfordert.

Die Ausstattung spielt mit: Was immer Gelbes es ist, womit die Filmemacher Dianes und Davids Hund dazu bekamen, Davids Gesicht zu lecken, als er aus seinem alkoholisch bedingten Koma erwacht: Es ist (↓) deutlich zu sehen.

Dies und das: Anhand diverser Kleinigkeiten – wie der folgenden – ist festzustellen: Der ganze Film ist irgendwie schlecht durchdacht. In seinem Vortrag darüber, dass »wirklich große Architektur (…) nur aus Ihrer Leidenschaft heraus entstehen« kann, fügt David Murphy hinzu: »Aber auch das garantiert noch keinen Job. Louis Kahn[5] ist auf einer Bahnhofstoilette gestorben. Tagelang wusste niemand, wer die Leiche überhaupt war.« Die Sache ist nur die: Das eine steht in absolut keinem Zusammenhag zum anderen. Louis Kahn war keinesfalls job- und brotlos, sondern sehr viel mehr überaus betucht, als er – von einer Indienreise zurückkehrend – am 17. März 1974 auf der Toilette von New Yorks Pennsylvania Station einem Herzinfarkt erlag (und wie viele große, zeitgenössische Architekten kennen Sie – ohne Architekt zu sein – geschweige denn von ihrer äußeren Erscheinung?). Abgesehen davon: Sehr viel tragischer – und ein wesentlich erschreckenderes Beispiel wäre an dieser Stelle der Tod des spanischen Architekten Antonio Gaudi[6]: Der alte Mann, der am 7. Juni 1926 im Zentrum Barcelonas von einer Straßenbahn angefahren worden war (deren Fahrer ungerührt seinen Weg fortsetzte), wirkte total verwahrlost und bettelarm. Zunächst hatte kein Mensch Anstalten gemacht, ihm zu helfen. Erst als er endlich in eine Klinik gebracht worden war, stellte sich heraus, wer der Alte in der abgerissenen Kleidung wirklich war, kein Obdachloser, sondern einer der genialsten und gefeiertsten zeitgenössischen Architekten. Drei Tage später, am 10. Juni 1926, erlag der 73-jährige Katalane seinen Verletzungen – was vielleicht durch eine schnellere medizinische Versorgung hätte vermieden werden können. Louis Kahn hatte niemand – obwohl auch er zunächst nicht erkannt worden war – achtlos liegen lassen.

Dies und das: Während der von Billy Connolly[7] geleiteten Auktion zu Gunsten des New Yorker Zoos, taucht unvermutet David Murphy auf – und bietet »eine Million Dollar« für ein Nilpferd (genauer: eine Art Patenschaft dessen). Während David die Gelegenheit nutzt, mit Diana, die in Begleitung John Gages ist, ein paar Worte allein zu wechseln. Prompt regnet es – nach zuvor hellstem Sonnenschein (ähnlich wie im »Sommer« 2001 in Deutschland) unverhofft Bindfäden. Und wer wird einmal wieder überhaupt nicht nass? Diana und – anders als in und bei der Szene vor Gages Hotel – diesmal auch David. (Dass die zwei unter einem riesigen weißen Sonnenschirm sitzen, hat nichts zu sagen. Das taten die anderen Anwesenden auch – und wurden trotzdem pitschnass, bevor sie ins Trockene flüchten konnten.)

Ungereimtheit: Gegen Ende seiner Aussprache mit »D.« – eher seines Monologs – erklärt David: »Ich hatte Angst davor, dass du ihn wirklich haben wolltest. Und noch mehr

---

[5] Louis Isadore Kahn, geboren am 20.2.1901 auf der Insel Ösel in Estland, amerikanischer Architekt und Dozent von internationalem Ruhm. Quelle: Birkhauser »International publishers for science and architecture: Louis I.Kahn« > www.birkhauser.ch/Louis_Kahn/bio_e_frame.html (Achtung: Webadresse_mit_Unterstrichen!)

[6] Antonio Gaudi, geboren am 25.6.1852 in Reus, einer der unkonventionellsten Architekten seiner Zeit, dessen unvollendete Kirche »Sagrada Familia« das Stadtbild Barcelonas prägt – und dessen bizarrer experimenteller Stil – eine Mischung aus gotischen, maurischen und Jugendstilelementen – ihm Weltruhm bescherte. Quelle: »Gaudí-Jahr – Wiedergutmachung für ein verkanntes Genie« Quelle: www.surfsaturn.de/pool_lfs_kultur/gaudi1903.php (Achtung: Webadresse_mit_Unterstrichen!)

[7] Billy Connolly stand in den 70ern im Ruf eines der besten Stand-up-Comedians Englands. (…) Noch heute werden Vergleiche mit Rowan Atkinson (Mr Bean) angestellt. Quelle: »Billy Connolly Anthologie« > http://208.203.139.86/2001/05/bc.html

Angst hatte ich davor, dass du ihn mit vollem *Recht* wolltest. Ich dachte, er wäre der *Bessere*. Ich weiß – ich weiß jetzt, dass er's *nicht* ist. Er hat eben nur mehr *Geld*.« Die Sache ist nur die: Woher meint David das plötzlich zu wissen? Die eine oder andere Qualität muss John Gage für Diane Murphy schon haben – da »wahre Gefühle«, wie sie betont, nicht käuflich sind. Und sie bei ihm ist.

? **Ungereimtheit:** Dass Diana John Gage so wenig kennt, dass sie ihm seine »Du-bist-die-Beste-von-allen«-Nummer abkauft, ist mehr als unwahrscheinlich. (Aber eben notwendig für das im Drehbuch verankerte Ende des Films.)

Achtung: Was er zuvor immer hinausgezögert hatte, geht David Murphy nun an: Er unterschreibt die Scheidungsurkunde. Was Diane damit tut (Lässt sie sie liegen? Steckt sie sie ein?), ist nicht auszumachen.

Achtung: Wie so häufig in diesem Film regnet es auch während Diana Murphys letzter Fahrt mit John Gage in Strömen.

Dies und das: Als Diane aus John Gages Wagen steigt, hat sie keinerlei Handtasche bei sich. Das ist nicht nur – für eine Frau – äußerst ungewöhnlich (siehe das Kapitel »Rear Window«, »Das Fenster zum Hof«), sondern wirft auch die Frage auf, wo ihre Scheidungsurkunde abgeblieben ist: Auf dem Tisch im Zoo wird sie diese wohl kaum liegen gelassen haben (selbst wenn ihr zwischendurch die Erkenntnis gekommen sein sollte, dass sie gar keine Scheidung von David mehr anstrebt). John Gage wird sie dieses Dokument wohl auch kaum als Abschiedsgeschenk in die Hand gedrückt haben. Was also ist damit passiert?

Anschlussfehler: Obwohl es soeben noch wie wild gegossen hat, ist die Straße, auf welcher Diane hinter dem Bus herläuft und diesen noch stoppen kann, knochentrocken.

Anschlussfehler: Auch das Dach seiner Limousine ist trocken, als John Gage, darauf gelehnt, Mr Shackleford erklärt: »Ich wollte es beenden. Sie würde mich nie so ansehen wie ihn. Nie im Leben.«

Deutsche Sprache, schwere Sprache: Als Diana Murphy aus dem Bus aussteigt, denkt sie – laut: »Vor sieben Jahren hatte mir Dave auf *der* Pier von Paradise Grove einen Heiratsantrag gemacht.« »Pier«[8] ist jedoch maskulin, ausgenommen in der Seemannssprache. Da Diane alles andere als ein Seemann ist, ist die geschlechtliche Zuordnung des Begriffes nicht korrekt.

Hinter den Kulissen: Ursprünglich war Val Kilmer als Darsteller von David Murphy und Julia Roberts als Darstellerin von Diane Murphy vorgesehen. Beide waren daran jedoch nicht interessiert.[IMDb]

---

[8] Pier m, Schifffahrt a. f, Landungsbrücke f, Landungssteg m. (...) (...) in der Seemannsspr. die; -, -s Quelle: LR

EINE VERHÄNGNISVOLLE AFFÄRE
FATAL ATTRACTION
USA 1987 • REGIE: ADRIAN LYNE

Achtung: Als Alex Forrest [Glenn Close] Dan Gallager [Michael Douglas] bei einem morgendlichen Meeting als neue Lektorin vorgestellt wird, ist ihre Nagellackfarbe ein sattes Rostrot.

Anschlussfehler: Als Alex und Dan – um einem Regenguss zu entkommen – gemeinsam einen Wein trinken gehen, holt sie ihre Zigarettenschachtel zweimal hintereinander aus ihrer Handtasche. Einmal, während er ihr von der Scheidung seiner Eltern erzählt, dann Sekunden später, nachdem Dan Alex fragte, ob sie einen Kaffee möchte. Diesmal bietet sie ihm auch eine Zigarette an.

Anschlussfehler: Anders als zuvor ist – als Alex Dan im Lift zu ihrer Wohnung vernascht – ihre Nagellackfarbe tiefdunkles Violett – ohne, dass Alex zwischenzeitlich ihre Nägel hätte umlackieren können.

Anschlussfehler: Als Dan von seinem ersten Tête-à-Tête mit Alex nach Hause kommt, zeigt die Wanduhr 7:25 Uhr. Nachdem er den Anrufbeantworter abgehört und geduscht und sich (bis auf Socken und Schuhe) angezogen hat, stehen die Zeiger auf 8:38 Uhr. Und da bleiben sie auch – obwohl in jedem Fall zwei Minuten in Realzeit vergehen, in denen Dan zunächst mit seiner Frau Beth [Anne Archer] telefoniert und dann einen Anruf von Alex entgegennimmt.

Dies und das: Obwohl der Hund der Gallaghers mindestens einen Tag und eine Nacht lang allein zu Hause war, geht Dan Gallagher nach seiner ersten Liebesnacht mit Alex Forrest nicht etwa erst mit dem Hund Gassi, sondern duscht erst einmal in aller Seelenruhe und führt – nicht minder seelenruhig – erst einmal zwei Telefonate, bevor er mit dem Hund nach draußen geht.

Anschlussfehler: Nachdem Alex Dan, der sich nach einer zweiten Liebesnacht mit ihr gerade wieder angezogen hat, das Hemd vom Leib reißen will, sie dann aber von ihm ablassen muss, lässt sie sich auf das Bett zurückfallen und liegt dort – während sie ihm Vorwürfe wegen seines Verhaltens macht – barbusig auf dem Rücken. Als die Kamera Alex nicht mehr von oben, sondern von der Seite zeigt, ist sie bis zum Hals mit dem Oberlaken bedeckt – ohne dass sie es zwischenzeitlich hochgezogen haben könnte geschweige denn hat.

Ungereimtheit: Obwohl Dan zu seinem zweiten Treffen mit Alex seinen Hund mitgebracht hat, sieht man ihn in ihrer Wohnung zwar zweimal – aber er muckst sich nicht im Geringsten. Nicht einmal, als der helle Aufruhr herrscht, nachdem Alex sich die Pulsadern aufgeschnitten hat, taucht das Tier – was nun wirklich mehr als ungewöhnlich ist – in Bild oder Ton auf.

Achtung: In Einstellungen, in denen das neue Haus der Gallaghers von außen zu sehen ist, ist sowohl die obere als auch die untere Hälfte der Eingangstür aus Glas. In Einstellungen, die das Haus von innen zeigen, besteht der untere Teil der Eingangstür (was, als Dan und Beth Gallagher das Haus gemeinsam besichtigen, unübersehbar ist) aus Holz.

Ungereimtheit: Als Alex bei einem unangemeldeten Besuch in Dans Kanzlei auf dessen Partner und Freund Jimmy [Stuart Perkin] trifft, antwortet sie auf dessen Frage: »Haben wir uns nicht schon mal gesehen?« mit »Glaube ich nicht«. Das ergibt keinen Sinn: Immerhin ist Alex die Lektorin des Verlags, den ebendiese Kanzlei – um eine einstweilige Verfügung gegen die Veröffentlichung eines Buchs rückgängig zu machen – vertritt.

Anschlussfehler: Als Alex Dan zu Hause anruft, weil er ihre Telefonate in seinem Büro nicht beantwortet, ist es mitten in der Nacht: Dans Radiowecker zeigt 2:13 Uhr. In Einstellungen, die Alex während dieses Telefonats zeigen, dringt durch ihre Fenster jedoch Tageslicht.

Anschlussfehler: Als Dan das Audioband, welches Alex für ihn in seiner Kanzlei hinter-ließ, in das Kassettenfach des Avis-Mietwagens schiebt, ist die Frequenz, auf die das Autoradio eingestellt ist, 97,1. Als Dan das Band wieder aus dem Kassettenfach nimmt, ist die Frequenz – ohne dass Dan sie verändert hätte – 107,9.

Ungereimtheit: Als Alex sich – zunächst ohne Dans Beisein – unter dem Vorwand, ein neues Zuhause zu suchen, von Dans Frau das alte Haus der Gallaghers zeigen lässt, gibt sie natürlich nicht preis, Dan zu kennen. Später – als Beth sie ihrem gerade nach Hause gekom-menen Mann vorstellt – erklärt sie zwar, ihm kürzlich auf einem Empfang in einem japanischen Restaurant begegnet zu sein, gibt aber ebenso wie er vor, weiter nichts miteinander zu tun (gehabt) zu haben. Was absolut unnötig ist. Im Gegenteil: Hätte sie sich Beth als zu einem von Dans Klienten – dem Buchverlag – zugehörig vorgestellt, hätte sie einen wesentlich leichteren Zugang zu dessen Familie gehabt ...

Anschlussfehler: Die Landschaft, durch die Beth Gallagher auf der Suche nach ihrer Tochter Ellen [Ellen Hamilton Lazten] fährt, ist eine herbstliche: Die Bäume sind kahl. Die Bäume vor dem Haus der Gallaghers sind jedoch zeitgleich voller Blätter und saftig grün.

Anschlussfehler: Das Messer, mit dem Alex Beth bedroht und schneidet, ist blutig, als es zu Boden fällt. Nachdem es sich jedoch am Boden ein paar Mal gedreht hat, ist keinerlei Blut mehr daran zu sehen. (Wie in nahezu allen Szenen in fast allen Filmen, in denen Blut gezeigt wird, ist die Menge/Verteilung des Blutes von der Abfolge her inkonsequent. Wo erst viel Blut war, ist plötzlich sehr viel weniger Blut zu sehen – ohne dass zwischenzeitlich absichtlich oder unabsichtlich etwas davon abgewischt worden wäre.)

Anschlussfehler: Als Dan in der Schlussszene den Polizeileutnant [Michael Arkin] vor seinem Haus verabschiedet, steht die Eingangstür offen. In der von innen aufgenommenen Folgeeinstellung, in der Dan das Haus betritt, muss er die Tür erst öffnen.

Hintergrundwissen: Alex' und Dans Lieblingsoper ist Giacomo Puccinis »Madame Butterfly«[1] – die damit endet, dass die Titelheldin aus Liebeskummer Selbstmord begeht, indem sie sich ein Messer in die Brust stößt. Just dieses Ende hat auch der Director's Cut von »Fatal Attraction«, »Eine verhängnisvolle Affäre«: Alex schlitzt sich – im Badezimmer der Gallaghers – die Kehle auf (und Dan wird für einen Mord, den er nicht begangen hat, verhaftet). Weshalb der Schluss der Kinoversion ein anderer ist, ist schnell erklärt: Das Preview-Publikum wollte nicht, dass Alex, Dan und der Film so enden. So einfach ist das.

In Japan jedoch kam der Film genau mit diesem tragischen Ende heraus, das der Director's Cut vorsieht. Eine Frage der Moral, dass ein Seitensprung im japanischen Kino nicht ungesühnt bleiben darf?

Hintergrundwissen: Barbara Hershey hatte die Rolle der Alex dankend abgelehnt, drehte stattdessen »Tin Men«, »Zwei haarsträubende Rivalen«, Debra Winger wollte nicht, spielte stattdessen eine andere »Alex« in »Black Widow«, »Die schwarze Witwe«, sowie ohne im Abspann genannt zu werden eine Rolle in »Made in Heaven«. Miranda Richardson, der man die Rolle der »Alex« ebenfalls angeboten hatte, drehte 1987 gleich mehrere Filme, allerdings alles Low-Budget- bzw. TV-Produktionen.

---

[1] Giacomo Puccini, 22.12.1858 bis 29.11.1924, italienischer Opernkomponist. Seine Oper »Madame Butterfly« wurde 1904 an der Mailänder »Scala« uraufgeführt und sorgte für einen der größten Skandale der Operngeschichte; ihr Thema: Ein amerikanischer Soldat verliebt sich in eine japanische Geisha.
In dem Marlon-Brando-Film »Sayonara« von 1957 wird diese Thematik ebenfalls aufgegriffen. »Sayonara« basiert auf einem Roman von John Michener.
Auch David Cronenberg arbeitete die »Butterfly«-Geschichte in einen Kinofilm ein, »M. Butterfly« mit Jeremy Irons und John Lone in den Hauptrollen dieses bemerkenswerten Filmes (1993).
Malcolm McLaren, Exgatte von Vivienne Westwood, Exmanager der Sex Pistols, erreichte mit einer Disco-Version einer Arie aus Puccinis »Madame Butterfly« 1984 Spitzenpositionen in der Hitparade.

VOM WINDE VERWEHT
GONE WITH THE WIND
USA 1939 • REGIE: VICTOR FLEMING

Anschlussfehler: Gleich zu Beginn des Films, als die Zwillinge Stuart und Brent Tarleton [George Reeves/Fred Cane] Scarlett O'Hara [Vivien Leigh] auf der Terrasse von Tara das Versprechen entlocken wollen, an dem bevorstehenden Ballabend auf Zwölfeichen wechselweise allein mit ihnen zu tanzen, sitzt Scarlett auf einem Kissen. Außerdem liegt auch noch ein zweites dort. Nachdem die Zwillinge ihr verraten haben, dass Ashley Wilkes [Leslie Howard] den Ballabend nutzen wird, um seine baldige Heirat mit seiner Cousine Melanie Hamilton [Olivia de Havilland] anzukündigen, läuft Scarlett völlig konsterniert fort. Auf der Terrasse, die im Hintergrund zu sehen ist, befindet sich plötzlich nicht einmal mehr *ein* Kissen …

Dies und das: Nachdem Scarletts Mutter Ellen O'Hara [Barbara O'Neill] ihre kranke Freundin Emmy Slattery [Isabell Jewell] medizinisch versorgt hat, kehrt sie zurück nach Tara. Als Mammy [Hattie McDaniel] freudig aufgeregt zur Tür läuft – und dem Hund gebietet, er solle mit dem Kläffen aufhören –, ist durch das Fenster (↑) nach außen der Kutscher in »Warteposition« zu sehen. Kaum hat Mammy die Haustür jedoch geöffnet, fährt der Kutscher weiter – sodass es so aussieht, als sei er gerade erst angekommen.

Achtung: Als Mammy Scarlett für das Sommerfest ankleidet, bindet sie ihr *kein* Kissen über den Po (das jedoch da ist, als Scarlett zum Mittagsschlaf das Kleid wieder ablegen muss).

Achtung: Was Scarlett beim Ankleiden ebenfalls nicht angelegt wird – und was sie auch selbst nicht anlegt –, ist eine Kette.

Anschlussfehler: Kaum hat Scarlett Rhett Butler [Clark Gable] erspäht, fragt sie Cathleen Calvert [Marcella Martin], mit der sie gerade die große Treppe von Zwölfeichen hochgeht: »Cathy – wer ist das?« Ab diesem Zeitpunkt ist deutlich zu erkennen, dass Scarlett eine Korallenkette trägt.

Anschlussfehler: Zu dem Mittagsschlaf, den sie nicht machen will, muss Scarlett sich ausziehen. Als Mammy bemerkt: »Wohlerzogene junge Damen schlafen nach Tisch«, ist über Scarletts Unterrock ein Kissen (das den Sitz des Kleides optimieren sollte) zu sehen.

Anschlussfehler: Bevor Scarlett O'Hara und Rhett Butler sich auf dem »Wohltätigkeitsball zum Besten des Lazarettes Atlanta« offiziell begegnen – geschweige denn bevor dieser einen Tanz mit Scarlett (für 150 Dollar) ersteigert –, tanzen die beiden bereits miteinander: Nachdem Dr. Meade [Harry Davenport] die glorreiche Nachricht verkündet hat, dass General Lee die Yankee-Armee »nordwärts aus Virginia« treibt, sieht man Rhett und Scarlett (↑) gemeinsam die Tanzfläche verlassen.

( ) Anschlussfehler: Der Hahn, den Uncle Peter [Eddie Anderson] schlachten will, entkommt. Nachdem das Faktotum dem Federvieh erklärt, dass kein Hühnchen mehr da ist, das ihm eine Träne nachweinen könnte, läuft der Hahn an einem dicken Baumstamm und einem Stapel Brennholz vorbei. Wenige Augenblicke später – als Uncle Peter ruft: »Tu doch nicht so stolz, auch wenn du der letzte Hahn in Atlanta bist!«, läuft der Hahn erneut die bereits zurückgelegte Strecke.

? Fehl am Platz: Als Melanie Wilkes und Scarlett am Krankenlager eines verwundeten Soldaten stehen, sind die Schatten, welche die beiden Frauen an die Wand werfen, ganz eindeutig *nicht* ihre (siehe auch **Hinter den Kulissen**).

Das Team spielt mit: Völlig aufgelöst läuft Scarlett mit den Worten: »Ich will nach Hause! Ich *kann* nicht mehr sehen, wie die Menschen sterben. Ich *will* nicht mehr!« aus der zum Militärhospital umfunktionierten Kirche. Zuerst passiert sie dabei eine Flügeltür, über der steht: »Peace be Within Thy Walls«, (»Innerhalb deiner Wände soll Frieden sein«). Auf der rechten Tür (↓) ist dabei der Schatten eines Großraummikrofons deutlich sichtbar.

( ) Anschlussfehler: Als Scarlett aus der Kirche rennt, schließt sich die Tür hinter ihr. In der nächsten Einstellung – einer Totale – steht sie (zu dem Gebell eines Hundes) wieder offen. Als die Kamera erneut auf Scarlett geht, ist die Tür geschlossen.

Anachronismus: Als Scarlett sich – nachdem sie dem Leid der Verwundeten und Sterbenden entflohen ist – einen Weg durch die Flüchtlinge in den Straßen bahnt, kommt – in Nahaufnahme – eine Laterne ins Bild, in der eine Glühbirne erkennbar ist[1] … die zu dieser Zeit noch gar nicht erfunden worden war.

Anachronismus: Keine der angeblichen Petroleumlampen in dem Raum, in dem Melanie Wilkes soeben einen Sohn zur Welt brachte, flackert. Nicht einmal jene, welcher Prizzy [Butterfly McQueen] beim hastigen Kofferpacken einen gewaltigen Stoß versetzt – und auch nicht die, mit welcher Scarlett den Weg die Treppen hinunter bis vor das Haus zu Rhett Butlers Kutsche ausleuchtet – wobei an Letzterer dazu noch ein Kabel sichtbar ist.

( ) Anschlussfehler: Als Scarlett zu Rhett auf die Kutsche steigt, trägt sie keine Kopfbedeckung. In der nächsten Einstellung allerdings ziert ihr Haar ein schwarzes Bonnet, das die gesamte Flucht über nicht einmal verrutscht – und erst wieder verschwunden ist, als Rhett, kurz bevor Tara erreicht ist, die Kutsche anhält und Scarlett mit Prizzy, Melanie und dem Baby allein weiterfahren lässt.

---

[1] Der Film beginnt zeitgleich mit dem amerikanischen Bürgerkrieg, der zwischen 1861 und 1865 mehr als 600 000 Menschen das Leben kostete. Die »Kohleglühfadenlampe« – und somit die erste brauchbare Glühlampe – führte der amerikanische Elektrotechniker Thomas Alva Edison (11.2.1847 bis 18.10.1931), als eines von über 1000 Patenten, allerdings erst 1879 vor.
Quelle: www.strom.ch/deutsch/ch-strom/geschichte_1840-1879.asp

Dies und das: In dem großen Feuer von Atlanta brennt … die Kulisse von »King Kong« [1939]. Produzent David Selznick ließ für »Vom Winde verweht« sämtliches Holz in Flammen aufgehen, dessen er auf dem MGM-Gelände habhaft werden konnte …

Anschlussfehler: Als Rhett und die Insassen seiner Kutsche das große Feuer hinter sich gelassen haben, stoßen sie auf einen Trupp verwundeter Soldaten, der zu Fuß aus Atlanta flieht. Ein bärtiger Soldat mit einer Pfeife im Mund trägt einen jungen Kameraden über seinen Schultern. Nachdem Rhett die Kutsche kurz angehalten hat, um Scarlett die Tragweite des Geschehens deutlich zu machen (»Ein historischer Augenblick. Sie können Ihren Enkelkindern mal davon erzählen, wie der alte Süden unterging.«), ist der Bärtige mit der Pfeife erneut im Bild. Diesmal trägt er jedoch keinen Kameraden, sondern ein Gewehr. Als vor ihm ein junger Soldat zusammenbricht, reicht er sein Gewehr einem Kameraden hinter sich, hebt den jungen Mann auf und legt ihn sich über die Schultern.

Anschlussfehler: Nachdem Rhett – an der Weggabelung nach Tara – von der Kutsche gestiegen ist, um die anderen ohne ihn weiterfahren zu lassen, hebt er Scarlett zum Abschiednehmen von der Kutsche. Um sie ungehindert umarmen und küssen zu können, wirft er seinen Mantel auf den Balken des den Weg säumenden Zaunes und seinen Hut hinter sich auf die Erde. Am Ende dieser Szene holt er jedoch nicht nur den Mantel, sondern auch den Hut vom Zaun.

Anschlussfehler: In der Szene, in welcher Scarlett den auf Tara eingedrungenen Yankee erschießt, verändert sich die Position ihres Haarnetzes.

Anachronismus: Nachdem Melanie ihr Nachthemd auszog, um damit das Blut des von Scarlett getöteten Yankees aufzuwischen, müsste sie eigentlich nackt sein. Ist sie aber nicht. Sie trägt deutlich erkennbar einen fleischfarbenen BH – den es im 19. Jahrhundert in dieser Form gar nicht gab.[2]

Dies und das: In Zeitlupe deutlich erkennbar: Den vom Pferd stürzenden Gerald O'Hara [Thomas Mitchell] spielt ein Stuntman.

Fehl am Platz: Die Kutsche, mit der Scarlett – entgegen Rhett Butlers Warnung – allein zur Sägemühle fährt, wird von einem dunkelbraunen Pferd gezogen. Während des Überfalls, den Plünderer auf Scarlett verüben, bäumt ihr Pferd sich einmal auf – und ist plötzlich (allerdings nur für diesen einen Moment) cognacfarben.

Anschlussfehler: Bevor Scarlett, als sie auf ihrem Weg zur Sägemühle auf einer Brücke überfallen wird, in Ohnmacht fällt, gerät ihre Kutsche aus dem Gleichgewicht, rutscht mit dem rechten Hinterrad von der Brücke und droht in den Fluss zu stürzen. In der nächsten

---

[2] Der erste moderne BH (zwei mit einem seidenen Band verbundene Seidentaschentücher) wurde 1913 von der New Yorkerin Mary Phelbs Jacob erfunden, die es satt hatte, sich unter ihren eleganten Abendkleidern von Korsetts zwicken und zwacken zu lassen – und 1914 patentiert. Quelle: Inventors: http://inventors.about.com/library/weekly/aa042597.htm

Einstellung allerdings, in der Scarletts Kutsche zu sehen ist, befinden sich *alle vier* Räder – ohne dass das Gefährt hochgehievt worden wäre – wieder sicher auf der Brücke.

Anschlussfehler: Nach dem Überfall auf Scarlett, bei dem Big Sam [Everett Brown] ihr zu Hilfe geeilt war, steigt dieser mit auf und übernimmt die Zügel. Weiter fährt die Kutsche jedoch dennoch Scarlett allein …

Anachronismus: Als der verwundete Ashley von Rhett Butler ins Hinterzimmer getragen wird, geht Melanie mit einer Lampe voran … die eindeutig ein Elektrokabel hat.

Anschlussfehler: Nachdem Melanie Hamilton Belle Watling [Ona Munson] erklärte: »Sie *täuschen* sich in meiner Schwägerin. Sie weint sich die Augen aus über ihren Mann.«, sehen wir Scarlett in ihrem Zimmer Hochprozentiges trinken. Dann zeigt die Kamera einen silbernen Standrahmen mit einem Foto des toten Charles Hamilton [Rand Brooks] – und, rechts hinten im Bild, ein Tischchen mit einer Waschschüssel, in der ein Wasserkrug steht. Dann hört Scarlett die Ankunft einer Kutsche – und läuft zum Fenster, um festzustellen: »Donnerwetter (hickst) – das ist Rhett!« Da ihr nichts Besseres einfällt, als mit Eau de Cologne zu gurgeln, um ihre Fahne zu übertünchen, geht sie auf diese Flasche zu – und plötzlich steht der Wasserkrug nicht mehr in, sondern *neben* der Schüssel. Was sich als überaus praktisch erweist, da Scarlett genau diese wählt, um das Eau de Cologne hineinzuspucken.

Anschlussfehler: Als Scarlett mit einem zufriedenen Lächeln auf dem Gesicht nach ihrer leidenschaftlichen Nacht mit Rhett erwacht, steht neben ihrem Bett ein Frühstückstablett – das Mammy ihr noch gar nicht gebracht hatte … (Was sich daraus erklärt, dass die Szene, in der Scarletts und Rhetts Tochter Bonnie [Cammie King] ihrer Mutter das Frühstück ans Bett brachte, herausgeschnitten wurde.)

Anschlussfehler: Die Brosche, die Scarlett in den letzten Filmminuten trägt, sitzt zunächst in der Mitte, später aber auf der rechten Seite ihres Kragens.

Deutsche Sprache, schwere Sprache: Scarlett (wenige Sekunden vor Melanies Tod zu Ashley): »Bis jetzt hast du dazu gebraucht, dass ich dir niemals mehr bedeuten könnte als Belle Watling für Rhett.«

Pointe verpasst: Als Rhett Butler im Begriff ist, Scarlett endgültig zu verlassen, beschwört sie ihn, sie mitzunehmen – und fragt dann verzweifelt: »Oh, Rhett – Rhett, Rhett, Rhett! Rhett, wenn du fortgehst, was soll ich dann anfangen?« In der deutschen Synchronfassung antwortet er: »Offen gesagt, ist mir das gleichgültig.« Im Original ist seine Antwort auf ihr: »Rhett … If you go … where shall I go? What shall I do?« entschieden schärfer: »Frankly, my dear, I don't give a damn.« – »Offen gesagt, meine Liebe, das interessiert mich einen Dreck.«[3] Allerdings, das

---

[3] Alternativvorschläge lauteten beispielsweise: »Frankly my dear … I just don't care,« – »Offen gesagt, meine Liebe … es ist mir gleichgültig«, »… my indifference is boundless,« – »… meine Gleichgültigkeit ist grenzenlos«, »… nothing could interest me less« – » … nichts könnte mir gleichgültiger sein.« Quelle: IMDb

sei an dieser Stelle nicht verschwiegen: 1939 diese überaus gewagte Formulierung beizubehalten – anstatt Rhett Butler einen weniger krassen Abschiedssatz sagen zu lassen –, kostete Produzent David O. Selznick 5 000 Dollar Ordnungsgeld.

Hinter den Kulissen: Die Dreharbeiten für den Film begannen mit einer Statistin im Kostüm der Scarlett O'Hara – für die weit über 1000 Schauspielerinnen gecastet worden waren , weil die perfekte Besetzung für diese Rolle zu Drehbeginn noch nicht gefunden worden war. Szenen, die später mit Vivien Leigh nachgedreht wurden, sind größtenteils leicht erkennbar (siehe **Dies und das**).

Hintergrundwissen: Hattie McDaniel[4] war die erste Afro-Amerikanerin überhaupt, die für einen Oscar nominiert wurde. Und in der Folge auch die erste Afro-Amerikanerin, die einen Oscar[5] (1939, als beste Nebendarstellerin für ihre Rolle als »Mammy« in »Gone with the Wind«) bekam. Dieser Auszeichnung war allerdings eine unglaubliche Demütigung vorausgegangen: Hattie McDaniel war untersagt worden, in Atlanta an der Premiere des Films teilzunehmen – weil sie keine Weiße war.

---

[4] Alles über den im Mai 1927 in Kalifornien ins Leben gerufenen und im Volksmund »Oscar« genannten Academy Award – plus Listen aller bisherigen Gewinner – gibt es auf der Internetseite www.oscar.com
[5] Mehr zu Hattie McDaniel (10.6.1895 bis 26.10.1952), die 25 Jahre lang die einzige afroamerikanische Oscar-Gewinnerin sein sollte, unter http://members.aol.com/ttelracs/Hattie.htm

DIE WAFFEN DER FRAUEN
WORKING GIRL
USA 1988 • REGIE: MIKE NICHOLS

Zusatzinformation: Der Film beginnt mit einem traumhaften Blick auf New York – auch auf die Twin Towers, die Zwillingstürme des World Trade Centers – den wir seit dem 11. September 2001, zu dem sich jedwede Fußnote erübrigt, nie mehr live erleben können.

Achtung: Als Tess McGill [Melanie Griffith] mit ihrer Freundin und Arbeitskollegin »Cyn« Cynthia [Joan Cusack] die Fähre verlässt, mit der beide morgens zur Arbeit fahren, trägt Tess helle Strumpfhosen. Zu sehen, als Cyn mit ihr ausmacht: »Okay, ich hol dich um fünf ab, wir fahren dann zusammen zurück.«

Anschlussfehler: Als Tess McGill wenig später ins Büro kommt, trägt sie offensichtlich dunkle Strumpfhosen.

Zusatzinformation: Tess arbeitet in der Abteilung »Fusion und Akquisition«. Eine Fusion (in der Wirtschaft) ist ein »Vorgang, bei dem zwei oder mehrere Unternehmen so zusammengeschlossen werden (fusionieren), dass sie rechtlich und wirtschaftlich eine Einheit bilden«. Akquisition (lateinisch) ist die »Kundenwerbung durch Vertreter (Akquisiteur), vor allem im Anzeigengeschäft und bei Abonnements.[LR]

Deutsche Sprache, schwere Sprache: Nachdem Katherine Parker [Sigourney Weaver] Tess die »Grundregeln« ihrer Zusammenarbeit erklärt und dabei auch Coco Chanel[1] zitiert hat: »Kleide dich schäbig und dein *Kleid* fällt auf. Kleide dich *einwandfrei*, und die *Frau* wird auffallen«, fragt Tess: »Und wie seh' ich aus?« Zur Antwort bekommt sie: »Sie sehen fabelhaft aus. Die Schmuckfrage könnten Sie noch mal *über*checken.« »Überchecken« ist jedoch eine Tautologie. »Checken« – aus dem Englischen – *heißt* bereits »überprüfen«.[LR]

Ungereimtheit: Am Schluss ihrer »Grundregel«-Rede erklärt Katherine: »Ich will Ihren Input, Tess (…). Hab ich mich klar ausgedrückt?«, und Tess antwortet: »Ja, Katherine.« Darauf wiederum folgt von Miss Parker: »Und nennen Sie mich Katherine« – was Tess doch ohnehin (im Prinzip ungebührlicherweise) soeben getan hatte.

Zusatzinformation: Tess empfiehlt, den Partygästen anstatt der üblichen Snacks »Dim Sun«[2] zu servieren. Das Grundrezept: »100 g Mehl mit 70 ml warmem Wasser anrühren Teig ½ Std. stehen lassen, in Scheiben schneiden. Davon Kreise von 7 cm Durchmesser dünn ausrollen. Mit Sesamöl bestreichen. 1 gehackte Frühlingszwiebel, Salz und Pfeffer auf den Teig

---

[1] Chanel, Coco, eigentlich Gabrielle Chasnel, 19.8.1883 bis 10.1.1971, französische Modeschöpferin. Kreierte das ›kleine Schwarze‹ und das Chanel-Kostüm. Quelle: LR. (Ebenfalls aus dem Haus Chanel kommt der Parfumklassiker »Chanel No 5« und ein Duft wie »Coco«, der durchaus das Zeug zu einem Klassiker hat.)

[2] Quelle: i.cook Vorspeisen: www.icook.de/rezepte/rezept.php4?book=1&rezept=20534

geben. Aufrollen, verschließen. Teigrolle zu einer Schnecke rollen, leicht flach drücken. In 2 EL Öl beidseitig braten.

Anschlussfehler: Als Tess Katherine den Vorschlag unterbreitet, Trask Industries solle doch zunächst *Radio*- statt TV-Sender kaufen, nimmt die Vorgesetzte ihre Brille ab und legt sie – mit den Gläsern nach unten – zusammengefaltet vor sich auf den Tisch. Dann aber liegt die Brille mit den Gläsern nach *oben*.

Deutsche Sprache, schwere Sprache: »Bitte einen Drink!«, beharrt Jack Trainer, der Tess McGill nicht einfach wieder gehen lassen will. Schließlich willigt sie ein: »Okay, *ein* Drink«, was schon mal »einen Drink« heißen müsste. Dann bestellt ihr charmantes Gegenüber beim Kellner »Tequila Gold«[3] – und beantwortet ihr erstauntes »Tequila?« mit: »Ja, ich hab mir versprochen, wenn wir uns kennen lernen, trinken wir Tequila. *Kein* Chardonnay[4], *kein* Kir Royal[5] – richtige Drinks« – und macht damit denselben Deutschfehler.

Anschlussfehler: Als Jack Trainer – Tess über den Schultern – seine Wohnungstür öffnet, befindet sich das Schloss rechts. Kaum ist er drinnen, ist es ebenfalls rechts. Was *falsch* ist. Denn dann wäre es von außen *links*.

Zusatzinformation: »Cyn« Cynthia fragt als Tess McGills Sekretärin: »Kann ich Ihnen etwas anbieten, Mr Trainer? Kaffee, Tee, mich?« Diese Zeile ist der Titel eines amerikanischen Superbestsellers, der 1967 von den beiden Stewardessen Trudy Baker und Rachel Jones veröffentlicht wurde – und seither ein »geflügeltes Wort«[6] ist.

Deutsche Sprache, schwere Sprache: Die deutsche Dialogregie lässt Jack Trainer doch wirklich sagen: »Zuerst geh ich zu Metro-Radio – *ein solides* Sendenetz mittlerer Größe im Süden, das in Familienbesitz ist.« *Einem soliden* Sendenetz wäre richtig gewesen.

---

[3] Tequila ist ein mexikanischer Branntwein, der aus dem Saft der Agave gewonnen wird. Der Tequila ist eine Flüssigkeit, die gemäß ihrer Klasse klar (durchsichtig) ist – wenn er vor der Reifung umgefüllt wird – und gelblich, wenn er in Eichen- und Steineichenfässern gereift wird. Der Name Tequila stammt aus der Region, die diesem Getränk vor etwa zwei Jahrhunderten seine Herkunft gab. Quelle: Was ist Tequila? www.crt.org.mx/ale-03.htm

[4] Diese weiße Rebsorte zählt zu den ganz großen der Welt, den *Cépages nobles*. (Alle großen burgundischen Weißweine werden aus Chardonnay gewonnen (...). Ebenso werden alle als »Blancs de blancs« gekelterten Champagner aus Chardonnay produziert. Quelle: Wein-plus Glossar: Chardonnay: www.weinplus.de/glossar/index.php3?Suchwort=chardonnay

[5] eines von mehreren Rezepten: 1 cl Crème de Cassis (schwarzer Johannisbeerlikör) mit 9 cl Champagner auffüllen. Quelle: e-cocktail: www.ecocktail.at/ecocktail/index.html

[6] Seit G. Büchmann (deutscher Philologe 1822–1884; 1864 Herausgeber der Zitatensammlung »Geflügelte Worte«) geläufige Bezeichnung für bekannte Redewendungen, deren Herkunft (literarisches Zitat, historischer Ausspruch) eindeutig nachgewiesen werden kann. Quelle: LR

◯ Anschlussfehler: Als »Lady in Red«[7] einsetzt, legt Tess McGill ihre Handtasche auf den Tresen. In mehr oder minder der gleichen Sekunde fordert Mick Dugan Tess zum Tanz auf. Und schwupp – hat sie, wie an dem Riemchen auf ihrer Schulter (↓) ersichtlich ist, die Tasche wieder umhängen, ohne sie auch nur noch einmal angefasst zu haben.

❓ Ungereimtheit: Beim Hochzeitsempfang im »Union Club« müssen die Gäste offenbar keine Einladungskarten vorweisen, sondern werden einfach hineingewunken. Das ist für eine solche Veranstaltung äußerst ungewöhnlich (aber für den Verlauf des Films notwendig).

🗣 Deutsche Sprache, schwere Sprache: »Also gut«, gesteht Jack Trainer Tess McGill, »es *gibt* diese Frau« und fährt dann fort: »Es ist *vorbei*. Aber eigentlich noch nicht. Ich habe nur noch nicht die Chance gehabt, Schluss zu machen.« Sinnvoll wäre in diesem Zusammenhang gewesen, Jack Trainer sagen zu lassen: Es ist vorbei – jedenfalls so gut wie (…).

❓ Ungereimtheit: Bei ihrer ausführlichen »Beweisführung«, dass sie und nicht Katherine Parker die Idee hatte, Trask Industries den Kauf einer Radiostation vorzuschlagen, zählt Tess McGill alles Mögliche auf, endet allerdings mit: »(…) Und da fing ich an zu denken: Trask, Radio. Trask, Radio. Und dann hab ich mich an Jack gewandt. Und er hat Metro aufgetan – und da wären wir also.« Weshalb lässt sie bei dieser Aufzählung aus, dass sie sich damit zunächst an Katherine Parker wandte, dann aber herausfand, dass diese sie hintergehen wollte – und sie es deshalb vorzog, ihre Idee Jack Trainer selbst zu unterbreiten?

---

[7] Den Text dieses (in 24 Ländern Nummer 1) Hits von Chris de Burgh finden Sie unter: www.generalanzeiger.de/extra/praesent/detail.asp?ID=141

WALL STREET[1]
WALL STREET
USA 1987 • REGIE: OLIVER STONE

Achtung: Das Jahr, in dem die Handlung dieses Oliver-Stone-Filmes beginnt, ist das Jahr 1985.

Zusatzinformation: Für alle Leser und Leserinnen mit Internetanschluss, denen die Börse ein böhmisches Dorf ist: Unter www.böse.de finden Sie diese sowohl verständlich erklärt als auch ein umfangreiches Börsenlexikon, aus dem in diesem Kapitel einige, wenngleich – dazu sind es zu viele – nicht alle Börsenbegriffe, die in »Wall Street« vorkommen, definiert sind.

Zusatzinformation: »Aktie« – englisch: Share, Stock – Die Aktie ist das Wertpapier, welches ein Anteilsrecht an einer AG festlegt und verbrieft. (…) Ein Aktionär haftet in Höhe des Nennwerts seiner Aktien und wird durch die Dividende am unternehmerischen Erfolg (Gewinn) der AG beteiligt. Im Rahmen der ordentlichen Hauptversammlung hat ein Aktionär die Möglichkeit, z. B. über die Gewinnverwendung zu entscheiden.[BL]

Zusatzinformation: »Aktienkurs« – auch: Börsenkurs: Der Aktienkurs ist der Preis, zu dem eine Aktie an der Börse gehandelt wird. Während der Handelszeiten wird dieser Kurs nach Angebot bzw. Nachfrage von den Kursmaklern festgestellt.[BL]

Zusatzinformation: »Hausse«: siehe Bull Market: Als Bull Market wird der Wertpapiermarkt genannt, wenn die Tendenz eindeutig auf steigende Kurse hindeutet. *Gegenteil*: Baisse: siehe Bear Market: Bezeichnung für ausgeprägte Kursrückgänge an den Börsen. An Wertpapierbörsen spricht man in der Regel davon, wenn sich die Kurseinbußen über den gesamten Rentenmarkt, den gesamten Aktienmarkt oder zumindest über wichtige Teilbereiche einer dieser Märkte erstrecken. – Überdurchschnittliche Kursrückgänge einzelner Papiere hingegen werden nicht als Bear Market, sondern als Kursrückschläge bezeichnet. – Viele Börsianer halten das Ende einer größeren Baisse für den richtigen Zeitpunkt, Aktien zu kaufen.[BL]

Anachronismus: Bei seinem Gespräch mit Bud Fox [Charlie Sheen] über Gordon Gekko [Michael Douglas] erklärt Marvin [John C. McGinley]: »Gekko ist Spitze! Dreißig Sekunden nach der Challenger-Explosion hat er sofort seine NASA-Aktien rausgeschmissen. (…)« Was ein Filmemacher, der sich in seinem Werk auf das wohl größte Unglück in der bemannten Raumfahrt bezieht, wissen sollte, ist, wann es stattfand. Am 28. Januar 1986[2] nämlich – wobei die oben erwähnte Filmszene vor Gekkos Geburtstag am 6. Mai (1985) spielt.

---

[1] Wall Street [englisch], Straße im New Yorker Stadtteil Manhattan mit Banken und Börsen; übertragen verwendete Bezeichnung für das Finanzzentrum der USA. Quelle: LR
[2] Informationen zum Thema unter: Night-Fly: »Die Challenger-Katastrophe« von Thorsten Lohuis: www.nightsky-online.de/magazin/archiv/challanger.htm

Zusatzinformation: »Option«: Eine Option gibt dem Käufer das Recht (aber nicht die Pflicht), ein Vertragsangebot zeitlich befristet anzunehmen. Im Vertragsangebot ist der Preis und die Menge der angebotenen Ware fixiert. So genannte Calls oder Kaufoptionen geben das Recht, die Ware zu einem bestimmten Preis zu kaufen, und Puts oder Verkaufsoptionen räumen das Recht ein, eine bestimmte Ware zu einem vorher festgelegten Preis zu verkaufen. Wenn eine Option bis zum letzten Handelstag nicht ausgeübt wird, verfällt sie wertlos. – Optionen werden an der Terminbörse gehandelt.[BL]

Zusatzinformation: »Wertpapier«: Ein Wertpapier ist eine Urkunde, die bestimmte Rechte, wie etwa die Miteigentümerschaft an einem Unternehmen, verbrieft. Ohne die Urkunde kann das Recht nicht geltend gemacht werden. Zum Sammelbegriff Wertpapier zählen Aktien, Obligationen, Optionsscheine, Anleihen und Wandelanleihen.[BL]

Zusatzinformation: »Investmentgeschäft«: Die Kapitalgesellschaften tätigen so genannte Investmentgeschäfte, indem sie im Auftrag von Anlegern deren Kapital (nach dem Grundsatz der Risikobetreuung) verwalten und in Aktien, Finanzkontrakte, Immobilien u. Ä. investieren.

Zusatzinformation: »Broker«: englische Bezeichnung für Börsenmakler. – Bezeichnung für Kursmakler[3] und freie Makler[4], die an der Börse tätig sind.[BL]

Zusatzinformation: Als Gordon Gekko während des Besuchs von Bud Fox seinen Blutdruck misst, erklärt er: »In fünfundvierzig Sekunden hat ein Mikroprozessor den systolischen und diastolischen Druck parat.« Der Blutdruck wird in Form zweier Werte gemessen: Der obere Wert, Systole genannt, entspricht dem Druck des Blutes in dem Augenblick, wenn das Herz seinen Inhalt in den Kreislauf entleert. Zum Zeitpunkt des unteren Wertes, der Diastole, ist das Herz entspannt und bereit zur Aufnahme neuen Blutes. (…) Gewöhnlich werden beide Blutdruckwerte angegeben, z. B. als 140/80 (sprich »140 zu 80«).[ME/OE]

Zusatzinformation: (zu »Analyse«): »Analyst«: Aktienexperte, der unter Zuhilfenahme der technischen Wertpapieranalyse und/oder der Fundamentalanalyse die gegenwärtige Situation, aber auch die Perspektiven einer Aktiengesellschaft untersucht und daraus die mögliche Kursentwicklung abzuleiten versucht.[BL]

Anschlussfehler: Als Bud Fox die Tür von Gordon Gekkos Büro öffnet, die ihn zurück ins Vorzimmer führt, ist seine Krawatte noch ordentlich gebunden. Als er die Tür schließt, ist der Knoten gelockert und die Krawatte steht hoch.

---

[3] Kursmakler oder amtliche Makler sind vereidigte Börsenmakler, die die Kurse für die von ihnen im amtlichen Handel betreuten Wertpapiere auf der Grundlage von Kauf- und Verkaufsaufträgen ermitteln und Käufe und Verkäufe für fremde und eigene Rechnung ausführen.

[4] Freie Makler vermitteln Geschäfte in allen Wertpapieren, sie dürfen auch Geschäfte in amtlich gehandelten Wertpapieren tätigen, jedoch dabei keine Kurse stellen.

Zusatzinformation: »Chart«: Ein Chart ist die grafische Darstellung von Kursverläufen einzelner Aktien oder Indizes und Branchenindizes. Je nach Beobachtungszeitraum werden Tageszahlen oder längerfristige Datenreihen in optisch leicht überschaubaren Kurven abgebildet.[BL]

Zusatzinformation: »Rezession«: Ein wirtschaftlicher Abschwung wird als Rezession bezeichnet, sobald das Wirtschaftswachstum in zwei aufeinander folgenden Quartalen negativ ist. Dabei zeigen sich meist noch keine Krisenerscheinungen. Eine Rezession ist meist mit Kursverlusten an den Börsen verbunden. – Eine lang anhaltende Phase der Rezession kann zu einer Depression führen.[BL]

Zusatzinformation: Anhand der Fackel der Freiheitsstatue ist ersichtlich, dass diese Sequenz nach 1986 gedreht wurde. In diesem Jahr nämlich – zu ihrem einhundertsten Geburtstag – wurde die »Statue of Liberty« rundum erneuert. Dabei wurde auch die ursprüngliche, von innen beleuchtete Fackel durch eine vergoldete Kupferfackel, die das Sonnenlicht reflektiert, ersetzt.[5]

Deutsche Sprache, schwere Sprache: Die Titelzeile der Zeitung: »Bluestar exonerated in 1984 crash« wird hier übersetzt mit: »Bluestar für den Absturz 1984 entlastet«. Heißen müsste es: von dem Absturz.[6]

Dies und das: Kein Filmfehler, dafür aber Zeichen schlechter Manieren. Nachdem Gordon Gekko Bud Fox den ersten großen Auftrag erteilt hat, bedankt dieser sich bei dem großen Macher: »Danke sehr, Mr Gekko, danke für die Chance. Sie werden das nicht bereuen – Sie setzen auf einen Gewinner!«, und streckt ihm die Hand entgegen. Die Sache ist nur die: Wenn wer wem die Hand reicht, dann der Ranghöhere dem Rangniedrigeren, wie auch beispielsweise die Dame dem Herrn und nicht umgekehrt.

Zusatzinformation: »Fonds« – Auch: Investmentfonds: Fonds ist ein französisches Wort und bedeutet Kapital. – Man kann sich einen Fonds am besten als einen Topf vorstellen, in den viele Sparer Geld einlegen. Der Topf wird von Fondsmanagern verwaltet, die das eingesammelte Geld in Aktien, Obligationen, Immobilien und anderen Wertpapieren anlegen. (…)[BL]

Zusatzinformation: »Rendite«: englisch: Yield. Auch: Effektivverzinsung – Die Rendite ist der Gesamtertrag eines Wertpapiers in Bezug zum investierten Kapital. Sie setzt sich zusammen aus Wertzuwachs, laufender Dividendenzahlung und Kosten für Kauf, Verkauf und Verwaltung. Sie wird in Prozent angegeben und ist in der Regel nicht identisch mit dem Prozentsatz des Nominalzinses. Die Dividendenrendite von Aktien drückt das Verhältnis von ausgeschütteter Rendite zum jeweiligen Börsenkurs aus. – Man errechnet sie, indem man die Dividende mit 100 multipliziert und das Ergebnis durch den aktuellen Börsenkurs dividiert:

---

[5] Ein Foto der neuen Fackel finden Sie unter: www.geocities.com/siliconvalley/park/4159/torch.jpg

[6] exonerate v/t 1. Angeklagten etc. entlasten (from von). 2. jemanden befreien, entbinden (from von einer Pflicht etc). Quelle: LR

Dividendenrendite = Dividende x 100 / Kurs der Aktie. – Hohe Dividendenrenditen können ein Kaufargument für einige Anleger sein. Andere hingegen schenken der Kursentwicklung eine stärkere Bedeutung.[BL]

Zusatzinformation: »Bilanz«: Gegenüberstellung der Aktiva und Passiva, also Soll und Haben eines Unternehmens zum Ende des Geschäftsjahres als Ergebnis der Buchführung. Aus ihr geht der Vermögensstand der Aktiengesellschaft hervor. – Die Bilanz ist ein Teil des Jahresabschlusses.[BL]

Zusatzinformation: Gordon Gekko empfiehlt Bud Fox: »Lies mal ›Sun Tzu – Die Kunst des Krieges‹: ›Jede Schlacht ist schon gewonnen, bevor sie angefangen hat.‹« – »Sun Tzus ›Die Kunst des Krieges‹ wurde vor über 2000 Jahren in China geschrieben. Das Werk gilt als der erste Versuch, eine rationale Basis für die Organisation und die Durchführung militärischer Operationen zu formulieren. Weder vorher noch nachher wurden solche Ausführungen in umfassenderer oder konzentrierter Weise formuliert.«[7]

Anschlussfehler: Während Gordon Gekkos Gespräch mit Bud Fox in Gekkos Limousine, ist die Rückscheibe zunächst trocken und klar. Als Gekko – in Bezug auf seinen beruflichen Rivalen Sir Larry Wildman [Terence Stamp] – erklärt: »Jetzt wird heimgezahlt, Sportsfreund«, ist die Scheibe, wie in jeder Großaufname davon, regennass – in der Sekunde darauf, in der Totalen, wieder trocken. Und so geht es bis zum Ende der Fahrt fort.

Deutsche Sprache, schwere Sprache: Gordon Gekko erklärt Bud Fox: »Damals dachte ich, das (800 000 Dollar) wär' schon alles Geld *auf* der Welt. Aber heute ist das 'n *Tages*lohn.« »Alles Geld der Welt« wäre richtig gewesen.

Zusatzinformation: »Vorstand«: Eine Aktiengesellschaft hat einen oder mehrere Vorstände. Der Vorstand einer AG ist neben dem Aufsichtsrat und der Hauptversammlung einer der drei Bestandteile einer AG. Der Vorstand ist der Geschäftsführer und vertritt das Unternehmen nach außen. Er wird vom Aufsichtsrat für höchstens fünf Jahre bestellt.[BL]

Zusatzinformation: »Aufsichtsrat« – Abkürzung: AR: Der Aufsichtsrat ist ein gesetzlich vorgeschriebenes Kontrollorgan einer Aktiengesellschaft (AG). Dieser greift selbst nicht in die Geschäftsleitung ein, dient aber zur Überwachung und Beratung des Vorstandes, der von ihm auch eigenständig eingesetzt wird. – Mindestens einmal im Jahr muss eine Aufsichtsratssitzung stattfinden.[BL]

Anschlussfehler: Als Gekkos Limousine an einem Obdachlosen und einem Geschäftsmann, die nebeneinander an einer Ampel stehen, vorbeifährt, rinnen an dem Seitenfenster des Wagens Regentropfen herunter. Als Bud Fox, nur einen Augenblick später,

---

[7] »Die Kunst des Krieges« – Die älteste militärische Abhandlung der Welt. Sun-Tzu, »Eine Leseprobe« von »Sun Tzu – Die Kunst des Krieges« (aus dem Chinesischen von Samuel B. Griffith, aus dem Englischen von Markus M. Fatalin): http://ourworld.compuserve.com/homepages/markus_fatalin/suntzu.htm

aus dem Wagen steigt, ist die Straße absolut trocken – obwohl es doch vorher geregnet hat.

Deutsche Sprache, schwere Sprache: Gordon Gekko erklärt Bud Fox: »Der Schlüssel zum Erfolg liegt in der Liquidität.[8] Wenn du nicht genug hast, kannst du auch *niemandem* ans Bein pinkeln.«

Faktischer Fehler: Bei seinem morgendlichen »Geld-schläft-nie«-Anruf bei Buddy Fox schwärmt Gordon Gekko: »Ist das toll, wenn du das sehen könntest. Jetzt geht die Sonne hier auf. Ich habe noch nie ein Bild gesehen, das diese Schönheit einfangen konnte. Diese Stimmung am Meer.« Der Sonnenaufgang, von dem er spricht, findet über Land statt. An der US-Ostküste allerdings, wo New York liegt, steigt die Sonne über dem Ozean auf.

Zusatzinformation: »Aktiva« [lateinisch], die auf der linken Seite der Bilanz (Aktiv-seite) ausgewiesene Vermögensaufstellung eines Unternehmens (im Gegensatz zu »Passiva«: [lateinisch], Bezeichnung für die auf der rechten Seite der Bilanz ausgewiesenen Bestandskonten.[LR]

Zusatzinformation: »Dividende« – auch: Gewinnbeteiligung – Die Dividende ist der Gewinn, der anteilig für eine Aktie von der Aktiengesellschaft ausgeschüttet wird. – Die Dividende entspricht nicht dem Gesamtgewinn einer AG, da der Ausschüttungsbetrag vor der Auszahlung durch Rückstellungen o. Ä. reduziert wird. – Über die Dividendenhöhe und ihre Auszahlung entscheidet die Hauptversammlung des Unternehmens. – Während in Großbritannien und den USA die Dividende auch quartalsweise ausgezahlt wird, wird in Deutschland die Dividende in der Regel jährlich ausgeschüttet.[BL]

Zusatzinformation: Bei dem »Turner«, den Darian Taylor [Daryl Hannah] sich (neben »einem wunderschönen gelben Diamanten, dem Weltfrieden – dem Besten von allem«) wünscht, handelt es sich um ein Werk von Joseph Mallord William Turner (1775–1851), einem englischen Landschaftsmaler und bedeutenden Anreger des Impressionismus – in dem statt des zu malenden Objekts die Wiedergabe der natürlichen Lichtwirkungen im Zentrum des Interesses stand, wobei die Maler den persönlichen Eindruck des Augenblicks festzuhalten suchten.[ME/OE]

Dies und das: Bei ihrem Gespräch mit Bud Fox erklärt die Immobilienmaklerin [Lauren Tom]: »Alle behaupten, sie können die Upper East Side nicht leiden und wollen lieber auf der West Side leben. Aber *glauben* Sie mir, *wenn* man da etwas kriegt, liegt die East Side doch immer *vorn*. Ich meine, wer *wohnt* denn auf der West Side? Sean und seine Madonna, darauf kann man verzichten.« Das war wohl so, 1985/86. »Sean und seine Madonna« wohnen heute aber beide woanders. Die beiden, die am 16. August 1985 geheiratet hatten, wurden am 14. September 1989 geschieden.

---

[8] Liquidität [lateinisch], Zahlungsfähigkeit eines Unternehmens, d. h. die Fähigkeit, den Zahlungsverpflichtungen jederzeit nachzukommen (…) Möglichkeit, Sachgegenstände des Vermögens schnell in Geld umzuwandeln. Quelle: LR

? **Ungereimtheit:** In einem Anfall von Größenwahn erklärt Bud Fox Darian Taylor: »Edison, Da Vinci[9], Einstein[10] – alle blicken auf mich!« Weshalb er ausgerechnet diese drei wählte, ist absolut unverständlich. Oder zeugt davon, dass er keine Ahnung hat, wie diese Genies tickten.

? **Ungereimtheit:** Gordon Gekko erklärt bei dem Treffen mit Buds Vater Carl [Martin Sheen], einem weiteren Gewerkschaftsfunktionär und einer Gewerkschaftsfunktionärin: »Also, ich mache mir keine Illusionen darüber, dass ich auch nur bei *einem* von Ihnen besonders beliebt bin. Zuletzt hat das einer ganz deutlich gesagt. Ein Freund von mir hat gefragt: ›Wieso beehren wir diesen Mann? Ist dein Vorrat an Menschen *erschöpft*?‹« – Irgendwie ergibt das keinen Sinn.

Achtung: Wenn Gekko während des eben erwähnten Meetings sagt: »Also das jetzige Management gehört vielleicht nicht zum Abschaum der Menschheit«, ist immer wieder, wenngleich nur kurz, zu sehen: Er trägt weiße Turnschuhe.

Deutsche Sprache, schwere Sprache: Gordon Gekko war zwar nicht in Harvard, seine Muttersprache beherrscht er dennoch. Im Deutschen allerdings kommt das gar nicht rüber. Obigen Satz über *das* Management vervollständigt er nämlich mit: »aber *sie* sind eindeutig verantwortlich für diesen Kamikaze-Kurs (…)«

Anschlussfehler: Als Gordon Gekko mit dem Unterbreiten von Sanierungsvorschlägen für Bluestar fortfährt und schließlich sagt: »Sollten wir in den schwarzen Zahlen landen, werde ich einen Teil der Gehaltskürzungen rückgängig machen (…)«, trägt er plötzlich elegante schwarze Schuhe – allerdings nur, bis er Bud Fox das Wort erteilt. Sobald Buddy zu sprechen beginnt, sind wieder die weißen Turnschuhe zu sehen.

Hintergrundwissen: Billionen und Trillionen – für die meisten von uns klingen solche Zahlen so fantastisch und unglaublich groß wie Dagobert Ducks erfundene »Fantastilliarden«. Im Gegensatz zu den Duckschen »Fantastilliarden« existieren Billionen und Trillionen allerdings. Nur werden sie im Amerikanischen und Englischen anders gebraucht als im

---

[9] Leonardo da Vinci [italienisch], 15.4.1452 bis 2.5.1519, italienischer Maler, Bildhauer, Baumeister, Zeichner und Naturforscher. (...) Neben Wandgemälden (...) schuf Leonardo da Vinci berühmte Bildnisse, z.B. (...) »Mona Lisa«, um 1503–06, Paris, Louvre, und Andachtstafeln (...). Von seiner Universalität zeugen vor allem auch seine Zeichnungen (...); sie beziehen sich nicht nur auf vollendete oder geplante Werke in Malerei, Plastik und Architektur, sondern weisen Leonardo da Vinci als Wegbereiter einer empirischen Naturforschung (empirisch: [griechisch], erfahrungsgemäß, aus Beobachtung und Experiment gewonnen) auf dem Gebiet der Anatomie, Botanik, Zoologie, Geologie, Hydrologie, Aerologie, Optik und Mechanik aus. Quelle: LR

[10] Einstein, Albert, 14.3.1879 bis 18.4.1955, deutscher Physiker (ab 1901 schweizerischer, 1940 amerikanischer Staatsbürger). (...) Einstein wurde durch seine Arbeiten, von denen einige die Grundlagen der Physik revolutionierten, zum bedeutendsten Physiker des 20. Jahrhunderts. Er entwickelte die Relativitätstheorie (...). Einstein erhielt für seine Beiträge zur Quantentheorie (...) 1921 den Nobelpreis für Physik. Quelle: Lexirom 4.0, Edition 2000 – © Meyers Lexikonverlag

Deutschen oder Französischen. Eine Billion im Amerikanischen und Englischen ist eine Milliarde im Deutschen oder Französischen. Eine Trillion im Amerikanischen und Englischen ist eine Billion im Deutschen oder Französischen.

Wenn in Hollywood von »five trillion dollars« die Rede ist, handelt es sich bei uns also um fünf Billionen Dollar. Ein leider sehr seltenes Beispiel für korrektes Übersetzen beim Synchronisieren ist »Wall Street« – Gordon Gekko über Vermögensverhältnisse in den USA: »Die *reichsten* ein Prozent dieses Landes besitzen die Hälfte seines ganzen Reichtums: Fünf *Billionen* Dollar.« Die Gebrüder Albrecht, Inhaber der Lebensmittel-Discount-Kette »ALDI« (firmiert in Österreich unter »HOFER«), als reichste Deutsche sind vielfache Milliardäre, im Amerikanischen sind sie folglich »billionaires«.[11]

? **Ungereimtheit:** Bud Fox verspricht seinem Vater am Krankenbett: »Ich werd' die Fluggesellschaft retten.«, fährt dann fort: »Du hast sicher keine Veranlassung, mir zu glauben, aber du musst mir vertrauen – bitte.« Die Frage ist nur: Wie kann man jemandem, dem man nicht *glaubt, vertrauen*?

() **Anschlussfehler:** Bei dem Treffen von Gordon Gekko und Bud Fox im Park ist Gekkos Mantel nass. Nachdem der große Drahtzieher seinem Zauberlehrling aufgezählt hat, was dieser ihm alles verdankt, versetzt er ihm zu den Worten: » – und dann trittst du mich in den Arsch, du Kakerlake?!« einen Kinnhaken. Als Gekko weiter brüllt: »Von mir hattest du Darian, durch mich bist du zum Mann geworden, ich hab dir alles gegeben!«, ist sein Mantel plötzlich absolut trocken – bis er das Taschentuch, das er aus seinem Mantel zieht, dem am Boden liegenden Bud Fox zuwirft. Da zeigt der Mantel wieder Spuren des Gewitters, das im Hintergrund grollt.

Faktischer Fehler: Obwohl sich Bud Fox, mit all den (»white collar«) Verbrechen, die ihm zur Last gelegt werden, vor einem Federal Court, Bundesgericht, verantworten muss, erklimmt er am Ende des Films die Treppen des New York State Supreme Court, des Zivilgerichts.[12]

Hintergrundwissen: Regisseur Oliver Stone stammt selbst aus einer Börsenmakler-familie. Er widmete deshalb »Wall Street« seinem verstorbenen Vater Louis.[DJ]

Hinter den Kulissen: Ursprünglich hätte Oliver Stone Gordon Gekko lieber von Richard Gere oder Warren Beatty dargestellt gesehen.[IMDb] Ironie des Schicksals, dass ausgerechnet Stones »dritte Wahl«, Michael Douglas, für diese Rolle den Oscar für 1987 als bester Darsteller bekam!

---

[11] Trillion s Billion f., Billion [französisch], eine Mio. Millionen (1 000 Milliarden), 1012; in den USA svw. 1 000 Mio. (= 1 Mrd., 109). Quelle: LR

[12] Ein Foto des »NY State Supreme Court – Civil Branch« finden Sie auf der US-Gerichtsseite: www.courts.state.ny.us/reporter/Links.htm

WARGAMES – KRIEGSSPIELE
WARGAMES
USA 1983 • REGIE: JOHN BADHAM

Dies und das: Als es zu Beginn des Films darum geht, die zweiteilige »Alpha-Rot-Nachricht« schriftlich zu fixieren, lautet diese R(omeo), O(scar), N(ovember), C(harlie), T(ango), T(ango), L(ima), A(lpha) – doch (ohne dass es für den Verlauf des Films von Belang wäre) nur einer der beiden US-Air-Force-Mitarbeiter Lawson und Phelps – nämlich Phelps – notiert den Code richtig. Bei dem anderen steht statt C(harlie) U(niform) – und statt L(ima), A(Alpha), zweimal A(lpha).

Mehr noch: Bei der Gegenkontrolle steht – ohne dass auch dies irgendwelche Auswirkungen auf den Verlauf des Films hätte – unter »Part 1« im Computer nicht RONCTTLA, sondern lediglich RONCTTL.

Deutsche Sprache, schwere Sprache: *Mr Lightman* [William Bogert]: Das Zeug (der Maiskolben) ist ja roh!
Mrs Lightman [Susan Davis]: Ich weiß. Ist das nicht wundervoll? So schön knusprig.
Ein roher Maiskolben kann nicht »knusprig« sein. Die Übersetzung für »crisp« – respektive »crispy« – müsste hier »knackig« lauten.

Faktischer Fehler: Bei Davids (300–1200-Baud-)Modem leuchtet beim Senden und Empfangen kein Licht – obwohl es das tun müsste.

Faktischer Fehler: Was lernt jedes Kind als Erstes? Computer fährt man vor dem Ausschalten herunter – dreht ihnen also nicht einfach die Stromzufuhr ab. Genau das allerdings tut David Lightman [Matthew Broderick], als sein Vater ihm aufträgt, sofort (und nicht erst in ein paar Minuten) den Müll zurück in die umgekippte Mülltonne zu packen – und das mitten in dem Spiel, das er mit Joshua zu spielen begonnen hat …

Dies und das: Gleich nachdem in den Nachrichten kam, dass die Verteidigungskräfte tags zuvor für dreieinhalb Minuten in höchste Alarmbereitschaft versetzt worden waren, weil es kurzfristig so aussah, als starte die Sowjetunion einen atomaren Überraschungsangriff, läuft David aus dem Wohnzimmer, in dem der Fernseher steht, die Treppen hoch in sein Zimmer – in dem er den von dem TV-Nachrichtensprecher dazu angekündigten Report von dem Korrespondenten aus Washington D.C. – mangels eines TVs in seinem Zimmer – nicht verfolgen kann. Trotzdem bejaht David, als Jennifer Mack [Ally Sheedy] ihn auf seinem Telefonanschluss anruft, die Frage, ob er »vielleicht die Nachrichten sieht« (die schließlich noch laufen).

Anschlussfehler: Bevor er in die Notfallbesprechung geht, nimmt John McKittrick [Dabney Coleman] seinen Kaugummi aus dem Mund und drückt ihn seiner Assistentin in die rechte Hand. Sie steckt ihn dann, weil sie nicht weiß wohin sonst damit, in ihren Mund. Mit der linken Hand!

( ) **Anschlussfehler:** John McKittrick will von David wissen, mit wem er nach Paris fliegt. McKittrick:»Du hattest Reservierungen für zwei Leute nach Paris.«
Nur: Das stimmt so nicht. Reserviert waren die beiden Plätze auf Jennifer Macks Namen – nicht auf Davids. Selbst wenn man davon ausgeht, dass die Reservierungen von Davids Computer aus getätigt wurden – und McKittrick sie deshalb als»Davids Reservierungen« betrachtet, müsste er nicht fragen müssen, für wen die zweite Reservierung getätigt wurde.

( ) **Anschlussfehler:** Der Sergeant [Jesse D. Goins], der zur Bewachung Davids abgestellt ist, trägt weiße Handschuhe. Auch als er den Code eingibt, der die Tür zu dem Raum öffnet, in dem David festgehalten wird. Kaum jedoch ist die Tür geöffnet, sind die Hände des Sergeanten unbedeckt – um in der Szene darauf jedoch wieder in Handschuhen zu stecken.

Dies und das: Bevor er sich – scheinbar zum Schlafen – zurückzieht, erklärt Professor Falken Jennifer und David:»Ihr könnt gern bleiben. Ihr müsst allerdings auf dem Fußboden schlafen.« Und das, obwohl in dem großen Raum mindestens zwei große Ledersessel zu sehen sind, die sicherlich gemütlicher gewesen wären als der Holzfußboden.

? **Ungereimtheit:** Nach dem erfolglosen Besuch bei Professor Falken, als David und Jennifer am Ufer der Insel keine Chance sehen, wieder auf das Festland zu kommen, sagt David:»Ich wünschte, ich wäre wie alle anderen auf der Welt. Dann wäre morgen alles vorbei. Dann wäre keine Zeit mehr, um irgendwas zu bedauern.« Die Sache ist nur die: Wäre David »wie alle anderen«, hätte er dieses »Spiel« gar nicht spielen können, ergo auch keinen Countdown für den dritten Weltkrieg in Gang gesetzt – und wäre »morgen« gar nichts vorbei, sondern alles beim Alten!

Dies und das: Nachdem Joshua – gegen Ende des Films – seinen Erfinder/Erbauer per Bildschirm und verbal mit »Greetings, Professor Falken« respektive »Guten Tag, Professor Falken« begrüßt, erwidert Falken:»Hello, Joshua« – und tippt diese beiden Wörter auch in den Computer ein. Dennoch erscheint auf dem Bildschirm lediglich das Wort »Hello«. Der Name Joshua taucht – obwohl er dies müsste – nicht auf.

( ) **Anschlussfehler:** Nachdem Joshua Tic-Tac-Toe gespielt hat, simuliert er einen Erstschlag der USA gegen die UdSSR (»Gewinner: keiner«) und dann einen Erstschlag der UdSSR gegen die USA (»Gewinner: keiner«) – um dann alle möglichen Kriegsszenarien durchzuspielen. In der Auflistung der verschiedenen Szenarien steht der Erstschlag der UdSSR gegen Amerika zuerst – obwohl er zunächst den Erstschlag der USA simuliert hatte.

Hintergrundwissen: Drei Jahre nach seinem Debut in »Wargames« klinkt Matthew Broderick sich – diesmal als Ferris Bueller in »Ferris Bueller's Day Off« – »Ferris macht blau« [1986, Regie: John Hughes] – in den Schulcomputer ein, um sich die Noten zu geben, die er benötigt um weiterzukommen.

DIE ZEHN GEBOTE
THE TEN COMMANDMENTS
USA 1956 • REGIE: CECIL B. DeMILLE

Dies und das: Solange das Körbchen, in dem Moses als Säugling ausgesetzt wird, auf dem Wasser treibt, bewegt es sich mit den Wellen. Kaum aber wird der Deckel geöffnet, steht der Korb – sowohl in der Szene, in der das Baby ausgesetzt, als auch in der, in welcher es gefunden wird – fest.

Fehl am Platz: Mehr als deutlich erkennbar: Baby Moses ist in Windeln des 20. Jahrhunderts gewickelt.

Fehl am Platz: Als Moses' Ziehmutter Zippora [Yvonne De Carlo], Moses' leibliche Mutter Jochebed [Martha Scott] anfleht, Ägypten zu verlassen, damit Moses [Charlton Heston] sie nicht finden kann, antwortet diese: »Wir sind Leviten, die berufenen Hirten des Volkes Israel. Wir dürfen unseren Stamm nicht verlassen.« Die Sache ist nur die: Dass die Leviten die berufenen Hirten des Volkes Israel sind, erfuhren diese erst, nachdem Moses die Zehn Gebote empfangen hatte.[1]

Ungereimtheit: Auf Moses' Frage, ob er Zipporas oder ihr Sohn sei, antwortet Jochebed: »Nein, du kannst nicht mein Sohn sein, wenn du glaubst, dass Männer und Frauen nur Vieh sind, das man mit der Peitsche antreibt. Und wenn du vor steinernen Götzenbildern auf die Knie fällst und zu goldenen Denkmälern betest – dann bist du *nicht* mein Sohn.« Wie ausgerechnet *sie*, die, als ihr Leben in Gefahr gewesen war, Lilia [Debra Paget] gebeten hatte, sich – gerade weil dieser Sklaven nicht wie Vieh behandelte – an »Prinz Moses« um Hilfe zu wenden –, ergibt schlicht keinen Sinn. Wenn Jochebed – was Sinn machte – eine Ausrede suchte, um sich nicht als Moses' leibliche Mutter zu erkennen zu geben, hätte sie durchaus eine andere finden können.

Ungereimtheit: Dass Ramses [Yul Brunner] Moses – obwohl dessen Gott eine Plage nach der anderen über Ägypten hereinbrechen ließ – mit seinem Volk nicht aus Ägypten ziehen lassen wollte, erklärt Ramses unter anderem mit: »Als der Nil sich rot färbte, hatte auch ich Furcht, bis ich erfuhr, dass ein Berg jenseits der Katarakte[2] blutroten Lehm auswarf, der das Wasser vergiftete. Glaubst du, dass der Stab, den ich dir gab, das vermochte? Oder dass ein Wunder deines Gottes die Fische sterben und die Frösche aus dem Wasser kommen ließ? War es ein *Wunder*, dass Fliegen und Mücken sich blutgierig auf das Aas stürzten und Krankheit brachten über Menschen und Vieh? Solche Dinge hat es auch bei meinen Vätern oft genug gegeben – dazu bedarf es keines Gottes.«

---

[1] 2. Mose 20.1-17: Die Zehn Gebote. 4. Mose 3.5: »Und der Herr redete mit Mose und sprach« / 4. Mose 3.6: »Bringe den Stamm Levi hinzu und stelle sie vor den Priester Aaron, dass sie ihm dienen.« Quelle: Die Bibel oder Die ganze Heilige Schrift des Alten und Neuen Testaments nach der deutschen Übersetzung D. Martin Luthers. Neu durchgesehen nach dem vom Deutschen Evangelischen Kirchenausschuss genehmigten Text. Privilegierte Württembergische Bibelanstalt Stuttgart, September – C

[2] Stromschnellen

Völlig außer Acht lässt Ramses bei dieser Erklärung, dass sich nicht nur das Wasser des Nils, sondern auch das »geheiligte Wasser«, welches er mit den Worten: »Mach wieder rein die Flut, von der du genommen«, in den Nil goss, sich von klarem Wasser in Blut verwandelt hatte.

Anschlussfehler: Als Nefretiri [Anne Baxter] ihren und Ramses' toten Sohn [Eugene Mazzola] auf den Armen trägt, hängt dessen weißer Rock mal lose herunter, dann wieder mal ist er um das Kind gewickelt.

Fehl am Platz: Der Blinde [John Miljan], dessen Enkelsohn aus den Schatzkammern Ägyptens ein kleines goldenes Kalb zugeworfen bekommt und dieses als »eitlen Tand für eitle Götzenanbeter« bezeichnet, ist selbst geschmückt mit … einer goldenen Uhr!

Ungereimtheit: Obwohl Moses die Hebräer in Gottes Auftrag aus Ägypten führen soll und er mittlerweile auch hinlänglich weiß, dass Gott Wunder über Wunder vollbringen kann, fragt er diesen: »Wie soll ich den Weg finden durch die Wildnis, oh Herr? Wo soll ich Wasser finden, in der Wüste, für so viel Menschen, Herr?«

Anschlussfehler: Als Moses zum ersten Mal offiziell vor den Hebräern spricht (»Höre, oh Israel! Vergiss niemals diesen Tag, an dem die starke Hand des Herrn dich aus der Knechtschaft befreit hat.«), trägt er seinen Stab in der linken Hand. In der folgenden Einstellung, in der das Volk raunt: »Der Herr ist unser Gott …«, befindet sich der Stab plötzlich in Moses' rechter Hand.

Deutsche Sprache, schwere Sprache: *Erzähler aus dem Off*: Und das Volk schreit: »Das gegossene Bildnis hat uns Glück gebracht!«, und sie tanzen um das Goldene Kalb und bringen ihm Opfer dar. Das Volk vergnügt sich mit Spiel und Tanz, mit Essen und Trinken. Sie gebärden sich ausgelassen und zuchtlos – und närrisch, wie die Kinder.

Hintergrundwissen: »The Ten Commandments« war 1923 schon einmal gedreht worden – ebenfalls von Regisseur Cecil B. DeMille.

Hintergrundwissen: In jedem Fall eines der zehn Gebote, die Moses von Gott auf dem Berg Sinai empfängt, hat ganz offenbar bei Moses-Darsteller Charlton Heston keinen Eindruck hinterlassen: »Du sollst nicht töten.« Seit Jahren macht sich der leidenschaftliche Republikaner für die amerikanische Waffenlobby »North American Rifle Association«, NRA[3] – mit vier Millionen Waffennarren als Mitgliedern[4] – nicht nur für den Waffenbesitz, sondern den *unkontrollierten* Waffenbesitz stark.[5] Heston – von 1997 bis 1998 Vizepräsident, seit 1998 gewählter Präsident der NRA – ist »ein aggressiver Verteidiger der US-Waffenfreaks. 1998 attackierte er Barbra Streisand, die in einem eigenproduzierten TV-Film den unkontrollierten Waffenbesitz in Frage stellte.«

---

[3] North American Rifle Association www.nra.org/

[4] Quelle: Dreyfuss, Robert: »Notfalls die reine Lehre opfern« www.freitag.de/2000/24/00241101.htm

[5] Blömeke, Tim: Tote Hand: www.jungle-world.com/ 2000/23/21b.htm (Webadresse_mit_Unterstrichen!)

[6] Quelle: TV-Info vom 5.5.02: www.tvinfo.de

ZEIT DER ZÄRTLICHKEIT
TERMS OF ENDEARMENT
USA 1983 • REGIE: JAMES L. BROOKS

Deutsche Sprache, schwere Sprache: Gleich zu Beginn des Films sagt die offenbar gerade erst Mutter gewordene Aurora Greenway [Shirley MacLaine]: »Hör, Ted, sie atmet nicht mehr«, und er antwortet: »Liebling, *das* Baby schläft. *Sie* schläft. (…)«

Zusatzinformation: Als Emma Greenway ihr Hochzeitskleid anprobiert und laut zu einem Lied, das von einer Schallplatte kommt, mitsingt, meint Patsy Clark [Lisa Hart Carroll]: »Ich kann dir nicht sagen, wie mich das nervt, dauernd Mary Martin zu hören«, woraufhin ihre Freundin erwidert: »Das ist *nicht* Mary Martin[1], das ist Ethel Murnon Merman[2].« Beide Frauen waren große Musicalstars. Letztere ab den 30er-Jahren des letzten Jahrhunderts, ihre Version von »I Got Rhythm« sowie »There's No Business like Show Business« ist noch heute zu hören; Erstere spielte unter anderem überaus erfolgreich die Titelrolle in Walt Disneys »Peter Pan« [TV-Produktion 1955] – und ist die Mutter von Larry Hagman, bekannt als »Dallas-Ekel« J. R. Ewing.

Deutsche Sprache, schwere Sprache: Edward Johnson: Und *wieder* feiern wir den Geburtstag eines kleinen Mädchens namens Aurora Greenway. Sie ist immer noch eine atemberaubende Frau – obwohl sie schon fünfzig ist. Wir Sterblichen sind geblendet, wenn sie ihren Glanz erstrahlen lässt. Eine Erscheinung aus Himmelshöhen. Die Göttin der Morgenröte.

Zusatzinformation: Obwohl Garrett Breedlove, was mehr als unhöflich ist, mit dem Essen beginnt, bevor seine Begleiterin am Tisch ist, ist er nicht völlig bar aller Manieren: Im Ausland ist die »Sitzordnung« anders: Während bei uns der Tischherr links von seiner Tischdame sitzt (und geht), sitzt er in anderen Ländern rechts von ihr.

Deutsche Sprache, schwere Sprache: Als ihre kleine Tochter Melanie [Tara Yeakey] krank ist, warnt Emma Greenway Horton: »Nicht *das Baby* küssen – *sie* ist vielleicht ansteckend.«

Dies und das: Eine wie neugeborene Aurora Greenway verrät ihrer Tochter: »Es ist zu verrrückt, dass ich so relativ, relativ spät im Leben darauf gekommen bin, dass Sex so (lacht in sich hinein), so (lacht weiter in sich hinein) so funficktastisch ist! Der Ausdruck stammt von ihm!« Doch genau das ist er *nicht*. »Funficktastisch« wurde geprägt von Fats, der sprechenden Holzpuppe des Zauberkünstlers Corky [Sir[3] Anthony Hopkins] beziehungsweise von Corky in »Magic«, »Magic – Eine unheimliche Liebesgeschichte« [1978, Regie: Sir[4] Richard Attenborough].

[1] 1.12.1913 bis 3.11.1990. Quelle: IMDb
[2] 14.1.1909 bis 15.2.1984 Quelle: IMDb
[3] 1993 von Königin Elizabeth II. in den Adelsstand erhoben. Quelle: IMDb
[4] 1976 von Königin Elizabeth II geadelt. Quelle: IMDb

Anschlussfehler: Als Garrett Breedlove zu Aurora Greenway in den Pavillon kommt, nimmt er seine Sonnenbrille ab und hält sie, das gesamte Gespräch über, in der rechten Hand. Nachdem er dann aber ihr mehr oder weniger den Laufpass gegeben hatte, erklärt er: »Ich fühl mich beschissen«, und sie erwidert: »Da hast du *Glück*. Ich fühl mich *gedemütigt*«, ruht seine rechte Hand plötzlich auf ihrem Knie. Als der Astronaut aufsteht und geht, trägt er die Sonnenbrille zwar in der linken Hand – aber in die kann er sie nie gegeben haben, wenn man verfolgt, wie er sich (nicht) bewegt.

Deutsche Sprache, schwere Sprache: Aurora Greenway sagt zu ihrer Enkelin Melanie am Telefon: »Ich hab dir *ein Blüschen* geschickt. Hast du *sie* gekriegt?«

Deutsche Sprache, schwere Sprache: Aurora Greenway sagt völlig verzweifelt zu ihrer Haushälterin [Betty King]: »Rosie, Rosie *unserem Mädchen* geht's nicht gut. *Sie* hatte eine Zyste.«

Deutsche Sprache, schwere Sprache: Shirley MacLaine würde die Krise kriegen, wenn sie wüsste, welch falsches Deutsch sie spricht. Beim Besuch ihrer Tochter Emma im Krankenhaus beruhigt Aurora Greenway: »Du kommst morgen hier raus und *brauchst* nicht wieder zurück.«

Deutsche Sprache, schwere Sprache: Bei ihrem göttlich-komischen Dialog über den Namen »Lizbeth«, bei dem Emma Greenway Horton ebendiese meinte genannt zu haben, bekommt sie zur Antwort: »Nein, Sie haben Elisabeth gesagt, mit einem ›E‹. Es heißt ›Lizbeth‹.« Nur: ganz so stimmt das nicht. Emma hatte »ElisAbeth« gesagt, mit einem E und einem A!

Deutsche Sprache, schwere Sprache: Auch Patsy kriegt es nicht auf die Reihe. Auf Lizbeths Bemerkung: »*Das kleine* Mädchen (Melanie) ist ja umwerfend«, erwidert sie: »Denk ja nicht, dass *sie* das nicht weiß.«

Dies und das: Völlig verzweifelt fleht Auroa Greenway die Schwestern am Empfang des Krankenhauses an, ihrer Tochter eine Morphiumspritze zu geben: »Den ganzen Tag sagen Sie ihr, sie muss bis um zehn Uhr aushalten. Aber jetzt ist es nach zehn!« – Und *wie* es »nach zehn« ist: Als Aurora fortfährt: »Meine Tochter hat Schmerzen (…)«, ist im Hintergrund an der Wand eine Uhr zu sehen. Sie zeigt 0:50 Uhr.

Anschlussfehler: Als Aurora Greenway die Hotellobby betritt – auch auf dem Weg zum Hotelswimmingpool –, trägt sie eine weiße Bluse und einen blau-weiß gemusterten Sommerrock. Kaum hat sie jedoch die Schwimmhalle betreten, ist sie mit einem völlig andersfarbigen und anders gemusterten Rock bekleidet.

Dies und das: Als Visagistin sollte Patsy Clark sich nicht unbedingt versuchen. Das lila Augen-Make-up, das sie ihrer Freundin unter den Augen (!) aufgetragen hat, lässt diese noch kränker erscheinen, als sie es ohnehin schon ist. Als Emma wieder allein ist und sich im Spiegel betrachtet, hat sich das Lila wie durch ein Wunder offenbar von selbst verflüchtigt.

🎤 **Die Ausstattung spielt mit:** In der Schlussszene – als Garrett Breedlove zu Tommy Horton sagt: »Ich hab gehört, du bist ein großer Schwimmer«, kommt (↑ ein Mikrofon ins Bild.

🎬 **Hinter den Kulissen:** Die Rolle des Garrett Breedlove kommt in Larry McMurtrys Buchvorlage nicht vor – und wurde ursprünglich eigens für Burt Reynolds geschrieben. Dieser hätte die Rolle liebend gern gespielt – war aber schon zu den Dreharbeiten von »Stroker Ace«, »Der rasende Gockel« [1983], verpflichtet.[IMDb]

🎬 **Hinter den Kulissen:** Jennifer Jones wollte eigentlich die Rolle der Aurora spielen, die Shirley MacLaine dann übernahm. Jennifer Jones hatte sogar die Buchrechte an dem Stoff erworben. Und Sissy Spacek sollte ursprünglich die Emma spielen, die von Debra Winger gespielt wurde. Die Rolle der Emma wurde sogar eigentlich für Sissy Spacek geschrieben.

Auch John Lithgow als Sam Burns war nicht die erste Wahl. Er sprang ganz kurzfristig für einen Kollegen ein. Sam Lithgows Part als Sam Burns musste deshalb in drei Tagen komplett abgedreht werden, da er nicht mehr als genau diese drei Tage als Drehpause während »Footloose« zur Verfügung hatte. Diese drei Tage jedoch genügten John Litgow, um ganze Arbeit zu leisten. Er war für seinen Part als Sam Burns 1983 für den Oscar als bester Nebendarsteller nominiert.

ALLE FILME – ALLE OSCAR-NOMINIERUNGEN UND -AUSZEICHNUNGEN

ALIEN – Das unheimliche Wesen aus einer fremden Welt
👍 2 Oscar-Nominierungen 1979 für Michel Seymour, Les Dilley, Roger Christian und Ian Whittaker (Ausstattung); H. R. Giger, Carlo Rambaldi, Brian Johnson, Nick Allder und Denys Ayling (Spezialeffekte)
🏆 1 Oscar 1979 für H. R. Giger, Carlo Rambaldi, Brian Johnson, Nick Allder und Denys Ayling (Spezialeffekte)

AMERICAN WEREWOLF (An American Werewolf in London)
👍 1 Oscar-Nominierung 1981 für Rick Baker (Make-up)
🏆 1 Oscar 1981 für Rick Baker (Make-up)

ASSASSINS – Die Killer (1995)
👎 keine Oscar-Nominierung

AUGE UM AUGE (1995, Eye for an Eye)
👎 keine Oscar-Nominierung

BASIC INSTINCT
👍 2 Oscar-Nominierungen 1992 für Jerry Goldsmith (Musik) sowie Frank J. Urioste (Schnitt)

BODYGUARD (The Bodyguard)
👍 2 Oscar-Nominierungen 1992 für David Foster I. und Linda Thompson I. Musik/Text für »I Have Nothing« (bester Song) sowie Jud Friedman, Allan Dennis Rich Musik/Text für »Run to You«

BRAM STOKERS DRACULA
👍 4 Oscar-Nominierungen 1992 für Thomas Saunders und Garrett Lewis (Ausstattung); Tom C. McCarthy und David E. Stone I. (Toneffekte); Eiko Ishioka (Kostüme); Greg Cannom, Michèle Burk und Matthew W. Mungle (Make-up)
🏆 3 Oscars 1992 für Tom C. McCarthy und David E. Stone I. (Toneffekte), Eiko Ishioka (Kostüme), Greg Cannom, Michèle Burk und Matthew W. Mungle (Make-up)

CARRIE – Des Satans jüngste Tochter
👍 2 Oscar-Nominierungen 1976 für Sissy Spacek (Hauptdarstellerin) sowie Piper Laurie (Nebendarstellerin)

CASINO
👍 1 Oscar-Nominierung 1995 für Sharon Stone (Hauptdarstellerin)

CHINATOWN

👍 11 Oscar-Nominierungen 1974 für Robert Evans I. (bester Film); Jack Nicholson (Hauptdarsteller); Faye Dunaway (Hauptdarstellerin); John A. Alonzo (Kamera); Richard Sylbert, W. Stewart Campbell und Ruby R. Lewitt (Ausstattung); Charles Grenzbach I.; Larry Jost (Ton); Anthea Sylbert (Kostüme); Sam O'Steen (Schnitt); Jerry Goldsmith (Originalfilmmusik); Roman Polanski (Regie) sowie Robert Towne (Originaldrehbuch)

🏆 1 Oscar 1974 für Robert Towne (Originaldrehbuch)

CITIZEN KANE

👍 9 Oscar-Nominierungen 1941 für Orson Welles (bester Film); Orson Welles (Hauptdarsteller); Orson Welles (Regie); Robert Wise (Schnitt); Gregg Toland (Kamera); Perry Ferguson, Van Nest Polglase, Al Fields und Darrell Silvera (Innenausstattung SW); Bernard Hermann (Originalfilmmusik); Rico Radio Sound Department, Dirigent: John Aalberg (Musikaufnahmen) sowie Herman J. Mankiewicz und Orson Welles (Originaldrehbuch)

🏆 1 Oscar 1941 für Herman J. Mankiewicz und Orson Welles (Originaldrehbuch)

CLUB DER TEUFELINNEN, DER (The First Wives Club)

👍 1 Oscar-Nominierung 1995 für Mark Shaiman (Originalfilmmusik)

CHRISTINE

👎 keine Oscar-Nominierung

DUFT DER FRAUEN, DER (Scent of a Woman)

👍 3 Oscar-Nominierungen 1992 für Martin Brest (bester Film); Martin Brest (Regie) sowie Al Pacino (Hauptdarsteller)

🏆 1 Oscar 1992 für Al Pacino (Hauptdarsteller)

EINER FLOG ÜBER DAS KUCKUCKSNEST (One Flew Over the Cuckoo's Nest).

👍 9 Oscar-Nominierungen 1975 für Brad Dourif (Nebendarsteller); Richard Chew, Sheldon Kahn und Lynzee Klingman (Schnitt); Bill Butler und Haskell Wexler (Kamera); Jack Nitzsche (Originalfilmmusik); Paul Zaentz und Michael Douglas (bester Film); Jack Nicholson (Hauptdarsteller); Louise Fletcher (Hauptdarstellerin); Lawrence Hauben und Bo Goldman (Drehbuch-Bearbeitung) sowie Milos Forman (Regie)

🏆 5 Oscars 1975 für Paul Zaentz, Michael Douglas (bester Film); Jack Nicholson (Hauptdarsteller); Louise Fletcher (Hauptdarstellerin); Lawrence Hauben und Bo Goldman (Drehbuch-Bearbeitung) sowie Milos Forman (Regie)

EXORZIST, DER (The Exorcist)

👍 10 Oscar-Nominierungen 1973 für William Peter Blatty (bester Film); Ellen Burstyn (Hauptdarstellerin); Jason Miller (Nebendarsteller); Linda Blair (Nebendarstellerin); William Friedkin (Regie); Norman Gay, Jordan Leondopoulos, Eva Lottman und Bud Smith (Schnitt); Owen Roizman (Kamera); Bill Malley (Art Direction/Ausstattung);

William Peter Blatty (Drehbuch-Bearbeitung) sowie Robert Knudson und Chris Newman (Ton)

🏆 2 Oscars 1973 für William Peter Blatty (Drehbuch-Bearbeitung) sowie Robert Knudson, Chris Newman (Ton)

FALLING DOWN – Ein ganz normaler Tag (1993)

👎 keine Oscar-Nominierung

FENSTER ZUM HOF, DAS (1954, Rear Window)

👍 5 Oscar-Nominierungen 1954 für Janet Leigh (Nebendarstellerin); John Michael Hayes (Originaldrehbuch); Robert Burks (Kamera, Farbe); Paramount Studio Sound Department, Dirigent: Loren L. Ryder (Musikaufnahmen) sowie Alfred Hitchcock (Regie)

FEUERBALL (Thunderball)

👍 1 Oscar-Nominierung 1965 für John Stears (Spezialeffekte)

🏆 1 Oscar 1965 für John Stears (Spezialeffekte)

FIRMA, DIE (The Firm)

👍 2 Oscar-Nominierungen 1993 für Holly Hunter (Nebendarstellerin) sowie Dave Grusin (Originalfilmmusik)

FLAMMENDES INFERNO (The Towering Inferno)

👍 8 Oscar-Nominierungen 1974 für Irwin Allen (bester Film); Fred Astaire (Nebendarsteller); William J. Creber, Ward Preston und Raphael Bretton (Ausstattung); Theodore Soderberg und Herman Lewis (Ton); John Williams (Originalfilmmusik); Fred J. Koenekamp und Joseph F. Biroc (Kamera); Harold F. Kress und Carl Kress (Schnitt) und Al Kasha und Joel Hirschhorn für »We May Never Love Like this Again« (bester Song)

🏆 3 Oscars 1974 für Fred J. Koenekamp, Joseph F. Biroc (Kamera); Harold F. Kress, Carl Kress (Schnitt) und Al Kasha, Joel Hirschhorn für »We May Never Love Like This Again« (bester Song)

GOLDFINGER

👍 1 Oscar-Nominierung 1964 für Norman Wanstall (Toneffekte)

🏆 1 Oscar 1964 für Norman Wanstall (Toneffekte)

HALLOWEEN – Die Nacht des Grauens (1978)

👎 keine Oscar-Nominierung

IN THE LINE OF FIRE – Die zweite Chance

👍 3 Oscar-Nominierungen 1993 für John Malkovich (Nebendarsteller); Anne V. Coates (Schnitt) sowie Jeff Maguire (Originaldrehbuch)

JACKIE BROWN
👍 1 Oscar-Nominierung 1997 für Robert Forster (Nebendarsteller)

JURY, DIE (A Time to Kill)
👎 keine Oscar-Nominierung

KAP DER ANGST (1991, Cape Fear)
👍 2 Oscar-Nominierungen 1991 für Robert de Niro (Hauptdarsteller) und Juliette Lewis (Nebendarstellerin)

KRAMER GEGEN KRAMER (Kramer vs. Kramer)
👍 9 Oscar-Nominierungen 1979 für Justin Henry (Nebendarsteller); Jane Alexander (Nebendarstellerin); Jerry Greenberg (Schnitt); Nestor Almendros (Kamera); Stanley R. Jaffe (bester Film); Robert Benton (Regie); Dustin Hoffman (Hauptdarsteller); Meryl Streep (Nebendarstellerin) sowie Robert Benton (Drehbuch-Bearbeitung)

🏆 5 Oscars 1979 für Stanley R. Jaffe (bester Film); Robert Benton (Regie); Dustin Hoffman (Hauptdarsteller); Meryl Streep (Nebendarstellerin) sowie Robert Benton (Drehbuch-Bearbeitung)

MELODIE DES TODES (Sea of Love)
👎 keine Oscar-Nominierung

MISERY
👍 1 Oscar-Nominierung 1990 für Kathy Bates (Hauptdarstellerin)
🏆 1 Oscar 1990 für Kathy Bates (Hauptdarstellerin)

MONDSÜCHTIG (Moonstruck)
👍 6 Oscar-Nominierungen 1987 für Norman Jewison und Patrick Palmer (bester Film); Vincent Gardenia (Nebendarsteller); Norman Jewison (Regie); Cher (Hauptdarstellerin); Olympia Dukakis (Nebendarstellerin) sowie John Patrick Shanley (Originaldrehbuch)

🏆 3 Oscars 1987 für Cher (Hauptdarstellerin), Olympia Dukakis (Nebendarstellerin) und John Patrick Shanley (Originaldrehbuch)

PLATOON
👍 8 Oscar-Nominierungen 1986 für Tom Berenger (Nebendarsteller); Willem Dafoe (Nebendarsteller); Robert Richardson (Kamera); Oliver Stone (Originaldrehbuch); Arnold Kopelson (bester Film); Claire Simpson (Schnitt); John »Doc« Wilkinson, Richard Rogers, Charles »Bud« Grenzbach und Simon Kaye (Ton) sowie Oliver Stone (Regie).

🏆 4 Oscars 1986 für Arnold Kopelson (bester Film); Claire Simpson (Schnitt); John »Doc« Wilkinson, Richard Rogers, Charles »Bud« Grenzbach und Simon Kaye (Ton) sowie Oliver Stone (Regie).

PLAYER, THE

👍 3 Oscar-Nominierungen 1992 für Robert Altman (Regie); Michael Tolkin (Drehbuch-Bearbeitung) sowie Geraldine Peroni (Schnitt)

PSYCHO (1960)

👍 4 Oscar-Nominierungen 1960 für Janet Leigh (Nebendarstellerin); Joseph Hurley, Robert Clatworthy und George Milo (Ausstattung); John L. Russell (Kamera SW) sowie Alfred Hitchcock (Regie)

REIFEPRÜFUNG, DIE (The Graduate)

👍 7 Oscar-Nominierung 1967 für Lawrence Turman (bester Film); Dustin Hoffman (Hauptdarsteller); Anne Bancroft (Hauptdarstellerin); Katharine Ross (Nebendarstellerin); Buck Henry (Drehbuch-Bearbeitung); Robert Surtees (Kamera) sowie Mike Nichols (Regie)

🏆 1 Oscar 1967 für Mike Nichols (Regie)

SCHWEIGEN DER LÄMMER, DAS (The Silence of the Lambs)

👍 7 Oscar-Nominierungen 1991 für Craig McKay (Schnitt); Tom Fleischman und Christopher Newman (Ton); Edward Saxon, Kenneth Utt und Ronald M. Bozman (bester Film); Anthony Hopkins (Hauptdarsteller); Jodie Foster (Hauptdarstellerin); Ted Tally (Drehbuch) sowie Jonathan Demme (Regie)

🏆 5 Oscars 1991 für Edward Saxon, Kenneth Utt und Ronald M. Bozman (bester Film); Anthony Hopkins (Hauptdarsteller); Jodie Foster (Hauptdarstellerin); Ted Tally (Drehbuch) sowie Jonathan Demme (Regie)

SHINING (1980, The Shining)

👎 keine Oscar-Nominierung

SLEUTH – Mord mit kleinen Fehlern

👍 4 Oscar-Nominierungen 1972 für Joseph L. Mankiewicz (Regie); Michael Caine (Hauptdarsteller); Laurence Olivier (Hauptdarsteller) sowie John Addison I. (Originalfilmmusik)

SLIVER (1993)

👎 keine Oscar-Nominierung

SUPERMAN

👍 4 Oscar-Nominierungen 1978 für Stuart Baird (Schnitt); John Williams (Originalfilmmusik); Roy Chairman, Graham Hartstone, Nicolas Le Messurier und Gordon K. McCallum (Ton); Les Bowie, Colin Chilvers, Denys N. Coop, Roy Field, Derek Meddings und Zoran Perisic (Spezialeffekte)

🏆 1 Oscar 1978 für Les Bowie, Colin Chilvers, Denys N. Coop, Roy Field, Derek Meddings, Zoran Perisic (Spezialeffekte)

TAGE WIE DIESER (One Fine Day)

👍 1 Oscar-Nominierung 1996 für James Newton Howard, Jud J. Friedman und Allan Dennis Rich für »For the First Time« (Originalsong)

TOOTSIE

👍 10 Oscar-Nominierungen 1982 für Sydney Pollack und Dick Richards I. (bester Film); Dustin Hoffman (Hauptdarsteller); Teri Garr (Nebendarstellerin); Sydney Pollack (Regie); Larry Gelbart, Murray Schisgal und Don McGuire (Originaldrehbuch); Owen Roizman (Kamera); Arthur Piantadosi, Les Fresholtz, Richard Alexander III. (als »Dick Alexander«) und Les Lazarowitz (Ton); Frederic Steinkamp und William Steinkamp (Schnitt); Dave Grusin, Alan Bergman I. und Marilyn Bergman für »It Might Be You« (Musik/Text) (bester Song) sowie Jessica Lange (Nebendarstellerin)

🏆 1 Oscar 1982 für Jessica Lange (Nebendarstellerin)

UNMORALISCHES ANGEBOT, EIN (Indecent Proposal)

👎 keine Oscar-Nominierung

VERHÄNGNISVOLLE AFFÄRE, EINE (Fatal Attraction)

👍 6 Oscar-Nominierungen 1987 für Stanley R. Jaffe und Sherry Lansing (bester Film); Glenn Close (Hauptdarstellerin); Anne Archer (Nebendarstellerin); Michael Kahn I. und Peter E. Berger (Schnitt); James Dearden (Drehbuch-Bearbeitung) und Adrian Lyne (Regie)

VOM WINDE VERWEHT (Gone With the Wind).

👍 15 Oscar-Nominierungen 1939 für Clark Gable (Hauptdarsteller); Olivia de Havilland (Nebendarstellerin); John R. Cosgrove, Fred Albin und Arthur Johns (Spezialeffekte); Thomas T. Moulton (Ton); Max Steiner (Musik); Samuel Goldwyn Studio Sound Department, Dirigent: Thomas T. Moulton (Musikaufnahmen); David O. Selznick (bester Film); Vivien Leigh (Hauptdarstellerin); Hattie McDaniel (Nebendarstellerin); Lyle Wheeler (Ausstattung); Hal C. Kern und James E. Newcom (Schnitt), William Cameron Menzies (Farbdramaturgie); Ernest Haller und Ray Rennahan (Kamera – Farbe), Sidney Howard (Drehbuch) sowie Victor Fleming (Regie)

🏆 9 Oscars 1939 für David O. Selznick (bester Film); Vivien Leigh (Hauptdarstellerin); Hattie McDaniel (Nebendarstellerin); Lyle Wheeler (Ausstattung); Hal C. Kern, James E. Newcom (Schnitt); William Cameron Menzies (Farbdramaturgie als »Ehrenoscar«); Ernest Haller und Ray Rennahan (Kamera); Sidney Howard (Drehbuch) und Victor Fleming (Regie)

WAFFEN DER FRAUEN, DIE (Working Girl)

👍 6 Oscar-Nominierungen 1988 für Douglas Wick (bester Film); Melanie Griffith (Hauptdarstellerin); Sigourney Weaver (Nebendarstellerin); Joan Cusack (Nebendarstellerin); Mike Nichols (Regie) sowie Carly Simon für Musik/Text (bester Song: »Let the River Run«).

🏆 1 Oscar 1988 für Carly Simon für Musik/Text (bester Song: »Let the River Run«).

WALL STREET
👍 1 Oscar-Nominierung 1987 für Michael Douglas (Hauptdarsteller)
🏆 1 Oscar 1987 für Michael Douglas (Hauptdarsteller)

WARGAMES (Kriegsspiele)
👍 3 Oscar-Nominierungen 1983 für Lawrence Lasker und Walter F. Parkes (Originaldrehbuch), William A. Fraker (Kamera); Michael J. Kohut, Carlos de Larios, Aaron Rochin I. und Willie D. Burton (Ton)

ZEHN GEBOTE, DIE (The Ten Commandments)
👍 7 Oscar-Nomierungen 1956 für Cecil B. DeMille (bester Film); Loyal Griggs (Kamera); Albert Nozaki, Hal Pereira, Walter H. Tyler, Samuel M. Comer und Ray Moyer (Art Direction/Ausstattung Farbe); Arnold Friberg, Edith Head, Dorothy Jenkins, John Jensen und Ralph Jester (Kostüme); Paramount Studio Sound Department, Dirigent: Loren L. Ryder (Musikaufnahmen); John P. Fulton (Spezialeffekte) sowie Anne Bauchens (Schnitt)
🏆 1 Oscar 1956 für John P. Fulton (Spezialeffekte)

ZEIT DER ZÄRTLICHKEIT (Terms of Endearment)
👍 11 Oscar-Nominierungen 1983 für Anthony Mondello, Harold Michelsen, Polly Platt und Tom Pedigo (Ausstattung); Debra Winger (Hauptdarstellerin); Michael Gore (Musik); John Lithgow (Nebendarsteller); Richard Marks (Schnitt); Donald O. Mitchell, Rick Kline, Kevin O'Connell und James »Jim« Alexander (Ton); James L. Brooks (bester Film); James L. Brooks (Drehbuch-Bearbeitung); Shirley MacLaine (Hauptdarstellerin); Jack Nicholson (Nebendarsteller) sowie James L. Brooks (Regie)
🏆 5 Oscars 1983 für James L. Brooks (bester Film), James L. Brooks (Drehbuch-Bearbeitung), Shirley MacLaine (Hauptdarstellerin), Jack Nicholson (Nebendarsteller) sowie James L. Brooks (Regie)

GLEICHER FILM – VERSCHIEDENE QUELLEN – VERSCHIEDENE FASSUNGEN

Die besprochenen Filme wurden großteils auf verschiedenen Fernsehsendern gesichtet (eine genaue Auflistung finden Sie in Anhang II).

Nun ist es ganz wichtig, sich bewusst zu machen, dass viele Fernsehsender die Länge von Filmen ihren Bedürfnissen anpassen. Bestimmte Sendeformate müssen erfüllt werden. Manchmal werden Filme bearbeitet, um eine vorgegebene Sendezeit an Werbung in einen Film einbetten zu können. Da es feststehende Regeln gibt, in welchem zeitlichen Verhältnis Werbung und Programm zueinander zu stehen haben, bedienen sich die Sender zweierlei Mittel:
1. Der Film wird länger gemacht. Zu diesem Zweck werden gerne Szenen, die vor der Werbepause schon gezeigt wurden, nach der Werbung wiederholt. Da spricht nichts dagegen, es hilft dem Fernsehzuschauer auch, wieder in die Handlung reinzufinden.
2. Der Film ist länger als für den Sendeplatz passend oder länger, als die für den jeweiligen Abend gebuchte Werbung nötig macht. In diesem Falle werden Kinofilme vom Sender für die Ausstrahlung gekürzt.
Außerdem kann das Gleiche passieren, wenn ein Blockbuster zur besten Sendezeit laufen soll, die Altersfreigabe der Kinofassung das aber nicht zulässt. Dann wird für die Fernsehausstrahlung neu geschnitten, bis die gewünschte FSK erteilt wird. Da bleiben unter Umständen eine ganze Reihe Action-Szenen, die man aus dem Kino kennt, außen vor. So geschehen zum Beispiel mit Steven Spielbergs »Saving Private Ryan«, »Der Soldat James Ryan«. Dieser Film hat in der 20:00-Uhr-TV-Fassung eine Laufzeit, die deutlich kürzer ist als die Kinoversion oder die offizielle Video/DVD-Fassung. Sollten Sie diesen Film allerdings spät nachts im Fernsehprogramm angekündigt finden, wundern Sie sich nicht, wenn Sie die Original-Kinofassung zu sehen bekommen. Nach 23:00 Uhr ist im deutschen Fernsehen mehr möglich: mehr Action, mehr Erotik, mehr Krieg – darum ging es bei dem Spielberg-Film. Krieg in einem Film über den Wahnsinn des Krieges darf im Abendprogramm nur in angepasster Dosierung verabreicht werden. Denn da sehen auch Kinder zu. Im Nachtprogramm gelten andere Regeln. Im Nachtprogramm laufen auch Filme mit der Altersfreigabe 16 Jahre ungeschnitten im Fernsehen. Niemals jedoch Filme mit der Altersfreigabe ab 18 Jahre.
Bitte bedenken Sie also, wenn Sie feststellen, dass in diesem Band aufgeführte Filmfehler im Fernsehen nicht zu sehen sind: Ein Film im Fernsehen muss nicht identisch mit der Kino-, Video- oder DVD-Fassung sein.

Es kann aber auch genau andersrum sein. Ein gutes Beispiel für den umgekehrten Fall ist »Lawrence of Arabia«, »Lawrence von Arabien«, vom Fernsehen liebevoll restauriert und um viele Sendeminuten ergänzt, die einst gegen den Willen des Regisseurs geschnitten wurden, um – immer noch mit gewaltiger Überlänge – überhaupt erst zu einer Fassung zu kommen, die im Kino von der reinen Laufzeit her für zumutbar gehalten wurde. Gleiche Kategorie: »Hombre«,»Sie nannten in Hombre«, ein Western-Klassiker mit Paul Newman als wortkargem Indianer, der fürs Kino brutal verstümmelt wurde. Erst die jüngst restaurierte Fernsehfassung, die wesentliche Erzählstränge wieder einfügte, bringt eine inhaltlich deutlich veränderte Geschichte – übrigens um den Preis, dass sich im Original belassene und untertitelte Passagen in die synchronisierte Kino-Fassung eingliedern.

Abweichende Fassungen existieren auch von Filmen, die im Kino gelaufen sind, in einem kino-tauglichen Schnitt aber auch als mehrteilige Fernsehfassung existieren. Der Grund: Fernsehsender als Geldgeber und Produktionspartner. Zum Beispiel »Fanny och Alexander«, »Fanny und Alexander« von Ingmar Bergmann und natürlich Wolfgang Petersens Mega-Erfolg »Das Boot«. Gibt es überhaupt einen Film, von dem mehr Fassungen existieren als von »Das Boot«? Die offizielle Kino-Fassung, der Fernseh-Mehrteiler und inzwischen auch ein gegenüber der ursprünglichen Kino-Fassung deutlich erweiterter Director's Cut von Regisseur Petersen, der immer noch kurz ist im Vergleich zum Fernseh-Event »Das Boot« ...

Auch William Friedkin hat seinen Film »Der Exorzist« in einem Director's Cut um etliche Minuten Filmmaterial erweitert, die in der Originalfassung nicht enthalten sind. Die vielleicht im Jahr 1973 fehlen mussten, weil sie nach damaligen Maßstäben einfach zu schockierend waren. (Es gab übrigens auch einmal eine US-Fernsehfassung – von Friedkin selbst gestaltet –, in der die schlimmsten Verwünschungen und Flüche stark abgemildert sowie einige Szenen geschnitten waren. Sie findet aber schon geraume Zeit keine Verwendung mehr.) Pater Karas wurde zum Beispiel mit einem »Besessen-Make-up« gefilmt und ohne. 1973 wurde für den Film die weniger schockierende Variante verwendet. Im Director's Cut ist die schockierende Variante unter Verwendung eines Morphing-Effektes eingefügt worden. Maßstäbe verschieben sich ...

Es verschieben sich auch die Maßstäbe des Machbaren in technischer Hinsicht. So hat der »Star Wars«-Fan sicher die Original-Trilogie in zwei Fassungen zu Hause: Mit den originalen Trickeffekten von 1977 bzw. 1980 und 1983 sowie in der technisch mächtig aufpolierten und überarbeiteten Fassung der Trilogie in der »Special Edition« von 1997. Natürlich unterscheiden sich etwaige Filmfehler, die sich an der Tricktechnik festmachen, bei diesen unterschiedlichen Fassungen. Ob das für den Filmfehler-Jäger frustrierend oder in besonderem Maße herausfordernd ist, bleibt der Einschätzung des Einzelnen überlassen.

QUELLENANGABEN ZUR AUSSTRAHLUNG

Die Fernsehsender, welche die für dieses Buch gesichteten Filme ausstrahlten, waren folgende:

Alien: Pro7
American Werewolf: ZDF
Assassins: RTL
Auge um Auge: Pro7

Basic Instict: ZDF
Bodyguard: Pro7
Bram Stokers Dracula: SAT1

Carrie: WDR
Casino: VOX
Chinatown: ZDF
Citizen Kane: arte (Original), WDR (Synchronfassung)
Club der Teufelinnen, Der: Pro7
Christine: K1

Duft der Frauen, Der: RTL

Einer flog über das Kuckucksnest: ZDF
Exorzist, Der: K1

Falling Down: Pro7
Fenster zum Hof, Das (1954): RTLII
Feuerball: WDR
Firma, Die: Pro7
Flammendes Inferno: K1

Goldfinger: ARD

Halloween: K1

In the Line of Fire: RTLII

Jackie Brown: VOX
Jury, Die: Pro7

Kap der Angst (1991): RTLII
Kramer gegen Kramer: K1

Melodie des Todes: Pro7

Misery: RTL
Mondsüchtig: ARD

Platoon: K1
Player, The: K1
Psycho (1969): VOX

Reifeprüfung, Die: VOX

Schweigen der Lämmer, Das: RTL
Shining (1980): K1
Sleuth: VOX
Sliver: Pro7
Superman: SAT1

Tage wie dieser: Pro7
Tootsie: K1

Unmoralisches Angebot, Ein: K1

Verhängnisvolle Affäre, Eine: Pro7
Vom Winde verweht: SAT1

Waffen der Frauen, Die: Pro7
Wall Street: K1
Wargames: ARD

Zehn Gebote, Die: SAT1
Zeit der Zärtlichkeit: Pro7